KB064032

만주 · 연해주
독립운동과
민족수난

만주 · 연해주 독립운동과 민족수난

초판 1쇄 발행 2016년 12월 30일

지은이 | 박민영
펴낸이 | 윤관백
펴낸곳 | 도서출판 선인

등록 | 제5-77호(1998.11.4)
주소 | 서울시 마포구 마포대로 4다길 4 곶마루 B/D 1층
전화 | 02)718-6252 / 6257 팩스 | 02)718-6253
E-mail | sunin72@chol.com
Homepage | www.suninbook.com

정가 40,000원
ISBN 979-11-6068-016-4 94910

만주 · 연해주 독립운동과 민족수난

박민영 저

십삼도의군 도총재 유인석

유인석이 연해주에서 의병 전위조직으로 결성한 관일약貫一約의 약표約標

십삼도의군의 편성 장소 재피거우 일대(현 바라바시 부근)

연해주 독립운동 지도자 이상설

우수리스크 수분하 강변의 이상설 유허비

독립운동 근거지 가운데 한 곳인 밀산 십리와의 기념비

연해주 의병장 안중근

안중근의 대한독립 혈서 엽서(독립기념관 소장)

연해주의병의 두만강 도강지 핫산 일대.
북한(강 우안), 러시아(좌안 위쪽), 중국(좌안 아래쪽) 세 나라의 국경이 만나는 지점이다.

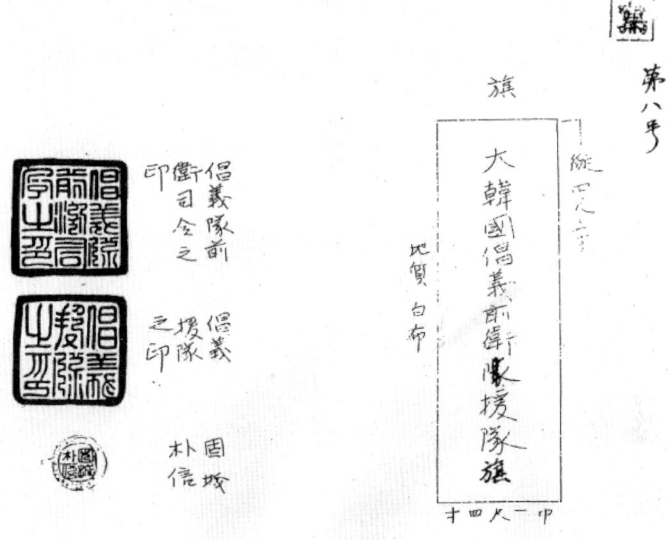

연해주의병이 국내진공 때 가져간 기치와 인장류

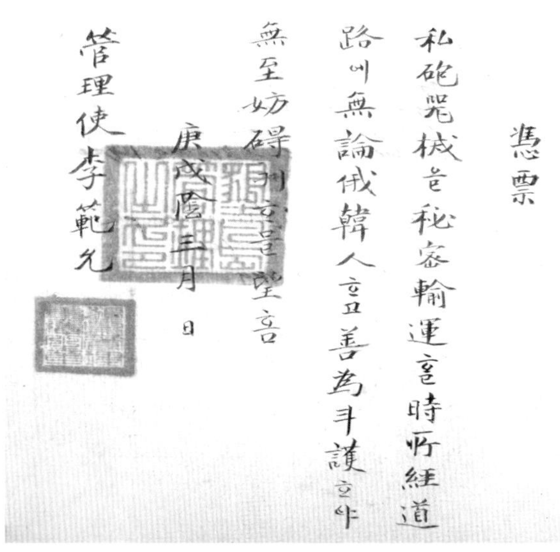

憑票

私砲器械은 秘密輸運할時所經道路에 無論俄韓人하고 善爲手護하야 無至妨碍케함을 望홈

庚戌陰三月 日

管理使 李範允

이범윤이 연해주에서 발급한 빙표(1910).
간도관리사 시절의 직인을 그대로 사용하였다.

용정 3 · 13만세시위 광경

독립운동의 정신적 구심체였던 대종교의 삼종사 묘역.
왼쪽부터 서일, 나철, 김교헌의 묘로 길림성 화룡시 청호촌에 있다.

독립군 지휘관 홍범도 장군

봉오동승첩 기념비

청산리대첩 기념비

용정 외곽의 장암동참변 추모비

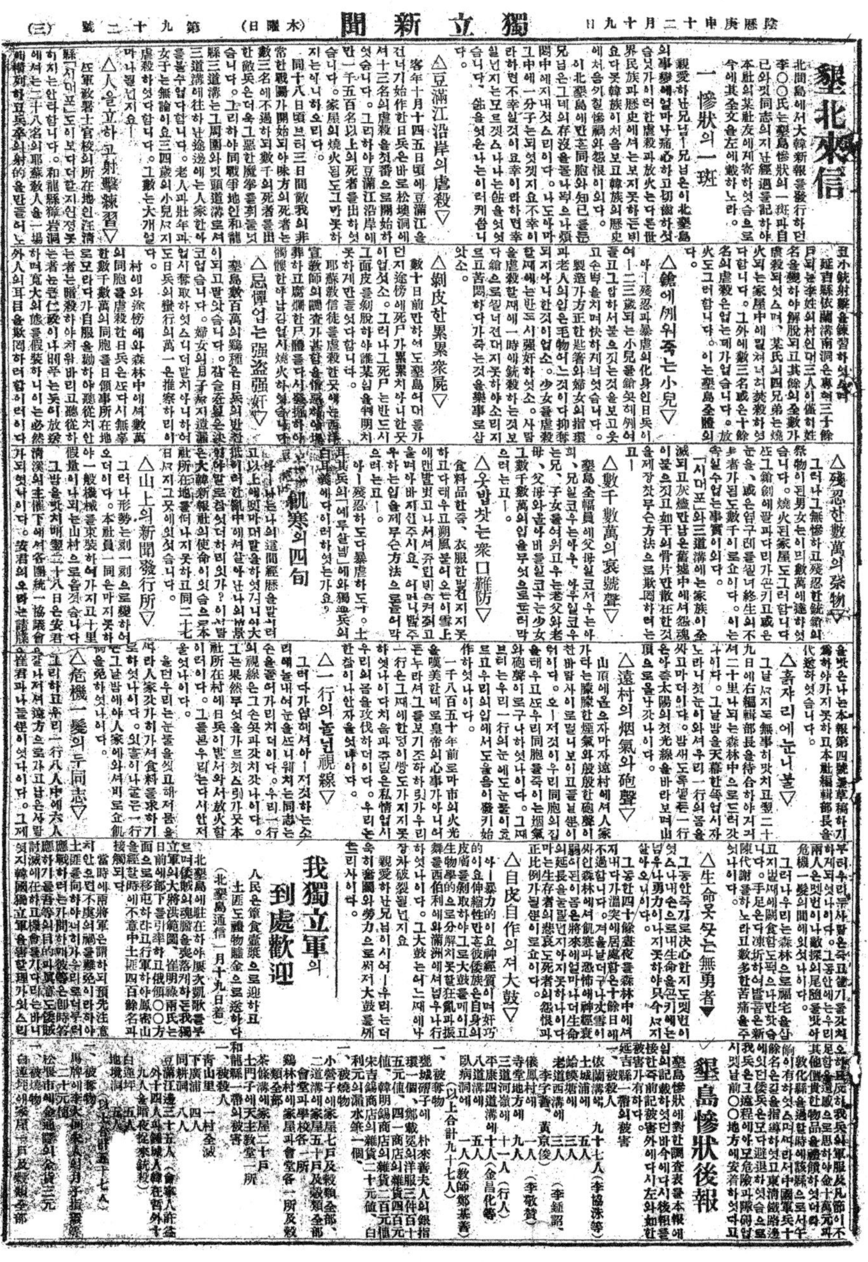

陰曆庚申十二月十九日　獨立新聞　(木曜日)　第九十二號　(三)

墾北慘信

一. 慘狀의 一斑

△豆滿江沿岸의 虐殺

△人을 立하고 射擊練習

△槍에 꿰워 죽는 小兒

△剝皮한 累累 衆屍

△忌憚 업는 强盜强奸

△殘忍한 數萬의 犧牲物

△數千數萬의 哀號聲

△옷 밥 찻는 衆口難防

△飢寒의 四旬

△山上의 新聞發行所

△遠村의 烟氣와 砲聲

△一行의 놀난 視線

△危機一髮의 두 同志

△生命 못 앗는 無勇者

△自皮自作의 져 大鼓

我獨立軍의 到處歡迎

墾島慘狀後報

경신참변의 실상을 폭로한 『독립신문』 기사(1921.1.27)

| 책머리에 |

나이가 들수록 세월이 더 빠르게 가는 것은 정한 이치인 듯하다. 대학 졸업 후 한국근대사를 업으로 삼아 공부한 세월이 32년이나 흘렀다. 되돌아보니 짧은 시간은 아니었다. 수년 내로 의당 현직에서도 물러나야 한다. 돌이켜 보면, 독서와 작문, 이 두 가지가 학자로서 그 동안 내 삶의 근간이었다는 소박한 생각도 든다.

금년 초에 들어와 그 동안 발표한 논고를 모아 정리해 보았다. 현 시점에서 내 학문의 중간 도정道程을 점검할 필요가 있다고 판단했기 때문이다. 학문적 양심에 비추어 내 삶의 축적된 결실로 제시할 수 있는 논고를 분류해 보니 크게 세 분야로 모아졌다. 만주와 연해주 등 국외를 무대로 전개된 독립운동과 민족수난, 한말 의병전쟁의 다양한 모습과 그 성격, 그리고 화서 이항로 학파의 인물과 그들이 펼친 독립운동 등이었다. 그 동안 내가 기울여 온 학문적 노력의 경향성을 여실하게 보여주고 있다는 점에서 일종의 위안을 받았고, 나아가 학계에 다소나마 기여할 여지가 있을 것 같아 이를 간행하기로 결심하였다.

소위 건국절 논란을 필두로 현금 국정교과서 문제에 이르기까지 근 10년간 지속된 역사 논쟁은 역사학의 효용성과 가치에 대한 근본적 회의까지 야기하였다. 역사 연구의 생명이자 본령인 '비판'은 몰각되었고, 시비·이해·득실에 대한 정당한 평가의 준거를 와해시켰으며, 마침내 독립운동사의 가치를 크게 훼손시켰다. 각론에 따른 학술적 논쟁을 언급할 바 아니지만, 소중한 역사 자산인 독립운동사를 훼방하는 이러한 주장과 논쟁이 버젓이 난무하고 횡행하는 현실이 참으로 개탄스럽다. 과거 민족 공동의 이익을 배신한 친일파가 저지른 역사의 해악에 버금가는 반민족적 행위를 학문의 양심 또는 자유라는 미명하에 버젓이 자행하고 있는 것이다. 무도한 일제에 의해 야기된 암흑세상을 타개하고 민족의 전도에 희망과 광명을 제시하기 위해 형극의 길을 걸었던, 그리하여 독립운동전선에서 수없이 산화한 애국선열께 너무나도 큰 죄를 짓는 느낌이다.

독립운동 전선에 투신한 그 모든 분들이 공유했던 의식은 '민족적 양심'이었다. 우리에게는 역사의 절대가치인 그 양심을 지키고 그 정신을 발양시켜 후손에게 물려줘야 할 책무가 있다.

풍찬노숙風餐露宿 ! 고심혈통苦心血痛 !

독립운동에 투신한 민족지사들이 겪은 심신의 고초를 상징하는 말이다. 양약이 입에 쓰듯이 독립운동가들이 겪은 이러한 고초는 우리가 공동으로 추구해야 할 행복과 번영을 이룩하는 데 필요한 자양분이라 할 수 있다. 이런 견지에서 언필칭 한국근대사의 중심에는 반드시 독립운동사가 자리잡아야 한다. 현금 우리에게 주어진 가장 큰 과제인 남북통일 과업을 이룩할 수 있는 원동력도, 또 오늘날 복잡한 이해관계나 다양한 세력간의 갈등·모순을 지양하기 위해 이 시대의 화두로 등장한 '통합'의 저력도 독립운동사에서 비롯될 수 있다고 확신한다.

이 책은 국외 독립운동의 중심무대였던 만주·연해주지역에서 전개된 독립운동과 민족수난을 주제로 한 글을 모은 것이다. 제1부에서는 1910년 경술국치 전후 연해주지역 항일독립운동을 선도한 유인석과 이상설의 독립운동 실상을 살폈다. 의암 유인석은 나의 독립운동사 연구의 출발선이 되기도 한 인물로, 국내 독립운동이 간도·연해주 등 국외로 확대 발전되는 중간 도정道程에 자리한 독립운동계의 선구적 지도자이기도 하다. 이상설은 1907년 헤이그 사행 이후 1909년 봄 연해주로 이거한 뒤 1917년 작고할 때까지 연해주지역의 한인독립운동을 이끈 대표적 지도자로 부상된 인물이었다. 경술국치 전후 연해주지역의 초기 독립운동을 주도한 유인석과 이상설 두 인물을 통해 국외 독립운동의 지향성과 그 역사적 성격을 가늠하는 데 다소나마 도움이 될 수 있을 것으로 기대한다.

제2부에서는 연해주에서 의병장으로 활약한 안중근의 의병투쟁 실상과 그가 주도한 동의단지회의 전모를 다루었다. 이 논고의 궁극적 의도는 대한침략의 원흉 이토 히로부미伊藤博文를 처단한 안중근 의사의 하얼빈의거의 역사성을 당시 연해주지역 독립운동의 큰 틀과 형세하에서 파악하는 데 있다. 안중근이 연해주의병을 지도한 의병장이었다는 사실은 그 스스로가 '대한의군 참모중장의 자격으로 독립전쟁을 결행한 것'으로 하얼빈의거를 규정하게 한 역사적 배경이 되었고, 이는 곧 20여 년에 걸친 의병전쟁의 대단원을 장식하는 결정結晶이라는 역사적 대의大義를 함의한 것이다.

제3부에서는 1919년 3·1운동 후 일어난 만주 독립군전투, 곧 봉오동승첩과 청산리대첩의 전모를 비롯하여 1930년대 민족주의계열 독립군의 주력 군단인 한국독립군과 조선혁명군의 활동을 살폈다. 구체적으로는 3·1운동으로 고양된 전 민족의 독립의지가 만주 독립군전투로 분출되는 과정과, 그러한 토대 위에서 1932년 일제의 괴뢰 만주국 성립 이후 한중연합의 형태로 항일전을 벌이게 되는 양상, 나아가 1930년대 중반 중국 관내지방으로 만주 독립군 세력이 이동하는 과정까지 기술하였다. 한국독립운동사의 근간이 되는 만주지역 무장독립운동사의 전반적 추이와 그 시대적 상황을 이해하는 데 다소나마 도움을 줄 수 있을 것으로 기대한다.

제4부에서는 간도 한인사회를 초토화한 경신참변을 비롯하여 1932년 이후 만주국 시기에 일제가 정책적으로 자행한 간도 한인사회의 수난상을 논

급하였다. 경신참변은 일제 침략과 강점으로 인한 민족 수난기에 한민족이 겪은 참상을 상징적으로 생생하게 실증하는 사례가 되고 있다는 점에서 그 실상을 분석적으로 구명하였다. 그리고 일본 군국주의가 만주를 침공하여 세운 괴뢰 만주국 시기에 일제가 간도 한인사회를 탄압하기 위해 시행한 이른바 지배정책의 내용과 그 성격을 살펴보았다. 이처럼 연속된 간도 한인사회의 수난상은 일제 강점기 한민족이 일제로부터 당한 고난과 고통의 실상을 생생하게 보여주고 있다는 점에서 그 역사적 의의를 평가할 수 있을 것이다.

마지막 제5부에서는 1945년 해방 직후 만주·연해주 한인의 귀환과정을 소련군 포로가 된 시베리아 한인과 만주국군 장교 출신 한인 등 두 가지 사례를 통해 살펴보았다. 여기서 다루는 주제는 짐작되다시피 앞에서 언급한 만주·연해주 한인사회의 역사와는 유리된 별개의 내용이라 할 수 있다. 하지만 여기에 제시된 두 주제는 해방을 맞이하는 시대상황에서 불행하게도 소련과 중국 등 국외 한인사회가 국내 한인사회와 단절될 수밖에 없는 암울한 역사성을 단적으로 보여주고 있다는 점에서 또 다른 의미를 확인할 수 있게 해 준다.

이 책에 담은 열 한 편의 논고는 일정한 계통을 따라 통일된 주제하에 집필한 것이 아니다. 독립기념관에 들어온 2002년 이후 10여 년간에 걸쳐 각기 별개로 집필한 것이다. 그러므로 적지 않은 세월의 경과에 따라 역사를 대하는 자세나 관점의 크고 작은 변화, 그리고 용어나 문장 표현의 차이 등에 이르기까지 논고마다 지닌 특성이 있어 전체적으로 통일성을 기하기가 어려웠다. 그럼에도 불구하고 현재적 관점에서 편집상 어느 정도 통일된 구성과 체제가 요구되었기 때문에 전 논고에 걸쳐 최소한도로 윤문과 첨삭이 이루어졌다. 또 특정 주제의 논지를 전개하는 과정에서 사실과 상황을 기술한 대목이 중복되어 나타나는 경우, 논지에 혼란을 초래하지 않을 정도로 최소한의 범위 내에서 내용을 조정하고 나머지 중복 부분은 삭제하였다.

보잘것없는 이 책은 물론 독립운동사와 민족수난의 전모 가운데 일부 편린을 정리한 것에 불과하다. 내용과 논지, 구성과 체제 등 여러 면에서도 제대로 갖추어지지 않았을 뿐만 아니라 거칠기까지 하다. 그럼에도 불구하고 이 책을 세상에 낼 수 있었던 것은 그 동안 내가 독립운동사 연구의 한 모퉁이를 담당해 오면서 '민족적 양심'에 따라 역사를 생각하고 관련된 논고를 정리했다는 일종의 믿음을 가졌기 때문이다. 모쪼록 이 책이 민족 공동의 행복과 이익을 추구하는 독립운동사 연구의 심화 발전에 다소나마 기여할 수 있기를 기대하는 바이다.

이 책이 나오기까지 스승의 학은學恩을 비롯하여 선후배, 동학들로부터 많은 학문적 조력을 입었다. 모든 분들께 머리 숙여 깊이 감사드리며, 앞으로도 변함없는 지도편달을 바라마지 않는다. 간행에 즈음하여 특기할 분은 은사 윤병석尹炳奭 선생님이시다. 초학 시절부터 오늘에 이르기까지 삼십 수년의 기나긴 세월 동안 나의 공부를 계도해 주셨으니, 돌아보건대 선생님께 입은 학은은 필설로는 결코 다할 수 없다. 부디 더욱 강녕하시기를 천만 축수할 따름이다. 또 금년 봄 불의에 고인이 되신 박성수朴成壽 선생님께서도 특별한 학은을 끼쳐주신 은사이시다. 대학원 시절, 강단과 현장을 아우르며 가르쳐주신 독립운동사 공부는 오늘까지도 여전히 내 공부의 중심을 관류하고 있다. 근년 문안드리지 못한 유한을 머금고, 삼가 선생님 영전에 명복을 빌어마지 않는다. 아울러 이 기회를 빌어 중년 내 공부의 도량이 된 독립기념관 한국독립운동사연구소의 무궁한 발전을 축원하는 바이다. 어려운 여건에도 불구하고 간행을 흔쾌히 허락해준 도서출판 선인 윤관백 사장님의 후의와 난삽한 원고를 깨끗하게 다듬어준 심상보 외 편집부 여러 분의 정성도 잊을 수 없다.

이 책의 간행에 즈음하여 정론 외에 덧붙이는 소박한 바람이 있다. 역사학도의 길을 걷는 아들 동환棟煥이가 독립운동사에 눈을 뜨는 자극이 되어 세상을 이롭게 하는 학자로 성장하는 데 자료가 될 수 있기를 바란다.

2016년 12월

천안 흑성산 아래에서 박민영 삼가 씀

차례

책머리에 · 13

제1부 유인석과 이상설의 연해주 항일투쟁

■ 유인석의 국외 항일투쟁 노정 ······ 25

1. 머리말 · 25
2. 제1, 2차 서간도 망명시의 노정 · 27
3. 연해주 이동 노정 · 30
4. 제3차 서간도 망명 · 53
5. 맺음말 · 54

■ 유인석의 의병세력 통합운동 ······ 59

1. 머리말 · 59
2. 통합군단 구상과 「의병규칙」 · 61
3. 관일약貫一約과 입의안立義案 · 65
4. 십삼도의군의 편성 · 94
5. 맺음말 · 105

■ 이상설의 연해주지역 독립운동 ······ 111

1. 머리말 · 111
2. 연해주 이거 과정 · 113
3. 봉밀산 독립운동기지 개척 · 116
4. 십삼도의군의 편성과 광무황제 파천계획 · 122
5. 성명회聲明會의 조직과 병탄 반대투쟁 · 130
6. 맺음말 · 139

제2부 안중근의 의병투쟁과 동의단지회

■ 안중근의 연해주 의병투쟁 ······ 145

1. 머리말 · 145
2. 국외 망명과 의병 투신 · 148
3. 국내진공전략과 도강의병 · 156
4. 국내진공작전의 전개 · 168
5. 맺음말 · 184

■ 안중근의 동의단지회 ······ 189

1. 머리말 · 189
2. 안중근과 동의회의 관계 · 191
3. 국내진공작전의 전개 · 194
4. 동의단지회의 결성 · 198
5. 맺음말 · 217

제3부 만주지역 무장독립운동

■ 만주 독립군의 편성과 독립전쟁 ······ 223

1. 독립군의 편성과 국내진입작전 · 223
2. 봉오동승첩과 청산리대첩 · 243
3. 경신참변과 자유시참변 · 270

■ 독립군과 한국광복군의 항일무장투쟁 ······ 291

1. 머리말 · 291
2. 독립군의 항일무장투쟁 · 293
3. 한국광복군의 항일무장투쟁 · 310
4. 맺음말 · 320

제4부 간도 한인사회의 수난

■ 경신참변의 분석 연구 ········· 327

1. 머리말 · 327
2. 경신참변의 시대적 배경 · 330
3. 일본군의 간도 침공 · 336
4. 경신참변의 실상 · 346
5. 맺음말 · 363

■ 만주국 시기 연변지역 한인의 수난 ········· 367

1. 머리말 · 367
2. 만주국 시기 연변지역 한인사회 규모 · 370
3. 일제의 만주 한인 지배정책 · 373
4. 일제의 연변지역 한인 지배양상 · 380
5. 맺음말 · 399

제5부 해방 후 만주·연해주 한인의 귀환

■ 시베리아지역 소련군 한인 포로의 귀환 ········· 405

1. 머리말 · 405
2. 소련군의 만주 점령과 한인 포로 · 407
3. 포로수용소 억류와 강제노역 · 412
4. 한인 포로의 귀환과정 · 421
5. 맺음말 · 425

■ 만주국군 출신 한인의 귀환 ········· 431

1. 머리말 · 431
2. 일제 말기 만주지역의 한적군인 · 433
3. 만군 출신 한인의 귀환 · 437
4. 맺음말 · 453

참고문헌 · 459 / 찾아보기 · 467 / 수록논고 원제목 및 발표지 · 491

제1부

유인석과 이상설의 연해주 항일투쟁

유인석의 국외 항일투쟁 노정

1. 머리말

1876년 강화도조약을 강요함으로써 조선의 문호를 강제로 개방한 일제는 이후 1894년 청일전쟁, 1904년 러일전쟁 등 침략전쟁을 연이어 도발하면서 1910년 국치에 이를 때까지 한국침략의 강도를 점진적으로 더해 갔다. 한민족의 국권수호투쟁도 이러한 일제침략의 여러 양태와 강도에 상응해서 심화 발전되어 갔으며, 다양한 형태로 전개되었다. 그 가운데서도 항일투쟁의 중심축을 이루면서 이를 선도하였을 뿐 아니라 가장 강력한 저항을 전개한 세력이 의병이었다. 박은식이 의병을 민족의 정수精髓로 단정한 것도 이런 맥락에서였다.

일제침략이 가속화되는 청일전쟁 이후 1894~5년부터 국치 이후까지 거의 20여 년간 지속된 의병전쟁은 연인원 수십만 명이 참여하고 무수한 인명이 희생된 국민 총력전이었다. 유인석은 이러한 의병전쟁을 주도한 여러 의병장 가운데서도 두드러진 인물 가운데 한 사람이다. 전국 의병의 선도적 역할을 수행한 면에서, 의병전쟁의 전국적 파급에 미친 영향력의 면에서, 투쟁의 장기지속성 면에서, 의병항전을 뒷받침하는 정치精緻한 이론의 담지자라는 면에서, 그리고 국내 의병을 국외로 확대시킨 국외무장투쟁의 연원이라는 면에서 그를 한말 의병의 상징적 인물로 평가할 수 있는 것이다.

이와 같은 견지에서 학계에서는 그 동안 유인석의 사상이나 학문, 그리고 그가 주도한 제천의병과 십삼도의군十三道義軍 등을 비롯한 항일투쟁의 내용에 대해 다양한 접근이 이루어져 왔다. 그 결과 유인석의 활동과 사상의 전모가 상당히 밝혀졌으며, 이에 따라 항일투쟁사에서 차지하는 그의 역사적 위상도 어느 정도 정립되기에 이르렀다고 생각한다.

유인석은 1895년 의병에 투신한 이후 1915년 작고할 때까지 20년간 국내외 각지를 전전하였다. 그의 부단한 행로는 곧 고심혈통苦心血痛의 투쟁의 여정으로, 그만큼 어려웠던 시대적 여건을 반증할 뿐만 아니라 강경한 투쟁노선을 견지하고 있었음을 생생하게 입증한다. 그러므로 유인석 연구에서 그의 국외 이동경로를 파악하는 작업은 최우선적으로 선결해야 할 과제라 할 수 있다.

따라서 이 글에서는 서간도와 러시아 연해주 등지에 걸친 유인석의 국외 이동경로를 파악해 보고자 한다. 그 가운데서도 특히 연해주에서의 이동경로는 그 동안 이루어진 유인석 연구의 큰 공백이었다고 해도 과언이 아닐 정도로 알려진 바가 적었다.

본고에서는 유인석의 국외 활동을 크게 세 부분(시기)으로 나누어 ① 제1, 2차 서간도 망명시기, ② 연해주 망명시기, ③ 제3차 서간도 망명시기 등으로 장을 설정하였다. 1895~1900년간에 걸친 제1, 2차 서간도 망명은 시기적으로 연속되어 있고, 1908년부터 1915년 임종 때까지 걸쳐 있는 연해주 망명과 제3차 서간도 망명이 역시 시기상 연속된다. 곧 2차 서간도 망명과 연해주 망명 사이의 8년의 간극을 제외하면 일관되게 망명 항일투쟁을 지속했다고 할 수 있다.[1)]

필자는 국외 독립운동 유적지를 총체적으로 조사하기 위한 목적에서

1992년부터 2001년까지 서간도 1회, 북간도 3회, 시베리아 연해주 3회에 걸쳐 지속적으로 현지를 답사해 왔다. 특히, 2001년 여름 국가보훈처의 지원을 받아 시베리아 연해주지방 독립운동 유적지를 집중적으로 조사하는 과정에서 유인석의 연해주지방 이동경로 확인과제에 대해서도 소기의 성과를 거두었다고 생각한다. 이와 같은 현지답사에서 얻은 성과와 관계 문헌자료의 접맥을 통해 유인석의 국외에서의 이동경로를 구체적으로 추적해 보려는 것이다.

2. 제1, 2차 서간도 망명시의 노정

유인석은 1895년 의병항전에 투신한 이후 일생동안 세 차례에 걸쳐 서간도 땅을 밟았다. 1915년 74세를 일기로 파란만장한 생애를 마감한 곳도 역시 서간도였다. 유인석의 장기적이고, 지속적인 국외 망명은 일제침략의 강도와 국외 망명지의 여건 변화에 상응해 능동적으로 전개한 계기적 투쟁 속에서 결행된 결과였다. 첫 번째, 두 번째 서간도 망명은 연속되어 있지만, 세 번째 망명은 연해주 망명지에서 최후의 귀착지로 서간도를 택하여 그곳으로 이동해 간 것이다.

유인석이 이끈 제천의병은 활동 근거지였던 제천·충주 일대를 상실한 뒤 서행길에 올라 황해도와 평안도를 거쳐 1896년 8월 23일 천신만고 끝에 압록강변의 초산에 도착하였다. 유인석은 이곳에서 다시 한 번 친일개화파 관리들의 각성을 촉구하는 「재격백관문再檄百官文」을 남긴 채 휘하 의병을

1) 2차 서간도 망명에서 귀국한 뒤 연해주로 망명할 때까지 8년간에 걸쳐 유인석은 황해도와 평안도, 곧 양서지방 각지를 부단히 전전하면서 실로 정력적인 항일활동을 펼쳤다. 그러므로 항일의식과 투쟁의 면에서 본다면 전후 시기의 망명활동과 동일한 궤적을 가졌다고 할 수 있다.

거느리고 압록강을 건너 서간도로 들어갔다. 이것이 제1차 서간도 망명으로 국외 망명활동의 시작이었다.

한편 이에 앞서 이범직李範稷은 신지수申芝秀와 함께 선발대를 이끌고 강을 건너 서간도 지역으로 들어갔다. 그러나 그 곳 수장 왕무림王茂林이 의병에 핍박을 가해 오자 이범직은 참모관 권기수權夔洙와 같이 본진의 전도前導가 되기 위해 초산으로 되돌아왔으나, 국경지대를 정찰하던 조승현趙承顯부대에 체포되어 권기수와 함께 살해당하였다.2) 이러한 선발대의 희생은 서간도로 망명하는 과정에서 유인석이 당한 최초의 시련이었던 셈이다.

유인석의 본진도 역시 서간도에 들어간 직후 회인현재懷仁縣宰 서본우徐本愚의 제지를 받았다. 의병의 체류를 허가할 수 없으므로 귀국을 종용해 온 것이다. 결국 8월 29일 유인석은 파저강波豬江[渾江] 강변의 사첨자沙尖子에서 무장을 해제하고 이곳까지 천신만고를 겪으면서 따라온 240명의 의병을 해산하고 말았다. 그 가운데 유인석 이하 원용정元容正·유홍석柳弘錫 등 21명만이 심양瀋陽으로 향하였으며, 나머지 219명은 강제로 해산, 귀국하였다. 이로써 거의일(1896.2.8)부터 해산일(1896.8.29)까지 총 202일간에 걸친 그의 공식적인 을미의병 활동은 종료되었다. 이후 유인석은 장기지속적인 형태로 항일투쟁의 방향을 전환시켜 갔다.

유인석이 의병을 해산한 사첨자는 현재의 중국 행정구역으로 길림성 환인현桓仁縣 사첨자진沙尖子鎭이다. 그곳은 초산 압록강 국경에서 직선거리로 50Km 정도 떨어져 있는 산악지대로, 사첨자 마을 앞을 혼강의 본류가 흐르고 있다. 또한 사첨자 부근에는 후술할 유인석의 만년 거주지 방취구芳翠溝가 위치해 있다.

의병 해산 이후 유인석은 청나라에 군사원조를 요청하기 위해 심양으로 들어갔다. 그곳에서 그는 문인 원용정·박정수·정운경 등에게 글을 주어

---

2) 李正奎, 「六義士列傳」(독립운동사편찬위원회 편, 『독립운동사자료집』 1, 1971), 202~204쪽.

원세개袁世凱에게 원병을 청하였으나 만족할 만한 반응을 얻지 못하였다. 이에 유인석은 '걸원청국乞援淸國' 계획을 단념하고 1896년 9월 통화현通化縣 오도구五道溝로 들어가 재기항전을 위한 근거지를 구축하려 하였다.

유인석이 수의처守義處로 삼았던 통화현 오도구는 현재의 행정구역상 길림성 유하현柳河縣 오도구향五道溝鄕이다. 이곳은 1876년 통화현이 설치되자 통화현 소속이었으나, 1902년 유하현이 독립 설치되면서 유하현에 편입되었다. 그리고 1945년에 오도구촌으로, 1956년에 다시 오도구향으로 확대되어 현재에 이르고 있다. 오도구향은 유하현의 중부지역으로, 그 북쪽으로는 육도구향六道溝鄕, 남쪽으로는 대전자향大甸子鄕, 그리고 서남쪽으로는 삼원포진三源浦鎭과 접해 있다. 특히 그 가운데서도 초기 한인 이주 정착지이며 서간도 독립운동 근거지였던 삼원포와 인접해 있어, 유인석의 망명활동과의 관련성 여부가 주목된다.3)

1897년 3월(음) 유인석은 오도구를 떠나 같은 해 5월(음) 회인현 호로두葫蘆頭로 거처를 정하였다. 이곳에 이거한 뒤 1897년 7월(음) 문인들인 홍선표洪選杓와 이조승李肇承에게 보낸 서신에서 유인석은 자신의 주소지를 '회인현懷仁境 상루하구리上漏河溝裏 호로두촌呼蘆頭村'으로 적고 있다.4) 이곳을 현지 답사한 한 보고서에 의하면, 오늘날에는 환인현 사첨자향沙尖子鄕 영벽산촌影壁山村 호로두葫蘆頭로 바뀌었다고 한다.5)

유인석은 1897년 8월(음) 서상무徐相懋·김연식金璉植 양인으로부터 고종의 소명召命을 받고 귀국길에 올랐다. 압록강을 건너와 초산에서 그는 고종에게 두 번째 상소를 올려 거의 이후 망명행적을 밝히며 그 정당성을 천명하였다.6)

---

3) 尹炳奭 外 5인, 『中國東北지역 韓國獨立運動史』, 집문당, 1997, 199쪽; 吉林省 柳河縣 五道溝鄕志編纂小組, 『五道溝鄕志』, 1983, 103쪽.
4) 李九榮 編譯, 『湖西義兵事蹟』, 修書院, 1993, 180쪽(원문 671쪽).
5) 尹炳奭 외 5인, 『中國東北지역 韓國獨立運動史』, 611쪽.
6) 『昭義新編』(국사편찬위원회, 1975), 「因召命入疆至楚山陳情待罪疏略」, 46쪽.

유인석은 춘천으로 돌아와 양모 덕수이씨의 대상大祥에 참례하였다. 그러나 제천의병에 의해 친일개화파 관리로 지목되어 처단된 단양군수 권숙權潚의 아들이 부친의 원수를 갚고자 유인석 암살을 기도한 사건이 일어났다.[7] 이 사건을 계기로 그는 다시 서간도 망명을 결심하게 되었다.

1898년 윤 3월 통화현 오도구로 2차 망명한 유인석은 그해 10월(음) 다시 통화현 팔왕동八王洞으로 이주하였다. 팔왕동의 현재 위치는 아직까지 확인되지 않고 있다. 정화용의 문상차 '삼가붕三家棚'으로 간 뒤 다시 팔왕동으로 들어갔다고 한 것으로 보아 오도구에서 멀지 않은 곳으로 추정되지만, 그 구체적인 위치는 알 수 없는 실정이다.[8] 이곳에서 그는 1900년 의화단의 난으로 인해 평북 강계로 내려올 때까지 약 2년 동안 주로 저술에 전념하면서 지냈다.

3. 연해주 이동 노정

1) 연해주 망명의 배경과 동기

의화단의 난을 계기로 서간도 망명지에서 귀국한 이래로 1908년 러시아 연해주로 망명할 때까지 수년 동안 유인석이 이동한 노정은 실로 한 순간도 간단없이 연속되어 있다. 그는 이 기간에 주로 황해도와 평안도, 곧 양서지방 각지를 부단히 전전하면서 문인들을 양성하는 한편, 주민들에게 위정척사·존화양이론에 기초한 항일민족의식을 고취하는 데 주력하였다. 즉 그는 평산의 산두재山斗齋, 용천의 옥산재玉山齋, 개천의 숭화재崇華齋, 은율의

7) 昭義新編』, 「同義同門書」(李弼熙等)·「同志完議」(朴貞洙)·「讐辨」(李正奎), 196~203쪽.
8) [추기] 팔왕동이 곧 集安縣 財源鎮에 있는 覇王朝村의 별칭임이 뒷날 연구에서 밝혀졌다.

흥도서사興道書社를 활동 근거지로 삼고 그 주변의 철산·안주·선천·평양·용강·서흥·해주 등지를 부단히 왕래하면서 문인들을 양성하였을 뿐만 아니라, 강습례와 향음례를 통해 각지 주민들에게 화이론에 입각한 항일투쟁의식을 불어넣었던 것이다.[9)]

러일전쟁이 일제의 승리로 귀착되고 1905년 11월 을사조약이 강제로 체결되자 대한제국의 국권은 일제의 수중으로 떨어지고 말았다. 특히 헤이그 특사 의거가 빌미가 되어 1907년 7월 광무황제가 강제 퇴위당하고 정미칠조약이 체결됨으로써 내정권까지 일제에 의해 강탈당하고 말았다. 항일민족운동가들이 국내활동을 포기하고 장기지속적인 항일투쟁을 위해 새로운 근거지를 찾아 서북간도와 연해주, 그리고 미주 등지로 탈출하게 되는 것은 이러한 배경에서였다. 67세 고령에도 불구하고 유인석이 러시아 연해주로 망명을 결행하게 되는 것도 참담한 민족적 위기상황을 타개하기 위한 시대의 추세를 반영한 결과였다.

유인석의 연해주 망명 시기는 여러 정황을 종합해 볼 때 적어도 1908년 5월 이전으로 추정된다.[10)] 유인석의 「연보」에 의하면, 1907년 7월(음)에 이미 연해주 망명을 결심하였으나 이병罹病으로 지연되어 1908년 7월(음)에 이르러 블라디보스토크로 망명한 것으로 되어 있다.[11)] 또 서울에서 역까지 나와 연해주를 향해 발정發程하는 유인석을 배웅했던 문인 이정규李正奎는 6월 26일(음 5.28) 부산을 향해 떠난 것으로 기록하고 있다.[12)] 그러나, 이

---

9) 朴敏泳, 『大韓帝國期 義兵硏究』, 한울, 1998, 66쪽. 1900년 2차 서간도 망명에서 귀국한 이후 1908년 연해주로 망명할 때까지 유인석의 활동 노정을 그의 연보에 의거해 개략적으로 추적해 보면 다음과 같다.
 평산-구월산-해주-평산-숙천-태천-철산-용천-안주-묘향산-개천(石溪)-평양-용강-선천(內山寺)-용천-개천-송화-해주-평산-연안-여주-춘천(가정리)-개천-평산-은율-구월산(停穀寺)-평산-춘천(가정리)-谷雲山(현 화악산)-제천-홍천-곡운산-포천(雲潭)-평산-은율-개천-선천-개천-곡운산-평산-서흥(續命寺)-평산-은율-춘천(가정리).

10) 朴敏泳, 『大韓帝國期 義兵硏究』, 71쪽.

11) 『毅菴集』(景仁文化社, 영인본, 1973) 권55, 「年譜」, 699~700쪽.

12) 李正奎, 「從義錄」(독립운동사편찬위원회 편, 『독립운동사자료집』 1, 1971, 513쪽.

기록들은 착기錯記가 아닌가 의심이 간다. 1908년 1월부터 같은 해 5월까지 블라디보스토크에 체류하였다는 조창용趙昌容이 주로 연해주에서의 활동을 일기식으로 자필 기술한 「해항일기海港日記」 속에 이미 유인석이 등장하고 있는 것으로 보아,[13] 또 이범윤과 최재형이 연합해 국내진공을 단행할 때(1908.7) 유인석이 문인 박치익朴治翼을 보내 원조하였다는 기록으로 보아[14] 유인석은 적어도 1908년 5월 이전에 망명한 것으로 추측되기 때문이다. 나아가 1908년 7월 이전 연해주 망명을 인정하게 되면, 유인석으로 추측되는 의병총대장 '김두성金斗星'의 실체가 더 명확해질 수 있다. 뿐만 아니라 유인석을 뒤따라 연해주로 들어가 함께 독립운동을 벌였던 그의 아들 유해동柳海東(유제춘柳濟春의 이명, 당시 17세)의 증언에서도 아버지 유인석은 1908년 2월에 망명하고 본인은 같은 해 8월에 연해주로 망명한 것으로 밝혀놓아 이를 유력하게 뒷받침하였다.[15]

유인석의 연해주 망명은 2차에 걸친 서간도 망명 이후 세 번째 결행되는 국외 망명이었으며, 이후 다시는 고국 땅을 밟지 못하였다. 그는 블라디보스토크로 가는 배 안에서 자신의 비장한 심정을 다음과 같은 시로서 읊었다.[16]

병든 한 몸 작기도 한데　　휘달리는 범선 만 리도 가볍구나
국명은 지금 어떠한가　　천심이 이 길을 재촉하도다
풍운은 수시로 변하고　　일월만이 홀로 밝도다
주위의 한가로운 소리에　　나의 심정 아득해진다

---

13) 趙昌容, 『白農實記』, 독립기념관 한국독립운동사연구소, 영인본, 1993, 132쪽.
14) 『毅菴集』 권55, 「年譜」, 701쪽.
15) 趙東杰, 「安重根義士 裁判記錄上의 人物 金斗星考」, 『春川敎大論文集』 7, 1969, 39쪽; 趙東杰, 『독립군의 길따라 대륙을 가다』, 지식산업사, 1995, 113~114쪽.
16) 『毅菴集』 권2, 詩, 「北海舟中作」, 27쪽. "裝病一身小 / 揚帆萬里輕 / 國命今何境 / 天心付此行 / 風雲時變化 / 日月獨生明 / 傍人空笑語 / 茫昧我中情"

2) 연해주에서의 이동노정

러시아 연해주 한인사회에서 통용되던 현지 지명은 여러 계통을 가지고 있다. 중국식 지명을 한국식 한자명으로 통용하는 경우를 비롯해 중국식 지명을 원음에 가깝게 그대로 발음하는 경우, 러시아식 지명의 뜻을 한국식으로 발음하는 경우 등등 다양한 용례를 보이고 있다. 한인사회의 동정을 파악하던 러시아 당국의 다음과 같은 지적은 연해주 한인 지명문제에 대한 복잡한 성격의 일단을 잘 보여주는 대목이라 할 수 있다.

> 하바로프스크 · 블라디보스토크와 기타 지역의 한국식 명칭에 대해서는 다음과 같은 점을 지적할 필요가 있다. 즉 산 · 강 · 호수, 그리고 여타 지정학적인 위치에 대해서와 마찬가지로 정확하게 오블라스치 · 도시 · 군 · 마을 · 소촌락 등과 같은 연흑룡주의 행정구분을 뜻하기 위해 한인들은 독자적인 지정학적 명칭을 사용하고 있는데, 그 중 일부는 이 크라이의 고래로부터 유래되어 중국인들이 여기저기에 예로부터 갖다붙인 한문(식 지명)을 한국어식으로 바꾼 것이며, 다른 것들은 해당 지역에 대한 러시아식 명칭과는 상관없이 한인들 자신이 그들의 거주지에 대하여 새롭게 만들어서 통용하는 것이며, 아주 소수의 명칭만이 러시아식에 상응하는 명칭을 모사模寫하려는 시도를 보여주고 있다. 이런 경우에 물론 때때로 상당한 정도의 왜곡이 있게 되는데, 이러한 왜곡은 러시아 단어의 한국식 발음의 특징, 그리고 편지에 지정학적인 명칭을 묘사하는 방법에 의해서 생겨나는 것이다. 이런 드물지 않은 경우에 러시아식 이름을 가지고 해당 지역의 한국식 명칭을 확인하거나 한국식 명칭을 따라 어떠한 지점을 결정할 때, 물론 그곳이 익숙한 장소이고 확고하게 자리잡힌 그들의 이름이 아니라면, 심지어 한인들 자신의 도움을 받더라도 그 소재지를 찾는 일은 상당히 어렵다.[17)]

---

17) 國史編纂委員會 編, 『韓國獨立運動史-資料』, 「18. 연해주한인사회에 대한 요약보고」.

연해주 한인사회에서 일반적으로 사용하던 지명의 유래는 이처럼 복잡하였고, 그만큼 다양한 형태로 표기되고 있었다. 이처럼 복잡한 여러 계통의 지명이 혼재되던 이유는 중국식 지명 위에 러시아식 지명이 첨기되고, 여기에다 한국식 지명이 관입됨으로써 한·중·러 3국 지명이 공존하고 있었기 때문이다. 이러한 현상은 중국 영토이던 연해주를 러시아가 영유한 상황에서 한인들이 이곳으로 이주하게 된 결과였다. 이 점을 염두에 두고 러시아 연해주에서의 유인석의 이동 노정을 파악해 보고자 한다.

유인석이 연해주에서 처음 도착한 곳은 블라디보스토크였다. 일관된 거의擧義 노선과 화이론華夷論에 바탕을 둔 그의 항일이념의 구현노력이 이곳에서는 일단 한계에 다다른 것으로 보인다. 의리와 명분으로 뭉쳐진 그의 경직된 사고와 행동이, 다양한 이념과 방략을 추구하던 민족운동자들이 대거 운집해 있던, '호수'와도 같던 당시 블라디보스토크의 분위기와 조화를 이루면서 추구되기에는 일정한 벽이 있었다고 생각된다. 이미 그곳 한인사회를 주도해오던 김학만·차석보·양성춘 등의 세력과 역할로 인해 유인석으로서는 운신의 폭이 극히 제한될 수밖에 없었던 것이다.[18] 이에 유인석을 비롯한 이범윤 등의 의병파들은 블라디보스토크를 떠나 연추煙秋로 이거해 이곳을 활동 근거지로 삼았다.

유인석은 블라디보스토크에서 1908년 추석을 맞은 뒤[19] 이곳을 떠나 연추煙秋 중별리中別里로 이거하였다. 그가 연추로 건너간 것은 이곳에다 활동 근거지를 두고 강경한 항일전을 표방하던 이범윤李範允 및 최재형崔在亨의 연해주의병과 합류하기 위해서였다. 이곳에서 그는 연해주의병의 국내진공을 지원하고, 스찬(수청水清·소성蘇城, 현 파르티잔스크)지역의 한인들에게 의병 후원을 독려하는 글을 보내고, 「의병규칙義兵規則」 등을 제정해 항일의

18) 朴敏泳, 「韓末 沿海州義兵에 대한 考察」, 『仁荷史學』 1, 仁荷歷史學會, 1993, 86~87쪽.

19) 『毅菴集』 권2, 詩, 「戊申秋夕在海港共吟」, 27쪽.

병의 전열을 재정비코자 하였다.[20]

유인석이 머물던 연추는 연해주의병의 총본산이기도 하였다. 연추는 이주한인이 밀집해 거주하던 추풍秋風, 우수리스크[蘇王嶺] 일대에서 남쪽 두만강으로 가는 도로로 연결되어 있고, 블라디보스토크에서는 포시에트항까지 정기여객선이 내왕하고 이곳에서 다시 육로로 연접한 교통상 요지이다. 또한 남쪽으로는 포시에트만을 사이에 두고 포시에트와 연접해 있으며, 서쪽으로는 한인 최초 이주지로 대규모 한인마을이 형성되어 있던 지신허地新墟와도 근접해(15Km 상거) 있었다. 또한 그곳에서 남쪽으로 난 길을 따라 가면 두만강변의 국경도시 핫산(54Km 상거)에 이른다. 뿐만 아니라 연추는 중국 혼춘琿春과도 육로로 연결되어 북간도 한인사회와 긴밀히 연계되는 지리적 이점이 있었다. 결국 연추는 이주 한인이 가장 많이 집중되어 있던 남우수리구역의 중앙에 자리잡고 있던 요지였다고 할 수 있다.

블라디보스토크에서 연추로 내왕하는 교통을 보면, 블라디보스토크에서 슬라비얀카를 기항한 뒤 포시에트간을 주 2회 왕복하는 러시아 기선 우수리호가 있었다. 이 배는 오전 8시에 블라디보스토크를 출항하여 당일 오후 5시경 포시에트 항구에 도착하였다. 그리고 포시에트에서 연추까지는 육로로 13Km에 불과하였다. 당시 연추와 해삼위를 왕복하던 한인 지도자들은 대개가 이 교통로를 이용하였던 것이다.[21]

그리하여 이곳에는 연해주의병의 결사에 해당하던 창의회彰義會/倡義會와 동의회同義會의 본부가 자리잡고 있었다. 또한 연해주의병의 핵심 인물인 최재형과 이범윤 모두 연추에 거주하고 있었다.

무릇 연추는 연해주의병의 편성에서부터 모병募兵, 활동에 이르기까지 의병기지로서의 역할을 담당하고 있었다. 그러므로 국내에서 북상하던 의병계열의 인물들도 자연 이곳 연추로 운집하였다. 유인석柳麟錫을 비롯해 홍범

20)『毅菴集』권55,「年譜」, 701쪽.

21) 國史編纂委員會 編,『韓國獨立運動史-資料 7』, 261쪽 참조.

도洪範圖 · 안중근安重根 · 이위종李瑋鍾 · 조상갑趙尙甲 · 이남기李南基 등 의병장급부터 일반 사졸에 이르기까지 다양한 인물들이 연추로 운집, 연해주의병에 동참하였던 것이다.[22]

그런데 연추는 북쪽 중국경 방면에서부터 남쪽으로 상, 중, 하별리 순으로 세 개의 마을이 연추강을 따라 남북으로 길게 뻗어 있었다. 상, 중, 하별리는 경우에 따라서 상, 중, 하연추로 불리기도 하였다.[23] 1880년대의 기록으로 추정되는 『아국여지도俄國輿地圖』[24]에서 연추의 규모에 대해서 "동서 6~7리, 남북 27리"라고 한 것은 이 일대에 산재한 여러 한인 마을을 하나로 묶어서 '연추아민촌延秋我民村'으로 기술하였기 때문이라고 생각된다.[25] 현재 흔히 연추로 알고 있는 '크라스키노'(구 노우키예프스크)라 불리는 곳은 원래 대규모의 러시아 군대 주둔지였다. 군사정보 기록에 가까운 『아국여지도』에는 '연추영도煙秋營圖'가 따로 작성되어 있고, 그 규모에 대해 "동서 7리, 남북 10리"에, 기병 2천 명, 보병 1천 5백 명, 당보순군塘步巡軍 2백 명, 사포군使礮軍 120명, 지방관 1인, 관민관管民官 1인, 대소 장관將官 50여 명" 등 4천여 명의 군인이 주둔해 있었던 것으로 밝혀 놓았다.[26] 지금도 이 때 사용되

---

22) 朴敏泳, 『大韓帝國期 義兵硏究』, 310쪽.

23) 예를 들면 이종호의 집은 下煙秋에 있었는데 이곳은 또 下別里로도 불렀다(「朝憲機 제1390호」: 1911.7.5, '6월 21일 이래 木藤 통역관이 嚴仁燮으로부터 얻은 정보').

24) 『俄國輿地圖』는 金光薰과 申先郁에 의해 1880년대에 기록된 것으로 보인다. 여기에는 연해주 한인마을의 위치와 개황, 그리고 러시아 군대배치 등 군사상황을 현지답사를 통해 수집한 정보를 바탕으로 세밀하게 기술되어 있다. 연해주 초기 한인사회 연구에 귀중한 자료이다. 원본은 장서각에 소장되어 있으며, 역시 장서각 소장으로 자료상 성격을 같이 하는 『江左輿地記』 및 『江北日記』 등과 함께 묶어 한국정신문화연구원에서 1994년에 『江北日記 · 江左輿地記 · 俄國輿地圖』라는 서명으로 영인 출간하였다.

25) 『俄國輿地圖』 속의 「延秋營圖」(173쪽)에서는 군영의 서북쪽에 러시아인 마을인 '延秋民村'이 그려져 있고 여기에 '我民新墾'이라고 기입한 것으로 보아, 러시아인 마을 부근에 한인들이 이주해 새로운 마을이 형성되고 있던 단계로 보인다. 이 마을이 후술할 하별리가 아닌가 한다. 그렇다면 「延秋我民村圖」에서 연추 한인 마을이 군영의 북쪽 10리부터 시작되고 있다고 한 것은 하별리 마을이 미처 형성되기 이전 단계의 한인마을의 위치를 기술한 것으로 추정해 볼 수 있다.

던 적색 벽돌로 된 군영 건물의 폐잔해가 중심거리인 레닌거리의 '다무지너' 일대에 남아 있다.[27]

연추 가운데서도 유인석이 거주하던 중별리가 한인 민족운동자들의 활동 중심지였다. 강경 무장투쟁 노선을 지향하던 의병파('과격파')들의 집결지이자 활동 근거지였던 중별리는 계몽파들이 활동하던 블라디보스토크의 신한촌과 함께 초기 러시아 한인민족운동사에서 매우 중요한 의미를 가지고 있는 곳이다. 하지만, 중별리의 정확한 위치는 아직 밝혀지지 않고 있는 실정이다. 현재로서는 다음과 같이 연추지역 세 한인마을의 위치를 합리적으로 추론해 볼 따름이다.

하별리는 현재 크라스키노 서북쪽 시가지 일대에 자리잡고 있었던 것으로 상정해 볼 수 있다. 이곳에는 원래 러시아인 촌락이 들어서 있었는데, 한인들도 1890년대부터 러시아인촌 부근에 자리잡고 하별리 마을을 형성하게 되었던 것으로 보인다.

중별리는 현재 크라스키노에서 직선거리로 북쪽으로 3Km 떨어진 '추카노보' 마을 일대로 추정된다.[28] 그러나 과거 중별리 마을과 오늘날 추카노보 마을이 완전히 일치하는지의 여부는 확인할 수 없는 실정이다.

상별리는 추카노보에서 다시 북쪽으로 직선거리로 9Km 정도 떨어진 지점에 자리잡은 '베르흐얀치허'(상연추) 일대로 추정된다. 중러 국경지대에 자리잡은 베르흐얀치허는 지도상에 표기된 지명으로만 확인했을 뿐 필자가 답사한 곳이 아니다. 그러므로 현지에 주민들이 거주하는 마을이 존재하는지 여부조차도 현재로서는 확언하기 어렵다.

---

26) 『俄國輿地圖』, 193쪽.

27) 2001년 7월 19일 크라스키노 현지답사에서 확인한 내용이다.

28) 추카노보 마을은 안중근의 단지동맹 장소로 알려져 최근 주목을 받아왔다. 안중근이 1909년 2월 동지 11명과 함께 단지동맹을 결행한 장소가 일제측 기록에 연추 부근의 작은 마을 '카리'[下里]라고 되어 있다. 현재 카리 마을의 위치를 단정하기는 어렵지만, 카리가 하별리를 의미하는 것으로 보인다.

이상에서 비정한 상, 중, 하별리 등 연추지역의 대표적인 세 한인마을의 위치는 어디까지나 추론에 불과한 것이다. 앞으로 심도있는 조사가 더 진행되면 중별리를 비롯한 세 마을의 위치와 규모가 더욱 확실하게 파악될 것으로 기대된다.[29)]

유인석이 연추로 옮아간 시기는 그해 여름 수차에 걸쳐 결행된 연해주의병의 대규모 국내진공작전이 '실패'로 귀착된 직후로, 현지 의병의 두 거봉인 이범윤과 최재형 양인간에 불화가 야기되는 등 의병 침체기였다. 이에 유인석은 양인간의 화해를 시도하고 의병 진작을 위해 진력하였지만, 대세를 만회하기에는 한계가 있었다. 그해 겨울 중별리에서 읊은 다음 시는 그의 우울한 심경을 잘 드러내고 있다.[30)]

> 지금은 어떤 날이며 여기는 어디인가
> 하물며 칠순 나이에 병든 노인임에랴
> 아들 조카 마주보니 근심은 다시 급해지고
> 고향땅 돌아보니 아픔은 끝이 없다
> 차가운 산 녹여버릴 붉은 해는 솟아나고
> 늙은 매 기운차게 큰 바람 일으키네
> 경물景物도 오히려 날 때 모습[生態] 지니고 있나니
> 한 잔 술로서 억지로 마음을 달래누나

이듬해(1909) 2월(음) 유인석은 연추 중별리를 떠나 새로운 활동방안을 모

---

29) [추기] 상, 중, 하연추의 위치 비정문제는 그 동안 현지답사와 문헌 자료를 통해 연구가 상당히 진척되어 오늘날 추카노보 마을이 과거 하연추였던 것으로 확인되었다(반병률, 「러시아 연해주 한인마을 연추의 형성과 초기 모습」, 『동북아역사논총』 25, 2009; 『러시아 연해주 독립운동유적지 조사보고서』, 독립기념관 한국독립운동사연구소, 2012).

30) 『毅菴集』 권2, 詩, 「中別里冬朝」, 27쪽; 金永德 主編, 『柳麟錫全集(1)』, 黑龍江朝鮮民族出版社, 1990, 280쪽. "今其何日此何地 / 況以七旬年病翁 / 兒侄對看愁更急 / 家邦回首痛靡窮 / 寒山衝意來紅日 / 老鶻增豪起迅風 / 景物猶然有生態 / 且將盃酒强寬胸".

색하면서 서계동西溪洞/瑞溪洞으로 처소를 옮겼다.[31] 서계동에서는 한 달 가량 머물렀던 것으로 보인다. 그해 3월(음) 시지미時芝味로 이거했다고 한 것으로 보아 그러하다. 연해주에서 지내는 기간 내도록 그의 생활은 극히 곤궁했지만, 그 가운데서도 이 무렵이 특히 궁핍했던 것 같다.[32] 중별리에서도 길주인吉州人 여광국呂光國 노인의 집을 빌려서 거주하였고, 양식이 떨어져 끼니를 잇기가 어려울 정도였다고 한다. 시지미로 이거한 것도 그의 궁핍한 처지를 딱하게 여긴 현지인 이형재李亨在의 호의에 기인한 것이었다.[33]

서계동은 그 동안 위치가 알려지지 않았던 한인마을이었으나,『아국여지도』를 통해 문헌상으로나마 그 위치를 확인할 수 있게 되었다. 순수 한인촌인 이 마을은 연추에서 서쪽으로 직선거리로 15Km 가량 떨어져 있던 지신허 마을의 초입에 자리잡고 있었다. 곧 연추에서 30리 동쪽으로 떨어져 있는 지신허 외곽의 작은 마을로, 주민수는 1880년대에 23가구 162명이었다고 한다.[34] 하지만, 현재는 폐촌으로 변해 그 자리를 확인하기가 어려운 실정이다.

시지미 역시 그 동안 위치가 확인되지 않았던 한인 마을이다. 서계동과 마찬가지로 1937년 한인 강제이주 이후 폐촌이 되고 말았다. 그러므로 그 정확한 위치를 확인하기가 쉽지 않다. 하지만 과거 시지미강이 현재 나르바강으로 바뀌어 불리는 것은 거의 확실하므로,[35] 이로 미루어 마을의 대략적인 위치를 가늠할 수 있다. 과거 연해주 일대에 형성된 마을들은 대개 강 줄기를 따라 형성되어 있었기 때문이다. 시지미 마을의 위치는 대략적으로 비정해 볼 때 오늘날의 크라스키노에서 북동쪽으로 직선거리로 65Km

31)『毅菴集』권55,「年譜」, 701쪽.
32)『毅菴集』권55,「年譜」, 701쪽;『毅菴集』권2,, 詩,「絕糧」, 30쪽.
33)『毅菴集』권55,「年譜」, 701쪽.
34)『俄國輿地圖』, 174, 193쪽.
35) 2001년 7월 19일 현지답사에서 시지미 마을의 개략적 위치와 시지미강의 改稱 사실을 부근의 현지 주민들의 증언을 통해 확인하였다.

지점 정도에 위치해 있었다고 생각한다.[36] 이곳은 나르바강의 상류로, 이 강이 서쪽에서 동쪽으로 흐르므로 마을도 강을 따라 동서로 길게 형성되어 있었던 것이다. 『아국여지도』에서 시지미 마을이 동서로 23리(남북으로 6~7리)에 걸쳐 있었다고 기록되어 있는 점도 이를 뒷받침해준다. 시지미 마을에 대해 이 자료에서는 "동북으로 맹고개관關 60리, 남쪽으로 아지미 70리, 서쪽으로 혼춘 지경까지 38리"라 기록하였고, 모두 23호에 216명 거주하고 있었던 것으로 파악해 놓은 점으로 보아 서계동과 비슷한 규모였던 것으로 보인다.[37]

시지미에 유거하는 동안 유인석은 서간도 망명지에서와 같이 망국단望國壇과 망묘단望墓壇을 쌓고 공자 · 주자 · 송자(송시열) 등 세 부자夫子와 이항로 · 김평묵 · 유중교 등 세 선생의 지패紙牌를 모시고 매일 아침에는 단에 올라 절을 하고, 매달 초하루와 보름날에는 상자를 꺼내 지패를 걸어놓고 절을 올렸다.[38]

서계동-시지미를 거쳐 유인석은 1909년 8월(음) 다시 '맹령孟嶺'으로 이거하였다.[39] 시지미촌의 가택이 수재를 만나 휩쓸려간 뒤 문인 이종하李鍾夏의 주선에 힘입어 맹령의 회양동回陽洞으로 옮겨가 그의 옆집에서 살았던 것이다.[40] 이상설이 유인석을 찾아와 장차 독립운동의 방안을 논의한 곳도 바로 맹령이었다.[41]

---

36) 이러한 위치 비정은 미국 마이크로소프트사에서 제작한 전자세계지도인 'Encarta 97 World Atlas'에 표기되어 있는 '시지미'(Sedimi)를 기준으로 한 것이다. 이 지도에는 시지미 외에도 역시 폐촌이 된 'Nizhneye Tizinkhe'(하지신허), 'Verkhne Yanchikhe'(상연추) 등의 지명이 표기되어 있어 한인 마을 위치 비정에 크게 도움을 주었다.

37) 『俄國輿地圖』, 194쪽.

38) 『毅菴集』 권2, 詩, 「築望國望墓壇櫃奉孔朱宋三夫子華重省三先生紙牌」, 「朔望揭奉紙牌行拜」, 30쪽; 『毅菴集』 권55, 「年譜」, 701쪽.

39) 『毅菴集』 권55, 「年譜」, 702쪽.

40) 『毅菴集』 권2, 「芝村被水災移寓孟嶺」, 30쪽; 『毅菴集』 권55, 「年譜」, 701쪽.

41) 『毅菴集』 권55, 「年譜」, 702쪽.

유인석의 「연보」에 명기된 '맹령'은 '멍고개'로 단정해도 좋을 듯하다. 과거 이 일대를 일컫는 중국식 지명인 '몽고가이'를 이주 한인들은 '멍고개'라 불렀다. 또한 한자식으로 표기하는 경우, 이를 음차音借해 '맹고개孟古盖'라 하였다.[42] 유인석은 이러한 맹고개의 '고개'를 '령嶺'으로 훈차訓借하여 '맹령孟嶺'으로 표기한 것이다. 이렇게 유추해 볼 때 맹령은 바로 멍고개(몽고가이)를 일컫는 지명으로 단정할 수 있을 것이다.

멍고개는 오늘날 러시아 군대가 주둔해 있는 '바라바시' 일대를 일컫는 지명이었다. 바라바시는 시지미로부터 북동쪽으로 직선거리로 15Km 떨어져 있다. 『아국여지도』에는 기병 2백 명이 주둔해 있는 병영이 이곳에 있었던 것으로 기록해 놓았는데, 현재에도 이곳에는 대규모 병영이 들어서 있다. 과거의 멍고개 병영 자리가 오늘날의 바라바시 병영 일대에 상당하는 것으로 생각된다. 바라바시 현지 러시아 노인들의 증언에 의하면 시가지 외곽 강변에 있던 한인 마을은 현재 폐촌이 되고 말았다고 한다.[43] 한편 바라바시를 중심으로 한 멍고개에 형성되어 있던 한인 마을의 규모에 대해 1919년의 일제 정보기록에서는 다음과 같이 기술하고 있다.

> 바라바시에는 현재 30여 호의 한인이 살고, 바라바시를 중심으로 그 부근 일대의 소위 몽고가이 지방에는 약 4백 호의 한인이 대개 농업에 종사하고 있다.[44]

이러한 기록을 통해서도 바라바시를 중심으로 그 주변지역 일대를 몽고가이, 곧 멍고개로 불렀던 사실을 확인할 수 있는 것이다. 그리고 바라바시를 관류하는 과거 몽고가이강은 오늘날 바라바세프카강, 혹은 바라바시강으로 불린다. 멍고개 마을도 역시 강줄기를 따라 서북방에서 동남방으로

42) 『俄國輿地圖』, 177쪽.
43) 2001년 7월 19일 현지답사에서 확인한 내용이다.
44) 「機密 제93호」(1919.8.26), '鮮人의 行動에 관한 件'(일본 외교사자료관 소장자료).

길게 늘어져 있었다고 생각된다. 『아국여지도』에 의하면 멍고개는 북쪽으로 암밤비가 70여 리, 서남방으로 시지미가 60리 상거한 지점에 자리잡고 있었고, “해삼위에서 맹고개까지 화선火船으로 반 시간 거리”라고 한 점으로 보아 해안가에 근접해 있었던 것으로 보인다.[45] 맹령 가운데서도 유인석이 살았던 회양동回陽洞이라는 지명은 ‘회양’의 의미로 보아 유인석이 자신이 거주하던 부근을 특별히 명명한 것으로 추정된다.

십삼도의군을 편성한 직후 유인석은 해삼위에서 활동하던 민족운동자들과의 연계 및 국내와의 연락을 위해 맹령을 떠나 블라디보스토크로 갔다.[46] 그는 이곳에서 1910년 조국 병탄을 지켜봤고, ‘병탄’의 불법성을 규탄하고 그 무효를 선언하기 위해 성명회聲明會를 조직하기도 하였다.[47]

1911년 1월(음) 유인석은 다시 블라디보스토크를 떠나 유정구柳亭口로 갔다.[48]

유정구 이거는 국치 전후 국내외 민족운동자들에 의해 추진되던 북만주 봉밀산蜂密山 독립운동근거지 건설계획과 연계되어 있는 것으로 추정되는 까닭에 특별히 주목된다. 그 동안에는 무엇보다 유정구의 위치가 확인되지 않았기 때문에 그 연관성을 주목할 수 없었던 것이다.

---

45) 『俄國輿地圖』, 176~178쪽.

46) 일제 정보기록에서는 유인석이 “10월 15일 몽고가이를 떠나 블라디보스토크 朝鮮町(신한촌－필자)에 투숙”한 것으로 파악하여 「연보」의 기록과 시기상 차이를 보이고 있다.(일본 외교사료관 소장 「機密韓 제67호」: 1910. 10. 24., ‘조선인에 관한 情報進達件’ 부속별지) 또다른 일제 정보기록에서도 역시 1910년 11월 이래 유인석이 블라디보스토크에 유거한 것으로 보고 있다.(일본 외교사료관 소장 「憲機 제594호」: 1911.3.34, ‘3월 11일 이래 블라디보스토크지방 조선인 동정’) 그 가능성을 완전히 배제할 수는 없지만, 여기서는 「연보」의 기록을 우선해 국치 이전에 블라디보스토크로 이주했다고 본 것이다.

47) 십삼도의군의 편성과 성명회 조직 및 해삼위 유거로 인해 유인석이 계몽주의자 및 러시아인과 접촉하게 되자, 그를 추종하던 禹炳烈 등은 정통 위정척사의 견지에서 강한 불만을 드러내기도 하였다(『毅菴集』 권55, 「年譜」, 703쪽).

48) 『毅菴集』 권55, 「年譜」, 705쪽.

유정구는 유인석이 그 동안 전전해 오던 아무르만 좌안의 남우수리구역에서 벗어난 우수리스크 북방에 위치해 있었다. 일제는 정보기록에서 유정구의 위치에 대해 다음과 같이 기록하였다.

> 유정구는 니콜리스크 북방 하바로프스크 선로상의 한 정거장으로 봉밀산에 이르는 길목이다. 이곳에서부터 봉밀산에 이르기까지의 사이에는 인가가 드문 곳이어서 위험하기 때문에 바로노프카(역)에서 하차해 봉밀산으로 가는 것이 보통이다.[49]

> 유정구는 니콜리스크 북방 두 번째 정거장임. 한인 약 60호.[50]

위 인용문 가운데 첫 번째 기록은 밀정을 통해 파악한 정보자료이며, 두 번째는 기독교 선교 목적으로 유정구를 방문해 2주 정도 체류하고 블라디보스토크로 돌아온 최관흘崔寬屹을 통해서 입수한 정보이다. 이를 통해서 볼 때 유정구는 우수리스크에서 하바로프스크로 연결되는 시베리아철도의 두 번째 역이 소재한 마을로 60호의 한인이 거주하고 있었으며, 북만주 봉밀산으로 연결되는 길목에 있었음을 알 수 있다. 다만 유정구를 거쳐 봉밀산으로 가는 길이 너무 멀고 위험한 까닭에 우수리스크에서 서북방으로 향하는 중동선中東線을 타고 바라노프카역에서 하차해 봉밀산으로 들어가는 여정을 주로 이용한다는 것이다.[51]

앞으로 더욱 세밀한 현지답사와 문헌조사가 진행된다면 유정구의 명확

---

49) 「機密鮮 제35호」(1911.3.22) '蜂密山에 關한 情報'(일본 외교사료관 소장자료).

50) 「憲機 제594호」(1911.3.24) '3월 11일 이래 블라디보스토크지방 조선인의 동정'(일본 외교사료관 소장자료)

51) 바라노브카역은 시베리아철도가 아닌 중동선상에 있는 역으로 생각된다. 일제측 기록에 이 역이 우수리스크 서북방에 있고, 이곳에서부터 봉밀산까지는 북방으로 약 3백 리 정도 떨어져 있다고 한 점으로 미루어 이를 알 수 있다. 중국경을 넘기 전 러시아령의 마지막 역인 포그라니치나야역의 한 정거장 전인 바라노브스키역 정도로 추정해 볼 수 있다.

한 위치가 파악될 수 있을 것으로 기대된다. 위의 기록을 토대로 막연하게 유정구의 위치를 비정해 본다면 대개 우수리스크 북방 직선거리로 14Km 정도 떨어져 있는 노보샤크틴스키 정도로 추정된다.52)

유인석은 1911년 2월(음) 유정구를 떠나 운현雲峴으로 갔다.53) 그의 많은 저작 가운데 백미로 평가되는 말년의 역작인 『우주문답宇宙問答』을 저술한 곳도 바로 이곳 운현에서였다.54)

현재 운현이 어디인지는 단정할 수 없는 실정이다. '운현'이라는 지명이 러시아 연해주의 한인사회와 관련되어 어떤 자료에서도 확인되지 않기 때문이다. 다만 다음과 같은 추론을 통해 합리적으로 그 위치를 비정해 볼 수는 있을 것이다.

유인석의 「연보」에 의하면 운현은 깊은 산중으로, 수림 속에 처소를 정했다고 한다.55) 또 운현에 유거하는 동안 남긴 세 수의 시 가운데 처소를 읊은 「운현소거雲峴巢居」에서 운현에 대해

---

52) [추기] 유정구의 위치는 처음 방위, 거리 등으로 막연히 비정했던 노보샤크틴스키가 아니라 더 북쪽의 항카호 아래 체르니코프카의 무치나야역 부근으로 비정되었다. 2012년 연해주 현지 조사에서 우수리스크 북방에 있는, 시베리아철도 연변의 무치나야역의 위치를 확인하였다. 하지만 아쉽게도 무치나야역 북쪽 30리 지점 정도로 생각되는 유정구의 정확한 위치는 파악하지 못하였다(독립기념관 한국독립운동사연구소, 『러시아 연해주 독립운동유적지조사보고서』, 2012, 30쪽 참조).

53) 1911년 3월초 일제가 파악한 정보 기록에서는 "유인석은 니콜리스크 북쪽 '무치나야' 역의 북방 30리 가량 떨어진 촌락에 있다."라고 하였다(「機密鮮 제21호」: 1911.3.9, '조선인 동정에 관한 정보 進達의 건').

54) 유인석의 「연보」에는 목화촌에 있을 때 『우주문답』을 저술한 것으로 기술하고 있으나(708쪽), 이는 錯記로 보인다. 왜냐하면 『우주문답』의 말미에 "壬子冬至日 雲峴寓舍"라고 하여 1913년 운현에서 집필을 완료한 것으로 밝히고 있기 때문이다. 필자의 견해와는 역으로 후자보다 전자인 「연보」의 기록을 더 비중있게 보아 목화촌에서 저술한 것으로 추정하는 견해도 있다(『서준섭, 손승철, 신종원, 이애희 역, 『의암 유인석의 사상 -우주문답』, 종로서적, 1984, 181쪽). 하지만 유인석이 집필을 완료하면서 직접 기록한 후자의 기록이 더 신뢰할 수 있을 것 같다.

55) 『毅菴集』 권55, 「年譜」, 705쪽.

집을 지으니 나무가 많이 보이고 爲巢多木見
고개에는 항상 구름이라 **有峴常雲存**
하늘이 시서안으로 들어오고 天入詩書案
산은 예의촌을 열었도다 山開禮義村

라고 묘사하고 있다.[56] 여기에 착안해 운현이 '구름'과 '고개'를 훈차한 한자식 지명이라고 상정해 보았다. 그렇다면 '구름고개'와 연관된 음이나 훈을 지닌 지명이 과연 존재하는가?

필자는 그 동안 연해주 한인사회 관련자료를 볼 때마다 여기에 유념해 왔다. 그러던 중 2001년 여름 연해주 답사 과정에서 한인 빨치산 투쟁을 기술한 한 자료에서 '구름을령'이라는 지명을 찾을 수 있었다.[57] 나아가 이 '구름(을)령'이 러시아지명으로는 '이폴리토프카'라는 것이다. 그리고 우수리스크, 아누치노지방 현지답사에서 이바노프카의 러시아 노인으로부터 부근에 있는 오늘날 우수리스크-하바로프스크 철도가 통과하는 '크레모보' 역이 과거에는 '이폴리토프카' 역으로 불렸다는 사실을 확인할 수 있었다.[58] 구체적으로 크레모보의 위치를 보면 우수리스크에서 직선거리로(이하 같음) 동북방 36Km, 유정구로 추정되는 노보샤크틴스키로부터는 25Km, 한인밀집구역 가운데 한 곳인 이포(리포허, 현 고르바트카와 이바노프카 일대)로부터는 서북방 15Km 정도 떨어진 지점에 있다. 이런 정황을 모두 고려해 볼 때,

56) 『毅菴集』 권2, 詩, 「雲峴巢居」, 48쪽. 밑줄은 필자가 그은 것이다.
57) 십월혁명십주년원동준비위원회 편, 『십월혁명십주년과 쏘비에트고려민족』, 해삼위도서주식회사, 1927, 68쪽에 "그로제꼽으(그로데코보－필자)와 한까이(항카－필자) 구역에 있던 군대는 신우여 동무의 지휘하에서 이와높까 · 구름을령 전쟁에서 많은 희생을 내면서 혁명군과 함께 격전하여 승리하였다."라고 한 데서 나오는 지명이다. 곧 신우여가 이끈 솔밭관 빨치산부대의 일파는 우수리스크 서북방 추풍 일대에서부터 남동쪽 아누치노(도비허)로 이동해 이바노프카와 '구름을령' 일대에서 백파와 전투를 치루었다는 것이다.
58) [추기] 2012년 연해주 현지답사에서 이폴리토프카가 크레모보의 옛 지명이 아니라 크레모보지역에 있는 역명이 이폴리토프카임을 확인하였다.

유인석이 1911년 2월(음)부터 1913년 1월(음)까지 비교적 오랜 기간인 2년 동안 거주하였던 운현은 오늘날의 크레모보로 추정할 수 있는 것이다.[59)]

일제는 유인석이 유정구와 운현으로 이거해 있는 동안 그의 동정에 대해 늘 정보를 수집하고 있었다.[60)] 특히 1909년 여름부터 블라디보스토크에서 활동하던 이상설 · 정순만 · 김학만 · 이승희 등의 민족운동자들과 미주 한인 사회의 민족운동세력이 연계되어 조직적으로 추진하던 북만주 봉밀산 일대의 독립운동 근거지 건설계획에 관련되어 있었던 것으로 파악하고 있었다.

봉밀산 근거지 건설계획에 유인석이 관련되어 있을 가능성은 이 사업을 주관하던 인물이 블라디보스토크에 유거할 때 자주 교유하던 영남 출신의 유학자 한계韓溪 이승희李承熙였다는 점에서 더욱 커진다.[61)] 나아가 유인석의 「연보」에서도 블라디보스토크를 떠나 유정구로 들어가게 되는 배경을 언급하는 가운데 "영營(독립운동 근거지－필자)이 가장 급무"라고 운운한 대

59) 2012년 현지조사를 통해 크레모보 마을에 있는 역명이 '이폴리토프카'임을 확인하였다(독립기념관 한국독립운동사연구소, 『러시아 연해주 독립운동유적지조사보고』, 2012, 32쪽).

60) 일제는 유정구와 운현을 구별하지 않고 유인석이 운현으로 이거한 뒤에도 계속 유정구에 유거하고 있는 것으로 다음과 같이 파악하였다. "유인석은 의연하게 유정구에 있음. 同地(유정구－필자)는 인심이 한 가리로 모두 배일사상이 견고해 능히 유를 보호할 수 있다."(「朝憲機 제2037호」;1911. 9.14., '8월 29일 블라디보스토크지방 조선인 동정(其二)' / "同人(유인석－필자)은 목하 유정구에 있으며, 이번에 권업회의 首總裁에 천거되었던 것은 前記한 것과 같고, 동인에 대해서는 때때로 조선에서부터 그 무리 등이 돈을 가지고 옴으로써 생활에는 크게 곤란하지 않은 까닭이다. 그러나 금년(1911년－필자) 초가을경 유인석은 사람을 본국으로 파견해 금 17,700 루블을 보내오게 했다 (하략)" (일본 외교사료관 소장 「朝憲機 제42호」: 1912. 1.12, '작년 12월 하순 블라디보스토크 조선인에 관한 첩보'). 현재로서는 이것이 부정확한 정보에 의한 결과인지, 아니면 운현을 거리, 위치상 유정구와 구별해야 할 필요성이 없어서인지의 여부는 판단하기 어렵다.

61) 봉밀산 독립운동 근거지 건설계획에 대해서는 尹炳奭 교수의 『근대한국 民族運動의 思潮』(集文堂, 1996) 가운데 「독립군 기지 설정」(367~382쪽)에서 세밀하게 논급하고 있다.

목이나 운현으로 들어가던 즈음에 "영은 한시도 그칠 수 없다"고 운운한 대목은 바로 그가 이러한 봉밀산 계획에 직접 관여하고 있었음을 암시하고 있다고 할 수 있다.[62]

일제의 다음과 같은 정보기록들은 유인석이 봉밀산 계획과 직접 연계되어 있음을 시사해 주고 있어 특히 주목된다.

> 유인석은 금월(3월－필자) 8일 제자 3인을 데리고 유정구를 떠나 봉밀산으로 갔다. (3월 13일 정보)
>
> 동인(유인석－필자)은 지난 11월 이래로 블라디보스토크에 거주하고 있었으나, 이후 떠나 유정구를 거쳐 3월 8일 다시 봉밀산으로 갔다.[63]
>
> 지금 봉밀산에 있는 이대하李大夏(儒者)(이승희－필자)·김성무·안창호·최광·유인석·신채호 등으로 신한촌민회를 조직하기로 계획중이라 한다.[64]
>
> 밀정의 말에 의하면 유인석은 4월 초 봉밀산에서 유정구로 왔고 현재 병이 들어 위독하다고 함. 유인석은 74세의 노인인데 평생에 있어서 손이 떨리고 활발한 기운이 이미 쇠퇴해 있음. 그러나 유정구에 집을 구해 부하 수십인과 함께 생활하고 있었다 함.[65]

위의 네 가지 기록만 의거해서 보면 유인석은 1911년 3월 8일 세 문인과 함께 유정구를 떠나 봉밀산으로 들어가 그곳에 한 달 가량 머물면서 이승희·김성무 등과 함께 활동하였고, 4월 초순에 다시 유정구로 돌아왔다는 것이다. 유인석이 남긴 기록에서는 그러한 사실을 확인할 수 없기 때문에, 그

---

62) 『毅菴集』 권55, 「年譜」, 705~706쪽. "先生以營爲有莫急爲" "營爲無時可已".

63) 「憲機 제594호」(1911.3.24) '3월 11일 이래 블라디보스토크지방 조선인의 동정'.

64) 「機密鮮 제35호」(1911.3.22), '蜂密山에 관한 정보 進達의 건'(일본 외교사료관 소장자료).

65) 「憲機 제739호」(1911.4.21) '4월 7일 이래 블라디보스토크지방 조선인 동정'.

가능성을 완전히 배제할 수도 없지만, 이를 그대로 믿을 수는 없다. 그러나 이러한 일제의 정보기록들이 봉밀산의 독립운동 근거지 건설계획을 포착해 가는 1911년 초에 집중되어 있는 점으로 보아, 이 무렵에 결행되는 유인석의 '북행이거北行移居'가 봉밀산 근거지 건설사업과 유기적인 관계를 설정하고 있었던 것으로 인정할 수 있는 것이다. 하지만 현재로서는 그 가능성만 언급할 뿐 더 이상의 구체적인 활동내용을 밝힐 수는 없는 실정이다.

1913년 2월(음) 유인석은 운현을 떠나 '목화촌木花村'으로 이거하였다. 이곳에서는 경성의병鏡城義兵의 주장主將으로 연해주로 망명해 십삼도의군에서 장의군총재壯義軍總裁를 맡았던 이남기李南基의 처소에서 지냈다.[66] 러시아가 일제와 결탁하는 제1차대전 전야에 연해주에서는 더 이상 활동하기가 어려웠기 때문에 최후의 귀착지가 된 서간도로 넘어가기 위한 길목에 서 있었던 셈이다.

필자는 '목화촌'이라는 지명을 자료에서 확인하지 못한 상태에서 그 동안 목화촌이 남우수리구역에 있는 항구도시인 포시에트('묵허우')일 것으로 추정해 왔다.[67] '목화'가 '묵허우'를 음차한 한자식 표기라고 유추한 결과였다. 또 항구일 뿐만 아니라 한·중 국경과 가까워 서간도 망명을 결심한 유인석이 중간 경유하기에 적당한 곳이라 여겼기 때문이다. 그러나 운현과 포시에트는 이동하기에 거리상 너무 멀리 떨어져 있다는 의구심이 들었던 것도 사실이다.

최근에 필자는 목화촌이 러시아식 지명인 '마와카예프카'에서 '마와카'를 음차한 것으로 믿어지는 한국식 지명임을 일제 정보기록을 통해서 확인하고, 이곳이 현재로서는 유인석의 연해주 최후의 거류지일 가능성이 가장 큰 것으로 보고 있다. 목화촌이 등장하는 1919년의 일제 정보기록을 보면

66) 『毅菴集』 권55, 「年譜」, 708쪽.

67) 尹炳奭 외 5인, 『러시아지역의 韓人社會와 民族運動史』, 敎文社, 1994, 43쪽; 朴敏泳, 『大韓帝國期 義兵硏究』, 310쪽.

다음과 같다.

> 최근 니콜리스크 부근의 한인 마을을 여행한 밀정의 정보에 의하면, 니콜리스크 서쪽 고레니키 정거장(한인은 '호레니츠카'로 부름. 니콜리스크역에서 하얼빈에 이르는 철도선로로서 니콜리스크역에서 33노리露里 떨어져 있음) 부근에는 러시아인촌 근처에 삼삼오오 점재點在한 조선인 수십호가 있음. 조선인은 이 일대를 '자우오다'로 부름. 이전 러시아의 목마장이 있었으므로 해서 이와 같이 칭하게 된 것이다. 그 안에 남석촌南夕村으로 부르는 한 마을에서 우리 밀정은 경성군 어랑면의 최용남(27~8세)이라는 자와 만났었는데, 촌인村人 등이 뒤이어 와서 최는 의병 모집을 위해 왔다는 뜻을 우리 밀정에게 누설하였다. 또 동지同地(남석촌-필자) 북방에 해당되는 한인 마을인 속칭 목화촌木花村·개척리開拓里(다분히 러시아 지명으로는 '마와카예프카'일 것임)에 있는 한일제·홍진우·최태익·이영익·신우경 등이 배회하는 독립군을 위함이라 칭하고 전촌全村 68호에서 매호당 20루불의 의연금을 강제로 거두어 이에 응하지 않는 자에 대해서는 국가를 위해 총살을 해야 된다는 등을 말하고 이에 권총을 꺼내 협박 강징强徵했다고 함.[68]

위 인용문에 나오는 목화촌의 개략적인 위치는 확인된다. 곧 우수리스크에서 중국 만주로 들어가는 중동선 철로를 따라 우수리스크 서북방 30Km(직선거리) 정도 떨어진 지점에 있는 갈렌키 역 인근지방에 있었던 한 마을인 셈이다. 갈렌키지역을 한인들은 '자우오다'로 불렀으며, 그 속에 있는 여러 마을 가운데 하나가 남석촌이고, 남석촌의 북쪽에 목화촌과 개척리 등의 한인 마을이 자리잡고 있었다는 것이다. 그리고 목화촌과 개척리 일대는 모두 러시아식 지명으로는 '마와카예프카'로 불리웠다는 것이다. 현재로서는 갈렌키역까지는 확인할 수 있으나, 그 이상의 자세한 지명의 위치는 확인할 수 없고 앞으로 현지답사와 증언 등을 통해 확인이 가능할 것으로 기대된다.

---

68) 「機密 제101호」(1919.9.18) '鮮人 행동에 관한 건'(일본 외교사료관 소장자료).

3) 십삼도의군 편성 장소에 대한 새로운 견해

주지하다시피 유인석을 비롯해 이범윤 · 이상설 · 이남기 등의 주도하에 국내외 의병의 통합체로서 단일군단을 표방하고 1910년 6월에 편성된 십삼도의군은 의병전쟁사, 나아가 독립운동사에서 적지 않은 비중을 차지하고 있다. 그렇다면 십삼도의군이 과연 어디에서 편성되었을까? 십삼도의군에 대한 정당한 평가를 위한 전제조건으로서 그 편성장소에 대한 확인작업은 반드시 해결해야 할 과제라고 할 수 있다. 이 과제에 대해 학계에서는 그동안 명확하게 접근할 수 없던 실정이었다. 그 이유는 무엇보다 편성장소를 알려주는 자료상에 명기된 지명의 현재 위치를 명확히 비정하기가 어려웠기 때문이었다. 여기에다 자료마다 지명이 다르게 표기되어 있기 때문에 더욱 혼란을 가중시켜 온 셈이다.

필자는 몇 년 전 유인석의 「연보」를 근거로 우수리스크 외곽의 한인밀집지역인 추풍秋風의 '재피거우'를 의군의 편성장소로 추정해 본 적이 있다.[69] 즉 「연보」에서는 의군의 편성장소를 '재구梓溝'로 기록하고 있는데, 이 재구를 '재피거우'[梓皮溝]의 축약으로 보았다. 강국모 등이 조직한 혈성단血誠團의 본부가 추풍의 재피거우에 있었다는 여러 기록[70]에 근거해 결국 십삼도의군은 우수리스크 서쪽 추풍의 재피거우에서 편성된 것으로 인정했던 것이다. 당시로서는 재피거우가 이곳에만 유일하게 나타나는 지명으로 간주했기 때문이다.

그런데 2001년 여름 연해주를 답사하는 과정에서 한인 이주민들이 1863년에 최초로 정착한 마을인 지신허地新墟의 위치를 확인하는 개가를 올렸다.[71]

---

69) 朴敏泳, 『大韓帝國期 義兵硏究』, 345쪽.
70) 『韓國獨立運動史資料集-洪範圖編-』, 韓國精神文化硏究院, 1995, 383~384쪽.
71) 국가보훈처의 지원을 받은 2001년 여름의 시베리아 연해주 일대의 독립운동유적지 답사는 한국외국어대학교의 반병률 교수, 그리고 국민대학교 강사 김도형 박사와 함께 하였다.

지신허의 존재는 문헌상으로만 그 동안 알려졌을 뿐 위치가 확인되지 않고 있었기 때문에 이로 인해 언론에서도 상당한 반향을 불러일으키는 등 세간의 주목을 끌기도 하였다.[72]

지신허는 크라스키노에서부터 동북쪽으로 직선거리로 14Km 떨어진 지점에 위치해 있었다.[73] 남북으로 흐르는 지신허강을 따라 마을도 역시 남북으로 길게 형성되어 있었다. 그러나 현재는 완전 폐촌으로 변하고 말았다. 지신허강은 오늘날 바라노프카강으로 불린다.

그런데 지신허를 추적하는 과정에서 뜻밖에도 지신허 부근에도 역시 재피거우라는 지명이 있다는 사실을 확인할 수 있었다. 지신허 부근에 있던 재피거우는 1900년에 발간된 운테르베르그 연해주총독의『연해주개황』에 첨부된 연해주 지도에도 그 지명이 표기되어 있기도 하다.[74]

지신허에 살고 있는 한 주민의 증언에 의하면 재피거우는 지신허에서 정동쪽으로 6~7Km 가량 떨어진 곳에 위치해 있다고 한다. 지신허의 위치가 명확하게 드러나고, 그 부근에 다시 재피거우가 존재한다는 사실이 확인됨으로써, 나아가 유인석의 아들인 유해동柳海東(유제춘柳濟春의 이명)의 '해삼위에서 70리 떨어진 지시내'에서 의군이 편성되었다는 증언[75]이 생생하게 되살아날 수 있게 된 것이다. 곧 유해동이 증언한 내용 가운데 '70리'라는 거리는 두 곳 사이에는 아무르만이 가로놓여 있어 착오일 수 있지만, '지시내'라는 지명은, 십삼도의군 편성 현장에 있었던 당시 18세의 증언자가 분

---

72)『동아일보』2001년 8월 31일자,「독립운동 근거지 11곳 확인」참조.

73)『俄國輿地圖』에는 지신허의 위치에 대해 "서남방으로 연추영(크라스키노－필자)까지 40리, 북쪽으로는 중국령까지 35리"(174쪽)로 기록하고 있는 점도 대체로 일치하는 내용이다. 현지 조사 중 지신허 마을 자리에서 주거지 4~5곳과, 연자방아 상,하 멧돌 4기, 주발 및 옹기 파편 다수를 확인하였다.

74) 운테르베르그,『연해주개황(1856~1898)』(露文), 성페테르스부르크, 1900, 첨부지도 참조. 이 지도에 표기된 재피거우 지명은 한국외국어대 반병률 교수가 확인해 준 것이다.

75) 趙東杰,「安重根義士 裁判記錄上의 人物 '金斗星'考」, 39쪽.

명하게 기억한 결과로 간주할 수 있을 것이다. 유해동의 기억 속의 '지시내'는 바로 지신허를 의미한다고 생각한다. 곧 지신허, 혹은 그에 상당하는 현지 중국식 지명인 '치진헤'의 구술 연음連音을 표기한 것으로 자연스럽게 추론할 수 있기 때문이다. 이로써 십삼도의군이 편성된 장소는 지신허 혹은 그 부근의 재피거우였던 것으로 합리적으로 추정할 수 있게 된 것이다.[76)]

그 동안 필자는 추풍 재피거우설을 제기해 놓고도, 의군 편성장소가 윤인석·이범윤 등 의병세력의 활동범위에서 너무 벗어나 예상외로 북쪽에 치우치게 된다는 의구심을 항상 품고 있었다. 이제 새롭게 의군 편성장소를 지신허(혹은 부근의 재피거우)로 합리적으로 비정함으로써, 여러 정황과도 일치하게 되는 것이다. 즉 국내와의 지리적 근접성에서도, 나아가 북간도와의 유기적 관계 설정에서도, 특히 이 일대가 의병세력의 활동 중심에 들어있었던 점에서도 자연스러운 해명이 가능하게 된 셈이다.[77)]

---

76) 그럼에도 불구하고 십삼도의군의 편성장소를 지신허 혹은 재피거우로 확단할 수 없는 것은 편성장소를 다르게 기록한 러시아측 자료가 있기 때문이다. 러시아 자료에 기초한 박보리스 교수는 "1910년 7월 8일 안밤비 마을에서 창의회는 조직, 운영, 중앙부를 구성할 목적으로 150명의 대표위원이 참석하는 빨치산(의병-주) 대회를 소집하였는데 이 중앙부는 모든 빨찌산 부대를 통솔하게 될 것이었다. 대회에서는 의장 이범윤, 군지휘관 유인석, 군대훈련 교관 이상설이 선출"(박보리스, 「국권피탈 전후시기 재소한인의 항일투쟁」(박영석교수화갑기념, 『한민족독립운동사논총』, 탐구당, 1992, 1072~3)된 것으로 기술하고 있다. 대회가 열린 러시아력 7월 8일은 음력으로 환산하면 5월 15일로 유인석의 「연보」 기록과 정확히 일치한다. 이로 미루어 이 내용은 십삼도의군 편성 사실을 기록한 것으로 확언할 수 있다. 여기에 나오는 안밤비는 바라바시(멍고개)와 라즈돌리노예(하마탕) 사이에 있던 지명으로, 지신허와는 1백여 Km 가까이 떨어져 있다(『俄國輿地圖』, 179쪽). 일단은 의군 편성에 직접 관계한 유인석과 유해동 등이 남긴 자료에 당연히 우선적인 비중을 두는 입장이지만, 러시아측 기록의 작성경위 및 신뢰도에 대해 앞으로 더 세밀한 분석과 고증이 필요하다고 본다.

77) [추기] 십삼도의군의 편성 장소인 재피거우의 위치는 그 동안 연구의 진전이 이루어진 결과 바라바시 부근의 '말루지노'로 밝혀졌다(본서 「연해주 망명시기 柳麟錫의 의병세력 통합운동」 참조).

4. 제3차 서간도 망명

유인석은 1차대전 전야에 러시아와 일본이 결탁함으로써 연해주의 정세가 점변하게 되고 또 임종이 가까워지게 되자 최후의 귀착지인 서간도로 이거할 결심을 굳히게 되었다. 더욱이 이 무렵 그의 일족과 문인 등은 이미 서간도에 집단적으로 거주하며 망명생활에 들어간 뒤, 유인석이 도착하기만을 기다리고 있었다. 중·러 국경에 가까운 목화촌으로 이거한 것은 이때 이미 중국 망명을 결심하고 이를 실행하기 위한 과정이었던 셈이다.

유인석의 제3차 서간도 망명생활은 1914년 3월 중간 기착지로 봉천성 서풍현西豊縣에 도착함으로써 시작되었다.[78] 연해주로부터는 중동선을 타고 만주로 이동했을 것으로 추정된다. 서풍은 오늘날 중국 동북3성 가운데 가장 남쪽에 위치한 요녕성의 서북쪽에 치우쳐 있는 도시로 길림성과의 경계에 자리잡고 있다. 심양시에서부터 서북쪽으로 직선거리로 대략 150Km 정도 떨어진 지점에 위치해 있다.

서풍을 경유한 뒤 그해 5월에 유인석은 제함濟咸·제춘濟春 두 아들과 친척사우들이 모여 있던 흥경현興京縣 난천자暖泉子로 다시 내려갔다.[79] 난천자는 다음해 유인석이 작고한 뒤 그의 유해를 임시 안장한 곳이기도 하다. 오늘날 중국의 행정구역상 이곳은 요녕성 무순시撫順市 평정산진平頂山鎭 난천자촌暖泉子村이다.[80]

하지만, 유인석은 이곳에서도 오래 머물지 못하고 그해 8월 드디어 최후의 고종지考終地가 된 관전현 방취구芳翠溝로 들어가게 된다. 이곳은 바로 그가 1896년 의병을 해산했던 사첨자沙尖子의 혼강변으로, 망명 수의守義생활

78) 『毅菴集』 권55, 「年譜」, 709쪽.
79) 『毅菴集』 권55, 「年譜」, 710쪽.
80) 尹炳奭 외 5인, 『中國東北지역 韓國獨立運動史』, 607쪽. 여기에는 金祥起 교수의 평정난 난천자에 있는 유인석의 安葬址를 찾기까지의 과정을 기록한 「평정산 난천자, 유인석의 묘를 찾다」라는 답사기가 실려 있다.

을 시작했던 마음속의 고향으로 회귀한 셈이었다. 이곳에서 그는 1915년 1월 29일(음) 74세를 일기로 파란만장한 일생을 마감하였다.

유인석이 종신終身한 최후의 수의처인 방취구는 현재 요녕성 관전현寬甸縣 보달원향步達遠鄕 고령지촌高嶺地村 고려구高麗溝에 있다. 이곳은 수심이 깊고 유속이 빠른 혼강이 전면에 흐르고 있는 깊은 협곡이다. 현재 그곳에는 관전현(민족사무위원회 사창판공실史志辦公室)에서 1994년 5월에 세운 '의암기비毅菴記碑'가 서 있다. 그 비문을 소개하면 다음과 같다.[81]

> 이조 말기 조선 유림의 종장이며 저명한 의병장인 유인석은 호를 의암이라 하고 만년에 이곳에서 은거하였다. 1915년 3월 14일 병사하였다. 향년 73세였으며 유저遺著인 『의암선생문집』이 관전에서 간행되었다. 공은 세상에서 '수화종신守華終身'을 실천하였다.

5. 맺음말

유인석은 1895년 의병항전에 투신한 이래로 1915년 서간도에서 작고할 때까지 20여 년간 국내외 각지를 무대로 장기지속적인 항일투쟁을 전개해 왔다. 이 기간에 그가 이동한 부단한 여정은 곧 고단한 형세하에 펼쳐진 그의 항일투쟁의 생생한 증좌라 할 수 있다. 국내에서의 이동 노정은 차치하고, 서간도와 연해주에서 전전했던 여러 지명만 열거해 보더라도 이러한

81) 비의 원문은 다음과 같다.

毅菴記碑

李朝末期 朝鮮儒林宗匠 著名義兵將領 柳麟錫 號毅菴 晚年隱居此地 公元1915年3月14日病逝 享年73歲 遺著『毅菴先生文集』在寬甸刊刻公諸于世 實踐了"守華終身"夙願

寬甸滿族自治縣 民族事務委員會 史志辦公室 一九九四年五月 立

사실을 충분히 짐작할 수 있다. 이제 위에서 살펴본 내용들을 정리하면 다음과 같다.

먼저 서간도의 경우, 그가 일시라도 유거했던 곳으로는 통화현의 오도구五道溝와 팔왕동八王洞, 회인현의 호로두葫蘆頭와 사첨자沙尖子, 서풍현, 흥경현의 난천자暖泉子, 관전현의 방취구芳翠溝 등지가 있다. 이들 가운데 현재 팔왕동을 제외한 여러 지명의 구체적인 위치는 그 동안의 답사와 문헌자료를 통해 확인되었다.

통화현 오도구는 오늘날 유하현 관내의 오도구향이고, 호로두의 현재 행정구역은 환인현 사첨자향沙尖子鄕 영벽산촌影壁山村 호로두葫蘆頭이다. 서풍현은 요녕성 서북부 지역에 오늘날에도 그대로 지명이 남아 있다. 그리고 난천자는 현재 중국의 행정구역상 무순시 평정산진鎭 난천자촌暖泉子村이며, 최후의 수의처인 방취구는 관전현寬甸縣 보달원향步達遠鄕 고령지촌高嶺地村 고려구高麗溝 일대에 해당된다. 러시아에서 서간도로 이동해오던 노정상의 중간 기착지였던 서풍을 제외한다면, 서간도의 망명지는 두만강에서 멀지 않은 관전·환인·유하현 일대에 집중되어 있었음을 알 수 있다.

다음으로 연해주의 경우에는 해삼위海蔘威를 비롯해 연추煙秋 중별리中別里·서계동西溪洞·시지미時芝味·맹령孟嶺·지신허地新墟·재피구梓皮溝·유정구柳亭口·운현雲峴·목화촌木花村 등지가 유인석의 유거지留居地이거나 항일투쟁 관련 유적지로 들 수 있다. 이들 지명 가운데 블라디보스토크인 해삼위를 차치할 때 그 위치가 확인된 경우는 없었다. 본고에서는 비록 확단할 수 없는 경우도 있을 수 있겠지만, 이들 지명 전부에 대한 합리적인 위치 비정을 시도해 보았고, 필자로서는 나름대로 만족할 만한 성과를 얻었다고 자평한다.

연추 중별리는 그 대체적인 지역은 상정할 수 있지만, 현재로서는 명확한 위치를 비정하기가 어려운 실정이다. 연추의 상·중·하별리 세 개 마을이 오늘날의 베르흐얀치허, 추카노보, 그리고 크라스키노 세 곳으로 그대로 대비시킬 수 있을지의 여부는 현재로서는 확단할 수 없고, 심도 있는 현지답사와 문헌고증이 진행되는 결과에 따라 명확한 위치를 비정할 수 있을 것으로 기대된다.

서계동은 연추에서 동쪽에 위치해 있던 지신허 마을의 초입에 소재한 소규모의 한인촌이었다. 그러나 현재는 폐촌이 되고 말아 마을 자리를 확인하기가 곤란한 실정이다.

시지미는 오늘날의 크라스키노에서 북동쪽으로 직선거리로 65Km 지점 정도에 위치해 있었다고 추정되지만 역시 폐촌으로 변한 상태이다. 이 일대를 동서로 흐르는 시지미강은 오늘날 나르바강으로 바뀌어져 있다.

맹령은 오늘날 러시아 군대가 주둔해 있는 '바라바시'를 중심으로 그 일대를 일컫는 '멍고개'일 것으로 비정된다. 『아국여지도俄國輿地圖』에 기병 2백 명이 주둔해 있는 병영이 이 곳에 있었던 것으로 기록해 놓았는데, 이 곳이 현재의 바라바시 러시아군 병영에 해당한다고 생각된다. 이곳을 지나는 과거 몽과구에강은 오늘날 바라바세프카강, 혹은 바라바시강으로 불린다.

지신허는 1863년 이주 한인이 러시아 연해주에 최초로 정착한 마을로, 오늘날 크라스키노에서부터 동북쪽으로 직선거리로 14Km 떨어진 지점에 위치해 있었다. 하지만 완전 폐촌으로 변한 상태이며, 이곳을 흐르는 지신허강은 현재 바라노프카강으로 불린다.

재피거우는 지신허로부터 서쪽으로 6~7Km 떨어진 지점에 위치한 지명이나 현재는 역시 무인지경으로 변해 있다.

유정구는 우수리스크에서 하바로프스크로 연결되는 시베리아철도의 두 번째 역 마을로, 1910년대 초에 한인 60여 호가 거주하고 있었다고 한다. 앞으로 더욱 세밀한 현지답사와 문헌고증이 진행된다면 유정구의 명확한 위치가 파악될 수 있을 것으로 기대된다.

운현은 '구름(을)령'을 한자식으로 표기한 지명으로 생각되며 오늘날의 크레모보로 그 위치가 비정된다. 크레모보는 우수리스크에서 직선거리로 (이하 같음) 동북방 36Km, 한인 밀집구역 가운데 한 곳인 이포(리포허, 현 고르바트카·이바노프카 일대)로부터는 서북방 15Km 정도 떨어진 지점에 있다.

목화촌은 한때 남우수리구역의 무역항인 포시에트로 비정하기도 했으나, 지금으로서는 우수리스크 추풍 외곽지대인 갈렌키 부근에 있던 마을이었을 가능성이 크다고 본다. 중동선의 한 역으로 우수리스크에서 서북방 직선거리로 30Km 정도 떨어져 있는 이 마을 부근에 과거 목화촌으로 불리는 한인마을이 있었다는 자료를 통해 확인한 결과이다.

한편 유인석의 연해주 이동경로를 추적하는 과정에서 두 가지 중요한 사실을 확인할 수 있었다.

첫째는 1910년 6월에 국내외 의병의 통합체를 구상하고 탄생한 십삼도의군의 편성장소가 지신허, 혹은 그 부근의 재피거우였을 것으로 합리적으로 추론할 수 있게 되었다는 점이다. 이러한 장소 비정은 유인석의 「연보」 기록과 의군 편성 현장에 있었던 유해동柳海東의 증언에 의거한 추론인 것이다. 하지만, 러시아측 자료에 십삼도의군으로 추정되는 의병대회 개최장소가 '암밤비'로 기록되어 있기 때문에 이에 대한 확인작업이 필요할 것으로 생각한다.

둘째는 유인석이 북만주 봉밀산蜂密山의 독립운동 근거지 건설계획에 참여하고 있었을 가능성을 확인한 점이다. 여러 정황으로 미루어 유정구나 운현으로의 '북행이거北行移居'가 이러한 봉밀산 계획과 밀접한 연계하에서 결행되었을 것으로 믿어지나, 자료부족으로 그 구체적인 활동내용은 확인할 수 없는 실정이다.

유인석의 의병세력 통합운동

1. 머리말

유인석(1842~1915)은 한말 의병전쟁을 상징할 만큼 저명한 의병장이었다. 의병 해산 이후 그는 관동, 양서지역 등 한반도 중부지방과 서간도를 활동무대로 삼고 부단히 항일역량을 고취하였다. 1905년 을사조약 늑결 이후 국외 망명을 결심한 그는 1908년 러시아 연해주로 망명하기에 이르렀다. 유인석의 연해주 망명은 국내 의병의 국외 확대라는 측면에서도 그 역사적 의의가 결코 적지 않다. 또 유인석이 연해주에서 전개한 항일독립운동은 국내 독립운동이 국외로 파급, 확대되는 과도적 성격을 갖고 있다는 점에서 일찍부터 학계의 주목을 받아왔다.

유인석이 연해주에서 전개한 항일투쟁, 독립운동의 방략은, 민족의 전력戰力을 극대화하기 위해 국내외 각지에 다양한 형태로 흩어져 있던 항일의병세력을 하나로 통합하는 데 있었다. 유인석은 이러한 항일투쟁의 방략을 구현하고자 시종일관 전력을 기울였다. 연해주에 유거해 있는 동안 유인석이 생산한 다양한 문건들, 그리고 그가 만든 단체·결사는 대부분 이러한 노력이 결집된 것이었다. 그 동안 학계의 주목을 받아온 「의병규칙義兵規則」을 필두로 본고에서 주로 다루고자 하는 '관일약貫一約'과 '입의안立義案'('동의안同義案'), 그리고 통합군단을 표방하고 편성된 십삼도의군十三道義軍 등이 유인석의 의병 통합노력을 보여주는 생생한 증좌라 할 수 있다.

학계에서는 연해주지역 독립운동 연구를 진행하는 과정에서 유인석이 전개한 항일투쟁의 내용과 성격에 대해 일찍부터 주목해왔다. 그리하여 십삼도의군과 성명회, 의병규칙과 관일약, 입의안의 대체적인 성격과 역사적 의의에 대해서는 큰 틀에서 개략적인 이해에 근접하였다. 그리고 필자는 근년 유인석의 의병통합 노선과 안중근의거의 상호 관련성을 규명하면서, 다시 한 번 유인석의 연해주 항일투쟁의 성격을 가늠하는 비견鄙見을 발표하였다.[1] 또 2012년 가을에 유인석의 연해주 활동 유적지 조사를 진행하여 십삼도의군 편성장소인 '재구梓溝'(재피거우)를 비롯하여 명저 『우주문답宇宙問答』을 지은 운현雲峴, 중국 이거를 앞두고 연해주에서 마지막으로 거주한 목화촌木花村 등 그 동안 비정이 어려웠던 유적지를 근접하게 확인하는 등 적지 않은 성과를 거두었다.[2] 이어 필자는 최근 유인석의 후손가에 소장되어 있던 '의원안義員案'을 입수하게 되어, 이 자료가 갖고 있는 지대한 의미에 고무되어 즉시 학계에 이를 공개하였다.[3] 이러한 일련의 시도와 노력을 계기로 본고에서는 노장 유인석이 만년 연해주에서 기울인 의병세력 통합운동의 실상을 구체적으로 살펴보고자 하는 것이다.

---

1) 朴敏泳, 「柳麟錫의 의병통합 노력과 安重根의 하얼빈의거」, 『毅菴學硏究』 7, 毅菴學會, 2009.
2) 조사결과는 국가보훈처 · 독립기념관, 『국외독립운동사적지 실태조사보고서』 12 (2012)에 수록되어 있다.
3) 박민영, 「유인석의 연해주 의병 명부 '義員案' 해제」, 『한국독립운동사연구』 44, 독립기념관 한국독립운동사연구소, 2013.

본고는 유인석이 연해주에서 전개한 의병세력 통합운동의 실상과 그 의미를 구명하기 위한 것이다. 이를 위해 우선 유인석이 연해주에 이거한 직후인 1908년 하반기에 통합군단을 구상하고 작성한 문건인 「의병규칙」을 배경적 의미에서 살펴보고, 이어 의병세력 통합을 위한 전위조직으로 전통 향약의 조직원리를 원용하여 시행한 '관일약貫一約'에 대해 고찰해 보았다. 이와 동시에 유인석이 관일약 시행과 함께 의병 명부로 작성한 '입의안立義案'과 현전하는 의병 명부인 '의원안義員案' 분석을 시도하였다. 끝으로, 이러한 토대 위에서 유인석이 1910년 8월 국치 직전에 국내외 의병세력 통합을 표방하고 편성한 십삼도의군의 지도부, 중심인물과 편제 등을 살펴봄으로써 국내외 항일의병세력 통합을 위해 유인석이 기울인 노력에 대해 이해를 심화하고자 한다.

2. 통합군단 구상과 「의병규칙」

한반도 중부지방과 서간도를 무대로 활동하던 유인석이 러시아 연해주로 망명한 시점은 연해주의병이 대규모 국내진공작전을 개시하기 직전인 1908년 5월경이었다. 유인석이 블라디보스토크에 도착해 그곳에 유거해 있는 동안 이범윤과 최재형을 정점으로 하던 연해주의병은 '포병사령관' 전제익 이하 좌영장 안중근, 우영장 엄인섭 등의 지휘하에 1908년 7월 한 달 동안 거의 전력을 투입해 대규모 국내진공작전을 결행하여 경흥 · 경원 · 온성 · 회령 등 관북지방 도처에서 치열한 항일전을 벌였다. 국내로 진공한 연해주의병은 또한 경성 · 무산 등지에서 활동하던 관북지방 의병세력과 연합전선 구축을 시도하는 등 입체적, 전방위적으로 항일전의 공세를 폈다. 그러나 대규모 공세에도 불구하고 연해주의병의 항일전은 별다른 성과를 거두지 못한 채 7월 하순 종료되었고, 생존 의병들은 연해주로 귀환하기에 이르렀다. 이로 인해 그 동안 비등하던 무장 항일전의 뜨거운 열기는 일시에 위축되어 쇠퇴하였고 항일전선은 분열되고 말았다. 유인석이 연해주에 도착하여 유거하던 시기는 이처럼 현지 한인사회의 항일 열기가 최고조에 달하고 또 뒤이어 일시에 쇠잔하던 무렵이었다.[4] 이와 같이 흐트러진 한인사회의 분위기를 쇄신하고 항일역량을 재결집하기 위해서는 안중근의 동의단지회가 상징하듯이 인심 단합과 항일세력 통합이 절대적으로 요구되고 있었다. 유인석이 국내외 의병세력 통합을 표방하고 모든 역량을 여기에 경주한 것은 그 동안의 항일전에서 얻은 경험을 토대로 하여 연해주 한인사회의 분산된 항일역량을 단일전선으로 규합함으로써 항일역량을 극대화시켜 대일 전면전을 결행하고자 해서였다.

연해주의병은 단일부대가 아니라 연해주 각지에 산재한 한인사회 곳곳에 다양한 형태로 편제되어 있었기 때문에 그만큼 전력 분산이라는 취약성을 가지고 있었다. 이범윤과 최재형 양인을 최고 구심점으로 하고 있기는 하였지만, 연해주의병은 곧 지역에 따라 주요 인물을 중심으로 각기 독립 분산된 형태의 조직을 가지고 있었고, 통합적 성격은 그만큼 희박할 수밖에 없었던 것이다. 그 결과 이들이 수행한 항일전도 분산적 형태로 반복되어 일제에게 큰 타격을 주기는 어려웠다. 이러한 분산 조직의 특성은 1906년 연해주의병이 결성된 이후부터 십삼도의군이 탄생할 때까지 일관되던 현상이기도 하다. 1909년을 전후해서 연해주의병 지도자들은 그 동안 각기 독자적 의병활동을 전개함으로써 전력의 분산을 가져와 효과적인 항일전을 벌일 수 없었던 점에 공감하고, 연해주와 북간도 일대의 의병을 단일군단으로 통합하고 작전과 지휘를 한 계통으로 통일하기 위해 노력하였다. 이

4) 1908년 하반기, 1909년 전반기에 연해주 한인사회의 항일기세가 위축되던 분위기에 대해서는 박민영, 『大韓帝國期 義兵硏究』, 한울, 1998, 329~337쪽; 박민영, 「柳麟錫의 의병통합 노력과 安重根의 하얼빈의거」, 『毅菴學硏究』 7, 2009, 83~87쪽에 더 자세히 논급되어 있다.

와 같은 구상과 노력은 1895년 이래 십수 년 동안 항일의병에 투신해온 노장 유인석이 중심이 되어 추진되었다. 그는 이미 국내 의병항전에서 지역 분산적 형태의 항일전이 가지는 취약성을 깊이 인식하고 있었던 까닭에 단일군단 통합을 더욱 적극적으로 추진하게 되었다.[5]

연해주에 유거해 있던 수년 동안 유인석은 국내외 각지에 분산된 항일무장세력을 하나로 통합하는 데 전력을 기울였다. 항일의병의 통합 방략을 집대성한 문건인 「의병규칙」, 전통적인 향약의 조직 원리에 착안하여 결성한 항일결사인 관일약과 의병 명부인 입의안, 그리고 통합군단을 표방하고 편성된 십삼도의군 등은 항일세력 통합을 위해 유인석이 경주한 노력의 대표적인 증좌인 동시에 결실이었다. 곧 의병규칙 · 관일약 · 입의안 · 십삼도의군 등은 항일의병세력 통합이라는 관점에서 볼 때 모두 동일선상에 놓여 있는 셈이다.[6] 한 선행연구에서 십삼도의군의 조직, 편성 규정으로 나온 후술할 「의무유통義務有統」이 「의병규칙」에서 발전한 것이라는 점에 착안하여 '유인석의 십삼도의군의 계획은 「의병규칙」, 「관일약」, 「의무유통」 계획이 종합, 발전된 것'이라고 파악한 것도 유인석의 통합군단 구상과 노력이라는 틀에서 시각을 같이 한 것이라 할 수 있다.[7]

유인석은 블라디보스토크에서 그해(1908년) 추석을 맞은 뒤[8] 그곳을 떠나 연해주의병의 근거지인 연추 중별리로 이거하였다. 연추로 건너간 것은 그곳에다 활동 근거지를 두고 강경한 항일전을 표방하던 이범윤과 합류하기 위해서였다.

유인석은 연추로 이거한 직후인 1908년 음력 10월에 '이범윤의 항일전을 후원하기 위해' 방대한 「의병규칙」을 제정하였다.[9] 의병의 거의擧義 명분에

---

5) 朴敏泳, 『大韓帝國期 義兵硏究』, 한울, 1998, 337~338쪽.
6) 朴敏泳, 『大韓帝國期 義兵硏究』, 337~340쪽.
7) 柳漢喆, 「十三道義軍의 設立科程과 組織上의 性格」, 『한국독립운동사연구』 10, 독립기념관 한국독립운동사연구소, 1996, 4쪽.
8) 『毅菴集』(景仁文化社, 영인본, 1973) 권2, 詩, 「戊申秋夕在海港共吟」, 27쪽.

서부터 군무·기율·편제 등 항일전 수행에 절급히 요구되는 제반 항목을 35개 조로 나누어 상세히 규정한 이 규칙은 유인석이 연해주에서 최초로 국내외 의병세력 통합을 구상하면서 발표한 문건이라 할 수 있다. 「의병규칙」의 각 조목이 표방한 대전제는 의병세력 통합이었고, 그 가운데 핵심적인 것은 국내외 통합군단의 편제를 언급한 다음 조목이다.

> 각 읍마다 의리가 있고 처신이 바른 인물을 뽑아 읍총재를 삼아 그 진장陣將을 지휘하게 하고, 각 도마다 덕망과 신의가 높아 한 도의 영수가 될 만한 자를 도총재道總裁로 삼아 도통령道統領과 열읍의 총재總裁를 관할하게 하며, 몇 명의 규찰糾察을 파견하여 도내의 여러 진을 돌며 살피게 한다. 도통령과 열읍 총재는 그 지휘를 받아 어겨서는 안 된다. 또 여러 도에서 충의와 성심, 역량이 있고 덕망과 지위가 족히 13도의 인심이 열복할 만하고 거기에 향응할 수 있는 인물을 추대하여 십삼도도총재十三道都總裁를 삼아 도통령과 각 도총재를 관할하게 한다.[10]

곧 군사조직으로 전국의 의병을 단일군단으로 편제하여 십삼도 도총재를 그 정점에 놓았다. 그 아래에는 도 단위의 도총재, 그리고 그 아래에 읍 단위의 읍총재를 설치하는 것으로 일사분란한 지휘·명령 계통을 세워 장차 대일 전면전을 구상하였던 것이다. 그리고 이와 같은 행정·군무를 총괄하는 권능을 가진 편제와는 별도로 실질적인 군사 지휘관을 두어 그 정점에 도통령都統領을 놓았고, 도통령 아래에는 각 도 단위의 도통령를 설치하였다. 「의병규칙」에 나타나는 '총재'와 '통령'의 이중 편제는, 후술하겠지만, '총단위總壇位'와 '도총재'를 정점으로 한 십삼도의군의 편성 세목을 규정한 「의무유통義務有統」에도 그대로 이어졌다.

9) 「의병규칙」의 내용과 성격에 대해서는 朴敏泳, 「柳麟錫의 의병통합 노력과 安重根의 하얼빈의거」(『毅菴學硏究』 7, 2009, 87~93쪽)에 자세히 논급되어 있으므로 여기서는 통합군단 규칙만 소개한다.

10) 『毅菴集』 권36, 雜著, 「義兵規則」, 138쪽.

3. 관일약貫一約과 입의안立義案

1) 관일약

유인석은 국내외 각지의 여러 의병세력을 하나로 통합하기 위한 사전준비로 일종의 의병 결사체인 '관일약'과 의병 서명록인 '입의안' 등 두 가지를 병행하였다. 우선 유인석이 연해주와 북간도 일대의 변경지역 한인들의 항일무장세력을 규합하기 위해 전통 향약 조직의 성격을 가지는 관일약 시행을 구상한 것은 현재 자료상 1909년 음력 7월경으로 확인된다. 관일약을 시행하기 위한 서문을 이 때 작성하였기 때문이다. 유인석은 서문에서 관일약 시행에 즈음하여 그 취지와 목적을 아래와 같이 밝히고 있다.

> 관일약은 어찌하여 하는가. 부득이해서이다. 어찌하여 부득이한가. 지금 도이島夷의 재앙이 나라가 망하고 도가 없어지고 몸이 보전되지 못하고 사람이 모두 멸망하는 극한 데까지 이르렀으므로 이 약約을 하는 것이다. 이 약은 장차 재앙을 면하기 위함인데 그만둘 수 있겠는가. (중략) 4애四愛(애국愛國 · 애도愛道 · 애신愛身 · 애인愛人－필자)를 하나로 일관할 따름이다. (중략) 약은 약속이니 마음을 약속하면 마음을 하나로 할 수 있고 중인衆人을 약속하면 중인을 하나로 할 수 있다. 약은 하나로 관통할 수 있는 까닭이니, 오늘의 일은 첫째도 관일약이요 둘째도 관일약이다.[11]

요컨대, 유인석은 일제의 국권침탈로 나라뿐만 아니라 성리학적 절대가치인 오도吾道, 그리고 자신과 인류까지 멸절되는 극한상황에 이르게 되었기 때문에 이 네 가지 가치를 회복하기 위해서는 애국 · 애도 · 애신 · 애인 네 가지('四愛')를 '하나로 관통하는 약속', 곧 관일약을 만들어 시행한다는

---

11) 『毅菴集』 권 42, 序, 「貫一約序」, 296쪽; 『龍淵金鼎奎日記』 上 1910년 3월 7일조, 528쪽.

것이다.

유인석이 관일약을 시행하게 된 배경과 목적은 다음 세 가지로 이해할 수 있다. 첫째는 국가와 더불어 성리학적 절대가치를 같은 비중으로 소중하게 인식하고 있었기 때문에 국권의 회복과 그 전제로서 성리학적 가치질서를 회복해야 한다는 강렬한 의지를 표방한 것이다. 이러한 입장은 그가 일찍이 1895년 의병투쟁을 전개하던 무렵에 "나라가 이국夷國이 된 채로 유지된다면 차라리 화국華國의 상태에서 망하는 게 낫고, 사람이 금수가 된 채 살아간다면 차라리 인간으로 죽는 것이 낫다."12)라고 절규하여 국가·민족보다도 화華의 가치를 우선했던 인식과 맥락을 같이 한다. 또 1910년 경술국치를 당했을 때 "원래 나라를 되찾은 연후에 가히 보화保華할 수 있으나, 비록 나라를 되찾더라도 보화하지 않는 데 이른다면 수화守華와 순화殉華가 있을 따름이다. 보화는 국민이 마땅히 함께 해야 할 것이요, 수화는 지원자만 함께 할 것이며, 순화는 사람들을 책할 수 없는 것이라 뜻있는 자만 따를 것이다."13)라고 하여 세 가지 처신의 준거를 제시했던 입장과과도 일치하는 것이다.

둘째, 위의 4애 뿐만 아니라 모든 항일세력(인물)을 하나로 관통하는 대상으로 삼아 단합을 도모한다는 것이다. 곧 관일약은 인심결합人心結合을 통한 항일의병세력의 통합을 궁극적으로 지향하고 있었던 것이다. 이러한 측면에서 본다면, 유인석의 관일약은, 동의단지회를 결성하는 등 인심결합을 위해 안중근이 경주했던 다양한 노력과도 일맥상통하고 있다.

셋째, 당연한 귀결이지만 유인석이 관일약을 시행하여 투쟁대상으로 설정한 것은 곧 4애의 가치를 파괴, 멸절한 일제였다.

이로써 보건대, 관일약은 유인석이 연해주에서 의병세력 통합운동을 전개하는 과정에서 자신이 견지한 성리학적 가치를 구현하기 위해 만든 일종

12) 『昭義新編』 권1, 「答閔士人龍鎬書」, 82쪽.
13) 『毅菴集』 권36, 雜著, 「處義有三」, 157쪽.

의 의병 전위조직이었던 것이다. 나아가 관일약이 성리학 지상주의를 표방하고 원리론적 입장을 견지하고 있었기 때문에 그 항일의 성향은 그만큼 강렬하고 선명하였다.

유인석이 만든 관일약은 조선 전통의 향약의 조직원리를 원용한 것이었다. 관일약에 앞서 일찍이 그는 향약을 두 차례 시행한 경험을 갖고 있었다. 이러한 경험을 통해 그는 동지를 규합하는 데 향약 조직이 가장 유효하다는 결론에 도달해 있었던 것이다.

첫 번째는 1898년 서간도 2차 망명시 패왕조覇王朝(일명 팔왕동八王洞, 현 집안현集安縣 재원진財源鎮 패왕조촌覇王朝村)[14]에서 거의 2년을 지내는 동안

14) 필자는 유인석의 抗日歷程에 대해 관심을 갖고 이를 추적하여 그 旅程을 대체로 밝혔다.(졸고, 「의암 유인석의 국외 항일투쟁 路程(1896~1915)」, 『한국근현대사연구』 19, 한국근현대사학회, 2001.12) 그러나, 유인석이 2차 서간도 망명 때 만 2년간(1898~1900) 머물렀던 年譜上 '八王洞'의 정확한 위치를 구명하지 못한 채 후일 과제로 남겼다. 이후 팔왕동 위치비정 문제를 둘러싸고 현지 조사가 진행되고 또 수편의 관련 논고까지 발표되어 '집안현 재원진 패왕조' 설(허준구, 「요동 오도구와 팔왕동 위치비정을 위한 시론」, 『의암학연구』 5, 2008.2)과 유하현 오도구진 '손가가촌'설(김양, 「중국 요동 오도구와 팔왕동 재조명」, 『의암학연구』 6, 2008.12), 그리고 '집안현 재원진 마제구' 설(엄찬호, 「유인석의 요동지역 활동지 비정에 대한 연구」, 『의암학연구』 7, 2009) 등이 제기되어 의암학 연구의 일시 쟁점으로 부상되기도 했다. 결과적으로 허준구와 엄찬호의 연구는 동일 범주내에서 논증된 것으로, 엄찬호가 더 많은 문헌자료를 통해 허준구의 연구 결과를 보완해 주었다고 할 수 있다.
팔왕동에 거주하던 유인석을 방문한 사람들 가운데 관련 기록이 남아 있는 인물은 그의 문인인 이정규와 강릉의병장 민용호를 비롯하여 崔明植, 그리고 면암 최익현의 문인인 이재윤 등이 확인된다. 이정규(「北征日記」)와 민용호(「江北日記」)는 팔왕동의 자연 지리적 환경과 조건을 서술하면서 '방화촌'과 '도룡산'이라는 지명을 똑같이 언급해 놓았다. 그런데 근래 안악사건에 연루되었던 崔明植의 회고록에서 팔왕동에 거주하던 당시의 유인석을 방문한 사실을 확인하였는데, 그곳이 곧 '패왕조'라고 명확하게 기록해 놓았다(최명식, 『안악사건과 3·1운동과 나; 긍허 최명식선생 약전과 자서』(타자본). 이로써 팔왕동은 곧 패왕조의 별칭이었음을 확단할 수 있게 되었다. 나아가 유인석이 거주하던 곳인 (패왕조의) '訪花村' '覩龍山'(민용호, 『관동창의록』, 162~3, 185쪽; 이정규, 『恒齋集』 利, 「西征日記」, 175쪽)의 위치는 현지 답사를 통해 더 구체적으로 확인할 수 있을 가능성이 크다. 방화촌의 지명과 관련해서 엄찬호는 마제구 부근에 있는 '芳花草' 또는 '方華草'

망명지에서 가정에서의 '효제孝悌'와 국가에 대한 '충순忠順'을 덕목으로 하는 향약을 실시하여 이주 한인의 교화와 결속을 도모했던 것이 그것이다.[15)]

두 번째는 유인석이 서북지방을 전전하던 1904년 무렵 제천에서 시행한 향약이 그것이다. 러일전쟁 발발 이후 매국단체 일진회一進會의 폐단이 야기되자, 유인석은 1904년 겨울 일진회에 대항하기 위해 향약을 조직하였다. 동문의 선배인 면암勉菴 최익현崔益鉉과 협의하에 유인석은 지근至近의 습재

지명을 언급하였는데(「유인석의 요동지역 활동지 비정에 대한 연구」, 132쪽 본문 및 각주 58 기사), 그곳이 방화촌일 개연성이 클 것으로 공감한다.

江北都公事員으로 서간도로 들어갔던 민용호도 유인석이 환국하기 직전인 1900년 음력 5월 하순 패왕조의 방화촌으로 찾아가 그를 만났다. 그 대목을 소개하면 다음과 같다. "방화촌 길이 나오자 도로가 좁아 인마가 고생하여 밤이 이미 初更이라 어두워져 동서 분간이 어려웠다. 한 大川을 건너가 傍林 아래의 개울물을 따라가다가 요행히 한 淸人을 만나 방화촌을 물으니 가로되 멀지 않다고 하고 길잡이 값으로 1원을 요구해왔다. 또 이르기를 유인석이 있는 곳이라 하였다. (중략) 從者 한 사람이 산천을 멀리 보면서 말하기를 이미 이곳을 지났으며 여기가 곧 방화촌 等地라 하였다. 이에 산에 올라 사방을 살피니 오래지 않아 큰 소리로 어느 길을 따라 오라고 하니 이에 따라 들어갔는데, 수백 보를 지나지 않아 곧 유인석의 처소였다. 이에 숙소에 들어가니 의암이 가로되 왕년에 同病同義의 처지였는데 다른 나라에서 손을 잡게 되니 서로 인연이 얕았음을 깨닫겠다고 하였다. 그리고 그 당시 각처 義將을 기록한 책을 보여주었는데 나의 지난날 행적이 소상이 들어있었다. 또 가로되 이필희가 왕년 의병 해산 후 옛날 魯國에 들어가 공자 후손을 방문하고 夫子像을 받들어 왔기에 이곳에다 聖廟를 만들기 위해 工匠을 데려오고자 파저강을 건너다 불행히도 물속에 잠겼지만, 우리는 집 뒤의 산, 이름하여 도룡산에 끝내 성묘를 세워 正殿과 좌우의 낭청이 이미 완성되었으니 화서·중암·성재·성암(박문오)을 배향하였다고 했다."(민용호, 『관동창의록』, 163쪽) 또 민용호는 유인석을 만난 지 3개월 뒤인 1900년 음력 8월 유인석을 만난 일을 "(의암은) 문인 5, 6명과 더불어 전통 의관을 고집하고 聖賢의 서책에 沈潛되어 斯道의 自任을 천명하고 있었으니 화려한 음식이 오히려 배를 채울 수 없을 것이다."(민용호, 『관동창의록』, 184쪽)라고 술회하여 의암이 견지했던 도학적 생활 풍모를 짐작케 하고 있다.

참고로 이재윤이 1907년 광무황제 강제퇴위 후 중국 북경에 들러 구국원조를 호소하다가 귀국할 때 '花村'(팔왕동)에 들러 유인석이 세워놓은 聖廟를 참배했다고 한 것으로 보아(송상도, 『기려수필』, 국사편찬위원회, 1955, 「李載允」), 유인석이 건립한 팔왕동 성묘는 그 뒤에도 한동안 유지되고 있었음을 알 수 있다.

15) 『毅菴集』 권55, 「年譜」, 682~683쪽; 閔龍鎬, 『關東倡義錄』, 184쪽.

習齋 이소응李昭應과 항재恒齋 이정규李正奎 등을 동원하여 제천에서 향약을 실시하게 되는데, 1905년 7월 일제의 간섭으로 조직이 해체될 때까지 인근 여러 군에서 모두 이를 본받았을 정도로 상당한 성과를 거둔 경험을 축적하고 있었다.16)

유인석이 만든 관일약의 조직과 직책은, 관일약의 시행 목적과 그 의의를 큰 틀에서 규정한 「관일약약속貫一約約束」, 그리고 각 임원의 임무와 역할을 규정한 「관일약절목貫一約節目」에 자세히 나타나 있다.17) 우선 관일약의 업무를 총괄하는 최고의 직위에 약장約長을 두고, 또 약장의 업무를 보완해 주는 일종의 고문격인 별유사別有事를 몇 명 별도로 임명하도록 했다. 약장의 아래에는 회의를 주관하는 장의掌議, 사무를 주관하는 장무掌務, 규례規禮를 맡은 사규司規, 회의를 원만하게 진행하는 직책의 찬의贊議와 찬무贊務, 집사 업무를 주간하는 간무幹務, 기록을 맡은 직월直月, 그리고 서적을 관장하는 사적司籍과 재정을 맡은 사화司貨 등의 간부를 두었다. 하지만, 실제 시행과정에서 이러한 조직과 직책이 제대로 갖추어졌는지 여부는 관련자료가 남아 있지 않는 현재로서 확인하기 어려운 실정이다.18)

이와 같은 관일약은 그 실현 가능성 여부를 떠나 종국적으로는 전국적 조직을 표방했던 것으로 보인다. 「관일약약속」 마지막 조목의 말미에 "전국이 대동으로 약속할 때에는 도道에 각각 약장約長을 두어 도내를 통솔하고 온 나라에서 중망이 있는 자를 추천하여 도약장都約長으로 삼는다."는 규정을 통해서 그러한 경향성을 짐작할 수 있다.

---

16) 『毅菴集』 권55, 「年譜」, 691~692쪽.

17) 위 두 건을 비롯하여 관일약과 관련된 대소 문건들은 『毅菴集』 제36권에 모두 수록되어 있다.

18) 현재 행방을 알 수 없는 후술할 '貫一約約員錄'에는 이러한 직책과 담당자가 기록되어 있었을 것으로 추정된다.

유인석이 관일약을 논의한 것은 1909년 전반기였던 것으로 보이며[19], 시행한 시점은 위에서 보았듯이 서문이 나온 1909년 음력 7월경으로 합리적으로 추론할 수 있다. 하지만, 실제 시행 범위와 참여 인원의 규모나 그 성향 등 세력의 정도를 확인하기는 어려운 실정이다.[20]

유인석은 관일약 시행을 결정하고 그 최고 책임자인 약장約長에 서간도 심양에 망명해 있던 미석渼石 이재윤李載允(자 성집聖執, 1849~1911)을 옹립하고자 했다. 경기도 양주 출신의 이재윤은 인조의 아들 인평대군의 후손으로 황실의 종척宗戚이었다. 1877년 충량과로 등과하여 우승지를 지낸 뒤 1894년 청일전쟁 이후 일제의 국권침탈이 가속화되자 향리에 퇴거해 시사를 한탄하던 중 1902년 무렵 면암 최익현의 문하에 나아가 도학을 공부하였다. 이후 그는 스승 면암의 항일투쟁 역정歷程을 따라 1905년 을사조약 늑결을 맹렬하게 규탄하면서 재종 이재극과 종질 이지용의 친일매국 행위까지 서슴없이 성토하였다고 한다. 그 뒤 그는 최익현의 명을 받아 국권수호를 위한 방책을 강구하기 위해 국외 망명을 결행하여 심양을 거쳐 북경까지 들어갔으나 청의 원조를 기대할 수는 없었다. 이에 그는 심양에 유거하며 망명생활을 하던 중 1910년 국치 이후 귀국하였으나 향리에서 자결 순국하고 말았다.[21]

유인석은 황실의 종척이자 동문인 이재윤을 옹립하고자 1909년 10월 24일(음 9.11)자로 그에게 편지를 보냈다.

---

19) 유인석이 1909년 7월 31일(음 6. 15)자로 朴陽燮·禹炳烈·李鍾夏에게 보낸 편지에서 李南基·崔于翼·金晩松 등과 향약(관일약)을 8월 16일(음 7.1) 논의하기로 했음을 밝힌 점으로 미루어 1909년 전반기에 이미 향약 시행문제가 심도있게 논의되었음을 알 수 있다(『毅菴集』 권17, 書, 「與朴景明陽燮禹仲悅李相禹鍾夏」, 402쪽).

20) 다만, 다음 절에서 기술할 '貫一約約員錄'에 황해도 문인들인 禹炳烈·朴陽燮 등 총 121명의 약원이 등재되어 있었던 것으로 전해지는 점으로 보아 그 개략적 범위만 짐작할 따름이다.

21) 宋相燾, 『騎驢隨筆』, 國史編纂委員會, 1955, 「李載允」.

집사는 반드시 멀게 여기지 말고 이 약約에 응하여 (이를) 주관해 주기를 바란다. (중략) 이곳(연해주-필자)을 택한 것은 몇 가지 이유가 있다. 저곳(서간도-필자)에 있으면 반드시 왜적에게 탄로 나서 잡히게 될 것이지만, 이곳에서는 재앙을 면할 수 있다. 또 무기를 모으는 데도 여기가 저곳보다 낫고, 북도인의 기개가 국 중에서 가장 일을 도모할 만한데, 이곳은 북도와 연접하여 북도인과 함께 할 수 있다. 도모하지 않으면 차치하더라도, 도모한다면 여기보다 나은 곳이 없다. 더욱이 여기는 청나라와 접경해 있어 청나라 국경에서 더 깊게 들어가면 땅이 넓고 비옥하여 집거集居할 수 있고 오래도록 왜적의 침해를 받지 않을 수 있다. 장차 그곳에 가서 거사를 도모할 계획이니 도리와 형세를 살펴 왕림해 주기를 바란다. 지금 약속約束이 없을 수 없고, 약속의 성패 여부는 집사가 오느냐 안 오느냐에 달렸으니 부디 심사深思해 주기 바란다.22)

위의 인용문을 통해서도 관일약이 지향하는 궁극적 목표가 항일무장투쟁에 있음을 감지할 수 있고, 그를 지도하기 위해서는 황실의 종친으로 학문적 연원을 같이하는 이재윤이 적임자라고 지목한 것이다. 사실 약장에 이재윤을 옹립하려는 계획은 그 이전 관일약을 협의하는 단계인 음력 6월에 함경도 의병장 출신인 이남기李南基·최우익崔于翼·김만송金晩松 등과 약사約事를 논의할 때 "마땅히 약장約長이 있어야 하는데 나(유인석-필자)의 뜻은 미석渼石(이재윤-필자)이 맡는 것이 가장 좋을 것 같았고, 여러분도 역시 다른 의견이 없었다."라고 하여 이미 정해져 있었고23), 그 결과 이 때 유인석이 이재윤에게 청원편지를 보내게 되었던 것이다. 하지만, 그 경위와 이유는 알 수 없지만, 이재윤은 끝내 연해주에 오지 않았다. 후술하겠지만, 뒤이어 십삼도의군을 편성할 때 다시 이재윤을 도총재에 옹립하려는 노력을 기울였으나, 역시 특기할 결과는 없었다.

22) 『毅菴集』 권12, 書, 「與李承旨(載允)」(기유년 9월 11일), 261쪽.
23) 『毅菴集』 권17, 書, 「與朴景明陽燮禹仲悅李相禹鍾夏」, 402쪽.

유인석은 동지 약원들을 모아놓고 음력 9월 9일(양 10.22) 중양절重陽節에 관일약 대회를 가졌다. 대회 직후에 문인 김형전金衡銓에게 보내는 글에서 "관일약 읽기를 지난 중양절에 약속하였는데 참석자가 자못 많았다. 북도 인사의 기격氣格은 더욱 믿을 만하니 약사約事가 점차 자리를 잡을 것 같다."[24] 라고 한 대목을 통해 그러한 정황을 포착할 수 있다. 절목節目의 규정에 따르면 약원은 정기적으로 매월 1일에는 '작은 모임'(소회小會)을 갖고, 봄 삼짓날(3월 3일)과 가을 중양절(9월 9일)에는 '큰 모임'(대회大會)을 갖는다고 했으므로[25], 이 때 중양절에 처음으로 '대회'를 개최했음을 알 수 있다. 그리고 약원들은 '서로 믿고 지키는 증거로 삼기 위해' 관일약의 요체와 단합(관일) 원리를 새긴 약표를 늘상 품속에 지니도록 했다.[26]

유인석은 관일약 제정 이후 약원들을 규합하기 위해 심혈을 기울였다. 동문사우들을 비롯하여 전국 각지의 유력한 인사들에게는 내참來參을 호소하는 편지를 일일이 보내어 동지들을 규합하려 했으며, 또 관북지방 주민들을 비롯하여 이주한인들이 집단 거주하는 북간도 한인사회에 대해서는 관일약 시행 사실을 널리 알리는 포고문·통고문을 발하여 동참을 호소하였다.

유인석이 개별적으로 편지를 보내어 동참을 호소했던 경우로는 우선 함남 경성鏡城의 지사들인 이희석李羲錫과 이학재李鶴在 등이 있다.[28] 경성 출신의 인물들이 후술하겠지만 입의안의 의병 명부인 의원안에 대거 등재하게 되는 것도 이러한 인사들과의 교류가 무관하지 않았을 것으로 보인다. 그리고 거주지는 확인되지 않지만 역시 관북의 유력자로 짐작되는 정갑묵

---

24) 『毅菴集』 권23, 書, 「答金權翁(衡銓)」, 531쪽.
25) 『毅菴集』 권 36, 雜著, 「貫一約節目」.
26) 『毅菴集』 권 36, 雜著, 「貫一約約束」.
27) 『龍淵金鼎奎日記』 上, 독립기념관 한국독립운동사연구소, 1995, 528쪽.
28) 『毅菴集』 권12, 書, 「與李(鶴在)」 기유년 10월 16일, 271쪽; 『毅菴集』 권12, 書, 「與李注書羲錫」(기유년 10월 16일.

鄭甲墨에게도 편지를 보내 관일약을 제정한 사실을 알리고 "먼저 이곳에 모여 사는 사람들을 규합하였으며 또 더 널리 덕망 있고 뜻이 있고 지조 있고 모략이 있는 사람들에게 알려 모두 호응하게 하였으니, 저의 마음을 아는 친구에게도 알려드리지 않을 수 없다."고 하면서 연해주로 북상도강하여 관일약에 동참해줄 것을 호소하였다.[29] 황해도에는 화서학파 동문인 평산의 변석현邊錫玄과 정형교鄭亨敎 등에게도 동참을 호소하는 편지를 12월 7일 보냈다.[30]

이상과 같은 서북지방 인사들 외에 유인석이 약원 동지들을 규합하려는 노력과 시도는 강원도, 충청도뿐만 아니라 심지어는 호남 남단까지 미치고 있었다. 그 대표적인 사례가 제천의 윤정학, 임병찬 의병장, 그리고 전남 강진의 저명한 선비인 김영근 등에게 각기 쓴 편지를 면암 최익현 문하의 임병찬과 동문이던 김익형金益炯에게 일괄로 보내어 각기 전달토록 한 것이 그것이다. 유인석은 음성 출신으로 제천에 거주하던 문인인 일와一窩 윤정학尹正學에게 보낸 편지에서 그 자신뿐만 아니라 이소응·이정규·장익환 등과 함께 관일약에 동참하도록 연해주 망명을 종용하였다.[31] 또 면암 최익현의 참모였던 임병찬 의병장에게도 "몸을 빼어 멀리 와서 함께 대사를 도모하고 또 같은 뜻이 있는 사람을 많이 데리고 있어 기쁨으로 여긴다."라고 하여 휘하 동지들을 데리고 연해주로 와서 관일약에 가담해 주기를 호소하였다.[32] 강진의 유력한 유생이던 경회景晦 김영근金永根은 중암 김평묵이 전남 지도智島 유배시에 배양했던 문인으로, 일찍이 1907년 춘천 가정리로 유인석을 찾아가 항일투쟁에 협력할 것을 약조한 이력을 가진 지사였다. 이 때 유인석이 12월 7일자로 그에게 보낸 편지를 보면 아래와 같다.

---

29) 『毅菴集』 권17, 書, 「與鄭元之甲墨」 기유년 10월 15일.
30) 『毅菴集』 권10, 書, 「與邊德一鄭淵玉亨敎」 기유년 10월 25일.
31) 『毅菴集』 권21, 書, 「與尹聖言」 기유년 10월 25일.
32) 『毅菴集』 권13, 書, 「與林樂安炳瓚」 기유년 10월 25일.

재작년 봄 가정柯亭에서 만났다 작별한 일이 꿈만 같다. 어머니를 모시고 지내는 체후가 무고하기를 삼가 바란다. 서로 약조한 일은 작년에 김인중金仁仲(중암의 손자 김춘선金春善의 자－필자)의 편지를 통해 '부친의 병환으로 실천하지 못한다'고 하였는데, 필시 일시적인 현상으로 곧 완쾌되었을 것인데 이후 아무 소식이 없으니 무슨 까닭인가. 한 마디로, 여기에 의미심장한 좋은 기회가 있는데 반드시 그대와 함께 해야 성사할 수 있다. 그러므로 먼 것을 마다 않고 사람을 보낸 것이니 이 뜻을 저버리지 말아주시라. 부친이 앓고 계신다 해도 그대의 형제와 아들 조카들이 잘 시봉할 것이니 그 정리情理야 어찌 심히 곤란하지 않을까마는 경중輕重을 가늠하여 결정해야 할 것이다. (중략) 또 친구 위모魏某(위봉식魏棒植－필자)와 지난번에 앵공자鸞公子를 읊었던 분(조동겸趙東謙－필자)도 그대가 함께 할 것을 권유해 주시라. (하략)[33]

위 편지에서 유인석은 김영근에게 비록 부모가 병중이라 하더라도 나라가 부모보다 더 중하기 때문에 즉시 북상도강하여 관일약에 동참할 것을 청원하였고, 내참시에는 인근의 지우들인 홍의弘毅 위봉식魏棒植, 후포後圃 조동겸趙東謙 등도 더불어 함께 망명할 것을 요구한 것이다. 강진 · 장흥 일대의 이들 유생들이 연해주로 망명한 것은 확인되지 않지만, 국치 후 이들이 북간도로 집단 북상한 것은 유인석의 항일독립운동 노선과 밀접한 관련성을 가졌던 것으로 보여 특히 주목되는 대목이다.[34]

이처럼 국내 유력자들에게 별도로 서신을 보내어 동지들을 규합하는 한편, 유인석은 관일약 제정 이후 통고문을 발해 널리 동지를 규합하고자 했다. 그리고 관북지방의 사림士林을 대상으로는 통고문을 발하여 적극 동참

---

33) 『毅菴集』 권11, 書, 「與金乃晦永根」 기유년 10월 25일.

34) 김영근(1865~1934) 등 전라남도 화서학파 인맥은 1910년 국치 전후부터 1919년 3 · 1운동 직후에 이르기까지 연해주, 서북간도 일대의 독립운동 무대에서 의암 유인석을 필두로 하는 화서문파의 국외 독립운동세력과 유기적인 관계를 설정하고 있었던 것으로 확인된다. 이러한 史實은 한반도 兩端의 지리적인 相距 면에서나, 국내 독립운동이 국외로 파급되는 이동경로 면에서나, 나아가 국외, 국내 독립운동세력간의 상호연계라는 면에서 볼 때 상당히 중요한 의미를 갖고 있다.

해 주기를 호소하였다.[35] 또 관일약의 목적과 취지를 설명하고 전체 민인들을 대상으로 널리 이해를 구하면서 적극적으로 동참해주기를 호소하는 다음과 같은 「통고通告」를 발포하였다.

> 인석은 (중략) 일약一約을 세워 관일약이라 하였으니 '애국愛國 · 애도愛道 · 애신愛身 · 애인愛人'을 기약하고 동심으로 관일하려 한다. 이는 장차 여기(국외－필자)에 함께 거주하는 여러분과 더불어 먼저 마음을 같이하는 일심 단체를 조직한 다음 마침내는 한 나라의 일심 단체를 만들고, 먼저 보신수도保身守道를 한 다음 마침내는 국권회복과 인류구제를 기약하고자 하는 것이다.[36]

이러한 관일약은 다시 언급하거니와 의병 규합을 위한 전위조직의 성격을 띠고 있었다. 그리고 관일약의 시행에는 경성鏡城 출신의 의병장 이남기李南基가 실무를 맡아 크게 힘썼던 듯하다. 그는 1908년 경성에서 최덕준崔德俊(최경희崔瓊熙) · 지장회池章會 · 김정규金鼎奎 · 서상욱徐相郁 등과 함께 거의擧義하였던 의병장으로, 의병항전 실패 후 연추로 건너가 유인석의 막료로 활동하던 인물이다. 1910년 봄 그는 북간도지역으로 파견되어 관일약 보급과 의병 규합의 임무를 수행하였던 것이다.[37]

---

35) 『毅菴集』 권25, 書, 「通告北道士林書」.
36) 『毅菴集』 권37, 雜著, 「通告」, 168쪽.
37) 尹炳奭, 「龍淵 金鼎奎의 生涯와 '野史'」, 131쪽; 『龍淵金鼎日記』 上 1910년 3월 7일조, 525쪽 참조. 이남기는 관일약의 시행에 즈음하여 유인석과 다른 별도의 서문을 작성하여 유인석의 서문과 함께 반포했던 것으로 짐작된다. 김정규의 일기에 첨부된 관일약, 의병규칙, 입의안 관련 문건 가운데 유일하게 이남기의 관일약 서문이 유인석 문자 외에 들어 있는 점으로 미루어 이남기가 의병 규합 과정에서 기울인 노력과 비중을 짐작케 해준다.

2) 입의안立義案

유인석은 관일약의 보급과 함께 북간도 일대 한인 지사들의 단합을 도모하기 위해 통고문을 1910년 봄에 발포하였다. 그 통고문 가운데 다음과 같은 대목은 의병통합의 움직임과 관련해 특히 주목을 끈다.

> 이곳(연해주-필자)에 우거寓居하는 천만 동포를 돌아보건대, 마음을 쏟고 힘으로 도우고 몸으로 담당하니, 진실로 국가를 위하고 충의를 숭상하는 방책이 없지 않아 이제 입의안立義案을 만들어[方設立義案] 성명을 연서함으로써 그 실상을 드러내었도다. 그윽이 생각컨대, 저 중국 동포 군자도 어찌 이와 다르리요? 다만 성세聲勢와 의기가 상통하지 않았을 따름이다. 받들어 청컨대, (북간도) 여러분은 충성을 떨치고 의리에 의지하는 마음으로 먼저 성명을 허락하여 이 의안義案에 함께 하게 된다면 성기聲氣가 상응하여 한 마음으로 단체를 이루어 대의를 펴고 대사를 이룰 수 있으리라.[38]

위 인용문을 통해 유인석은 당시 이미 항일투쟁을 표방하는 결사를 조직하기 위해 서명록인 입의안을 만들어 연해주 항일운동가들의 서명을 받아 놓았고, 나아가 북간도 일대 한인들의 서명까지 받고자 한 사실을 알 수 있다.[39] 이와 같은 입의안(혹은 동의안同義案)은 1909년 하반기의 십삼도의군 편성 계획 수립과 동시이거나 혹은 그 이전에 등장하였던 것으로 보인다.[40] 이러한 견지에서 볼 때, 입의안은 곧 연해주·북간도 일대의 항일세력을 하나로 규합하려는 구체적인 움직임으로 파악할 수가 있다.

---

38) 『龍淵金鼎日記』 上 1910년 3월 7일조, 526~527쪽.
39) 유인석의 연보에도 그 시기는 병탄 뒤로 보고 있지만, "청나라와 러시아 각지에 사람을 파견하여 義案을 만들고 무기를 준비하는 일을 면밀히 진행하게 하였다."라고 하여 러시아, 간도 각지에서 의병 명부를 작성한 사실을 기록하고 있다. 이 기록은 정황으로 보아 '입의안' 연명과 관련된 것이다.
40) 『毅菴集』 권36, 雜著, 「義務有統」 '立義案', 152쪽 참조.

유인석은 이처럼 관일약과 함께 의병 통합을 위한 전위 결사의 형태로 입의안도 함께 시행하였던 것이다. 입의안은 일정한 양식을 갖춘 의병 동맹록으로 일명 동의안이라고도 하였다. 그리고 관일약에 약정한 약원約員을 동약同約이라 하였듯이, 의안에 이름을 올린 의원을 동의同義 또는 동의의원同義義員이라 불렀다.[41]

의병 명부인 입의안의 작성과 관련하여 그 구체적인 방법과 체제를 규정한 것은 유인석에 의해 1909년 음력 12월에 작성된 「의무유통義務有統」이다. 「의무유통」에 들어 있는 '입의안' 규정과 내용을 소개하면 다음과 같다.[42]

> **입의안**立義案
>
> 도총재 이하 대소 의병들은 함께 한 책에 성명을 쓰고 그 아래에 두 줄로 자 · 생년 · 관향 · 주소[거우居寓] · 가족[거인居人]을 쓰고 아울러 현재의 주소를 쓴다. 특히 자신의 직업을 쓸 뿐만 아니라 기부금, 무기제공, 마음과 힘으로 후원한 사람에 이르러서도 모두 써서 나라를 위하여 충의를 숭상한 좋은 일을 소멸되지 않게 한다. 순서는 때의 선후로 하고 등급으로 하지 않는다. 대체로 입의안으로 전체 의병을 가늠할 수 있고, 또 일심 단결의 체제와 일이 성공된 뒤에 이 안案으로 온 나라에 알리게 하고 후세에 전하여 대의에 가담한 공로를 빛내는 데 있다.

위 인용문에서는 입의안의 목적이 일심 단결의 체제와 항일투쟁의 공적을 후세에 전하는 데 있다고 밝혔다. 또 도총재 이하 입의안 등재 성명의 순서는 오직 기록 시기의 선후에 따른 것이라고 하였다.

유인석이 이처럼 국내외 항일의병세력 통합을 표방하는 과정에서 등장한 관일약과 입의안 양자는 각기 별도로 추진된 사업이 아니라 상호 보완

---

41) 朴敏泳, 「柳麟錫의 의병통합 노력과 安重根의 하얼빈의거」, 『毅菴學硏究』 7, 2009, 96쪽.

42) 「의무유통」에는 입의안과 더불어 都總所의 임원 명부인 立任案과 군인의 명부인 立軍案에 대해서도 규정해 놓았다.

적 입장에서 유기적으로 관계를 설정하고 있었다. 양자 모두 국내외 항일 의병세력을 하나로 묶어 단일군단으로 편성하려 했던 유인석의 통합 구상과 노력을 구현하려는 데 목적이 있었다. 관일약과 입의안 양자의 상호 관계에 대해 유인석이 밝힌 다음 인용문이 그러한 정황을 잘 보여주고 있다.

> 나는 관일약貫一約을 시행하고 또 동의안同義案을 만들었다. 관일약의 약속에 이르기를 애국愛國 · 애도愛道 · 애신愛身 · 애인愛人 등 4애四愛의 마음으로 하나로 일관한다는 것이니 곧 만명의 대중이 마음을 같이하여 하나로 일관한다는 것이다. 우선 국경을 벗어난 사람이 지조가 있고 올바른 식견을 지키는 자는 단결하여 장차 온 나라에 미치게 할 것이니 희망이 있고 지킴이 있고 하는 일이 있어 기필코 일을 성공함이 있을 것이다. 동의안은 대인이나 소인 등 대중을 통하여 왜적을 배척하고 나라를 회복하는 사상이 있어 의병을 함께 할 자는 함께 기록하여 마음을 집결하고 널리 합하여 온 나라에 미치면 기필코 성사함이 있으리라. 혹자가 묻기를 "약속과 의안은 어찌하여 문건을 각각 달리하여 그 일을 다르게 하는가"라고 하였다. 내가 말하기를 "의안은 일을 이루기 위한 것이며, 관일약은 이룬 일이 정당한 데 귀착하기 위한 것이다."[義案爲事之有濟也 貫一約爲事濟而歸于正也]라고 하였다.43)

곧 입의안은 국권회복을 도모하기 위한 항일전을 표방하는 것이며, 애국 · 애도 · 애신 · 애인의 4애를 근간으로 하는 관일약은 일제의 마수로부터 벗어나는 과정에서 국가와 민족이 성리학적 가치관과 질서에서 일탈逸脫하지 않도록 기능하는 데 목적을 두었다는 것이다. 유인석은 이러한 관계에 있던 양자를 동시에 병행함으로써 독립운동의 방략과 목적을 더욱 분명하고도 선명하게 표방하고 나아가 항일전의 강도를 더욱 배가倍加시키고자 하였다.

43)『毅菴集』권32, 雜著,「散言」, 39~40쪽.

3) 의병 명부 의원안義員案 분석

(1) '의원안'의 체제와 성격

관일약과 입의안은 국내외 의병세력 통합을 표방하던 유인석이 상호보완적 관계에서 동시에 추진한 항일투쟁 방략이었다. 관일약은 시행과정에서 약원約員의 명부인 '약원록約員錄'을 남겼고, 입의안은 추진 결과 의원義員(동의同義) 명부인 '의원안'을 남겼다. 곧 '약원록'과 '의원안' 두 문건은 연해주에서 시종일관 진력했던 유인석의 의병통합 노력을 생생하게 보여주는, 나아가 국치 직전 통합군단으로 편성되는 십삼도의군과 관련된 연해주 독립운동의 한 실상을 보여주는 귀중한 자료라 할 수 있다.

약원록과 의원안 두 자료는 원래 충북 충주시 엄정면 신만리 도룡道龍 마을에 거주하는 유인석의 증손 유연수柳然壽 옹이 소장하고 있었다. 과거 원호처(현 국가보훈처)에서 독립운동사편찬위원회를 만들어 독립운동사 체계화작업을 진행하던 무렵인 1969년도 광복절에 이 두 자료가 발굴되어 그 실존 사실이 언론에 보도된 적이 있었다.[44] 하지만, 그 당시는 유인석의 항일독립운동 공적이 제대로 밝혀져 있지 않았기 때문에 그 자료의 성격과 역사적 위상에 대해서는 거의 간과된 채 실존 사실만 간략히 소개되었던 것이다. 당시 보도에 따르면, 약원록에는 황해도 의병장 출신으로 유인석의 문인들인 우병렬禹炳烈, 박양섭朴陽燮 등을 비롯하여 121명의 명단이 수록되어 있었다고 한다. 하지만, 애석하게도 현재 '약원록'의 행방은 알 수 없는 실정이며, 오직 '의원안'만 현전하고 있다. 이에 필자는 금년 여름 의원안 자료의 공개를 겸하여 그 자료적 가치를 학계에 소개한 바 있다.[45] 이를 토대로 여기서는 '의원안'을 분석적으로 고찰하여 그 자료가 갖고 있는 역사

---

44) 『경향신문』 1969년 8월 15일자, 「처음으로 햇빛 본 항일독립운동의 햇불」.
45) 朴敏泳, 「연해주 의병 명부 '義員案' 해제」, 『한국독립운동사연구』 45, 독립기념관 한국독립운동사연구소, 2013.8, 339~343쪽. 여기에는 '의원안'이 원자료 그대로 영인 전재되어 있다.

적 의미를 살펴보고자 한다.

'의원안'은 곧 입의안의 '의안'으로서 유인석의 연해주 의병 명부라고 할 수 있다. 그런데, 이 의원안이 그대로 십삼도의군의 의원 명부인지의 여부는 현재로서 확단하기 어렵다. 바꾸어 말하면, 의원안이 십삼도의군과 밀접한 관련을 가진 의병 명부인 것은 확실하지만, 십삼도의군 편성을 염두에 두고 그 즈음에 기록한 의원 명부인지는 확인하기 어렵다는 것이다.

여기에 수록된 인원은 총 539명으로, 유인석을 필두로 십삼도의군에서 중요한 직임을 맡았던 이재윤李載允·이범윤李範允·이남기李南基·이상설 순으로 수록되어 있다. 이런 점에서 십삼도의군의 서명록으로 간주해도 좋을 여지가 충분히 있는 것이다. 하지만, 명부 작성 시점은 성명이 등재된 각인의 직책이 기록되어 있지 않은 점과 십삼도의군 편성시 명부를 작성한 기록이 없는 점으로 미루어 1910년 6월 21일(음 5월 15일) 십삼도의군이 편성되기 직전, 곧 1909년 말부터 1910년 초로 보는 것이 현재로서는 가장 타당하리라고 본다. 명부 내지 첫 면의 '의원안義員案'이라는 표제 외에는 기록자와 기록시기, 기록과정을 밝혀주는 어떤 단서도 없기 때문에 명부 작성과정과 내역에 대해서는 알 수 없는 실정이다.

명부 명단의 작성 내용과 순서는 먼저 성명을 상단에 적고, 그 아래에 2행으로 자(우)와 생년(좌)을 기록하였다. 이어 그 아래에 다시 2행으로 본관(우)과 출신지인 '거居'(좌)를 적고, 그 밑에 마지막으로 현주소인 '시거時居'를 기입하였다. 하지만, 사단四段으로 된 명부의 모든 난欄이 다 채워진 경우는 드물고, 대개 성명 아래의 난에는 기입이 가능한 경우만 채워 놓았다. 또 성명만 올라 있는 경우도 있고, 심지어 성씨만 기입되어 있는 세 건의 사례('李' '玄' '咸')도 나타난다. 특히 '이李'의 경우에는 인적사항을 기록하는 4단의 난이 모두 채워져 있는데도[字仁化 癸亥生/ 貫全州 居慶興/ 時居秋豊梓皮洞], 유독 이름만 빠져 있다. 의원안이 작성되기까지의 과정을 알 수 없는 현재로서는 이와 같은 현상을 설명하기 곤란하며, 또 인적사항을 기록하는 해당 난이 결기缺記되어 있는 이유를 짐작하기도 곤란한 실정이다. 그래도 억단臆斷하자면, 어느 특정 계열이나 특정지역을 단위로 소속 성원들의 동의를 받아 여러 명을 한꺼번에 등재하면서 인적사항이 누락된 인사는 인명, 심지어는 성씨만 등재한 것으로 추정해 볼 수 있다. 이 경우 끝내 추가 인적사항이 파악되지 않았기 때문에 해당 성명 외에는 그대로 공란으로 남게 된 것이 아닌가 생각된다. 명부를 작성한 서체는 세 가지로 나타난다. 처음에는 굵은 서체로 작성되다가, 중간에는 보통 서체로 바뀌었고, 마지막에는 처음에 비해 상당히 가는 서체로 다시 바뀌었다. 이런 점으로 보아 '의원안'은 일정 기간 수차에 걸쳐 여러 명이 동시에 기입된 것으로 그 정황을 짐작할 수 있다.

앞서 보았듯이 「의무유통」의 '입의안'에서 성명을 기입한 순서는 원칙적으로는 위인爲人의 비중이 아니라 시간의 선후에 따랐던 것 같다. 하지만, 유인석 · 이재윤 · 이범윤 · 이남기 · 이상설 등 지도부 핵심 인물들은 대체로 명부 서두에 올라 있는데 이들이 우선 등재한 것으로 보이며, 나머지 의원들은 어느 정도 비중 있고 지명도가 있는 인사들도 산재 배열되어 있는 점에서 본다면 '의원안' 명부의 성명은 기입 시간의 선후에 따른 것으로 간주할 수 있다. 다만, 앞서 언급했듯이 중간 연락원이나 지역 담당자들이 일정 범위에서 취합 정리된 명단을 보내오면 이들을 한꺼번에 의원안에 등재했을 것으로 추정된다.

(2) 출신지와 거주지 분석

'의원'의 출신지를 살펴보면 서북지방 출신이 출신지가 등재된 명단 459명[46] 가운데 390여 명으로 무려 85%를 차지하고 있다. 서북지방 가운데서

46) 의원안에 등재된 의원 539명 가운데 출신지가 기록되지 않은 의원(80명, 약 15%)은 집계에서 제외하였음을 밝혀둔다. 이를 제외하더라도, 출신지역과 관련하여 위의 분석내용만으로도 대체적인 경향성은 짐작할 수 있을 것으로 생각된다.

도 관북지방 출신은 총 340여 명으로 전체의 76%에 달할 정도로 압도적 비중을 보이고 있다. 관북지방 출신자들의 개략적 분포를 보면 가장 많은 길주(85명, 약 19%)와 경성(52명, 약 11%)을 필두로 경원(28명) · 명천(26명) · 갑산(24명) · 경흥 · 단천(이상 21명) · 무산(17명) · 회령(15명) · 북청(11명) · 종성(8명) · 온성(7명) · 홍원 · 부령(이상 5명) · 삼수(4명) 순으로 나타난다. 예외는 있지만, 그 동안 북한에서 의병의 항일전이 비교적 활발했던 지역과 변경지대 출신자들이 대체로 다수를 차지하고 있다고 할 수 있다. 하지만, 길주(85명) 출신이 가장 많이 등재된 이유는 현재 알 수가 없다.

관북지방 다음으로는 화서학맥의 한 분파가 세력을 부식扶植했던 양서지방 출신(50여 명, 약 11%)이 다수를 차지하고 있다. 해주 · 영변 · 이원 · 덕원(이상 6명)을 필두로 안주(5명), 평산 · 박천(이상 4명), 정주 · 숙천 · 장단(이상 2명), 그리고 태천 · 금천 · 운산 · 은산 · 개천 출신이 각 1명씩 등재되어 있다. 이들 양서지방 출신 등재 의원은 대체로 1900년대 중반 수년간 유인석이 양서지방을 전전하면서 배출한 문인 및 이들과 관련된 인사들이 대부분을 차지하고 있다는 점이 특기할 만하다.

위에서 살펴본 서북지방 외 남한 출신을 도별로 분류하면 아래와 같다.

서울(17명)

이범윤李範允 이상설李相卨 심상돈沈相敦 안기선安基璿 박진태朴鎭台 함석흥咸錫興 정중은鄭仲銀 이범린李範麟 이범석李範錫, 민효식閔孝植 서성정徐成正 김기정金夔定 이덕권李德權 이필수李弼秀 전춘경全春景 주춘화朱春和 오춘성吳春星

경기도(5명)

안종석安鍾奭(광주) 이도현李道鉉(안성) 장흥경張興慶(양주) 김임호金任鎬(강화) 이병순李秉純(김포)

충청도(6명)

권유상權裕相(아산)[47] 이용구李龍九(충주) 이석기李錫驥 이기李起(이상 제천) 김홍기金鴻機(옥천) 김일택金一澤(공주)

경상도(7명)

김덕오金德梧(안동) 최광崔廣(의령) 윤섭尹灄(남해) 이병태李炳台(진주) 신복申福(부산) 서오성徐五星(서오성) 정기현鄭紀鉉(합천)

전라도(2명)

김진도金陳道(무안) 김요선金堯璿(장성)

강원도(6명)

한상열韓相說(횡성) 방명덕方明德 심용수沈龍洙(이상 강릉) 신창규申昌奎(회양) 이종익李鍾翊(양양) 이봉화李奉和(간성)

위에서 보듯이 남한 출신자는 모두 합쳐 43명으로 전체 의원의 약 9% 정도에 불과한 실정이다. 남한 가운데는 서울 출신이 17명으로 가장 많고, 나머지 경기 · 충청 · 경상 · 강원도 출신은 대체로 비슷한 규모로 골고루 분포되어 있음을 알 수 있다. 그리고 연해주와 지리적으로 가장 멀리 떨어져 있는 전라도는 무안과 장성 출신이 각 한 명씩 포함되어 있다.

이상과 같이 의원안에 등재된 의원의 절대 다수가 서북지방 출신인 점은 연해주와 지리적으로 연접 또는 근접해 있다는 사실에 크게 기인하겠지만, 그 상당수 의원의 전력前歷이 서북지방에서 활동하던 의병이었거나 유인석과 학통상 밀접하게 연계되어 있던 경향과도 깊이 관련되어 있다. 특히 양서지방 출신 인물들의 상당수는 우병렬 · 박양섭 · 박치익 · 차재정 · 김두운 · 이종협 · 현경균 · 김좌두 등과 같이 유인석이 그곳을 전전하며 양성해낸 문인들이거나 평산과 태천을 거점으로 형성된 화서학파 성원들이었다는 점에서 시사하는 바가 크다.

이어서 '의원안'에 등재된 '의원'의 현 거주지를 살펴보면 다음과 같다. 그런데, 전반부 인물들의 경우에는 현 거주지가 상당수 결기缺記되어 있으며, 후반부의 경우에는 대체로 특정 지명에 거주하는 의원들이 한꺼번에 수록

47) [추기] 충남 아산 출신의 권유상을 원문에서는 경기도로 잘못 파악하였기에 바로잡았으며, 그 결과 경기도 5명, 충청도 6명으로 출신자수도 수정하였다.

되어 있다. 이러한 현상은 특정 거주지별로 미리 정리된 명단에 의거하여 동시에 여러 의원이 등재되었기 때문이라 할 수 있다. 의원들의 현재 거주지는 연해주 이주 한인의 대표적인 집단 거주지인 연추와 추풍, 그리고 수청 일대에까지 널리 분포되어 있다. 하지만, 1909년 말, 1910년 전반기에 유인석이 머물던 멍고개[孟嶺]에 근접한 지명들이 가장 많이 등장하고, 거리상 멀리 떨어져 있는 수청 등지의 경우는 비교적 드물게 나타난다. 의원안에 등재된 의원들의 현재 거주지를 개략적으로 살펴보면 아래와 같다. (한자는 원자료 지명 표기임)

블라디보스토크海三, 海港

연추 방면

연추蓮秋, 멍고개孟嶺, 라즈돌리노에下馬灘, 재피거우梓皮洞, 마산馬山(재피거우 아래 포구), 시지미時芝味

추풍 방면

우수리스크-니콜리스크蘇王領/雙城, 추풍 재피거우梓皮洞/車巨隅, 대전자大田峙, 황커우黃坪, 크로우노프카曲浦, 상크로우노프카上曲浦, 재피거우 초평草坪, 재피거우 빙양고氷釀庫, 유정구柳亭口, 유정구 말구속포末口東浦, 남컨돌南乾乭, 상개척리上開拓里, 요조리봉堯峯

수청 방면

큰영巨峴, 우지미芋芝美 신개터新開許, 동호東湖, 무호武湖

기타(소재불명)

걸인동傑仁洞, 관지官地, 천리도포泉里都浦/千里道浦, 치머우沈詳隅, 초두구初頭溝, 육도구六道溝, 탕랑수湯浪水, 화마우火磨隅

하얼빈

북간도[西江]

의원안에 나타나는 위의 거주지 가운데 추풍 4사의 한 곳인 크로우노프카[曲浦] 거주 의원 74명(상크로우노프카 거주 14명 포함)을 비롯하여 추풍 초평草坪 16명, 천리도포泉里都浦/千里道浦 21명이 집단 등재된 사례는 특기할 만하다. 명부 말미에 이처럼 집단으로 성명이 등재된 것은 위에서 언급했듯이 이들로부터 미리 동의를 받아 정리된 명부를 동시에 의원안에 이기했다는 사실을 알려주는 것이다. 추풍지역의 한인사회에서 다수의 의원이 집단 등재된 배경이나 이유는 현재로서는 짐작하기 어렵다. 이처럼 집단적으로 등재된 의원들을 예외로 인정한다면, 나머지 의원들은 수청·연추·추풍 등 이주 한인들이 집단적으로 거주하던 연해주 각지에 비교적 고루 분포되어 있다.

그런데, 의원안 가운데는 특이하게도 연해주 밖에 거주하고 있던 의원 4명이 포함되어 있다. 북간도('西江')에 거주하던 최우익崔于翼·박재원朴在元·김형중金衡重 등 3명과 하얼빈에 있던 김일택金一澤이 그들이다. 이들이 의원안에 등재된 경위는 구체적으로 알 수 없지만, 그들 가운데 최우익은 연해주와 북간도를 왕래하며 항일독립운동을 전개하던 인물이며, 단천 출신의 김형중도 경성鏡城에서 북상도강北上渡江한 북간도 항일독립운동세력과 특히 긴밀한 유대관계를 맺고 있던 지사이다. 이들은 모두 유인석과 밀착된 경성의병鏡城義兵의 이남기李南基·김정규金鼎奎 등 중심인물들과 연락이 닿아 있던 것으로 파악되고 있다.[48] 또 충남 공주 출신으로 하얼빈에 거주하던 김일택金一澤(1855~?, 자 원서元瑞)이 의원안에 등재되어 있는데, 구체적으로 어떤 연고로 성명이 올랐는지는 알 수가 없다. 다만, 유인석이 그에게 보낸 다음 편지에서 의원안에 성명 등재를 요청하였고, 또 그가 이러한 요청에 동의한 사실만큼은 확인할 수 있다.

> 불녕不佞(십삼도의군 도총재의 자칭-필자)은 늙고 못난 인물로 마음은 있지만 계책도 없이 부끄럽게 분에 넘치는 자리를 차지하고 있기에 다만 내외 온 나라의 영현英賢한 동포들이 일을 하기를 바라기에, 먼저 좌하座下(그대-필자)의 의단義團이 일을 하기를 바라마지 않는다. 이렇

48) 『龍淵金鼎日記』 中, 1914년 4월 21일조, 「先生行狀」, 593~595쪽.

게 원근의 명단을 모으는 것은 군안軍案이 아니라 다만 동의同義의 인물을 열거하여 힘을 단합하려는 것이다. 존함을 허락하였기에 받들어 의안義案에 기록해 놓는다.[49)]

이 서신으로 보건대, 의원안을 작성하기 위해서 유인석은 사람을 북간도, 나아가 하얼빈까지 파견하여 의안 등재 동의를 받았음을 알 수 있다. 김일택에게 편지를 보낸 것이 『의암집』에는 1910년 음력 11월 11일로 부기되어 있으나, "원근의 명단을 모으는 것은 군안軍案이 아니라 다만 동의同義의 인물을 열거하여 힘을 단합하려는 것이다. 존함을 허락하였기에 받들어 의안에 기록해 놓는다."라고 한 전후의 문맥과 정황으로 보아 실제 작성된 시기는 1910년 8월 국치 이전으로 추정된다.

끝으로, 의원들의 나이를 보면 10대부터 70대에 이르기까지 넓은 연령층에 분포되어 있음을 알 수 있다. 전체 의원 539명 가운데 생년이 표기된 의원은 모두 415명(약 77%)으로, 이들의 연령 분포를 도표로 제시하면 다음과 같다.[50)]

의원안 등재 인물 연령 분포

	10대 (을미~신묘)	20대 (경인~신사)	30대 (경진~신미)	40대 (경오~신유)	50대 (경신~신해)	60대 (경술~임인)	70대 (경자~병신)
성원 (415명)	13명	77명	123명	98명	75명	25명	4명
비율 (100%)	3%	18%	30%	24%	18%	6%	1%

위의 표에서 보듯이, 의원안 등재 인물들의 주된 연령은 30대(30%)와 40대(24%)에 분포되어 있으며, 그 뒤를 이어 20대와 50대가 거의 비슷한 비율

49) 『毅菴集』 권 15, 書, 「答金元瑞一澤」(경술년 11월 11일), 349쪽.
50) 의원안 등재 인물들의 연령 분석은 세명대 구완회 교수가 제공한 통계처리 결과를 활용했음을 밝히고 더불어 사의를 표하는 바이다.

을 차지하고 있음을 알 수 있다. 이러한 연령 분포를 볼 때, 의원들은 실제 항일전을 수행하는 '군인'으로서의 의병 성원이 아니라 특정 단체와 지역의 지도자나 중심인물로서, 유인석이 주축이 된 연해주의병의 중추적 인물로서의 위상과 역할을 가지고 있었던 것으로 짐작된다.

(3) 등재 '의원'의 성향 분석

앞서 언급했듯이 의원안에는 총 539명에 달하는 방대한 인원이 등재되어 있다. 그러므로 등재된 모든 인물들의 신상을 파악하기란 현실적으로 한계가 있다. 의원안이 통합군단의 중요 직책을 가진 간부 명부가 아니라, 의로운 항일무장투쟁에 뜻을 같이하는 인물들, 곧 유인석의 의병통합 노선에 동의하는 인물들의 등재 명부이기 때문에 더욱 그러하다. 그만큼 생소한 인명이 많이 등재되어 있다. 이 점을 염두에 두고 가능한 범위 내에서 행적이 확인되거나 특기할 만한 의원들을 소개해 보고자 한다. 이러한 작업은 의원안의 성격과 비중을 판단하는 데 가장 유용할 것이다.

유인석에 이어 성명이 등재된 인물은 앞서 언급한 이재윤李載允이다. 면암 최익현의 문인이었던 그는 유인석과 학문적 연원을 같이하였고, 황실의 종척宗戚으로 위망威望이 있었으며, 항일투쟁 노선에 적극 동참하여 당시 심양에 망명해 있었다. 유인석은 앞서 보았듯이 관일약 시행시 도약장都約長으로, 또 후술할 십삼도의군 편성시에는 도총재都總裁로 그를 옹립하려 하였다. 1909년 음력 12월「의무유통義務有統」을 작성한 것도 이재윤을 추대하기 위한 준비작업의 일환이었다.[51)]

이재윤에 이어 등재된 이범윤李範允(자 여옥汝玉)은 1902년 간도시찰원으로 간도에 파견된 뒤 이듬해에 간도관리사로 승격되었다. 간도 이주민 보호에 진력하던 그는 러일전쟁 당시 러시아군에 적극 가담하였고, 전쟁이 종료된 후인 1906년에는 휘하 사포대私砲隊를 이끌고 연해주로 망명하여 연

51)『毅菴集』권36, 雜著,「義務有統」, 149~152쪽.

추에 정착하였다. 그는 현지 이주민을 규합하여 연해주의병을 편성함으로써 그 최고 지도자가 되었으며, 유인석과 시종일관 활동의 궤를 함께 하였다. 그는 연해주에서 활동하는 동안 광무황제로부터 부여받았다는 '관리사겸임각군산포사장管理使兼任各郡山砲社長'의 직함과 이두마패를 사용함으로써 자신의 권위를 항상 전면에 내세웠다. 십삼도의군이 편성될 때는 최고 책임자의 지위인 총단위總壇位를 맡았을 뿐만 아니라 별도로 창의군彰義軍 총재로서 휘하 부대를 지휘하게 되었다.

이범윤 다음으로는 경성鏡城 의병장 출신으로 십삼도의군의 장의군壯義軍 총재를 맡게 되는 용암龍巖 이남기李南基(자 우천于天, 안교安郊)가 등재되었다.

헤이그특사의 정사였던 이상설은 십삼도의군 편성 때 외교통신원外交通信員 혹은 도통신都通信, 별지휘別指揮 등의 직임을 맡아 총무와 같은 역할을 했던 인물이다.

이상에서 언급한 이재윤 · 이범윤 · 이남기 · 이상설 등이 유인석과 함께 의병세력 통합운동을 주도하거나 깊게 관여했던 대표적인 인물들이며, 나아가 이들이 후술하겠지만 통합군단인 십삼도의군을 편성하고 주도한 핵심인물들이었다. 이들이 의원안의 서두에 순서대로 등재되어 있는 것이다.

의원안에는 앞의 출신지역 분석과정에서 언급했듯이 유인석과 화서학맥을 같이하는 양서지방(황해도, 평안도) 출신의 인사들이 다수 포함되어 있다. 이남기에 뒤이어 연명된 우병렬禹炳烈, 박양섭朴陽燮, 박치익朴治翼을 비롯하여 차재정車載貞, 김두운金斗運, 이동섭李東燮, 한봉섭韓鳳燮, 홍석우洪錫禹, 이석기李錫驥, 이종협李鍾協, 강철묵康喆默, 이중희李重熙, 강기복康基復, 현경균玄敬均, 김동려金東礪, 김좌두金佐斗, 한상열韓相說 등이 그들이다.[52] 이들은 양서지방에서 의병항전을 벌인 뒤 유인석을 따라 연해주로 이주했으며 지근至近에서 그를 보좌하며 가장 충실한 참모 역할을 수행하였다.

---

52) 朴敏泳, 『大韓帝國期 義兵硏究』, 71쪽; 『毅菴集』 권55, 부록, 「연보」, 700쪽.

국내 각지에서 항일전을 전개하다가 북상도강北上渡江한 의병장들도 다수 등재되어 있다. 관북 산포수의병을 이끌었던 의병장 홍범도洪範圖(자 여천汝千)는 1908년 말 연해주 망명 이후 유인석과 항일무장투쟁 노선을 같이하였으며, 1910년 경술국치 이후 북만주 밀산密山으로 들어가 재기항전을 준비하였다. 그 뒤 주지하다시피 1920년 북간도 독립군이 독립전쟁을 전개할 때 대한독립군大韓獨立軍을 이끌며 봉오동승첩과 청산리대첩의 주역이 되었다. 의원안에는 본관이 남양南陽, 출신지가 평양으로 기록되어 있고, 또 그의 생년이 그 이유는 알 수 없지만 1869년[己巳]으로 되어 있어 정설인 1868년과 1년 차이가 난다. 회령 출신의 허근許瑾(자 공희公希)도 국내에서 홍범도 의병과 유기적인 관계하에서 항일전을 수행하다 국외로 망명한 의병장이었다. 허재욱許在旭이라는 별명을 갖고 있었으며, 또 허영장許營將으로 흔히 불리던 그는 연해주 항일무장투쟁의 중심인물 가운데 한 사람이었다. 뒷날 북로군정서에 들어가 청산리대첩 후 장정에 올라 1921년 자유시참변을 겪었다. 안중근과 동의단지회를 맺었던 강순기姜順基, 연해주의병의 결사체인 동의회同義會의 회원인 함동철咸東哲 등도 관북지방에서 항일전을 전개했던 의병이었다. 경원 출신의 강택희姜宅熙도 홍범도와 함께 항일전을 수행한 의병장 출신이었다. 강택기姜澤基, 강택희姜宅喜로도 알려진 그는 원래 경성鏡城과 북청北淸 진위대鎭衛隊의 부위副尉를 지냈으며, 홍범도와 함께 북청 서북방의 금패령禁牌嶺 일대에서 휘하 의병을 거느리고 항일전을 벌였다.[53] 이남기李南基와 더불어 경성의병鏡城義兵을 주도했던 최경희崔瓊熙(1879~?) 의병장도 의원안에 등재되어 있다. 그 동안 경성의병을 이끈 인물로 자료에 최덕준崔德俊과 최경희崔瓊熙가 혼재되어 동일인 여부가 불분명했으나, 의원안에 자字가 덕준으로 기록되어 있어 명확히 동일인임을 확인할 수 있게 되었다.[54] 결국 이남기·최경희 두 의병장의 북상도강을 필두로 경성의병의

53) 國史編纂委員會 編, 『韓國獨立運動史- 資料 11』, 1982, 600쪽.

54) 朴敏泳, 『大韓帝國期 義兵硏究』, 236쪽 각주 14 참조. 이 인물의 경우에는 본명

동지들이 대거 북상하게 되었고, 의원안에는 경성 출신이 무려 52명이나 등재되기에 이르렀던 것이다. 최우익崔于翼(자 성서聖瑞)은 길주 출신으로 경성의병과 함께 활동한 뒤 북간도로 망명하여 항일지사들과 함께 재기 항일전을 도모하였다. 그 뒤 1920년 일본군의 간도 침공 때 연길 외곽 의란구依蘭溝에서 일본군과 교전 중 전사 순국하였다.[55] 일명 김호익金虎翼이라고도 부르던 김호金虎(1873~?)는 함남 홍원 출신의 함경도 의병장으로, 서간도로 건너가 의병 계열의 학교인 백산학교에서 활동하였으며, 3·1운동 후에는 흥업단興業團의 단장으로 활동하는 등 무장투쟁 노선을 견지했던 인물이다. 함북 명천 출신의 김병진金秉振(자 성옥聲玉, 호 성암性菴)은 경성의병의 중심인물들과 밀접한 연계하에 활동하다가 연해주로 건너와 유인석의 문하에 들어가 그 휘하에서 항일투쟁을 전개하였다. 1910년 경술국치 후 북간도로 건너간 뒤 동지들과 항일독립운동의 방략을 모색하던 중 1914년 작고하였다.[56]

위의 두 계통 인물들도 의당 밀접한 관계를 맺고 있었지만, 의원안에는 연해주에서 활동하던 의병의 중심인물도 대거 포함되어 있다. 우선 전제익全濟益은 함북 회령 출신으로 1905년 을사조약 늑결 이전에 평안남도선세위원平安南道船稅委員과 함북 길주·성진의 경무관을 지낸 대한제국 고위 경찰 출신의 지사였다. 이후 일제침략이 가속화되는 상황에서 아우 전준언全俊彦과 함께 연해주로 망명했다고 한다.[57] 연해주의병의 국내진공시 포병사령관 혹은 도영장이던 그는 좌영장 안중근의 상관이었다. 경성 출신의 이승호李昇鎬(자 여돌汝渶)는 의병단체인 동의회의 발기인이었으며, 연추 창의소의 총무장을 맡았던 연해주의병의 중심인물이었다. 일제는 그를 한때 이상

'경희'보다 자 '덕준'으로 더 널리 불렸던 것으로 보인다.

55) 『독립신문』 1923년 1월 10일자, 「殉國 諸氏의 略歷」

56) 『龍淵金鼎日記』 中, 독립기념관 한국독립운동사연구소, 593~601쪽, 「先生行蹟」·「先生世系」·「先生淵源」.

57) 박민영, 「안중근의 연해주 의병투쟁 연구」, 『한국독립운동사연구』 35, 독립기념관 한국독립운동사연구소, 2010, 212쪽.

설로 오인하기도 하였고, 그의 비중에 비추어 이남기 또는 이규풍으로 추정하기도 했던 인물이다.[58] 함동철咸東哲은 동의회 간부로 의병에 간여하였을 뿐만 아니라, 일제에 의해 안창호, 이갑과 같은 서도파로 분류되기도 했다.[59] 충남 아산 출신으로 지우知友였던 권유상權裕相과 함께 1906년 연해주로 망명한 이규풍李奎豊도 연해주의병의 중요 인물이었다. 그는 안중근·우덕순 등과 함께 연해주의병의 국내진공작전에 참가하여 회령까지 깊숙이 진격했던 것으로 확인된다. 이규풍은 그 뒤 시베리아와 만주를 왕래하며 독립운동 전선에 진력하다가 1931년 만주 중동선 육참六站에서 서거하였다.[60] 경기도 김포 출신의 이병순李秉純(자 공후公厚)과 서울 출신의 이범린李範麟도 이범윤의 휘하에서 활동하던 연해주의병의 중심인물들로 파악되고 있으며, 그 가운데 이범린은 역시 연해주 독립운동의 중심인물로 십삼도의군 편성에 가담했던 이범석李範錫과 형제 사이가 아닐까 생각된다. 이범석(자 치구穉九)에 대해 일제는 "1911년 6월 현재 허근·이진룡 등과 함께 해삼위에 유거하는 의병장"으로 파악하고, "숙박업을 하고 있으며 신한촌에다 새 집을 짓고 있는 중"이라고 한 대목은 의병과의 관계를 짐작케 하는 대목이다.[61] 또한 함북 경성 출신으로 재피거우에 거주하던 유명서兪明瑞는 이범윤 창의소의 사무원, 그리고 같은 경성 출신의 최진해崔珍海(자 치언致彦)는 이범윤 창의소倡義所의 사무장을 거쳐 십삼도의군의 도총소都總所 찬령贊領으로 각각 활동했던 것으로 확인된다.[62] 경성의병 출신으로 짐작되는

58) 朴敏泳, 『大韓帝國期 義兵硏究』, 297쪽.

59) 「朝憲機 제1557호(1911.7.25)」(일본 외무성 외교사료관 소장자료) 블라디보스토크 주재 鳥居 통역관 보고 '7월 11일 블라디보스토크지방 조선인의 동정'

60) 『동아일보』 1931년 10월 8일자, 「北滿에 亡命中 李奎豊氏 別世」; 박민영, 「안중근의 연해주 의병투쟁 연구」, 209쪽.

61) 「憲機 제1307호(1911년 6월 28일)」(일본 외무성 외교사료관 소장자료)

62) 필자가 확인한 바로는 연해주의병 활동시기에 유인석과 이범윤 명의로 발행된 차첩은 현재 세 종류가 남아 있다. '管理使兼任各郡山砲社長 李範允' 명의로 1908년(융희 2) 12월에 崔致彦을 창의소 사무장에 임명한다는 차첩(『毅菴柳麟錫資料集 2』, 의암학회, 2004, 305쪽)과 1910년 5월 兪明瑞를 창의소 사무원으로 임명한다는

전봉준全鳳俊(자 원준元俊)은 십삼도의군이 편성된 직후 북간도로 파견되어 통합군단인 십삼도의군이 편성된 사실과 그 차첩差帖을 전해준 인물이다.[63] 그리고 김찬호金瓚鎬와 김영선金永善, 박승규朴昇奎 등은 각기 1908년 7월 연해주의병의 국내진공작전에 참여했던 김찬호金鑽鎬·김영선金永先[榮璿]·박승규朴昇規와 동일인일 개연성이 크지만, 확단할 수는 없다.

이상에서 논급한 '의원'들 외에 특기할 만한 인물을 예거하면 다음과 같다. 먼저, 안중근이 1909년 2월 26일(음 2월 7일) 연추 카리에서 동의단지회同義斷指會를 결성할 때 여기에 동참했던 단지회원 11명(안중근 외) 가운데 의원안에 등재된 인물로는 강순기姜順基[64]가 확인된다. 그는 1차대전 후 연해주 한인 빨치산투쟁에 참가하여 솔밭관 한족공산당부대의 행정부장을 맡았다.[65] 그런데 의원안에 등재된 '김춘화金春華'가 안중근이 검찰 신문에서 가명으로 진술한 '김백춘金伯春'(1909년 12월 3일 진술) 또는 '김해춘金海春'(12월 20일 진술)의 실제 성명으로 강하게 추정되어 특히 주목된다. 의원안에는 김춘화에 대해 1883년(계미)에 태어났으며 자를 병선丙善, 본관을 강릉, 그리고 함남 북청 출신으로 기록해 놓았다. 그러므로 1909년 현재 28세로 '함경도 포수 출신으로 의병이며 25~6세'라고 진술한 내용을 어느 정도 사실로 감안하고, 이름 두 자의 선후를 바꾸어 진술하던 경향을 고려한다면 그 상당한 개연성을 인정할 수 있는 것이다. 그 동안 11명의 동의단지회원 가운데 백규삼白圭三·김기룡金起龍·강순기姜順基[舜璣]·조응순趙應順·황병길黃炳吉·강창두姜昌斗·갈화천葛化天 등 8명은 관련자료를 통해 실명으로

위임장(朴敏泳, 『大韓帝國期 義兵研究』 표지사진), 그리고 '十三道義軍都總裁 柳麟錫' 명의로 1910년 5월 15일 최진해를 도총소 찬령에 임명한다는 군무첩(『毅菴柳麟錫資料集 2』, 의암학회, 2004, 304쪽; 『의암유인석의 항일독립투쟁사』, 의암학회, 2005, 295쪽)이 그것이다. 의원안에 崔珍海의 자가 致彦으로 기록되어 있으므로 이범윤이 내린 두 차첩의 주인 최치언과 최진해는 결국 동일인으로 확인된다.

63) 『龍淵金鼎日記』 中, 독립기념관 한국독립운동사연구소, 10~11쪽.

64) 성명회 선언서 서명록에는 姜舜璣로 되어 있다.

65) 「리인섭 동지에게!(1959년 추정)」(독립기념관 소장 이인섭 관련 기증자료)

확인하였으나, 나머지 정원주鄭元柱[周] · 박봉석朴鳳錫 · 유치홍柳致弘 · 김백춘金伯[海]春 등 4명은 현재 실명을 확인하기가 어려운 형편이다.[66)]

부산 출신으로 1902년 도미한 정재관鄭在寬은 1907년 공립협회 총회장에 선출되었고, 이어 1909년 공립협회와 합성협회를 통합한 대한인국민회 총회장으로서 이상설과 함께 샌프란시스코를 떠나 연해주로 이주해 온, 미주 한인사회의 초기 독립운동을 주도했던 인물 가운데 한 사람이다.

김립金立[67)]은 이동휘와 더불어 1918년 한인사회당을 결성하는 등 연해주에서 한인공산주의운동을 전개했던 인물로 1919년 대한민국임시정부가 수립되자 이동휘를 대동하고 상해로 와 국무총리 비서장을 맡았으며 상해파 고려공산당의 중심인물로 활동하다가 1922년 상해에서 암살되었다.

이치권李致權과 권유상權裕相, 김좌두金佐斗, 김현토金顯土 등은 블라디보스토크 한인사회의 계몽운동세력과도 깊이 연계되어 있던 지도자들이었다.

함북 명천 출신인 초양섭楚陽燮(자 공민公敏)은 본관이 파릉巴陵(중국 악양岳陽)으로 2000년 통계청 발표에서 총 9가구 33명에 불과한 것으로 확인될 만큼 희성稀姓이다. 원래 명나라 한림학사翰林學士 초해창楚海昌이 청나라를 피해 조선으로 망명하면서 정착한 성씨로, 주로 명천 일대에 퍼져 세거하고 있는 것으로 알려져 있다.

이상 언급한 외에 의원안에 등재된 인물들 대부분은 항일성향을 가진 지사들로 판단되며, 적어도 유인석의 항일무장투쟁 노선에 동의했던 의병 계열로 생각된다. 추후 세밀한 분석과 검토가 요구된다. 의원안에 등재된 인물들은 앞에서도 언급했듯이 십삼도의군 편성의 주역들이었다. 곧 유인석에 의해 주도된 십삼도의군이 오랜 노력과 원대한 구상 끝에 편성되었다고 볼 때, 이 의원안은 의병 통합군단 편성을 위한 노력의 생생한 증좌라는 점

---

66) 박민영, 「안중근의 동의단지회 연구」, 『軍史硏究』 129, 육군본부 군사연구소, 2010, 27~29쪽.

67) 성명회 서명록에는 '金翼瑢'으로 되어 있다.

에서 그 역사적 의의가 매우 크다. 나아가 1910년 경술국치가 현실화되었을 때, 이러한 토대 위에서 병탄 원천무효를 천명하기 위해 성명회聲明會를 만들어 서명운동을 벌일 수 있었고, 단기간에 8,624명에 달하는 방대한 서명록을 작성할 수 있었던 것이다.[68] 유인석 · 이범윤 · 이상설 · 김좌두 · 이남기 · 우병렬 · 이범석 · 이규풍 · 권유상 등 의원안에 등재된 성명의 대부분이 성명회 서명록에 반복해서 나타나고 있다는 점이 이를 실증해 주고 있다. 이런 점에서 의원안은 「성명회 선언서」 서명록의 '원형'으로 간주해도 결코 지나치지 않다고 할 수 있다.[69]

4. 십삼도의군의 편성

유인석이 일관되게 경주한 국내외 의병세력 통합 노력은 1910년 6월 21일(음 5월 15일) 십삼도의군十三道義軍의 편성으로 구현되었다. 앞에서 보았듯이 유인석의 통합군단 구상은 1908년 하반기 「의병규칙」에서 비롯되었으며, 이후 1909년 중반기에 이르러 관일약 시행과 입의안 작성으로 더욱 구체화되었고, 「의무유통義務有統」이 나온 1910년 초(음력 1909년 12월)에 이르

68) 윤병석, 『증보 이상설전』, 일조각, 1998, 238~259쪽에 서명자 8,629명 전체 명단이 수록되어 있다.

69) 박민영, 「연해주 의병 명부 '義員案' 해제」, 343쪽.

의원안에 등재된 '의원' 가운데 성명회 선언서 서명록에 오른 대표적인 인물을 예거하면 다음과 같다. 두 명단이, 특히 성명회 선언서 서명록 명단이 너무 방대하기 때문에 전산화작업을 수행하지 않은 현재로서는 전체 인원을 대상으로 세밀하게 파악하기란 현실적으로 불가능하다. 그러므로 여기에 예거하는 명단은 그 대체적인 경향성을 짐작하는 데 참조하기 바란다.

유인석, 이범윤, 이상설, 김좌두, 이남기, 우병렬, 이범석, 안종석, 이기, 이종익, 서오성, 이규풍, 권유상, 최광, 김임호, 서성정, 최원길, 강순기, 전제익, 박양섭, 김현토, 민효식, 강택희, 홍범도, 신모, 함동철, 이종하, 차재정, 최우익, 우문선, 박영실, 김만송, 김두운, 박승연, 백경환, 현경균, 강진국, 강철묵, 강기복, 김동려, 이중희, 한봉섭, 이동섭, 정홍규, 최경희, 이종협.

러서는 통합군단 편성을 위한 제반 준비를 마무리한 것으로 보인다.

통합군단 편성을 위해 유인석은 먼저 심양에 망명해 있던 이재윤을 도총재都總裁로 옹립하고자 했다. 앞서 보았듯이, 관일약을 제정 시행할 때도 그를 도약장都約長으로 추대하려 했던 것과 같은 맥락에서 이해할 수 있을 것이다. 유인석은 1910년 음력 4월 3일 문인 박치익朴治翼과 강진국康璡國을 서간도의 이재윤에게 파견하여 그를 도총재에 추대한다는 사실을 전하고 러시아로 이거해줄 것을 다음과 같이 요청하였다.

> 인석은 이곳에서 규약을 세워 의병 업무를 경영하고 한편으로 별도의 모의를 하면서 하늘이 우리나라를 없애려 한다면 모르겠지만 있게 한다면 결코 이를 그만둘 수 없다고 다짐하고 있다. 그러나 이는 반드시 사람의 마음과 힘을 하나로 단합시켜야 하고 그러기 위해서 또 반드시 신망이 높은 사람이 이를 주관해야 하는 바, 이 일을 주관할 사람이 바로 승지(이재윤-필자)가 아니고 누구이겠는가. 이제 박치익朴治翼과 강진국康璡國을 보내어 삼가 요청하니 속히 왕림하기 바란다. 박장호朴長浩와 백삼규白三圭가 그곳 근처에 산다고 하니 함께 오면 좋겠다.70)

이처럼 유인석이 이재윤을 도총재에 옹립하려 한 것은 첫째, 그가 황실의 종척이기에 권위와 신망을 내세워 인심을 단합하는 데 적임자로 판단한 때문이며, 둘째, 최익현의 문인인 그가 화서문파로서 연원을 같이 하고 있다는 점 등에 기인한다.

유인석은 또 십삼도의군을 편성하기 위해 이재윤을 연해주로 초빙할 때, 위의 편지에서 보듯이 동문의 유력자 박장호朴長浩와 문인인 백삼규白三圭에게도 같은 날자에 별도로 서신을 보내어 "곳곳마다 각기 다른 견해가 있으니 무슨 일을 할 수 있겠는가. 모두 한 곳에 모여 각기 계책을 내어놓고 여러 사람의 계책을 모아 토론하여 하나로 정해야만 한다. 일은 의당 이렇게

---

70) 『毅菴集』 권12, 書, 「與李承旨」(경술년 4월 3일).

해야만 하고 의리 역시 이렇게 되어야 할 것이니 천만 깊이 생각하라."[71]라고 하여 함께 거사에 참여할 수 있도록 연해주로 이거할 것을 종용하였다. 하지만, 이들은 서간도에 그대로 잔류하면서 독립운동을 계속하였고, 1919년 3·1운동을 계기로 주지하듯이 서간도의 대표적인 독립군단인 대한독립단大韓獨立團을 편성하여 무장투쟁을 주도해 나갔다.

유인석은 이재윤 뿐만 아니라 동시에 모 '북도 인사'에게도 인편으로 편지를 보내어 도총재를 맡아줄 것을 요청하였다. 그가 "승지 이재윤을 추천하고 북도의 한 사람을 추천하였는데 모두 초치招致하지 못하였고 여러 사람이 억지로 나를 추대하기에 어쩔 수 없이 허락하였다."[72]라고 하여 자신이 도총재를 맡게 된 경위를 설명하는 대목에서나, 1910년 3월 이범윤과 이병순에게 보내는 후술할 편지[73]에서 국내로 사람을 보내어 모 인물을 영입하려 했다고 밝힌 대목을 통해서 이재윤 외 북도 출신의 또 다른 한 사람을 도총재에 천거하려 한 사실을 짐작할 수 있다. 이처럼 북도 인사가 물망에 오른 것은 연해주지역의 항일무장세력의 근간이 서북지방 의병에 있었기 때문이었다. 곧 북도 인사를 도총재에 추대함으로써 연해주, 간도 일대에 산재한 의병세력을 더욱 효율적으로 통합할 수 있을 것으로 기대했던 것이다.

한편, 통합군단의 도총재에는 이들 외에도 참정대신參政大臣으로 을사조약 늑결 당시 조약에 끝까지 반대했던 한규설韓圭卨을 추대하자는 논의가 있기도 했다.[74] 우병렬禹炳烈에 의해 제시된 한규설 추대 주장에 대해서는 유인석이 단발斷髮과 변복變服을 옹호하며 개화를 주창한 인물이라는 이유를 들어 단호히 반대하였다.[75]

---

71) 『毅菴集』 권18, 書, 「與白賢復」(경술년 4월 3일). 같은 날짜로 박장호에게 보내는 편지는 『毅菴集』 권12에 실려 있다.

72) 『毅菴集』 권32, 雜著, 「散言」

73) 『毅菴集』 권13, 「答李汝玉李公厚」(경술년 2월 2일), 305쪽.

74) 『毅菴集』 권55, 附錄, 「年譜」, 703·705쪽.

75) 『毅菴集』 권32, 雜著, 「散言」, 40쪽.

십삼도의군은 이범윤이 이끄는 창의회(倡義會 / 彰義會)가 주축이 되어 편성된 것으로 보인다. 우선 김정규는 그의 일기에서 당시의 상황을 다음과 같이 기술하고 있다.

> (1910년 6월) 3일. (중략) 전봉준全鳳俊이 강동江東(연해주－필자)으로부터 창의대倡義隊 서신을 전해왔다. 그 대략은 지난 (5월) 15일 정사일丁巳日에 십삼도의 유지들이 크게 모여 함께 의논하였으니, 명망재사名望才士들로 여러 책임을 정하였다. 관리管理(이범윤－필자)는 십삼도十三道총단위總壇位에 앉았고, 의암毅菴은 십삼도의군十三道義軍 도총재가 되었으며, 이상설李相卨은 외교통신원外交通信員이 되었고, 그 나머지 장사將士는 각기 예에 따라 차정差定되었으니 용암龍巖(이남기－필자)은 장의군壯義軍 총재가 되고 나(김정규－필자)는 장의군 종사從事에 추대되어 차첩이 온 것이다.[76]

위 인용문은 십삼도의군이 순수한 의병 통합군단이었음을 알려주고 있으며, 더불어 이범윤의 직위를 '십삼도 총단위'로 명기하고 있는 점이 특히 주목된다. 유인석의 상위에다 이범윤의 직위를 명기한 점이나 '십삼도 총단위'라는 직명의 성격으로 보아 이범윤은 도총재가 담당한 군무軍務를 제외한 십삼도의군 조직을 포함하여 연해주 한인사회와 나아가 전국를 총괄하는 결사의 총책을 담당하였던 것으로 다분히 추측된다. 이범윤이 별도로 십삼도의군 편제하에서는 창의군 총재의 직임을 가지고 있었던 사실이, 십삼도의군이 순수한 군사조직이었던 점과 '십삼도 총단위'로서 가졌던 이범윤의 별도 직책을 입증한다고 하겠다.[77]

유인석이 1910년 3월 이범윤과 이병순에게 보내는 편지에서 다음과 같이 언급한 대목은 십삼도의군의 최고 직책인 총단위 · 도총재 인선문제와 관련하여 시사하는 바가 있다고 생각한다.

---

76) 『龍淵金鼎日記』 中 1910년 6월 3일조, 10~11쪽.
77) 朴敏泳, 『大韓帝國期 義兵硏究』, 343쪽.

대체로 이 일관一款은 어쩔 수 없이 해야만 한다. 이것을 행하면 대사는 성공할 수 있고 이것을 행하지 않으면 대사는 반드시 그르치게 된다. 그러므로 지금 사람을 심양瀋陽에 보내어 미석渼石(이재윤－필자)을 맞아 오게 하였고 또 사람을 내지內地에 보내어 그 사람[其人]을 맞이하게 하였다. 순망간旬望間에 내외內外로 간 사람이 모두 돌아올 것이며, 돌아오게 되면 곧 정해질 것이다. 그런데 미석에게 전에 사람을 보내어 권고하였지만 처지에 꺼리는 바가 있어 굳이 거절하였는데, 이번에도 끝내 거절한다면 내지의 사람을 추천해야 할 것이다. (중략) 대저 사람을 추천하는 데는 셋만 추천하면 되는 바 우사산禹史山(우병렬－필자)은 전에 해서 의병장이었으며 이안교李安郊(이남기－필자)는 전에 북도의 의병장이었으며 또 홍여천洪汝千(홍범도－필자)도 일찍이 의병의 명색을 가졌었기에 추천하여 결정할 수 있지만, 관리사 형이 앞장서게 되면 사체事體에 더욱 좋을 것이다. (중략) 듣건대 형의 부하들이 형을 전영대장前營大將으로 추천하여 결정하고 제弟(유인석－필자)를 군사총재軍師總裁로 추천하여 결정하였다는데 기실 한직이라 해도 늙고 병들어 감당할 수 없거늘 하물며 일이 번거로운 군사軍師이겠는가. (중략) 군사라는 직무는 지금으로 말하면 대장의 영솔하에 있는 참모장인데, 참모의 일은 과연 번거로워서 이 늙은 것이 감당할 수 있는 일이 못된다.[78]

위 편지의 요지는 이재윤이 직책을 거절할 경우, 특정 '내지 인물'을 영입하려 하는데 그 인물 추천에 이범윤이 앞장서 주기를 요청한 것이다. 이어 이범윤 휘하의 인물들이 이범윤을 통합군단의 실질적인 지휘관 격인 전영대장前營大將으로 추천하고, 그와는 별도로 유인석을 대장의 참모장인 군사軍師總裁로 삼으려는 데 대해 은연중에 불만을 토로하고 있는 것이다. 대장의 영솔하에 있는 참모장과 같은 군사는 '늙고 병든' 자신이 감당할 수 있는 직책이 아니라는 이유로 극구 반대하고 있는 사실을 통해 알 수 있다. 곧 통합군단인 십삼도의군이 편성될 때, 실질적인 군권을 가진 이범윤과 통합군단의 상징성을 가진 유인석의 지위 · 입장이 비교적 잘 드러나 있는

78) 『毅菴集』 권13, 「答李汝玉李公厚」(경술년 2월 2일), 305쪽.

대목이다.

원래 총단위와 도총재는 1909년 하반기 무렵 유인석을 중심으로 단일군단 편성 계획이 추진될 때는 동일직임同一職任의 이명으로 나타났었다. 즉 정식 호칭인 총단위總壇位가 자칭自稱할 경우에 '언칭言稱'할 때 '불녕不佞'이라 하고 '서칭書稱'할 때에는 '도총재都總裁'라 하였던 것이다.79) 또한 「의무유통」 가운데 '등단의절登壇儀節'에서 '의단위擬壇位'(총단위 예정자)를 십삼도의군 도총재에 추대함으로써 등단 직후에는 '총단위'로 호칭되는 것으로 보아도 초기 구상은 총단위와 도총재가 동일직임이었음을 알 수 있다.80) 그러나 총단위와 도총재의 호칭에서 그 구별되는 직임의 성격은 무엇인지 알 수가 없다. 아마도 이 때는 한 사람이 두 직책을 겸임할 예정이었기 때문에 이와 같은 구상이 이루어지지 않았나 생각된다. 그러나, 실제 단일군단으로 십삼도의군이 편성되는 과정에서는 이범윤의 역할과 위상이 부각됨으로써 결국 총단위와 도총재의 직책이 양분될 수밖에 없었던 것으로 보인다. 또한 처음 구상시에는 총단위(도총재) 아래에 부총재 직임을 두고 있었으나 실제 편성시에는 그 직명이 나타나지 않는 점으로 보아 폐지한 것 같다. 이것도 초기 구상과 실제 편성 사이에 나타나는 두드러진 차이점 가운데 하나이다. 이상을 종합해 보면 십삼도의군은 연해주·간도를 비롯해 전국 항일의병을 아우르는 단일군단을 표방하였으며, 십삼도의군의 중앙본부인 도총소의 총책은 총단위와 도총재로 양립되어 있었다고 보인다. 그 가운데 총단위는 도총소를 대표하는 권위를 가졌던 반면, 도총재는 군무를 총괄하는 지위에 있었다고 추측된다.81)

한편 박보리스 교수는 러시아측의 기록을 토대로 십삼도의군의 편성에 대해 다음과 같이 기술하고 있어 주목된다.

---

79) 『毅菴集』 권36, 雜著, 「義務有統」 '呼稱例', 151쪽.
80) 『毅菴集』 권36, 雜著, 「義務有統」 '登壇儀節', 151쪽.
81) 朴敏泳, 『大韓帝國期 義兵硏究』, 343~344쪽.

1910년 7월 8일 암밤비 마을에서 창의회는 조직·운영·중앙부를 구성할 목적으로 150명의 대표위원이 참석하는 빨치산(의병－필자)대회를 소집하였는데 이 중앙부는 모든 빨찌산 부대를 통솔하게 될 것이었다. 대회에서는 의장 이범윤, 군지휘관 유인석, 군대훈련 교관 이상설이 선출되었다. 또한 대회에서 창의회 참모부가 구성되었는데, 여기에는 이범윤·이상설·홍범도·한주·이규풍·이범석·권유상·이기·이지광이 선출되었다. (중략) 7월 15일 창의회 참모부의 일원인 이범석이 해삼위 주재 일본영사관에 한인 5백 명이 서명한 조선의 합방에 반대하는 항의서를 제출하면서 이를 일본 정부에 전달할 것을 요구하였다.[82)]

위의 내용을 보면 우선 대회가 열린 러시아력 7월 8일은 양력으로 환산하면 7월 21일로, 유인석의 기록에 나오는 음력 5월 15일을 양력으로 환산한 일자 6월 21일과 꼭 한 달 시차가 있다.[83)] 이처럼 한 달 시차가 어디에서 비롯되었는지 명확하지 않지만, 대회 성격, 참여 인물, 장소 등 여러 가지 정황으로 보아 위의 '창의회 결성대회'는 십삼도의군 편성을 지칭하는 것으로 볼 수 있을 것이다. 다음으로, 의병대회가 창의회를 중심으로 기술되어 있는 것은 십삼도의군 편성이 이범윤의 창의회를 근간으로 하고 있음을 암시한다고 하겠다. 셋째, 대회의 의장을 이범윤으로, 군지휘관을 유인석으로 기술한 대목은 앞서 언급한대로 총단위를 이범윤이, 도총재를 유인석이 각각 담당한 사실을 입증하는 것이다. 그러나, 조직·운영·중앙부 등과 창의회 참모부가 성립된 사실 등은 구체적으로 어떤 편제를 지칭하는지 확단할 수 없다. 또 7월 28일(아력俄曆 5월 15일) 이범석이 한인 5백 명이 서명한 병탄 반대 항의서를 일본 영사관에 전달했다고 한 내용이 앞에서 본 '의원안'(총 539명)과 관련되어 있을 것으로 짐작되기도 하지만, 현재 자료

82) 박보리스, 「國權被奪 前後時期 在蘇韓人의 抗日鬪爭」, 『韓民族獨立運動史論叢』, 朴永錫敎授華甲紀念論叢刊行委員會, 1992, 1083쪽.
83) [추기] 종래 필자는 러시아력 7월 8일을 양력 6월 21일로 오인하여 편성 날짜가 일치하는 것으로 보았는데, 이는 착오였음을 밝혀둔다.

상 구체적으로 그 사실을 확인할 수는 없다.

다음으로 십삼도의군의 직제를 보면 다음과 같다. 중앙에 도총소를 두었으며, 앞서 언급한대로 최고 정점에 총단위와 도총재가 있어서 통합군단을 이끌었다. 그리고 그 아래에 도총령都總領 · 도참모都參謀 · 도총무都總務 · 도소모都召募 · 도규찰都糾察 · 도통신都通信을 최고 지휘부에 배치하고, 다시 그 휘하에 각도, 각읍에 총재 · 총령 이하 여러 임원을 두었다. 그러나 도통신에 이상설이 선임된 사실 외에는 각 직책에 선임된 성명은 확인되지 않는다. 그리고 이러한 조직 외에 이범윤과 이남기는 각기 휘하 부대를 가지고 있었던 관계로 창의군 총재와 장의군 총재로 불리웠다.[84] 한편, 십삼도의군 편성에 중요한 역할을 담당한 한 축인 이상설은 김정규의 일기에는 외교통신원, 유인석의 기록에는 도통신,[85] 그리고 유인석과의 연명 상소문에는 별지휘別指揮[86]로 나타난다. 이상설이 가진 이러한 직함과 그에 따른 역할은 십삼도의군에서 유인석과 이범윤의 사이를 절충하면서 전체 사무와 조직을 관리하는 실질적 책임을 맡았던 것으로 보인다. 연해주 한인사회에서 두터운 신망을 갖고 있던 이상설은 이와 같은 임무를 수행하는 데 최적임자였다고 판단되기 때문이다.[87]

한편, 십삼도의군에는 홍범도 · 이진룡 · 안창호 · 이갑 등이 동의원의 직임을 띠고 참여하였다. 홍범도와 이진룡은 국내 의병장 출신으로 북상한 인물이다. 안창호 · 이갑 등은 항일무장노선과는 종래 그 성격을 달리하던 애국계몽 계열의 인물들로서 신민회 활동 후 국치 직전인 1910년 4월 청도회의靑島會議에 참석하고 연해주로 망명한 이들이다. 이상설의 경우도 계몽운동 계열의 인물로 이해할 수 있다. 결국 이상설 · 안창호 · 이갑 등이 십삼

---

84) 『毅菴集』 권32, 雜著, 「散言」, 44쪽.

85) 『毅菴集』 권32, 雜著, 「散言」.

86) 上疏文草藁(尹炳奭, 『李相卨傳』, 130쪽) 참조.

87) 박민영, 「국치 전후 이상설의 연해주지역 독립운동」, 『한국독립운동사연구』 29, 2007, 372쪽.

도의군에 동참하고 있다는 사실은 그 때까지 민족운동선상에서 의병 계열과 대립, 혹은 알력의 관계에 있던 애국계몽 노선의 인물들이 이 군단 참여를 통해 의병과 합일, 공동전선을 모색하게 되었음을 알려준다.[88] 이 점은 또한 십삼도의군 편성 때 직접 참석하였던 유인석의 아들 유해동柳海東의 증언에서도 뒷받침된다. 위에 언급한 인물들 외에도 최우익 · 정재관 · 이종호 · 정순만(왕창동) 등이 각기 일정한 직책을 가지고 동참하였다는 그의 증언이 그것이다.[89] 이 증언의 사실 여부는 현재 자료 부족으로 확인할 수 없지만, 십삼도의군의 성격과 경향을 파악하는 데는 시사하는 바가 크다.

한편 십삼도의군의 편성대회가 열렸던 장소에 대해서는 비교적 최근에 들어와 집중적으로 그 위치 비정이 이루어져 거의 실제 장소에 근접하는 단계까지 이르렀다고 본다. 우선 유인석의 연보에서는 재피거우의 축약어라 인정되는 '재구梓溝'로 기록되어 있고, 러시아 기록에는 '암밤비'로 나타난다. 이처럼 양측의 자료에 지명이 다르게 나타나는 이유는 재피거우가 암밤비의 행정구역에 속한 작은 마을이기 때문에 실제 재피거우에서 십삼도의군이 창설되었지만 러시아측에서는 행정지명상 이를 암밤비로 기록했기 때문이라고 생각된다. 암밤비와 재피거우가 서로 근접해(10Km) 있는 점이 이런 판단을 가능하게 한다.

필자는 그 동안 십삼도의군 편성지 재피거우를 유해동의 증언에 나오는 '지시내'라는 지명에 주목하여 연추와 연접한 지신허 부근의 재피거우로 인정하는 견해를 발표했었다.[90] 그러면서도 한편으로는 당시에는 암밤비의

---

88) 尹炳奭, 『韓國史와 歷史意識』, 인하대출판부, 1989, 116쪽.

89) 趙東杰, 「안중근의사 재판기록상의 인물 '김두성'考」, 『춘천교육대학논문집』 7, 1969, 39쪽; 『한국근대사 별고』 우사 조동걸 저술 전집 16, 역사공간, 2010, 238쪽. 유해동의 증언에 따른 십삼도의군의 요직은 아래와 같다. 안중근이 포함된 것은 당연히 錯記이겠지만, 유인석이 의병통합 노력을 경주하던 노선과 안중근이 밀접한 관계를 갖고 있었다는 경향성을 짐작하게 하는 대목이다.

창의총재 이범윤, 장의총재 이남기, 별지휘 이상설, 외무원 정재관 · 안창호 · 이종호, 의무장 최우익 · 안중근 · 이갑 · 홍범도 · 왕창동(정순만).

장소가 확인되지 않았고, 유해동의 증언에서 '해삼위에서 70리 상격'이라는 대목이 여전히 해결되지 않는 의문점으로 남겨져 있었다. 그런데, 필자의 견해가 발표된 뒤인 2003년에 반병률 교수가 현지답사를 진행하고 바라바시(몽구과이, 맹령) 부근에 암밤비와 재피거우가 실재했던 사실을 확인하고, 그 지점에 대해 "1930년대 초반에 작성된 러시아 지도에는 자피거우가 암바-비라강 남쪽 멜코보드나야만으로 흘러드는 보로딘스키Vorodinskii강가에 표시돼 있었다. 자피거우는 바로 암바강 바로 옆 보로딘스키강과 마류틴카Maliutinka강이 합류하는 강 하구 분지에 형성돼 있었던 것이다."라고 하여 재피거우 마을자리를 근접하게 확인하는 성과를 거두었다.[91)]

이러한 연구성과를 토대로 필자는 2012년 10월 현지 조사를 진행하면서 1937년에 제작된 일본군 정보지도('십삼도의군 편성지 재피거우')[92)]에 재피거우와 함께 병기되어 있는 '마리코지나'라는 러시아식 지명을 확인하는 데 중점을 두었다. 현지 주민들을 대상으로 탐문조사한 결과 '말루지노'(일본어표기 '마리코지나')라는 마을이 있었던 사실은 확인할 수 있었지만, 재피거우를 기억하는 현지인은 없었다. 1920~30년대에 그곳에서 태어나 성장한 현지인을 만나지 못했기 때문으로 보인다. 말루지노 마을 자리는 바라바시에서 암밤비 가도 중간에서 우측으로 갈라지는 비포장도로를 따라 10Km 정도 진행 지점의 넓은 분지 일대이며, 이곳에서 다시 4Km를 더 진행하면 바닷가 철로가 나오고, 이어 4Km 떨어져 해안마을 '베레고보예'가 나타난다. 현재 베레고보예 마을에 살고 있으며 1941년 말루지노에서 태어났다는 한 러시아인 할머니(알라표드롭나)의 증언에 의하면 1950년대 초반까지도

---

90) 朴敏泳, 「의암 유인석의 국외 항일투쟁 路程(1896~1915)」, 『한국근현대사연구』 19, 한국근현대사학회, 2001, 178~180쪽.

91) 반병률, 「러시아 한인 발자취를 찾아서」, 『신동아』 2004년 6월호.

92) 이 지도는 조선군 참모장이 자국 육군차관에게 보고한 문건(「朝參密 제196호」 1937년 4월 10일 '南部烏蘇里地方要圖 提出의 件')에 들어있는 것으로, 조선군 참모부에서 제작한 군사 정보용 지도이다.

몇 가구가 말루지노에 있었다고 한다. 또 이곳은 마루문카 강과 보로딘스키 강이 합류하는 곳인데 마루문카강 분지에는 재피거우(말루지노) 마을이, 보로딘스키강 유역에는 '바로지나' 마을이 각각 자리잡고 있었다고 한다. 현재는 완전 폐촌 상태여서 마을 자리로 추정되는 분지는 황무지로 변해 잡초만 무성하게 덮여 있다. 1920~30년대에 재피거우 일대에서 태어난 러시아 현지인을 동행하고 현장조사를 진행하게 되면 재피거우(말루지노/ 마리코지나) 마을 자리를 정확하게 확인할 수 있을 것으로 생각된다.[93]

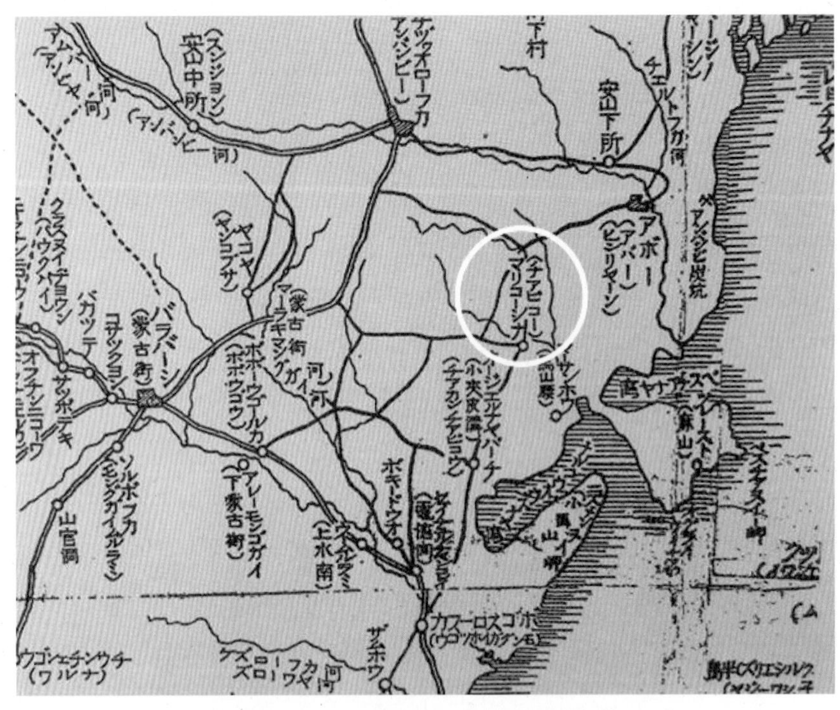

십삼도의군 편성지 재피거우 위치도 (흰색 원 표기)
(1937년 3월 조선군사령부 제작 '南部烏蘇里地方要圖')

93) 국가보훈처 · 독립기념관, 『국외독립운동사적지 실태조사보고서』 12, 2012, 148쪽.

5. 맺음말

유인석은 새로운 항일전을 펴기 위해 1908년 연해주로 망명하였다. 그가 연해주에서 전개한 독립운동 방략의 요체는 국내외 각지에 산재한 항일무장세력을 하나로 통합하여 그 결집된 힘으로 항일전을 전개하는 데 있었다. 이와 같은 독립운동전선 통합노력은 이후 1945년 해방 때까지 국내외 각지에서 전개된 한국독립운동사상 화두話頭와도 같이 중요한 과제로 부상되었다. 이러한 견지에서도, 유인석은 일찍이 독립운동세력 통합운동을 선도했던 선구적 지도자라 할 수 있을 것이다. 이제 앞에서 논급한 내용을 정리하면 아래와 같다.

유인석이 연해주에서 항일무장세력 통합운동을 펼치게 된 배경에는 다음 두 가지 요인이 작용하였다. 첫째, 유인석이 그 동안 경험한 항일전에서 고립 분산된 전력의 취약성을 절감하고 있었다는 점이다. 둘째, 당시 연해주 한인사회의 침체된 항일 민심과 심화되던 독립운동계파간의 갈등 등을 극복하기 위해서는 통합과 단결이 무엇보다 절실하였다는 점이다. 특히 연해주의병의 지도자들은 그 동안 전력 분산으로 효과적인 항일전을 벌일 수 없었던 점에 공감하고 연해주와 북간도 일대의 의병을 단일군단으로 통합, 작전과 지휘를 한 계통으로 통일하기 위해 노력하게 되었다. 그러한 구상과 노력이 1895년 이래 십수 년 동안 항일의병에 투신해온 유인석을 중심으로 추진되었던 것이다.

유인석은 연추로 이거한 직후인 1908년 음력 10월에 '이범윤의 항일전을 후원하기 위해' 방대한 「의병규칙義兵規則」을 제정하였다. 의병의 명분에서부터 군무 · 기율 · 편제 등 항일전 수행에 절급히 요구되는 제반 항목을 35개 조로 나누어 상세히 규정한 이 규칙은 유인석이 연해주에서 국내외 의병세력 통합을 구상하면서 발표한 최초의 문건이었다. 「의병규칙」의 각 조목이 표방한 대전제는 의병세력 통합이었고, 그 가운데 핵심적인 것은 국내외 통합군단의 편제를 언급한 조목이다. 곧 단일군단의 최고 정점에는 십삼도十三道 도총재都總裁를 두었고, 그 아래 도 단위의 도총재, 읍 단위의 읍총재를 두는 것으로 설정해 놓았다. 그리고 이와 같은 행정·군무를 총괄하는 권능을 가진 편제와는 별도로 실질적인 군사 지휘관을 두어 그 정점에 도통령都統領을 놓았고, 그 아래에 각 도 단위의 도통령을 두는 것으로 규정해 놓았다. 이처럼 「의병규칙」에 나타나는 '총재'와 '통령'의 이중 편제는 '총단위'와 '도총재'를 정점으로 십삼도의군의 편성 세목을 규정한 「의무유통義務有統」에도 그대로 이어졌다.

유인석은 국내외 각지의 여러 의병세력을 하나로 통합하기 위한 사전준비로 일종의 의병 결사체인 '관일약貫一約'과 의병 서명록인 '입의안立義案' 등 두 가지를 병행하였다. 유인석이 연해주와 북간도 일대의 변경지대 한인들의 항일무장세력을 규합하기 위해 전통 향약 조직의 성격을 가지는 관일약 시행을 구상한 것은 그 서문이 1909년 음력 7월에 작성된 것으로 보아 1909년 전반기 무렵으로 짐작된다. 그리고 관일약을 시행하게 된 배경과 목적은 다음 세 가지로 이해할 수 있다. 첫째, 국가와 더불어 성리학적 절대가치인 오도吾道에 대해서도 큰 비중을 두고 있었기 때문에 국권의 회복과 더불어 그 전제로서 성리학적 가치 질서를 회복해야 한다는 강렬한 의지가 표출된 것이다. 둘째, 모든 항일세력(인물)을 '하나로 관통하는', 곧 관일貫一의 대상으로 삼아 단합을 도모한다는 것이다. 셋째, 관일약을 시행하면서 투쟁의 대상으로 설정한 것은 곧 인간과 사도斯道의 가치를 파괴, 멸절한 일제였다. 관일약은 곧 유인석이 연해주에서 의병세력 통합운동을 전개하는 과정에서 자신이 견지한 성리학적 가치를 구현하기 위해 만든 일종의 의병 전위조직이었다.

관일약은 그 가능성 여부를 떠나 종국적으로는 전국적 조직을 표방하였다. 관일약의 조직을 규정한 「관일약약속貫一約約束」에서 전국 단위의 도약장都約長 아래에 각 도 단위의 도약장을 두고 있는 것으로 보아 이를 짐작할 수 있다.

유인석은 관일약과 함께 의병 통합을 위한 전위 조직의 형태로 입의안立義案도 함께 시행하였다. 입의안은 일정한 양식을 갖춘 의병 동맹록으로 일명 동의안同義案이라고도 하였다. 관일약에 약정한 약원을 동약同約이라 하였듯이 의안에 성명을 올린 의원을 동의同義, 또는 동의의원同義義員이라 불렀다.

유인석이 국내외 항일의병세력 통합을 추진하는 과정에서 등장한 관일약과 입의안 양자는 각기 별도로 추진된 것이 아니라 상호 보완적 입장에서 유기적 관계를 설정하고 있었다. 곧 의안을 작성하는 입의안은 국권회복을 도모하기 위해 항일전을 표방하는 것이며, 애국愛國·애도愛道·애신愛信·애인愛人의 4애四愛를 근간으로 하는 관일약은 일제의 마수로부터 벗어나는 과정에서 국가와 민족이 성리학적 가치관과 질서에서 일탈하지 않도록 기능하는 데 목적을 두었던 것이다. 이러한 관계에서 유인석은 양자를 동시에 병행함으로써 독립운동의 방략과 목적을 더욱 분명하고도 선명하게 표방하고 나아가 항일전의 강도를 배가시키고자 하였다.

유인석이 관일약 시행과정에서 약원의 명부인 '약원록約員錄'을, 그리고 입의안 추진 결과 의원 명부인 '의원안義員案'을 남겼던 것으로 보인다. 곧 약원록과 의원안 두 문건은 유인석의 연해주 의병통합 노력을 생생하게 보여주는, 나아가 국치 직전 통합군단으로 편성되는 십삼도의군과 관련된 연해주 독립운동의 한 실상을 보여주는 귀중한 자료라 할 수 있다. 하지만 121명이 등재된 것으로 알려진 약원록은 유감스럽게도 현재 그 행방을 알 수 없고, 다행스럽게도 의원안은 오늘까지 전해지고 있다.

유인석의 연해주 의병 명부라 할 수 있는 의원안은 곧 입의안의 '의안'으로서, 이 명부가 1910년 6월 21일 편성되는 십삼도의군의 연명록으로 그대로 연결되는지 여부는 현재 확단하기 어렵다. 의원안에 수록된 인원은 총 539명이며, 유인석을 필두로 십삼도의군에서 중요한 직임을 맡았던 이재윤

李載允 · 이범윤李範允 · 이남기李南基 · 이상설李相卨 순으로 수록되어 있다. 의원안에 등재된 인물들 대부분은 항일성향을 가진 지사들로 판단되며, 적어도 유인석의 항일무장투쟁 노선에 동의했던 의병 계열로 인정할 수 있을 것이다. 유인석에 의해 주도된 십삼도의군이 오랜 노력과 원대한 구상 끝에 편성되었다고 볼 때, 이 의원안은 의병 통합군단 편성을 위한 노력의 생생한 증좌라는 점에서 그 역사적 가치가 매우 크다고 할 수 있다. 나아가 경술국치가 현실화되었을 때 이러한 토대 위에서 병탄 원천무효를 천명하기 위해 성명회에서 서명운동을 벌일 수 있었고, 단기간에 8,624명에 달하는 방대한 서명록을 작성할 수 있었던 것이다. 유인석 · 이범윤 · 이상설 · 김좌두 · 이남기 · 우병렬 · 이범석 · 이규풍 · 권유상 등 의원안에 등재된 성명의 대부분이 성명회 서명록에 반복해서 나타나고 있다는 점이 이를 실증해 주고 있다. 이런 점에서 의원안은 「성명회 선언서」 서명록의 '원형'으로 간주해도 결코 지나치지 않다.

유인석이 일관되게 경주한 국내외 의병세력 통합 노력은 1910년 6월 21일(음 5월 15일) 십삼도의군의 편성으로 구현되었다. 유인석의 통합군단 구상은 1908년 하반기 「의병규칙」에서 비롯되었으며, 이후 1909년 중엽 관일약 시행과 입의안 작성으로 더욱 구체화되었고, 「의무유통」이 나온 1910년 초(음력 1909년 12월)에 이르러서는 통합군단 편성을 위한 제반 준비를 마무리한 것으로 보인다.

십삼도의군의 중앙본부에는 도총소都總所를 두었다. 그리고 도총소의 총책은 총단위와 도총재로 양립되어 있었다고 보인다. 그 가운데 이범윤이 담당한 총단위는 도총소를 대표하는 권위를 가졌던 데 비해, 유인석이 담당한 도총재는 군무를 총괄하는 지위에 있었다고 생각된다. 하지만, 양자의 상관성에 대한 더 이상의 구체적인 내용은 자료부족으로 확인할 수 없는 실정이다.

십삼도의군의 편제는 중앙본부 도총소의 최고 정점에 총단위와 도총재가 있어서 통합군단을 이끌었다. 그 아래에 도총령 · 도참모 · 도총무 · 도소모 · 도규찰 · 도통신을 최고 지휘부에 배치하고, 다시 그 휘하에 각도, 각읍에 총재 · 총령 이하 여러 임원을 두었다. 그리고 이범윤과 이남기는 각기 휘하 부대를 가지고 있었던 관계로 창의군 총재와 장의군 총재로 불리웠다.

끝으로, 십삼도의군의 편성대회가 열렸던 장소에 대해서는 비교적 최근에 들어와 집중적으로 그 위치 비정이 이루어져 거의 실제 장소에 근접하는 단계까지 이르렀다. 필자는 2012년 10월 현지 조사를 진행하면서 1937년에 제작된 일본군 정보지도에 재피거우와 함께 병기되어 있는 '마리코지나'라는 러시아식 촌락 이름을 확인하는 데 중점을 두었다. 조사 결과 말루지노 마을 자리는 바라바시에서 암밤비 가도街道 중간에서 우측으로 갈라지는 비포장도로를 따라 10Km 정도 진행 지점의 넓은 분지 일대임을 확인하였다. 이곳에서 다시 4Km를 더 가면 해안가 철로가 나오고, 이어 4Km 떨어져 해안마을 '베레고보예'가 나타난다. 현지인의 증언에 의하면 1950년대 초반까지도 몇 가구가 말루지노에 있었다고 한다. 또 이곳은 마루문카강과 보로딘스키강이 합류하는 곳인데 마루문카강 분지에는 재피거우(말루지노) 마을이, 보로딘스키강 유역에는 '바로지나' 마을이 각각 자리잡고 있었다고 한다. 현재는 완전 폐촌 상태여서 마을 자리로 추정되는 분지는 황무지로 변해 잡초만 무성하게 덮여 있다. 1920~30년대에 재피거우 일대에서 태어난 러시아 현지인을 동행하고 현장조사를 진행하게 되면 재피거우(말루지노/마리코지나) 마을 자리를 더 정확하게 확인할 수 있을 것으로 생각한다.

이상설의 연해주지역 독립운동

1. 머리말

1907년 헤이그에서 개최된 제2회 만국평화회의에 특파된 세 특사의 활동은 한국독립운동의 기폭제가 되었다. 이 의거를 계기로 대내적으로는 의병전쟁이 확대·격화되면서 구국의 성전聖戰으로 발전되었고, 대외적으로는 그 동안 주로 국내를 무대로 전개되던 항일운동이 해외 각지에 산재한 한인사회로 파급되면서 국외로 확대되어 갔다.

보재溥齋 이상설李相卨은 국내 항일운동이 해외로 파급되어 국외 독립운동으로 확대·발전되는 단계에서 항일독립운동을 이끈 대표적 지도자였다. 곧 그는 1907년 헤이그 사행使行 전후부터 1917년 작고할 때까지 10여 년간 초기 독립운동을 선도한 인물이었다고 할 수 있다. 헤이그 사행 이후 연해주 일대를 무대로 이상설이 전개한 독립운동의 실상이 초기 단계의 독립운동사의 중심을 관류하는 흐름과 일치하고 있는 현상도 그의 이러한 위상과 결코 무관하지 않을 것이다.

러시아 연해주는 주지하다시피 1907년 헤이그 사행 전후부터 1914년 제1차 세계대전이 발발할 때까지 국외 독립운동의 중심무대였다. 이 시기에 이상설은 연해주에 있으면서 그곳에서 전개되던 다양한 형태의 독립운동에 주도적으로 참여하고 있었다. 그러므로 연해주지역에서 이상설이 전개한 독립운동의 내용은 초기 독립운동의 실상을 이해하고 그 경향성을 파악하기 위해 선결해야 할 과제라 할 수 있다.

이상설이 연해주에서 전개한 독립운동의 내용은 다양하다. 북만주 봉밀산蜂密山 국외 독립운동기지 개척을 필두로 십삼도의군의 편성과 성명회聲明會의 결성을 통한 병탄 반대투쟁, 대한광복군정부大韓光復軍政府의 수립, 권업회勸業會의 조직과 활동 등에 폭넓게 걸쳐 있다. 연해주지역에서 이상설이 전개한 이와 같은 독립운동의 큰 틀에 대해서는 그 동안 이루어진 선행연구에 의해 대체로 해명되었다.[1)] 이상설이 봉밀산 기지 개척을 주도한 사실과 십삼도의군 및 성명회의 조직과정에서 이상설이 참여한 내용과 그 역할의 정도, 나아가 대한광복군정부 수립, 권업회와 이상설의 관계 등에 대한 구명은 어느 정도 이루어졌다고 할 수 있다.

본고에서는 이러한 선행연구의 토대 위에서 이상설이 국치 전후 연해주지역 독립운동의 여러 단계에 참여한 구체적 실상과 그에 따른 성격을 구명하고자 하였다. 이를 위해 그가 연해주로 건너가기까지의 과정을 먼저 살펴본 뒤, 미주 한인사회와 연계된 봉밀산 독립운동기지 개척의 실상을 구명하고, 이어 국권을 수호하기 위한 방편으로 추진한 십삼도의군의 편성과 광무황제 파천계획에 대해 논급하였다. 끝으로 국망이 현실화되는 상황에서 병탄 무효를 주창하기 위해 조직한 성명회의 활동에 대해 살펴보았다.

---

1) 이상설의 연해주지역 독립운동을 다룬 주요 논저는 다음과 같다. 尹炳奭, 「聲明會의 成立과 活動」, 『人文科學論文集』 8, 인하대 인문과학연구소, 1982; 尹炳奭, 「十三道義軍의 編成」, 『史學硏究』 36, 1983; 尹炳奭, 『李相卨傳』, 一潮閣, 1984(增補版, 1998); 朴敏泳, 『大韓帝國期 義兵硏究』, 한울, 1998; 박걸순, 「이상설의 민족운동과 후인 논찬」, 『중원문화논총』 10, 충북대학교 중원문화연구소, 2006.

하지만 본고에서는 아쉽게도 1910년 국치 이후에 이상설이 전개한 대한광복군정부와 권업회 활동에 대해서는 지면과 시간의 제약으로 미처 논급하지 못하였다. 후일을 기약할 따름이다.

2. 연해주 이거 과정

헤이그 사행 이후 영국·미국·프랑스·독일·이탈리아 등 구미 제국 순방을 마친 이상설은 1908년 2월 다시 미국으로 건너갔다. 1907년 7월 19일경 헤이그를 떠나 구미 제국을 순방한 것은 만국평화회의 활동의 연장이었으며, 이는 곧 국권회복을 위한 대對열강 외교활동이었다.[2] 동시에 이러한 순방외교는 외교권을 빼앗긴 뒤 대한제국의 관료가 국가를 대표하여 공식적으로 수행한 유일한 외교활동이었던 셈이다. 광무황제의 특명으로 전권을 위임받아 수행한 이상설의 대외활동은 이로써 종언을 고하고, 이후 그는 독립운동의 새로운 지평을 개척하는 데 필생의 노력을 경주하게 되었다.

이상설은 1908년 2월 영국을 떠나 미국으로 건너간 뒤 이듬해 4월까지 1년 남짓 머물렀다. 이 기간에 그는 콜로라도주 덴버시에서 열린 애국동지대표대회를 주도하여 미주지역 한인사회에서 통합운동의 계기와 독립운동의 새로운 전기를 마련하였고, 나아가 1909년 2월 국민회를 조직, 미주한인사회뿐만 아니라 해외 한인사회 전체를 하나의 단체로 통합하여 독립운동을 조직적으로 전개하려고 하였다. 그리하여 국민회 결성 직후에 이상설은 총회장으로 당선된 정재관鄭在寬을 대동하고 북미지방총회와 하와이지

2) 이 점에 대해 『대한매일신보』에서는 다음과 같이 밝히고 있다. "(전략) 我皇上陛下께서 吾儕를 派遣하실 시에 해아회의에만 참석하라심이 아니라 구미 각국에 遍往하여 한국이 現今 일본 압박을 受한 정형과 독립권을 결코 不捨할 事와 일본의 보호를 不受할 事를 일일이 설명하라신 명령을 奉하고 해아회의에 참례하야 (하략)"(『대한매일신보』 1907년 8월 27일자, 「해아의 한국사절의 연설」).

방총회의 공동결의로 '원동遠東'에서 독립운동을 추진하는 중임을 맡고 미국을 떠나 연해주로 갔던 것이다. 이상설이 지니고 간 위임장은 다음과 같다.[3)]

> 우는 아령 원동 각처에 주재한 우리 동포를 규합하여 단체를 고결하며 본회의 종지를 창명하여 목적을 관철케 함이 현시의 급무인 바 본회원 리당李堂(이상설의 별명)은 덕망이 귀중하고 경륜이 탁월하여 나라를 근심하고 동포를 사랑하는 열심과 성력이 가히 우리 회의 포준을 지을지라. 그러므로 원동 방면의 일체 회무를 전권 행사케 하기 위하여 본회 대표원을 추정하노니 왕재욱재하여 중망을 극부할지어다.
>
> 융희 3년 5월 1일
>
> 국민회 북미지방총회장 최정익
> 국민회 포와지방총회장 정원명

이상설이 정재관과 함께 연해주를 향해 미국을 떠난 것은 1909년 4월 22일이다. 즉 4월 21일 샌프란시스코 국민회관에서는 원동을 향해 발정發程하는 두 사람을 위한 송별연이 열렸으며,[4)] 두 사람은 그 이튿날인 4월 22일 블라디보스토크를 향해 미국을 떠났던 것이다.[5)] 그 후 이들은 같은 해 7월 14일 블라디보스토크에 안착한 것으로 확인된다.[6)] 이들이 그 동안 지난 여정旅程

---

3) 『신한민보』 1909년 6월 2일자, 「국민회보」.
4) 『신한민보』 09년 4월 21일자, 「국민전별회」.
5) 위의 위임장에 '5월 1일'로 명기된 점과 그가 위임장을 소지하고 떠났을 것이라는 점을 상정한다면, 실제 그가 미주를 떠난 시기는 5월 1일 이후일 것이라고도 생각된다. 이와는 달리 이상설이 1908년에 연해주로 건너갔다는 기록들도 산견되지만(李承熙, 『韓溪遺稿』 7, 국사편찬위원회, 549쪽; 李恩淑, 『西間島始終記』; 李完熙, 『溥齋李相卨先生傳記抄』) 상술하였듯이 1908년 미주지역에서의 그의 활동이 구체적으로 확인된다는 점에서 그 가능성은 낮다. 하지만, 중도에 블라디보스토크를 방문한 뒤 다시 구미로 갔을 가능성을 완전히 배제할 수 없는 없는 실정이다(尹炳奭, 『李相卨傳』, 一潮閣, 1998, 117쪽 참조).
6) 『신한민보』 09년 8월 18일자, 「양씨안착」.

은 구체적으로 밝혀져 있지 않으나 거의 3개월이나 걸려 연해주에 도착한 것이다.

이상설이 '원동'으로 파견된 것은 국민회가 해외 한인사회의 '준정부적' 기능을 행사할 통합단체를 구상하는 가운데 원동지역의 경영에 가장 적합한 인물로 평가되었기 때문이다. 국민회의 결의로 이상설과 정재관이 원동으로 파견될 때 이상설은 연해주 방면의 회무를 총괄하고, 정재관은 만주지방의 회무를 담당하기로 각기 그 역할을 분담하였던 것으로 생각된다. 하지만 만주지방의 형편과 사정이 여의치 않자, 정재관도 연해주에서 활동하게 된 것이 아닌가 한다. 이러한 정황은 김원용의 『재미한인오십년사』에 나오는 다음과 같은 기록을 통해서 짐작할 수 있다.

> 국민회 창립이 재미 한인단체의 통일이고 확대이더니 만치 그 조직행사의 범위를 크게 하여 전체 해외 한인을 망라하려고 하였다. (중략) 1909년 5월에 미주와 하와이 지방총회의 공동결의로 특파원 정재관과 이상설을 원동에 보내는데 이상설은 해삼위에 가서 공립협회 대표원 김성무와 전명운을 동반하고 아령을 순행하라 하고, 정재관은 만주에 가서 이강을 동행하여 만주를 순행하라 하였다. 하와이에서 한사교를 통신원으로 택선하여 해삼위에 파송하였다.[7]

이상설이 연해주로 건너오기 전년인 1908년 9월에는 이강李剛의 노력에 힘입어 수청水清지방에 공립협회共立協會의 지방회가 최초로 설치되었으며, 1909년 1월에는 해삼위에도 역시 지회가 설치되어 미주 한인사회와 긴밀한 연계하에 활동하고 있었다. 공립협회에서 1908년 1월 한국으로 파견된 김성무金成茂는 수청지방회 설치 이후 1908년 12월 해삼위에 도착, 이강과 함께 해삼위 지방회를 조직하게 된 것이다.[8] 이러한 정황에서 공립협회가 국

---

7) 김원용, 『재미한인오십년사』, Reedley Ca. U.S.A., 1959, 6쪽.

8) 김도훈, 「공립협회(1905~1909)의 민족운동 연구」, 『한국민족운동사연구』 4, 한국민족운동사연구회, 1989, 27~29쪽. 이 무렵 연해주 한인사회의 지도자 가운데 공

민회와 통합하여 새롭게 출범하게 되자, 조직과 활동을 더욱 확대하기 위해 이상설과 정재관이 다시 파견되었던 것이다.

이상설은 연해주로 오기에 앞서 미주에서 파견된 인물들을 비롯해 연해주 한인사회의 인사들과 긴밀히 연락을 취하며 상호 정보를 교환하고 있었다. 이 점은 그가 5월에 연해주로 건너오기 전에 이미 이승희나 유인석 등이 그가 연해주로 올 것이라는 정보를 갖고 있었던 데서도 알 수 있다. 유인석이 1909년 1월(음력) 이승희에게 보낸 편지에서 "이참찬李參贊은 언제 오겠다고 하였습니까? 주민들이 모임을 만들어 그를 환영하는 것은 후의라 해야 할 것입니다. 재작년 가을 원산에 있을 때 그가 항구(원산 또는 해삼위?－필자)에 돌아올 것이라는 말을 듣고 궁핍을 면하기 어려우리라 여겨 약간의 물건을 보내 정을 표시한 적이 있는데 이번에는 풍부한 물자로 맞이하여 이런 근심이 없으니 다행입니다."[9]라고 한 대목이 이러한 정황을 잘 말해 주고 있다. 연해주 한인사회에서는 그를 환영하는 모임까지 결성했다는 사실로 미루어 보더라도 이상설의 위상을 짐작할 수 있다.

3. 봉밀산 독립운동기지 개척

이상설은 망명 당시부터 독립운동기지 건설을 목표로 하였다. 독립운동기지 건설은 1905년 을사조약 늑결 이후부터 1910년 국치 전후 시기에 걸쳐 독립운동의 한 사조로 가장 중요한 과제로 부상되었다. 그리고 이 과제의 실천에 처음 착수한 인물은 이상설이었으며, 용정龍井이 그 근거지였다.[10]

립협회 회원으로 등록된 인물로는 정순만 · 오주혁 · 한형권 · 이치권 · 안중근 등이 대표적이다.

9) 柳麟錫, 『毅菴集』 권12, 「答李啓道(承熙)」(己酉年 正月).

10) 박걸순, 「이상설의 민족운동과 후인 논찬」, 『중원문화논총』 10, 충북대학교 중원문화연구소, 2006, 13쪽.

연해주에 도착한 이상설이 가장 먼저 착수한 사업이 봉밀산 독립운동기지 개척이었다. 영남 출신의 유학자인 한계韓溪 이승희李承熙와 함께 추진한 봉밀산 일대의 개척은 1910년대 국외 독립운동기지 개척의 대표적인 사업 가운데 하나였다.

이상설은 블라디보스토크에 도착한 이후 한민회장韓民會長 김학만金學萬과 해조신문海朝新聞의 주간 정순만鄭淳萬, 기타 윤일병尹日炳 등 한인사회의 지도급 인사들을 규합하였다. 그리하여 새로운 국외 독립운동기지의 적지適地를 물색하고 그 토지를 매입하기 위해 자금을 모았다. 현지 한인사회의 유지들로부터 모금을 추진하는 한편, 국민회 등 미주 한인사회로부터도 자금을 지원받았다.

이상설은 독립운동기지 건설의 적지로 봉밀산을 선정하였다. 북만주의 밀산부蜜山府 관내에 있던 봉밀산은 러시아와 중국의 접경지대인 항카호興凱湖 부근에 위치해 있으며, 광활한 황무지가 펼쳐져 있던 곳이다. 이주 한인이 그 일대에 흩어져 유거해 있었지만, 근거지가 없고 생활기반이 부족한 관계로 정착생활을 할 수 없는 상태였다.11)

이상설이 독립운동기지로 봉밀산 일대를 개척했던 사실을 확인할 수 있는, 나아가 봉밀산 일대의 독립운동기지 건설과 관련되어 한인 집단거주지를 확인할 수 있는 중요 자료로는 두 가지가 있다. 그 가운데 하나가 강상원姜相遠이 지은 「이보재선생약사초안李溥齋先生略史草案」에 기록된 다음 대목이다.

> 독립운동기지의 이전移轉 거주의 이전移轉 우수리강 및 흑룡강 양안 남북 일대로 옮길 것을 결정하고 중아中俄 양국 정부에 양해와 지원을 얻어 교포들의 이주를 장려하여 일대 독립기지를 형성하여 놓았다. (중략) 이리하여 <u>항카호 연안의 이류가伊柳街와 그 대안 쾌상별快常別 백포자白泡子</u>

11) 李承熙, 『韓溪遺稿』 7(국사편찬위원회, 1976), 「韓溪先生年譜」, 550쪽.

의 일대에 각각 수백 호를 이주시켰으며, 다시 흑룡강과 송화강의 합류되는 양강구兩江口 서북쪽 오운현烏雲縣 전역에 긍亘하여 올라까하烏拉卞河를 중심으로 수백 호를 정착시켜 개간케 하였으니 오운현 올라까하 저 서북쪽 대흑하大黑河와 흑룡강 북안에 있는 노령 도시 블라고웨센스크와의 삼각형 정점에 처해 있을 뿐 아니라 남으로 송화강을 건너 만주의 전략도시 양강구를 액扼하고 있어서 지리적 조건이 독립운동의 기지로 적適한 곳이다.12) (밑줄-필자)

두 번째 자료로는 1916년 이후 수년간 봉밀산 일대에서 홍범도와 함께 지낸 정태의 다음과 같은 회상기回想記가 있다.

봉밀산은 홍범도의 문화계몽사업의 기초로 되었다.

1910년 조선이 일본제국주의에 강제 합병이 된 후 조선 애국자들은 탁족(濯足-필자)할 땅이 없게 되었다. 이런 형편에서 조선 애국자들은 외국에 나가서 토지를 사고 그에 이민을 시키고 청년들을 모집하여 교양함으로써 일본에 복수하려고 하는 자들도 있었다. 이런 경향하에서 중국 길림성 봉밀산을 탐구하여 내었다. 봉밀산은 러시아와 중국의 국경에 있으며 앞에는 홍개호가 가로 놓여 있으며 북쪽은 청림(靑林-필자)이 꽉 들어섰다. 교통은 소왕령으로와 목릉현으로 가야 철도가 있다.

조선 애국자들 중에서 안창호의 주선으로 밀산 십리와에 토지 30여 팍지(한 팍지는 대상으로 32일경임)를 구매하고 그 토지의 주인으로는 김성모를 지적하였으며, 또한 이상설의 주선으로 밀산령남 백포우즈[白泡子-필자]에 토지 12팍지를 구매하고 토지 주인으로는 김학만(해삼시에 사는 자)으로 지적하였다. 그리고 조선 평안도와 함경도와 노령 연해주에서 조선 빈민들을 이주하였다. 그러나 이주된 빈민들은 토지를 개간할 힘도 약할 뿐만 아니라 흉년이 자주 들어 생명도 근근히 유지하여 왔다. 이 때 조선 애국자들은 그를 후원할 금전도 없었다. 이러한 형편에 홍범도는 군인을 거느리고 봉밀산으로 들어왔다. (중략)

12) 姜相遠, 「李溥齋先生略史草案」; 尹炳奭, 『國外韓人社會와 民族運動』, 一朝閣, 1990, 207쪽에서 재인용.

홍범도는 빈민 300여 호 조선 사람들과 상종하게 되었는데, 그 중에는 몽매한 자와 불량자들도 있고 청년 아동들은 공부 못하고 허송세월하는 것이 그에게 불만을 더욱 일으켰다. 그리하여 지방에 있는 모모한 자들과 토의하였으나, 자기 군인 중에는 교육사업을 지도할 자격이 있는 사람이 없는 것이 딱한 일이 되었다. 이 때 마침 이전 교원이며 나재거우[羅子溝-필자] 사관학교 출신인 정태라는 자가 홍범도가 군인을 데리고 봉밀산으로 들어갔다는 소식을 듣고 큰 희망을 품고 홍범도의 뒤를 따라 밀산으로 1916년에 들어갔다. 그러나 희망하던 바와는 딴판이었다. 홍범도는 이 기회를 놓치지 않고 정태를 교육사업에 이용하였다. 그리하여 영남 백포우자 한흥동에 고등소학교를 설립하고 또한 십리와에와 쾌상별이에 소학교를 설립하였으며 홍범도는 한흥동 학교에 교장과 교감으로 책임을 맡았고 삽리와와 쾌상별이 학교에는 찬성장으로 사업하였다. (하략)[13] (밑줄-필자)

위의 두 기록을 통해서 다음 두 가지 사실을 확인할 수 있다. 첫째는 봉밀산 일대에는 이상설 등을 비롯한 독립운동 지도자들에 의해 계획적으로 개척된 한인 집단거주지가 몇 곳에 산재하였다는 사실이다. 이류가 · 십리와 · 쾌상별 · 백포자 등 네 곳의 지명이 확인되며, 그 가운데 이승희와 함께 추진한 한흥동은 백포자에 있었다. 그리고 백포자는 '밀산령남' 지역에, 십리와는 밀산 부근에 각각 위치해 있었다. 하지만, 뒤의 인용문의 문맥상 백포자와 쾌상별, 십리와 세 곳은 서로 멀지 않은 인접한 지역에 함께 있었던 것으로 보인다. 현재에도 백포자는 봉밀산 아래 항카호반에 위치해 있으며, 쾌상별은 백포자의 서남방에 인접해 있는 당벽진當壁鎭의 이명異名이다. 그리고 항카호 연안에 위치해 있었다는 이류가는 그 위치는 구체적으로 알 수 없지만, 백포자와 쾌상별의 대안에 있었다고 한 사실로 미루어 역시 근접한 거리에 있었던 것으로 보인다. 또 이류가를 백포자, 쾌상별과 지역적으로 서로 분리해 서술한 앞의 인용문과 개척과정에서 십리와와 백포자를

13) 『韓國獨立運動史資料集-洪範圖編』, 한국정신문화연구원, 1995, 84~87쪽.

역시 나누어 기술한 아래 인용문을 감안할 때, 이류가는 십리와와 같은 지역에 있었거나 혹은 동일지명의 이명인 것으로 추정된다.

둘째는 봉밀산 독립운동기지 건설사업이 독립운동선상에서 두 가지 계통으로 추진되고 있었다는 사실이다. 두 번째 인용문에서 안창호의 주선으로 십리와 개척이, 이상설의 주선으로 백포자 개척이 각각 추진되었다고 밝힌 것이 그것이다. 곧 백포자의 한흥동은 이승희 등이 주도하여 건설한 기지인 반면에, 십리와는 미주 국민회와의 연계하에 개척된 곳이다. 이상설은 봉밀산 기지 개척에서 두 계통의 사업에 모두 관계한 인물이었다.

이상설은 이 지역의 토지를 매입하고 개간하는 일 등의 사업을 이승희와 함께 추진하였다. 그는 1908년 5월 국내를 떠나 블라디보스토크로 망명해 있던 이승희를 찾아가 자신이 갖고 있던 독립운동의 포부를 토로하고 봉밀산 기지 건설사업을 협의하였다. 이에 이승희는 블라디보스토크에서 7백 리가 넘는 봉밀산 현지를 1909년 여름부터 가을에 걸쳐 면밀히 답사하였다. 그리하여 그 해 겨울에 이승희는 이주단移住團과 함께 봉밀산 아래 비옥한 토지를 골라 우선 45방方의 토지를 사들이고 마을을 건설하는 데 힘썼다. 이승희는 1백여 가구의 한인을 이주시키면서 이 마을의 이름을 '한국을 부흥시키는 마을'이라는 의미로 한흥동韓興洞으로 명명하였다. 그 후 이승희는 이곳 한흥동에서 4년간 거주하며 한인의 터전을 다지는 데 힘을 기울였다.[14)]

이상설이 봉밀산 기지 건설에 전력을 경주한 사실은 이 사업이 미주 한인 사회와 연계되어 있었던 점과, 소요자금 확보를 위한 방편으로 미국 현지에서 태동실업주식회사泰東實業株式會社가 건립되었던 사실에서도 확인된다.

태동실업주식회사는 1908년 10월 공립협회와의 연계하에 한인의 상공업을 진흥하기 위해 설립된 아세아실업주식회사亞細亞實業株式會社가 그 모태였

---

14) 尹炳奭, 『李相卨傳』, 일조각, 1984, 118~120쪽.

다. 1909년 2월 이후 그 사업을 국민회가 주관하게 되자 독립운동근거지를 건설하기 위한 독립운동의 부대사업으로 이어져 태동실업주식회사로 회사명을 바꾸게 되었던 것이다.[15] 이 회사는 이상설이 연해주로 건너올 무렵에 주금株金을 모집하고 있었다. 즉 1909년 4월 회명을 '태동'으로 바꾼 이 회사는 장정 53개 조의 사규社規를 정하고 5월 5일부터 자본금 모집에 착수하였던 것이다. 사규에 의하면, 회사 설립의 목적을 "아라사 영지 오소리 등지에서 농상 등 실업을 경기 진흥하여 이익을 도모함에 있음"이라 규정하여 독립운동 군자금 모금에 있음을 명백하게 밝혔고, 자본은 1천 주에 매주 5천 원(대한 신화)으로 정하였다.[16] 이에 따라 회사 소재지는 블라디보스토크에 두고, 지사를 설립할 경우에는 그 소재지를 때에 맞도록 두게 하였다. 그리하여 이 회사는 5만 달러를 총 출자금으로 하고 이상설과 함께 연해주로 파견된 정재관으로 하여금 봉밀산의 미개간지 2,430에이커를 매입 개간하고, 여기에 만주, 연해주의 한인 200여 호를 이주시키려 하였던 것이다. 그러나 태동실업주식회사에서 추진한 봉밀산 기지개척 및 이주사업은 3천 달러의 경비를 투입했음에도 불구하고, 마적의 행패 등으로 인해 안정성이 없어 소기의 성과를 거두지는 못한 듯하다.[17]

한편, 미주 국민회에서는 연해주에서 봉밀산 국외 독립운동기지를 건설하던 이상설을 지원하기 위해 5천 달러의 자금을 우송해 왔다.[18] 이 자금은 이승희와 연계하에 추진한 봉밀산 한흥동 기지건설 사업에 투입된 것으로 보인다.

15) 『신한민보』 1909년 4월 28일자, 「사명개칭」.
16) 『신한민보』 1909년 4월 28일자, 「주식태동실업회사규칙」.
17) 김원용, 『재미한인오십년사』, 286쪽.
18) 이상설, 「與剛齋李承熙書」(1909년).

4. 십삼도의군의 편성과 광무황제 파천계획

1) 십삼도의군의 편성

이상설은 연해주에 도착한 뒤 국외 독립운동기지 건설사업에 진력하는 한편, 의병세력 통합에도 노력을 기울였다. 의병세력 통합노력은 한말 의병의 상징적 인물인 제천의병장 유인석柳麟錫(1842~1915)과 함께 추진하였다. 곧 이상설은 국외 독립운동기지 개척을 이승희와 함께 추진하였듯이 항일 무력전을 전개하기 위한 의병세력 통합을 유인석과 함께 추진하였던 것이다. 두 가지 독립운동사업을 전개하면서 모두 저명한 망명 유학자와 연계하에 추진했던 점은 특기할 만하다.

이상설은 1909년 연해주에 도착한 이후 1914년에 유인석이 서간도로 건너갈 때까지 그와 밀접한 관계를 맺고 독립운동을 추진하고 있었다. 유인석이 남긴 관련 자료를 통해서 그러한 정황은 어느 정도 짐작할 수 있다. 전술하였듯이 유인석은 1907년 원산에 일시 체류하던 무렵 헤이그 사행 이후의 이상설과 처음 교유했던 것으로 보이며, 그 뒤 1909년에 들어와서는 미주에 있던 이상설이 연해주로 오기를 고대했으며, 또 어느 정도 상호간에 정보를 교환하고 있었던 것으로 생각된다.[19]

연해주로 건너온 이상설은 1909년 8월(음) 당시 멍고개孟嶺에 유거한 유인석을 찾아가 독립운동의 방략을 논의하였다.[20] 의병세력의 통합문제가 논의된 것이 바로 이 무렵으로 추정된다. 이상설은 뒤이어 1909년 10월 26일 하얼빈의거가 일어난 직후에 이 의거에 간접적으로 연계되어 있던 유인석에게 피신을 권유하는 편지를 보내었다. 이에 유인석은 일시 거주지를 옮겨 이종섭李鍾聶의 집에서 지냈다. 이 때 유인석은 다음과 같은 답신을 이상설

19)『毅菴集』권12, 書,「答李啓道」(己酉 正月).
20)『毅菴集』부록 권55,「年譜」

에게 보내 하얼빈의거와 관련된 자신의 입장을 밝히는 한편 그 정당성을 천명하였다.

> 대감께서 매우 근심해 주어 지극히 감동될 뿐입니다. 대저 왜놈들이 후작侯爵을 보내 정탐하는 데 이르게 되면 정세는 혹독하게 될 것입니다. 그러나 이토 히로부미伊藤博文를 죽인 것은 제가 그 계획을 아는 것이 아니지만 억지로 저로부터 했다고 한다면 혹 될는지요? 대체로 인석이 이곳에 오지 않았으면 이석대李錫大(이진룡李鎭龍의 이명－필자) 역시 오지 않았을 것이며, 이석대가 오지 않았으면 안응칠安應七도 형세가 일을 하지 못하게 되었을 것입니다. 이렇게 말한다면 혹 저로부터 했다고 할 수 있습니다. 그러나 저와 이석대로 하여금 여기에 오게 한 것은 이토의 소행입니다. 그 놈이 죽은 것은 그 자신으로부터이지 어찌 다른 사람으로부터이겠습니까.[21]

이상설은 그 뒤 십삼도의군을 편성하기 직전인 1910년 5월 5일(음)에 유인석이 쓴 편지를 받았다. 이 글에서 유인석은 국망이 임박하던 상황과 그러한 비상시국에 대처할 방안을 이상설과 협의하고 있던 사실을 다음과 같이 밝히고 있다. 그 구체적인 방안의 내용이 곧 십삼도의군의 편성이었음은 충분히 짐작할 수 있을 것이다.

> 인석은 나라를 근심하여 죽고 싶습니다. (중략)) 내지內地(국내－필자)는 함몰되고 의병은 꺾이며 결박되어 다만 속수무책이라고 말할 수밖에 없습니다. 또 듣건대 왜놈과 러시아가 협약을 맺어 이 지역이 곧 관할당하게 되었다니, 역시 몸둘 곳을 도모할 수도 없게 되었습니다. 이 때 어찌 차마 일을 질질 끌며 늑장을 부릴 수 있겠습니까? 대감에게는 꼭 좋은 계책이 있을 것입니다. 그리고 천 번 생각하면 역시 답을 얻게 되는데 얻은 것을 행할 때는 혹 부흥시키는 하나의 방책으로 될 수 있으니, 당신의 계책과 저의 책략을 마땅히 서로 대질하고서 시행하여야 합니다. 시

21) 『毅菴集』 권16, 書, 「答李參贊」(己酉 十二月), 365~366쪽.

각이 이렇게 급한 때에 당신께서 오겠다고 말씀하였지만 쉬이 오지 못하게 되었으며, 제가 병든 몸으로 당신을 찾아가 뵙고자 해도 가지 못하게 되었으니, 어떻게 하면 좋겠습니까? 저를 대신해서 먼저는 차씨車氏를 보내었으며 지금은 또 아들을 보내니 양해하기 바랍니다.[22)]

그 뒤 유인석은 연해주를 떠나 서간도로 발정發程하기에 앞서 1914년 이상설에게 마지막으로 편지를 보냈다. 그는 이 편지에서 "오직 대감께서 (중략) 다만 잘 계책하고 힘을 다하여 시원히 되게 하고 그것으로 인하여 또 비천한 저를 버리지 말고 끝내 서로 통하고 서로 호응하는 것이 있게 하여 주기를 깊이 바라는 바입니다. 다년간 주선한 나머지 어찌 서글프지 않겠습니까만 오늘 어찌 서글픔을 운운할 여지가 있겠습니까"[23)]라고 하여 그 동안 수년간에 걸쳐 상호 협력하에 독립운동을 전개해 온 사실을 밝히며 그 소회를 기술하였다.

연해주와 간도 일대에 걸치는 의병세력의 통합 노력은 1910년 6월 21일(음 5.15) 십삼도의군十三道義軍의 편성으로 구현되었다. 십삼도의군은 이상설이 미주에서 연해주로 건너온 뒤인 1909년 하반기에 편성될 예정이었다. 이러한 사실은 1909년 하반기에 유인석이 심양에 있던 왕실의 종친 이재윤李載允(1849~1911)을 통합군단의 도총재都總裁로 추대하려 했던 점으로 보아 명백하다. 유인석은 1909년 12월 「의무유통義務有統」을 작성, 이재윤을 추대하기 위한 준비를 완료하였다.[24)] 1909년부터 의병세력 통합 움직임이 있어 왔다는 점은 그밖에도 하얼빈의거 당시 안중근 자신이 진술한 가운데 언급한 '대한의군 참모중장'의 직책과 또 의병총대장 김두성의 직속 '특파독립대장'으로 거의하였다는 대목을 통해서도 알 수 있다. 곧 이러한 진술 내용은

---

22) 『毅菴集』 권16, 書, 「與李參贊」(庚戌 五月五日), 366쪽.
23) 『毅菴集』 권16, 書, 「與李參贊」(甲寅), 366쪽.
24) 『毅菴集』 권36, 雜著, 「義務有統」, 149~152쪽. 한편 이재윤 외에도 韓圭卨을 도총재에 추대하려는 논의도 일시 있었던 것으로 보인다(『毅菴集』 권55, 「年譜」, 703 · 705쪽).

1909년에 의병통합 움직임이 구체화되었던 사실을 반영하는 것이라 하겠다.[25)]

이상설과 유인석 등이 함께 추진한 십삼도의군은 이범윤이 이끄는 창의회倡義會/彰義會를 주축으로 편성되었던 것으로 짐작된다. 함북 경성鏡城 출신으로 의병에 참여한 뒤 북간도에 망명해 있던 용연龍淵 김정규金鼎奎는 그의 『야사野史』에서 십삼도의군이 편성되어 차첩이 내려지던 상황을 다음과 같이 기술하고 있다.

> (1910년 6월) 3일. (중략) 전봉준全鳳俊이 강동江東(연해주-필자)으로부터 창의대倡義隊 서신을 전해왔다. 그 대략은 지난 (5월) 15일 丁巳에 십삼도의 유지들이 크게 모여 함께 의논하였으니, 명망재사名望才士들로 여러 책임을 정하였다. 관리管理(이범윤-필자)는 십삼도 총단위總壇位에 앉았고, 의암毅菴은 십삼도의군 도총재都總裁가 되었으며, 이상설李相卨은 외교통신원外交通信員이 되었고, 그 나머지 장사將士는 각기 예例에 따라 차정差定되었으니 용암龍巖(이남기-필자)은 장의군壯義軍 총재가 되고 나(김정규-주)는 장의군壯義軍 종사從事에 추대되어 차첩이 온 것이다.[26)]

위 인용문을 통해서 십삼도의군의 차첩이 이범윤의 창의회(혹은 창의대)로부터 십삼도의군의 명의로 내려졌음을 짐작할 수가 있다. 이와 더불어 이범윤의 직위를 '십삼도총단위十三道總壇位'로 명기하고 있는 점이 주목된다. 유인석의 상위에다 이범윤의 직위를 명기한 점이나 '십삼도총단위'라는 직명의 성격으로 보아 이범윤은 유인석 도총재가 담당한 군무 이외에 십삼도의군의 조직과 아울러 연해주 한인사회와 나아가 전국을 총괄하는 결사

---

25) 『大東共報』 제15호(1910.2.18), 「安義士重根氏公判」.

26) 『龍淵金鼎日記』 中, 독립기념관 한국독립운동사연구소, 1994, 1910년 6월 3일조, 10~11쪽. "初三日乙亥 (中略) 全鳳俊 自東江 來傳倡義隊書信 其略日 去十五日丁巳 十三道有志之士 大會共議 以名望才格 定諸責任 管理坐十三道總壇位 毅菴爲十三道義軍都總裁 李相卨爲外交通信員 其餘將士 各依例差定 而龍巖爲壯義軍總裁 余推爲壯義軍從事而差帖來耳"

의 총책을 맡았던 것으로 다분히 추측된다. 이범윤이 별도로 십삼도의군 편제하에서는 창의군彰義軍 총재의 직임을 가지고 있었던 사실이, 십삼도의군이 순수한 군사조직이었던 점과 '십삼도총단위'로서 가졌던 이범윤의 별도 직책을 반증한다.

이상설은 십삼도의군의 편성에 깊이 관여했을 뿐만 아니라 그 운영과정에서도 중요한 역할을 담당했던 것으로 보인다. 이상설의 직함은 자료상 외교통신원外交通信員, 도통신都通信, 별지휘別指揮 등으로 나타난다. 앞에서 보았듯이 김정규의 『야사』에는 외교통신원으로, 그리고 유인석의 문집에는 도통신으로,[27] 그리고 후술할 유인석과의 연명 상소문에는 별지휘[28]로 기록되어 있는 것이다. 이상설이 가진 이러한 직함과 그에 따른 역할은 십삼도의군에서 유인석과 이범윤의 사이를 절충하면서 전체 사무와 조직을 관리하는 실질적 책임을 맡았던 것으로 보인다. 연해주 한인사회에서 두터운 신망을 갖고 있던 이상설은 이와 같은 임무를 수행하는 데 최적임자였다고 판단되기 때문이다.

이상설이 십삼도의군의 편성과정에서 중요한 직임을 맡았던 사실은 다음과 같은 러시아측 기록을 통해서도 확인할 수 있다.

> 1910년 7월 8일 암밤비 마을에서 창의회는 조직, 운영, 중앙부를 구성할 목적으로 150명의 대표위원이 참석하는 빨치산대회를 소집하였는데 이 중앙부는 모든 빨찌산 부대를 통솔하게 될 것이었다. 대회에서는 의장 이범윤, 군지휘관 유인석, 군대훈련 교관 이상설이 선출되었다. 또한 대회에서 창의회 참모부가 구성되었는데, 여기에는 이범윤 · 이상설 · 홍범도 · 한주 · 이규풍 · 이범석 · 권유상 · 이기 · 이지광이 선출되었다.[29]

---

27) 『毅菴集』 권32, 雜著, 「散言」.
28) 上疏文草藁(尹炳奭, 『李相卨傳』, 130쪽) 참조.
29) 박보리스, 「國權被奪 前後時期 在蘇韓人의 抗日闘爭」(『韓民族獨立運動史論叢』, 朴永錫敎授華甲紀念論叢, 1992), 1068쪽 재인용.

위의 자료에서 창의회의 주관하에 개최했다는 빨치산대회는 십삼도의군 편성대회를 지칭하는 것이다. 러시아력의 7월 8일은 곧 의군 편성 날짜인 서력 7월 21일에 해당된다.[30] 이 인용문을 통해서도 십삼도의군이 이범윤의 의병세력을 주축으로 편성된 사실과, 유인석과 이상설이 그 중심인물이었음을 알 수 있다.

2) 광무황제 파천계획

십삼도의군을 편성한 목적은 국내외의 의병 전력을 단일 군단으로 통합, 극대화시켜 대규모 항일전을 전개함으로써 국권을 회복하는 데 있었다. 이상설이 유인석과 함께 강제 퇴위당한 광무황제에게 상소를 올려 파천을 강력히 주장한 것은 그러한 목적을 달성하기 위한 방편이었다.

이상설은 '의군별지휘전종이품가선대부의정부참찬義軍別指揮前從二品嘉善大夫議政府參贊'의 직함으로 십삼도의군 도총재 유인석과 연명으로 7월 28일에 상소를 올려 의군의 찬모贊謀 겸 별통신別通信이었던 전 군수 서상진徐相津으로 하여금 전달케 하였다.[31]

이 상소의 내용은 다음 두 가지로 요약할 수 있다. 첫 번째는 국권회복을 위한 원대한 계획하에서 십삼도의군을 편성했음을 밝히고, 부족한 군비를 보충하기 위해 내탕금內帑金에서 군자금을 보내달라고 간청한 것이다.

> 신 등이 바야흐로 의병을 규합하고 러시아 관리에게 주선하니, 일이 가망이 있고 계획이 점차 성취되어 가고 있습니다. 다만 군수軍需가 아직도 결핍하여 시기가 지연되고 있습니다. (중략) (나라의) 흥복대계興復大計가 오로지 이 의거의 일당一當에 있을 따름입니다. 엎드려 비옵건대, 폐

30) 러시아 기록의 날짜는 유인석 연보에 기록된 편성날짜 6월 21일(음 5.15)과 꼭 한 달 차이가 나는데, 그 이유가 무엇인지 명확하지 않다.
31) 上疏文草藁(尹炳奭, 『李相卨傳』, 130쪽); 『毅菴集』 권 55, 「年譜」 1910년 6월조.

> 하께서는 특별히 비밀리에 성의聖意를 가진 믿을 만한 신하에게 내탕금을 내리시어 신 등이 있는 곳에 이르게 해 주십시오. 전 판서 윤용구尹用求는 본디 성품이 충량하여 (이 일을) 가히 맡길 만할 것입니다.[32]

위의 인용문을 통해서, 십삼도의군에서는 현지 러시아 관헌측과도 제반 사항에 대해 상당한 협의를 진행한 사실과 황실과 의군간의 연락책으로 윤용구를 지목한 사실 등을 알 수 있다. 이상설 등이 지목한 윤용구는 예조, 이조판서를 역임하고 일제 침략이 본격화되는 1895년 이후 일체의 관직을 사절하고 서울 근교에 은거해 있던 대관 출신의 곧은 선비였기에 그 적임자로 보았을 것이다.

상소의 두 번째 요지는 광무황제로 하여금 연해주로 파천하여 항일투쟁을 직접 지도하도록 간청한 것이다.

> 오호라. 금일과 같은 지경에 이르렀으니, 폐하께서 한 번 다른 나라에 파천하신다면 열국의 공론을 가히 제창할 수 있고 내지(국내-필자)의 여정輿情을 가히 고취할 수 있을 것이니, 천하의 일을 단연코 가히 할 수 있을 것입니다. 엎드려 바라옵건대, 러시아령 블라디보스토크로 파천하시도록 단호히 계획하십시오. 신 등이 비록 불민不敏하지만 단연코 성궁聖躬을 보호하고 중흥을 도모함에 만만 의심이 없습니다. 폐하께서는 과연 이러한 큰 성단聖斷을 내리신다면 은밀하게 신 등에게 알려주십시오. 국경을 나와 머무실 곳 등의 일은 신 등이 당연히 다시 알려 정하겠습니다. 오호라. 만약 몇 달이 지연된다면 다른 염려가 있을 것이니 시각이 급합니다. 만일 놓칠 수 없는 기회가 있다면 신 등에게 알릴 것을 기다리지 말고 즉시 행하는 것이 좋을 것입니다. 폐하께서 이 일을 행하고자 해도 진실로 할 수 없고 만약 이 일을 행하지 않으신다면 끝없는 욕辱이 다가올 것이니 신 등은 차마 말할 수 없고 또 말하고 싶지도 않습니다. 엎드려 바라건대 폐하께서는 결연히 계획을 빨리 정해 주십시오.[33]

---

32) "臣等 方糾合義旅 周旋俄官 事有可望 計亦漸就 但軍需尙缺 時期拖延 (中略) 興復大計 亶在此義擧一當而已 伏乞陛下 特密使御帑金于聖懷所信之臣 以到于臣等之處焉 前判書臣尹用求 素性忠亮 可以委信."

러시아 정보문서에 의하면 광무황제도 사실 강제 퇴위 후 국외 망명의 의지를 갖고 있었던 것으로 확인된다. 동경주재 러시아대사 말렙스키-말레뷔치가 1908년 11월 20일 자국의 외무성에 보낸 비밀문건에는 "서울 궁정과 관계가 있는 사람이 전한 말에 의하면 전 황제가 배편으로나 육로로 러시아에 망명을 준비하고 있다고 한다."고 망명 정보를 파악하고 있고, 이어 그로 인해 야기될 상황에 대해서는 "전 황제가 러시아 영토에 출현하면 다시 극동에 심각한 위협이 초래되어 대한제국 문제로 러일관계는 긴장이 조성될 것"으로 예상하고, "가장 바람직한 조치로 극동정세를 복잡하게 만들 수 있는 전 황제의 망명계획을 좌절시키는 것이 좋다."고 그 대책까지 제시하고 있다.[34] 1909년 1월 18일 서울주재 총영사 쏘모프가 보낸 비밀전문에서도 같은 맥락에서 러시아 인사들은 광무황제 자신에게나 백성에게 모두 무익하다는 이유를 들어 광무황제에게 망명을 포기할 것을 간곡히 권한 것으로 확인된다.[35] 그리고 이상설이 상소를 올리기 직전인 1910년 7월 15일에 말

---

33) 上疏文草藁. "嗚呼 到今地頭 陛下一遷于異國 則列邦之公議 可以提唱 內地之輿情可以鼓吹 天下事 斷可有爲 伏望灌揮乾斷 決計播遷于俄領海蔘威焉 臣等雖不敏斷斷可以保護聖躬 贊劃中興 萬萬無疑也 陛下果有此大聖斷焉 則暗諭臣等焉 其出境駐御等事 臣等當更稟定矣 嗚呼 若遲延幾月 則竊恐然時刻急矣 如有機會之不可失 則不待諭臣等 而卽行之可矣 陛下欲行此事 固不可得 若此事不行 則來頭無窮之辱 臣等不忍言 而亦不欲言也 伏乞 陛下決計早定焉."

34) 박종효 편역, 『러시아 국립문서보관소 소장 한국관련문서 요약집』, 한국국제교류재단, 2002, 73쪽.

35) 박종효 편역, 『러시아 국립문서보관소 소장 한국관련문서 요약집』, 「쏘모프의 비밀전문」(1909.1.18); 오영섭, 「고종과 이상설의 관계」, 『이준열사와 만국평화회의』(이준열사순국100주년기념학술대회 논문집, 2007.6.8), 47쪽 재인용. 이와 동일한 맥락에서 오영섭 교수는 위의 발표문에서 외교통상부에서 발행한 『이범진의 생애와 항일독립운동』(2003)의 「재정부 대리인이 일본공사에게 보내는 보고서(1910.6.9.)에 근거하여 "당시 고종은 이범윤 및 함경도 지방의 의병들의 도움을 얻어 북쪽을 지나 블라디보스토크로 들어가면 신변의 위험을 덜어낼 것이라고 판단하였다. 그리하여 그는 망명계획을 실현시키기 위해 몇몇의 인사들을 블라디보스토크로 보냈다."고 하여 광무황제가 직접 몇몇 인사를 파견하였고, 유인석·이상설은 이들과 협의한 결과 광무황제 파천운동을 벌였을 것으로 추론하였다(47쪽).

렙스키-말레뷔치가 보낸 비밀 지급문서에서도 "전 황제가 러시아로 탈출하려 한다는 정보는 확인할 수 없다."[36]고 언급한 것으로 보아 광무황제의 러시아 망명의사와 동향은 이 때까지도 여전히 존재해 왔던 것으로 판단된다.

이상설이 추진한 광무황제의 연해주 파천계획이 이상에서 언급한 정보들과 어떤 연계를 가지고 있었는지 그 상관성은 확인하기 어렵다. 나아가 당시 러시아 당국의 태도나 여러 정황으로 미루어 광무황제의 파천이 성사될 가능성은 크지 않았을 것으로 짐작된다. 그럼에도 불구하고 강제퇴위된 광무황제는 여전히 한민족의 정신적 구심체였고 대한제국의 상징적 인물이었기 때문에, 위의 상소문에서 언급한 것처럼 그의 파천이 가져올 반향은 국제적 공론을 제창할 수 있고 국내 인심을 일거에 고취할 수 있을 만큼 가공할 위력을 기대할 수 있었다고 판단된다. 그러므로 이상설이 유인석과 함께 추진한 광무황제 파천계획은 연해주지방에서 전개된 항일독립운동선상에서 커다란 의의를 지닐 수 있는 것이다.

5. 성명회聲明會의 조직과 병탄 반대투쟁

1910년에 들어와 나라가 곧 망하게 될 것이라는 예견과 소문이 연해주 한인사회 일대에 퍼져 있었다. 유인석은 당시 이러한 정황에 대해 음력 4월 3일 동문인 화남華南 박장호朴長浩에게 보내는 편지에서 "지금 국사가 극한에 이르러 저 적들이 합방을 도모하고 있으니 이로부터 조선이라는 두 글자는 장차 공허한 이름이 되어 없어질 것이니 이를 장차 어찌하고 어찌하겠는가. 아, 원통하고 원통하다."[37]고 탄식하였고, 뒤이어 5월 5일 이상설에게 보낸 서신에서도 "왜적이 나라를 합병하기를 꾀한다고 하니, 나라가 합

36) 박종효 편역, 『러시아 국립문서보관소 소장 한국관련문서 요약집』, 250쪽.
37) 『毅菴集』 권12, 書, 「與朴養直」(庚戌 四月三日), 258쪽.

병되면 껍질 이름도 없어질 것이고 백성은 영원히 생명이 없어질 것"[38]이라고 하여 국망이 눈앞에 다가왔음을 예견하고 있다.

이상설도 1910년에 들어와 국망이 이처럼 더욱 가시화되어 가던 상황을 그 누구보다 더 잘 알고 있었으며, 이에 국망을 저지하기 위한 방략을 급히 강구하게 되었던 것이다. 십삼도의군을 편성하고 광무황제 연해주 파천계획을 수립한 것이 바로 국망 저지를 위한 방략이었다. 하지만, 이러한 계획은 무산되었고 1910년 8월 국망은 현실로 다가오고 말았다.

성명회聲明會는 국망이 현실로 다가온 상황에서 '합병'의 무효를 선언하고 병탄 반대투쟁을 조직적으로 전개하기 위해 만든 한인단체였다. 이 단체는 이상설을 비롯해 유인석 등 십삼도의군을 주도한 인물들이 주축이 되어 조직하였다. 곧 성명회는 국망을 목전에 두고 십삼도의군의 활동이 전이轉移된 형태로 발전한 것이다.

이상설은 성명회를 조직하고 후술할 서명록을 작성하는 데 중요한 역할을 하였다. 성명회, 나아가 성명회 선언서에 첨부된 서명록이 그의 주도하에 만들어졌다는 사실은 그와 함께 활동하였던 유인석의 다음과 같은 관련 기록에서 확인된다.

> 이상설이 러시아에 거주하고 있는 사람들을 대대적으로 모아 끝내 대한의 백성이 될 것과 대한의 나라를 회복할 것을 맹세하였고, 1만여 명이 서명한 성명서를 각국 정부와 신문사에 보내 저 왜적의 죄를 성토하고 우리의 원통함을 밝혔다. 선생이 이것의 시행을 허락하여 선생의 성명을 가장 앞에 두었다.[39]

> 이상설이 수만 명을 대대적으로 모아 성명을 나열하여 성명서를 만들어 각국 정부와 신문사에 보냈는데, 모두 선생의 성명을 가장 앞에 두자고 하여 허락하였다.[40]

---

38) 『毅菴集』 권16, 書, 「與李參贊」(庚戌 五月五日), 366쪽.
39) 『毅菴集』 부록 권55, 「年譜」, 1910년 7월조.

위의 기록은 이상설이 병탄 당시 성명회의 활동을 주도하여 선언서의 서명록을 작성하였으며, 또한 각국 정부와 신문사에 성명서를 발송한 사실을 알려주고 있다.

한편, 병탄 반대투쟁을 조직적으로 전개하기 위해 만들어진 성명회는 국망이 기정사실로 가시화되는 상황에서 병탄 직전인 8월 18일에 결성되었던 것으로 보인다. 1910년 8월 20일 블라디보스토크 주재 일제 총영사 오토리 후지타로大鳥富士太郎가 외무대신 고무라 쥬타로小村壽太郎에게 올린 정보문서에 이 내용이 다음과 같이 기록되어 있다.

> 본월(8월－필자) 17일 밤에 김익룡金益龍·최병찬崔丙贊·유인석柳仁錫[麟錫－필자], 김학만 기타 중요한 한인 10여 명이 이범윤의 집에서 회합을 갖고 합방문제에 관하여 열국 정부 앞으로 전신으로 탄원서를 발송하기로 결의하고, 그 예산액 1천 5백 루블은 그 날 밤에 이미 130루블 정도의 기부금이 있다. 흡사하게 미국 샌프란시스코에서 (결성된) 합방 반대의 '애국동맹단愛國同盟團'에 성립을 통지함과 함께 가능한 한 보조步調를 하나로 하여 일을 이루기로 신청하였다. 다음날 18일 오후 3시에 한인정韓人町(개척리－필자)의 한민학교에 약 150여 명의 한인을 소집하여 전날 밤의 결의를 발표하고 일동一同의 동의를 구하고 협의한 끝에 새로 '성명회聲明會'라는 것을 조직하여 우건右件을 처리하였다. 전신을 대신하여 문서로써 일본 이외의 각 조약국에 발송하기로 결의하고, 이범윤·유인석·차석보車錫甫·김학만 외 4명을 이사理事로, 정재관·유진율 외 2명을 기초위원起草委員에, 서상기徐相琦를 회계계會計係에, 조장원趙璋元을 사무원事務員에, 유진율 외 2명을 유세원遊說員으로 하고, 원안原案은 이범윤이 이를 기초起草하여 그 대요大要를 대동신보사大東新報社에서 인쇄하여 이를 각지에 배부하여 일반 한인의 동의를 구하기로 하였다.[41]

위의 문건에 따르면, 곧 닥쳐올 병탄이라는 비상사태에 대처하기 위해

---

40) 『毅菴集』 부록 권56, 「行狀」(李正奎 撰).

41) 「機密韓 제39호」 1910년 8월 20일, '日韓合邦問題ニ關レ列國政府ニ嘆願書ヌ提出ヤレトスル在露令韓人等ノ 計劃ニ關スル件'(일본외무성 외교사료관 소장).

김익룡(김립金立인 듯－필자) · 최병찬 · 유인석 · 김학만 등 10여 명의 블라디보스토크 거류 애국지사들은 이범윤의 집에서 8월 17일 밤에 회합하여 각국 정부 앞으로 탄원서를 전신으로 보내기로 하고, 미국 샌프란시스코의 애국동맹단[42]과 연락을 취해 공동으로 반대투쟁을 전개하기로 결의하였다는 것이다.[43] 그리고 18일 오후에는 개척리의 한민학교에서 150명의 한인을 모아 전날 밤에 결의한 내용을 공포하고 그 사업을 추진할 주체로 성명회라는 단체를 결성하였고, 전신 대신에 성명서를 문서로 작성하여 과거 대한제국과 조약을 체결한 구미 열강에 발송하기로 결의하였다. 그리하여 이범윤 · 유인석 · 차석보 · 김학만 등을 이사로, 정재관과 유진율 등을 기초위원으로, 서상기를 회계로, 조장원을 사무원으로, 유진율 등을 유세원으로 각각 선임하였다는 것이다. 나아가 성명회의 결성 취지와 활동목표 등은 이범윤이 기초하고 이를 대동신보사에서 인쇄한 뒤 각지 한인사회로 반포하기로 했다는 내용을 언급한 것이다. 이범윤이 격문으로 기초한 이 문건은 곧 대동신보사에서 1천 매가 인쇄되어 러시아와 간도 한인사회에 배포되었다.[44]

이와 같은 상황에서 8월 22일 병탄조약이 체결되고 그 사실이 블라디보

---

42) 애국동맹단은 대한인국민회 북미지방총회에서 병탄을 저지하기 위해 1910년 7월 3일 조직한 단체로, 국제 열강을 상대로 병탄 저지 외교전략과 선전활동을 전개하고 있었다.

43) 이 무렵 『대동공보』는 병탄 반대투쟁을 벌이고 있는 미주 한인사회의 동향을 비교적 자세히 보도(1910년 8월 14일자 「合邦反對會決議」; 8월 28일 「애국동맹단의 목적」 등)하고 있는 점으로 미루어 보더라도 두 지역의 해외 한인사회가 연합전선을 구축하려 했던 정황을 이해할 수 있다.

44) 「機密韓 제42호」 1910년 8월 29일, '八月二十二日以後ニ於ケル當地韓人ノ動靜報告ノ件'(일본외무성 외교사료관 소장). 성명회 문건은 실제로 북만주 하얼빈까지 전달된 것으로 확인된다. 위의 격문은 아니지만, 성명회장 吳周赫의 명의로 위원을 파견하여 성명회 취지서의 내용을 설명하고 동의를 구하기 위한 문건을 하얼빈 주재 영사관에서 수집해 일역한 사본을 블라디보스토크 영사관으로 보내온 사실을 통해서 그러한 정황을 확인할 수 있다.(「機密韓 제43호」 1910년 9월 3일, '韓國併合後ニ於ケル當地方朝鮮人ノ動靜ニ關スル報告').

스토크에 입전入電되자 성명회의 활동은 더욱 격렬해지기에 이르렀다. 주지하다시피 1910년 병탄조약은 8월 22일 강제 조인되고 일주일 뒤인 8월 29일에 발표되었다. 하지만, 외신은 조약체결 기사를 조인 당시에 이미 보도하였고, 블라디보스토크의 '다리요카 우크라이나' 신문사에도 23일 병탄조약 체결 사실이 입전됨으로써 한인들이 조국 멸망의 비보를 접하게 되었던 것이다.

국망과 동시에 성명회는 병탄 반대와 무효를 선언하는 취지서를 발표하고, 각국 정부에는 병탄조약 반대 전문을 보냈으며, 그리고 각국의 신문사에는 반대 취지를 알리는 선언문을 보내어 이를 게재하도록 요청하였다. 이어 각국 정부에는 다시 병탄조약의 원천 무효를 선언하는 성명회 선언서를 발송하였다.[45]

이들 문건 가운데 구미열강에 보낸 병탄 반대 전문의 내용을 『대동신보大東新報』 기사에 의거해 소개하면 다음과 같다.

> 대한국 일반 인민의 대표 유인석씨가 구미 열국 정부에 대하여 한일합병의 반대를 법문으로 전보함이 여좌하니라. 일본이 우리 대한에 대대로 원수 뿐 아니라 조약을 체결하여 써 옴으로 여러 번 그 말을 어기어 그 공법을 패려悖戾하며 정의를 모멸한 것을 가히 이겨 말하지 못할지며 이제 또 합방의 일로써 장차 열국에 공포하려 하나 그러나 그 실상인즉 우리 대한 사람의 원하는 바가 아니요 자기가 스스로 창도함이라. 만일 일본으로 하여금 과연 억지로 합방을 행한즉 동양의 평화와 희망이 장차 영원히 괴열壞裂되어 한국과 다못 일본의 무궁한 화가 장차 쉴 때가 없으리니 바라건대 귀 정부는 이 사상(事狀－필자)을 밝히 살피어 그 일본이 한국을 일본에 합하는 선언에 대하여 우리 전날의 우호友好를 돌려 생각하며 우리 큰 판의 평화 보전키를 힘써서 승인치 말기를 지극히 바라노라.[46] (맞춤법－필자)

---

45) 성명회에서 작성한 이들 문건들의 원문은 모두 尹炳奭, 『李相卨傳』(134~144쪽)에 전재되어 있다.

46) 『大東新報』 1910년 8월 28일자, 「잡보」. 이 기사에는 위 인용문 電文의 한문본도

즉 일본은 그 동안 한국을 침략하면서 만국의 공법을 무시하고 인류의 정의를 짓밟았으며, 지금 한국을 병탄한 것은 일본이 자국의 이익만을 생각하고 한민족의 자존, 자주 의지를 유린한 일방적, 강제적 행위라는 것이다. 그러므로 동양의 평화와 희망을 파괴하고 한국과 일본간에 영원한 재앙을 초래할 일제의 한국 병탄에 대해 각국 정부가 이를 거부해 주기를 청원한다는 것이다.

이와 같은 성명회의 반대 전문은 프랑스어로 작성되어 '대한일반인민총대大韓一般人民總代 유인석柳麟錫'의 명의로 과거 대한제국이 조약을 체결했던 미국 · 영국 · 프랑스 · 러시아 · 중국 등 각국 정부에 8월 26일경 발송되었다.[47]

반대 전문에 뒤이어 9월 중순경 성명회에서는 병탄조약의 원천무효와 한민족의 자주권과 독립결의를 주창한 선언서를 작성하여 역시 '대한일반인민총대 유인석'의 이름으로 대한제국과 조약을 체결했던 각국 정부에 발송하였다.[48] 발송 주체의 명의를 성명회로 하지 않고 이처럼 '대한일반인민총대'로 한 것은 한민족의 대표성과 상징성을 선명하게 부각시킬 목적에서였으며, 임시로 사용한 것으로 보인다.[49] 장문으로 된 이 선언서에는 연해주,

---

함께 실려 있다. 또한 일제 정보기록(「機密韓 제42호」 1910년 8월 29일, '八月二十二日以後ニ於ケル當地韓人ノ動靜報告ノ件')에도 『대동신보』와 정확히 일치하는 동일한 漢文 電文이 실려 있다.

47) 미국의 경우, 이 전문은 8월 26일 오후 9시 30분에 도착한 것으로 확인된다.(尹炳奭, 『李相卨傳』, 136쪽). 그리고 상술하였듯이 8월 28일자 『대동신보』에 전문 발송 기사가 소개되어 있다. 이런 점으로 미루어 각국 정부에 동일한 전문을 동시에 발송했을 것으로 추정된다.

48) 선언서가 각국 정부에 발송된 정확한 날짜는 확인되지 않는다. 다만, 미국 정부에 도착한 날짜가 10월 1일로 확인되고(尹炳奭, 『李相卨傳』, 144쪽), 후술한 순천시보사 게재 요청문에 기록된 일자가 9월 25일인 점으로 미루어 9월 하순으로 짐작된다.

49) 성명회의 회장 직함은 잘 확인되지 않는다. 다만, 일제측 자료에는 성명회 회장의 이름이 吳周赫으로 명기되어 있다. 즉 블라디보스토크 주재 일본 총영사가 1910년 9월 3일 자국의 외무대신에게 보낸 문서에 일역하여 첨부한 성명회 문건에 회장이 吳周赫으로 명기되어 있으며(「機密韓 제43호」 1910년 9월 3일, '韓國併合後ニ於ケル當地方朝鮮人ノ動靜ニ關スル報告'), 역시 블라디보스토크 총영사가

간도 일대에 거주하던 한인 8,624명의 방대한 서명록이 첨부되어 있다. 이 서명록은 곧 한민족의 독립의지를 천명함과 동시에 일제의 병탄조약이 한민족의 자주의지를 무시하고 강제로 체결된 사실을 입증하는 증좌로 제시한 것이다.[50)]

성명회의 병탄반대 선언서는 성명회에서 발표한 여러 문건 가운데 가장 중요한 것으로, 한민족 구성원 전체의 독립의지를 집약하여 외국 정부에 보낸 외교문서에 준하는 성격을 지니고 있다.

유인석의 이름으로 발송된 이 선언서를 직접 기초한 인물은 이상설이었다. 즉 이상설이 선언서를 한문으로 기초한 뒤에 한학자였던 유인석이 이를 윤문하여 완성한 것으로 알려져 있다.[51)] 그리하여 중국 정부에는 한문본의 선언서를 그대로 보내고, 기타 조약을 체결했던 구미 제국에 보내는 선언서는 한문본을 대본으로 불어 등으로 번역했던 것으로 보인다.

성명회에서는 선언서를 각국 정부에 공식 문서로 발송하는 한편 외국의 여러 신문사에도 글을 보내 선언서의 전문을 게재해 줄 것을 요청하기도 하였다. 그 가운데 강유위姜有爲 계열의 인물들이 간행하던 중국 북경의 순천시보사順天時報社 앞으로 보낸 선언서 게재 요청문이 현재 전해지고 있는데, 이를 소개하면 다음과 같다.

> 본 민단은 일본의 합방 강행에 대해 큰 결의를 한 바 있습니다. 장차 화해와 편안을 도모하고자 제국에 밝게 알리고 또한 세계 신문사에도 통고하니, 여러 신문 발간인들은 우리의 지극한 원통을 밝혀 주시어 귀사

외무대신에게 보고한 문서(「機密韓 제62호」 1910년 10월 8일, '排日朝鮮人名簿進達ノ件')에도 오주혁의 경력에 성명회장을 명기해 놓았다.

50) 서명록 연명은 유인석 · 이범윤 · 김학만 · 이상설의 순으로 되어 있으며, 전체 명단은 尹炳奭, 『李相卨傳』(224~245쪽)에 수록되어 있다.

51) 중국 정부에 보내는 선언서 초고의 서두에 "이상설이 기초한 것이며 유인석이 약간의 윤문을 가하였다"(溥齋李相卨所草 而毅菴先生 略加修潤者)라고 한 점으로 미루어 이러한 정황을 짐작할 수 있다(尹炳奭, 『李相卨傳』, 137쪽 재인용).

에서도 꼭 응하셔서 동감을 표해 이 전문(선언서－필자)을 신문에 게재해 주시길 바랍니다.

융희 4년 9월 25일　대청국 순천시보 주필 각하 앞　한국민단대표 유인석 등[52]

이와 같은 요청에 따라 중국의 『순천시보』와 같은 신문에 병탄 반대 선언서가 개재되었는지의 여부는 현지 확인되지 않는다. 다만, 이러한 노력이 성명회가 주도한 병탄반대 투쟁의 일환으로 펼쳐졌다는 사실은 확인할 수 있고, 위의 문건은 그 생생한 증좌가 되는 것이다. 성명회는 9월 11일 이후 일제의 간섭하에 러시아 당국의 집중적인 탄압을 받아 그 활동이 크게 위축되었다.[53] 하지만, 성명회는 완전히 해산되지 않고 1910년 11월까지 활동을 지속하고 있었던 것으로 보인다. 간도총영사관에서 연해주 항일세력의 동향을 탐지하기 위해 10월 29일 파견한 밀정이 혼춘琿春을 떠나 연추·해삼위·수청 일대를 전전한 뒤 11월 9일 돌아가 보고한 정보문건에 다음과 같은 성명회 관련 기록이 들어 있다.

폭도(의병－필자)는 음력 8월경[54]부터 표면상 성명회라 칭하고 개척리에 사무소 같은 것을 설치하고 수명의 서기가 사무를 집행하고 있다고 한다. 그런데 입회자는 널리 블라디보스토크·수청·연추 부근에 산재했으며 업무에 종사하고 있는데 그 수가 약 1만 명 이상에 달한다고 한다. 그리고 그들 입회자에는 단발한 자가 많고 그 회원을 입증하려고 씨명氏名을 적고 김학만金學萬의 도장을 날인한 것을 준다고 한다. 성명회라는 명의를 붙인 까닭은 폭도의 이름이 자못 번거롭기 때문에 이를 피하기 위해서라고 한다.[55]

---

52) 「의암 유인석 의병장 서신」(독립기념관 소장 자료번호 5-001946). "敬啓者 本民團對日本之强行合邦 有所大決議 業將諧晏 照知于列邦 亦通告于環宇新報社 秉筆諸君子 用昭我至寃至痛 諒貴社必應 滿表同感 一將此全文揭載報紙矣 統希 不勝悚仄 隆熙四年庚戌九月二十五日 大淸國順天時報 主筆閣下 韓國民團代表 柳麟錫等".

53) 尹炳奭, 『李相卨傳』, 146쪽.

54) 결성 시기를 '음력 8월'로 명기한 것은 오류이다.

이 문건에 의하면 성명회는 1910년 11월 현재에도 활동을 지속하였다. 즉 의병 계열의 항일무장 세력을 주축으로 결성된 성명회는 결성 이후 11월 현재까지 개척리에 사무소를 두고 몇 명의 서기가 회무會務를 보고 있었던 사실을 알 수 있다. 그리고 회원은 한인 집단거주지역인 연추, 블라디보스토크, 수청 일대에 산재하였으며 그 수가 1만 명을 상회하는 것으로 파악된다. 또 성명회에 가입하게 되면 성명을 기입한 다음 김학만 명의의 도장을 날인한 회원증서를 발급해 주었다는 것이다. 뿐만 아니라 의병세력이 성명회라는 회명을 붙인 이유가 항일을 표방함으로써 받게 되는 직접적인 탄압을 피하고자 한 데 있었다는 사실을 알려준다.

그 뒤 성명회가 언제 해체되었는지는 구체적으로 확인되지 않는다. 1911년 1월 자결순국한 이범진의 유산이 연해주 한인사회에 분급되는 과정에서 성명회에 5백 루블이 들어갔다는 일제 정보기록이 있는 점으로 미루어 볼 때 적어도 1911년 초반까지는 성명회가 존속해 있었다고 생각된다. 이범진의 유산은 이상설과 유인석에게도 각각 5백 루블이 분급되었다.[56]

그럼에도 불구하고 성명회는 9월 이후 크게 위축되어 구체적인 활동내용은 파악되지 않고 있다. 위에서 회원수가 1만 명에 달했다고 한 것도 성명회 서명록에 기입된 명수名數를 지칭하는 것에 불과하고 더 이상의 구체적인 활동상을 의미하는 것으로 보이지는 않는다.

성명회의 활동이 9월 이후 위축된 이유는 일제의 강력한 개입으로 인해 러시아 당국의 직접적인 탄압이 가해졌기 때문이다. 이로 인해 러시아 당국은 이상설을 비롯해 한인사회의 유력 항일운동가 42명에 대해 탄압을 가하게 되어, 결국 블라디보스토크 경찰서는 9월 12일 이범윤을 비롯한 19명

---

55) 「憲機 제2320호」 1910년 11월 25일, '在露領排日朝鮮人ノ狀況ニ關スル件'(일본 외교사료관 소장).

56) 「機密鮮 제8호」 1911년 2월 16일, 「조선인의 근황 보고의 건」(일본 외무성 외교자료관 소장).

의 한인들을 체포하기에 이르렀다. 그리하여 이범윤·김좌두·권유상·안한주·이치권·이규풍 등은 중부 시베리아 바이칼호 부근의 이르쿠츠크시로 끌려 7개월 동안 유폐되어 있었다. 이 때 이상설은 우수리스크로 끌려가 유폐되었다가 이듬해 석방되었다.57)

6. 맺음말

이상에서 논급한 내용을 정리하면 다음과 같다.

이상설이 연해주에 도착한 시기는 1909년 7월 14일이었다. 즉 이상설은 국민회장 정재관과 함께 1909년 4월 22일 미국 샌프란시스코를 떠나 3개월 뒤인 7월 14일 블라디보스토크에 안착하였던 것이다. 이상설이 '원동'으로 파견된 것은 국민회가 해외 한인사회의 '준정부적' 기능을 행사할 통합단체를 구상하는 가운데 원동지역의 경영에 가장 적합한 인물로 평가되었기 때문이다.

연해주에 도착한 이상설이 가장 먼저 착수한 독립운동 사업이 북만주 봉밀산 독립운동기지 개척이었다. 봉밀산에 건설된 한인거주지는 이류가·십리와·쾌상별·백포자 등 네 곳의 지명이 확인되며, 그 가운데 이승희와 함께 추진한 한흥동은 백포자에 있었다. 그리고 백포자는 '밀산령남' 지역에, 십리와는 밀산 부근에 각각 위치해 있었다. 그리고 백포자와 쾌상별, 십리와 세 곳은 서로 멀지 않은 인접한 지역에 함께 있었던 것으로 보인다. 현재 백포자는 봉밀산 아래 항카호반[興凱湖畔]에 위치해 있으며, 쾌상별은 백포자의 서남방에 인접해 있는 당벽진當壁鎭의 이명異名이다. 이류가의 위치는 구체적으로 알 수 없지만 역시 백포자와 쾌상별에서 멀지 않은 근접한

57) 박보리스, 「國權被奪 前後時期 在蘇韓人의 抗日鬪爭」, 1079~1081쪽; 宋相燾, 『騎驢隨筆』, 국사편찬위원회, 1955, 116쪽; 『毅菴集』 부록 권55, 「年譜」, 704쪽.

거리에 있었던 것으로 보인다.

한편, 봉밀산 독립운동기지 건설사업은 독립운동선상에서 두 가지 계통으로 추진되고 있었다. 곧 백포자의 한흥동은 이승희 등이 주도하여 건설한 기지인 반면에, 십리와는 미주 국민회와의 연계하에 개척된 곳이다. 이상설은 봉밀산 기지 개척에서 두 계통의 사업에 모두 관계하였던 것으로 보인다.

이상설은 연해주에 도착한 뒤 국외 독립운동기지 건설사업에 진력하는 한편, 항일의병세력 통합에도 노력을 경주하였다. 의병세력 통합노력은 한말 의병의 상징적 인물인 제천의병장 유인석과 함께 추진하였다. 곧 이상설은 국외 독립운동기지 개척을 이승희와 함께 추진하였듯이 항일무력전을 전개하기 위한 의병세력 통합을 유인석과 함께 추진하였던 것이다. 이상설이 두 가지 독립운동사업을 전개하면서 모두 저명한 망명 유학자와 연계하에 추진했던 점은 특기할 만하다.

연해주와 간도 일대에 걸치는 항일의병세력의 통합 노력은 1910년 6월 21일(음 5.15) 십삼도의군의 편성으로 구현되었다. 이상설은 의군의 편성과정에 깊이 관여했을 뿐만 아니라 그 운영과정에서도 중요한 역할을 담당하였다. 이상설의 직함은 자료상 외교통신원, 도통신, 별지휘 등으로 나타난다. 이상설이 가진 이러한 직함과 역할은 십삼도의군에서 유인석과 이범윤의 사이를 절충하면서 전체 의군의 사무와 조직을 관리하는 실질적 책임을 맡았던 것으로 보인다. 연해주 한인사회에서 두터운 신망을 받고 있던 이상설은 이와 같은 임무를 수행하는 데 최적임자였다고 판단되기 때문이다.

이상설은 십삼도의군을 편성한 직후인 7월 28일 유인석과 연명으로 광무황제에게 상소를 올려 연해주로 파천하기를 요청하였다. 이들이 광무황제의 파천을 계획한 것은 광무황제가 여전히 한민족의 정신적 구심체였고 대한제국의 상징적 인물이었기 때문에 파천이 가져올 반향이 국제적 공론을 제창할 수 있고 국내 인심을 일거에 고취할 수 있다는 데 있었다. 곧 십삼도의군을 편성하고 광무황제 연해주 파천계획을 수립한 것이 바로 국망 저지를 위한 방략이었다.

이상설은 1910년 8월 국망이 현실화되는 상황에서 병탄 무효를 선언하고 병탄 반대투쟁을 조직적으로 전개하기 위해 성명회를 조직하였다. 성명회는 국망을 계기로 하여 십삼도의군이 전이된 형태로 발전한 것이다. 이상설은 성명회의 활동내용 가운데 핵심되는 선언서를 기초하였고, 나아가 대규모 서명록을 작성하는 데 중요한 역할을 하였다.

성명회는 국망 직전인 1910년 8월 18일 결성된 것으로 보인다. 성명회 사무실은 개척리에 있었으며, 회장에는 오주혁이 선임된 것으로 보이며, 이범윤·유인석·차석보·김학만 등이 이사로, 정재관과 유진율 등이 기초위원으로, 서상기가 회계로, 조장원이 사무원으로, 유진율 등이 유세원遊說員으로 활동하고 있었다고 생각된다. 이와 같은 성명회는 비록 활동이 크게 위축되었지만, 1911년 초반까지는 그 이름이 존속해 있었던 것으로 확인된다.

제2부

안중근의 의병투쟁과 동의단지회

안중근의 연해주 의병투쟁

1. 머리말

1909년 10월 안중근(1879~1910)이 결행한 하얼빈의거는 한말 의병전쟁 20년 역사의 대단원을 장식한 쾌거로, 곧 의병전쟁의 결정結晶이었다. 대한침략의 원흉 이토 히로부미伊藤博文를 처단하던 안중근의 손가락 끝에는 당시 2천만 민족의 응축된 힘이 실려 있었다. 안중근이 의거 후 신문이나 공판과정에서 시종일관 자신은 의병으로 독립전쟁, 곧 의병전쟁을 결행하였으며, 이토를 처단한 것은 독립전쟁 수행과정에서 올린 전과라고 당당하게 천명하였던 것이 그 생생한 증좌가 된다.

안중근이 의병에 투신해 활동한 기간은 1907년 10월 연해주 망명 때부터 1909년 10월 의거 결행 때까지로 햇수로는 3년에 걸친 만 2년간이었다. 이 시기는 한말 의병전쟁 세 시기 가운데 정미의병 시기로, 의병전쟁이 가장 치열하게 전개되던, 곧 국민총력전에 의한 구국의 성전聖戰이 펼쳐지던 때였다. 안중근은 이 기간에 전개되던 의병전쟁의 대표적 지도자 가운데 한 사람으로 연해주의병을 지휘하고 있었던 것이다.

안중근은 1908년 여름 휘하 의병을 이끌고 관북지방으로 내륙 깊숙이 진공하여 도처에서 일제 군경과 전투를 벌였고, 신산고초辛酸苦楚 끝에 '천명天命으로' 생환할 수 있었다. 이후 조국독립을 위해 동포 간에 단결, 화합할 것을 역설하였고, 그 결의를 다지기 위해 11명의 동지와 함께 1909년 봄에 동의단지회同義斷指會를 결성하였다. 곧 동의단지회는 안중근이 민심의 단합과 조국의 독립을 표방하던 동의회同義會 의병을 거느리고 항일전에 투신하여 일시 패산한 뒤 독립의 결의와 동지·동포들의 단합을 더욱 돈독하게 하기 위해 그 증좌로 결행하였던 것이다. 하얼빈의거는, 이와 같은 견지에서 볼 때, 안중근이 의병에 투신하여 실제 항일전을 전개한 뒤 의병투쟁을 더욱 공고하게 하기 위해 동의단지회를 결성한 토대 위에서, 나아가 의병전쟁에 동참한 그 동안의 경험과 축적된 역량 위에서 결행된 것이었다고 할 수 있다.

하얼빈의거가 가진 역사적 비중만큼이나 그 동안 안중근과 하얼빈의거에 대해서 많은 연구가 축적되어 왔다. 하얼빈의거의 결행과정과 그 역사적 의의, 의거가 미친 영향 등 의거 전반을 비롯하여 안중근의 생애와 사상, 종교, 주변인물 등이 그 주된 연구대상이었다. 그 결과 32세의 짧은 나이에 불꽃같은 삶을 살다간 그의 생애 궤적의 대부분과 하얼빈의거의 경위에 대해서는 그 실체가 밝혀졌다고 생각한다. 여기서는 이런 주제와 관련된 내용은 논급하지 않을 것이다.

본고는, 거듭 말하거니와, '의병 안중근'의 실상을 살펴보는 데 그 목적이 있다. 연해주 망명 이후부터 순국 때까지 안중근은 시종일관 자신의 신분을 당당하게 의병이라고 밝혔다. 그럼에도 불구하고, 안중근이 연해주에서 전개한 의병투쟁의 실상은 구체적으로 해명되어 있지 못한 실정이다. 안중근이 전개한 의병투쟁의 개략적 윤곽은 그 동안의 연구에서 드러났지만, 안중근 부대의 실체, 항일전의 실상 등에 대해서는 명확히 구명되지 못했던 것이다. 이 시기 연해주의병에 대한 자료가 단편적으로 남아 있고, 특히 연구과정에서 크게 의존하게 되는 일제측 정보자료가 매우 산발적이어서 그 계통과 성격을 분명하게 파악하기가 어려운 데 기인하는 현상이라고 생각한다.

역사적 인물로서 안중근과 그가 결행한 하얼빈의거의 역사적 의의와 성격을 더 분명하게 규명하기 위해서는 연해주에서 전개한 안중근의 의병투쟁에 대한 연구가 반드시 선행되어야만 한다. 안중근이 전개한 의병투쟁의 실상을 분명하게 인식하지 못한다면, 의병전쟁의 연장선상에 놓여 있는 하얼빈의거의 역사적 의의를 간과하거나 혹은 정당하게 평가하는 데 큰 제약이 따르게 되기 때문이다. 일찍이 필자는 연해주의병의 실체를 파악하는 과정에서 안중근 의병에 대한 연구의 필요성을 절감하였으나, 여러 가지 이유로 후일로 과제해결을 미루어 오던 중 하얼빈의거 100주년에 즈음하여 그 실상의 해명을 시도하게 된 것이다.[1)]

본고에서는 안중근이 하얼빈의거를 결행하기 전 연해주에서 전개한 의병투쟁의 전모를 살펴보고자 한다. 구체적으로는 안중근이 1907년 8월 망명을 결행한 뒤 의병에 투신하기까지의 과정을 필두로 안중근의 의병투쟁과 연관된 중심인물을 차례로 살펴보았다. 그리고 이러한 토대 위에서 1908년 여름에 안중근을 비롯한 연해주의병이 결행한 국내진공작전의 구체적 실상을 파악해 보고자 하였다. 특히 국내진공작전에 대해서는 연해주의병의 양대 계열인 동의회 의병인 동의군과 창의회 의병인 창의군이 동시다발적으로 도강한 과정과 진공루트, 그러한 과정에서 안중근이 참여한 항일전의 실상 등을 가능한 사실에 가깝게 파악해 보고자 노력하였다. 이러한 작

1) 필자는 「한말 연해주의병에 대한 고찰」(『仁荷史學』 창간호, 1993)을 집필하는 과정에서 안중근이 전개한 의병투쟁의 실상을 구명할 필요성을 절감하였으며, 본고는 2009년 10월 하얼빈 현지에서 열린 의거 100주년 기념 학술회의(국사편찬위원회와 중국 길림성사회과학원 공동개최)에서 발표한 글을 수정한 것이다.

업은 앞서 언급하였듯이 의병투쟁과 하얼빈의거가 안중근의 구국활동에서 연속선상에 놓여 있기 때문에 하얼빈의거가 갖는 역사적 의의와 연해주의병의 역사적 위상을 더욱 명확히 규정하는 데 이바지할 수 있을 것이다.

2. 국외 망명과 의병 투신

안중근은 1907년 8월 서울에서 군대해산의 참경을 목도한 후 이에 충격을 받고 곧장 망명길에 올랐다. 8월 4일 기차편으로 부산에 내려갔으며, 부산에서는 배를 타고 원산으로 북상한 뒤 육로를 거쳐 8월 16일 북간도 용정龍井에 도착하였다. 안의사는 두 달 가량 주로 불동佛洞의 천주교 신자 '남회장南會長' 집에 머물며 서전서숙瑞甸書塾에도 출입하는 등 용정 등지를 무대로 분주하게 활동하였다. 하지만, 북간도의 현실은 여의치 않았다. 이미 이곳에는 일제의 대륙침략 첨병인 통감부 간도임시파출소가 설치되어 한인의 민족운동을 탄압하고 있었기 때문이다. 이에 그는 러시아 연해주로 건너갔으며, 1907년 10월 20일 연추煙秋(현 크라스키노)를 지나 해삼위海蔘威(블라디보스토크)로 들어갔다.[2)]

당시 연해주는 항일민족운동의 새로운 무대로 급격히 대두되고 있었다. 1863년 이래 형성되기 시작한 연해주 한인사회는 1905년 을사조약 늑결 이후 1907년 정미7조약과 군대해산을 계기로 민족운동자들이 대거 이곳으로 망명하면서 새로운 전기를 맞아 국외 독립운동의 중추기지로 부상하게 되

2) 계봉우, 「만고의사 안중근전(四)」, 『권업신문』 1914년 7월 19일; 尹炳奭 譯編, 『安重根傳記全集』, 국가보훈처, 1999, 516~517쪽. 이 자료에는 양력과 음력의 구분 없이 月日이 混載되어 있기 때문에 양력, 음력을 분간하기 어려운 경우가 더러 있다. 음력으로 표기된 경우는 안의사의 탄생일(7월 16일), 국내진공 개시일(6월 9일) 등이며, 이준 열사 순국일(7월 14일), 서울 도착일(7월 30일) 및 서울에서 부산으로 내려간 일자(8월 4일) 등은 양력으로 표기된 경우에 해당된다. 위의 망명일자는 전후 문맥으로 보아 양력으로 인정된다.

었다. 국외 독립운동을 주도하던 본산으로서의 연해주 한인사회의 역할은 1914년 제1차 세계대전 발발 때까지 지속되었다.

안중근이 연해주로 망명한 것은 이곳에서 발흥하던 왕성한 민족운동의 분위기와 밀접한 연관이 있었다. 을사조약 늑결 이후 안중근은 구국운동의 방편으로 교육사업을 벌여 진남포에서 삼흥학교三興學校와 돈의학교敦義學校를 운영하였다. 하지만, 광무황제 강제퇴위와 군대해산을 목도하고 이에 충격을 받은 안중근은 구국의 원대한 포부를 지닌 채 국내 탈출을 결행하여 당시의 시대적 추이에 따라 연해주로 망명하게 되었던 것이다.

1907년 10월 연해주에 도착한 안중근은 1909년 10월 하얼빈의거 때까지 만 2년간 이곳에서 활동하였다. 이 기간에 그가 전개한 활동은 '동포의 교육'과 '의병의 경영' 두 가지로 요약할 수 있다. 그런데, 동포의 교육은 한인사회에서 의병을 경영하기 위해 유리한 조건을 조성할 목적으로 벌인 활동의 일환으로 이해할 수 있다.[3] 결국 안중근이 연해주에서 전개한 일체의 활동은 의병투쟁 하나로 귀결될 수 있는 것이다.

교육구국운동에 매진하던 안중근이 실제로 의병에 투신한 구체적 시기는 군대해산 직후 국외 망명을 결행하던 1907년 8월 무렵으로 인정된다. 그의 의병 투신은 또 이 무렵 전국적으로 급격히 고조되고 있던 후기의병 분위기와 결코 무관하지 않았던 것으로 보인다. 이 무렵 연해주 한인사회에서 의병이 항일투쟁 방략의 주류를 형성하고 있던 경향은 국내 의병의 확산 내지 연계로 인정할 수 있다. 뒷날 『한인신보』에 발표된 「강동쉰해」라는 글에서,

> 내지(한국－필자)에서 해아밀사사건으로 다시 한일7협약이 체결되고 황제가 폐위하며 군대를 해산함에 각처에서 의병이 폭동하며 아령 동포

---

3) 반병률, 「러시아에서의 안중근의 항일독립운동에 대한 재해석」, 『한국독립운동사연구』 34, 2009, 6쪽.

들도 크게 격분하여 의병을 일으키더라. 이범윤·최재형 등은 의병을 기동할 새 안중근·엄인섭으로 하여금 두만강 연변에서 일병과 싸움에 승패가 무상하더라.[4]

라고 한 대목은 연해주의병의 활동이 국내 의병의 확대·발전에 크게 영향을 받았음을 지적한 것이다.

그런데, 안중근이 항일투쟁의 방편으로서 의병을 염두에 두고 그 역할을 인정하였던 것은 망명 이전 국내에서 교육구국운동을 전개할 무렵부터였다. 먼저 안중근이 여순감옥에서 사카이境 경시警視의 신문에 대해 진술한 가운데 의병 참여 배경과 동기를 밝히고 있는데, 그 대목은 아래와 같다.

나는 간도의 동포를 시찰視察하는 한편 민지개발民智開發을 꾀할 생각이며 의병을 일으킬 생각은 모두毛頭만큼도 없었던 것이다. 그런데 동지同地에서 내지內地의 형세를 보니 날로 동포는 불행에 빠질 뿐이므로 부득이 의병을 일으켜 천하를 향해 이등伊藤이 한민韓民을 압제하는 것을 공표하고 (하략)[5]

위 인용문을 통해서 보면, 북간도로 망명하기 이전까지는 안중근은 의병을 일으킬 의사가 '털끝만큼도' 없었고, 북간도에 체류하는 동안 일제침략으로 한민족이 도탄에 빠져드는 참상을 생각하고 의병을 일으킬 결심을 굳히기에 이르렀으며, 이로써 이토를 필두로 한 일제의 침략 실상을 전 세계에 알릴 수 있을 것으로 기대했다는 것이다. 곧 위의 진술의 핵심은 북간도 망명 직후에야 의병에 투신할 결심을 하게 되었다는 데 있다.

하지만, 이듬해 열린 공판석상에서는 망명 이전에 이미 의병에 투신할 생각을 갖고 있었다고 밝혔다. 즉 그는 1910년 2월 공판이 진행되던 중에

---

4) 『한인신보』 아력 1917년 10월 7일 「강동쉰해」.

5) 國史編纂委員會 編, 『韓國獨立運動史－資料 7』, 「境 警視의 訊問에 대한 安應七의 供述(제1회)」, 394쪽.

다음과 같이 진술하였다.

> 문: (집을 나온 이래－필자) 3년간은 어떠한 목적으로 지내고 있었는가.
> 답: 그 목적은 외국에 나가 있는 한국 동포의 교육을 할 것을 계획하고 있었고 또 나는 의병으로 본국을 나와 한국의 국사國事에 대해 분주하고 있었다. 이 생각은 수년 전부터 있었지만, 절실히 그 필요를 느낀 것은 러일전쟁 당시이며, 지금부터 5년 전에 5개 조와 3년 전에 7개 조의 조약이 체결되었으므로 더욱 분격하여 지금 말한 목적으로 외국에 나갔던 것이다.[6)]

위에 따르면, 안중근은 망명 이전 국내에서 지낼 당시부터, 곧 1905년 을사조약 늑결 이래로 의병을 일으킬 생각을 가지게 되었으며, 특히 1907년 정미7조약 등 일련의 국권침탈 사건이 계기적으로 일어나자 국외 망명을 결행하게 되었다는 것이다. 그리고 위의 인용문에서도 내용상 민족교육활동과 의병을 거의 동일선상에 놓고 인식하였음을 알 수 있다.

국내외의 지사와 문인들이 집필한 안중근의 여러 전기 가운데 비교적 정확한 내용을 구체적으로 기술한 것으로 알려진 계봉우의 「만고의사 안중근전」에서도 의병에 투신한 동기와 배경에 대해 다음과 같이 밝히고 있다.

> 첫째 평양에 이르러 청년학생을 체결하여 군기고의 기계器械(무기－필자)를 이용하자 하다가 여의치 못하고, 그 다음 서울에 이르러 보안회保安會의 회원을 이용코자 하다가 성사치 못하고, 또 그 다음 북간도에 이르러 믿는 교우를 고동(鼓動－필자)하고자 하다가 득의치 못하고, 이에 공은 도리어 생각하기를 중령·아령 등지에 흩어져 있는 우리 동포가 백만 명을 넉넉하니 마땅히 우수리지방을 근거지로 하여 뜻있는 사람으로 더불어 청년자제를 교육하여 훗날 후비병에 보충케 하고, 늙은이는 각기 자기의 직업을 다하여 군량과 그나마 모든 이를 돕게 하고, 장정은 모집하여 의병에 되게 하고, 또 이범윤의 부하를 합하여 한 번 북치고 강을 건너가면

6) 國史編纂委員會 編, 「『韓國獨立運動史－資料 6』, 公判始末書」, 311쪽.

후치령 아래서 신출귀몰하는 홍범도와 소양강 위에서 용등호양龍騰虎驤하는 민긍호의 무리가 간 데마다 향응하여 왜놈의 종자를 다 몰아 없애고, 타락한 국권을 가히 회복하리라.[7)]

여기에 따르면 안중근은 국외 망명을 결행하기 이전에 평양과 서울 등지에서 이미 청년 · 학생 · 보안회원 등을 동원하여 누차 거사를 계획하였지만 여의치 못한 상황에서 거의擧義의 새로운 적지適地를 찾아 북간도로 망명하였으며, 이곳에서 다시 천주교인들을 규합하고자 하였으나 결국 뜻을 이루지 못한 채 연해주로 건너가게 되었다는 것이다. 을사조약 늑결 이후 일제의 탄압이 가중되던 상황을 염두에 둘 때 평양과 서울 등 도심에서 대중을 규합하여 거사를 도모하려 했다는 대목은 실현 가능성이 희박했다고 인정되지만, 망명 이전에 그가 계획하였던 투쟁방략이 무장봉기였다는 점에서 안중근의 의병활동과 관련되어 시사하는 바가 크다.

한편, 안중근이 시위대가 강제해산을 당하던 광경을 목도한 당일 서울을 떠나, 곧 "(서울) 남대문에서 일 · 한 병이 충돌하던 날 경성을 출발하여" 국외 망명길에 올랐다는 사실도 의병에 투신하게 된 동기를 충분히 짐작케 한다. 즉 그는 군대해산에 충격을 받고 급거 국외로 망명하였고, 이후 의병에 투신하여 구국의 성전에 동참하게 되었던 것이다.

이상에서 논급한 내용을 종합해 본다면, 안중근은 1905년 을사조약 늑결 이후 1907년 대한제국 군대 강제해산에 이르기까지 일제의 국권침탈이 가중되던 상황에서 구국투쟁의 새로운 방략으로 의병투쟁을 상정하게 되었고, 1907년 8월의 군대해산을 계기로 국외 망명을 결행함과 동시에 의병에 투신하게 되었던 것으로 인정된다. 그리고 이러한 정황으로 볼 때, 국외 망명을 결행할 때 그는 이미 의병투쟁을 최선의 구국방략으로 인식하였고

7) 계봉우, 「만고의사 안중근전(十)」, 『권업신문』 1914년 8월 29일; 尹炳奭 譯編, 『安重根傳記全集』, 526~527쪽.

이에 따라 의병에 투신할 결심을 굳히고 있었던 것으로 보아도 무방하다.

안중근이 망명할 즈음에 연해주에서는 의병이 항일투쟁의 주된 사조가 되었을 만큼 이범윤과 최재형을 주축으로 의병활동이 왕성하게 일어나고 있었다. 안중근이 의병에 투신하면서 관계한 중요 인물들로는 이범윤과 최재형을 비롯해 엄인섭·김기룡 등이 있었다.

안중근이 의병을 일으키기 위해 가장 먼저 관계한 인물은 이범윤이었다.[8] 이범윤은 연해주 한인사회에서 의병 노선을 시종일관 주도한 인물이었다. 그는 1902년 6월 간도시찰원間島視察員의 직임을 갖고 북간도로 들어간 뒤 이듬해 7월 간도관리사間島管理使에 제수되어 그곳 이주한인 보호에 진력하였다. 그 뒤 러일전쟁 때에는 민병인 충의대忠義隊를 이끌고 러시아군과 함께 항일전을 벌이기도 하였으나, 전쟁이 끝난 뒤인 1906년 초에 연해주로 망명, 연추에 정착하게 되었다. 이 때 그는 3백 명의 충의군을 이끌고 연해주로 건너갔다. 충의대는 곧 연해주의병의 근간이 되었던 것이다.

연해주와 북간도 일대에서 최고의 의병장으로 부상한 이범윤의 휘하에는 3~4천 명의 의병이 편성되어 있었을 정도로 명성을 떨쳤다. 이범윤 휘하의 의병은 그가 주관하던 의병결사인 창의회倡義會의 의병부대라는 의미에서 창의대倡義隊, 또는 창의군倡義軍으로 불렸다. 1908년 국내진공작전에 투입된 의병의 간부들에게도 '창의대대장倡義隊大將' 명의로 사령장辭令狀을 내려주었다.[9] 이 때 이범윤이 공식적으로 사용한 '대장大將'이라는 직함은, 후술하겠지만 안중근이 자신의 전기인 『안응칠역사安應七歷史』에서 "김두성金斗星과 이범윤李範允 등이 모두 함께 의병을 일으켰는데, 그 사람들은 전일에 이미 총독總督과 대장大將에 피임被任"된 인물들이었다고 기술한 대목과 깊은 연관이 있다고 인정된다.

---

8) 朴敏泳, 『大韓帝國期 義兵硏究』, 한울, 1998, 298~300쪽.
9) 독립기념관 한국독립운동사연구소 편, 『韓末義兵資料』 6, 「機密受 제2182호」(1908.9.20), 16쪽.

하지만, 안중근은 그의 자서전에서 이범윤에 대해 비판적으로 기술하였다. 즉 그는 연해주로 건너간 직후에 큰 기대를 갖고 이범윤에게 의병투쟁을 전개할 것을 '역설' 혹은 '권유'하였지만, 이범윤이 호응하지 않아 크게 실망하였다는 것이다.[10] 뿐만 아니라 의거 후 신문과정에서도 안중근은 이범윤에 대해 부정적으로 진술하였고, 또 계봉우도 「만고의사 안중근전」에서 안중근이 이범윤에게 실망하고 세상에 뜻대로 되지 않는 일이 참으로 많다고 장탄식을 했다고 기술하였다.[11]

이러한 사실을 십분 고려하더라도, 안중근은 연해주에서 의병활동을 실제로 전개하는 과정에서는 이범윤과 상당히 밀접한 관계를 가지고 있었을 것으로 판단된다. 안중근 자신이 남긴 전기와 공판기록에는 연해주의병의 최고 지도자인 이범윤의 신변을 보호하고 역할을 은폐하기 위한 일정한 의도도 개재해 있었다고 인정되기 때문이다. 일제 검찰관 미조부치 다카오溝淵孝雄이 안중근에게 이범윤과의 관계를 추궁하면서 그가 충군애국의 기상과 포부를 가진 지사인지를 묻자, 안중근은 "확실히 말할 수는 없으나 대개 그러한 생각을 갖고 있으리라 여겨진다."[12]라고 우회적으로 긍정한 것은 그러한 맥락에서 이해할 수 있을 것이다. 뿐만 아니라, 일제측 정보기록류에서 이범윤과 안중근 양자를 밀접한 관계로 파악한 자료가 산견되는 것도 그러한 정황을 뒷받침해준다. 그 가운데 특징적 일례를 들면, 연해주의병이 대규모 국내진공을 결행하기 직전인 1908년 초여름에 무기구입을 위해 함북 경성의병鏡城義兵의 간부 최승두崔昇斗 · 이종욱李鍾郁 등이 연추를 방문하였을 때 이범윤의 창의소에서 활동하고 있던 핵심인물로 박치익朴治翼 · 강윤혁姜允赫 · 김정익金正益 · 이병순李秉純 · 이범린李範麟 · 최도원崔道元 ·

---

10) 「安應七歷史」; 尹炳奭 譯編, 『安重根傳記全集』, 158~159쪽.
11) 계봉우, 「만고의사 안중근전(十)」, 『권업신문』 1914년 8월 29일; 尹炳奭 譯編, 『安重根傳記全集』, 527쪽.
12) 國史編纂委員會 編, 『韓國獨立運動史－資料 6』, 「被告人 訊問調書」, 5쪽.

장봉한張鳳翰 · 엄인섭嚴仁燮 · 김기룡金基龍 등과 함께 안중근을 거명한 것이 그것이다.[13] 요컨대, 안중근이 연해주로 이거한 1907년 말에는 활동상 이범윤과 일정한 괴리가 있었을지 모르지만, 1908년 항일전을 실제로 수행하는 과정에서는 연해주의병의 실질적 최고 지도자였던 이범윤과 공동의 전선을 구축하고 있었다고 인정되는 것이다.

연해주에서 활동하던 안중근의 후견인 가운데 한 사람이, 선행 연구에서도 지적했듯이, 연해주 한인사회의 최고 지도자인 최재형이었다.[14] 함북 경원에서 태어난 최재형은 10세 때 부모와 함께 포시에트로 이주해 왔다. 이후 어려서는 러시아학교에서 교육을 받았고 귀화한 뒤에는 러시아군의 일원으로 러일전쟁에 참가하기도 하였다. 러시아 지방 대의원에 임명되기도 한 그는 러시아 관헌으로부터 연추지역 한인의 통솔권을 위임받아 이주 한인의 집단 거주지인 연추煙秋 도회소都會所의 도헌都憲 직임을 담당함으로써 연해주 한인사회의 최고 지도급 인물로 부상하였다. 도회소는 한인구가 밀집된 연추 일대에서 한인 자치기구의 성격을 가지고 있었으므로, 최재형은 한인들 사이에서 최도헌崔都憲으로 불리어졌다. 1897년 7월에는 연해주 한인의 대표 자격으로 상트페테르부르크로 가서 니콜라이 2세의 대관식에 참석하였을 뿐만 아니라 러시아 정부로부터 몇 개의 훈장을 수여하기도 하였다.[15]

최재형은 연추 주둔 러시아 기병대에 우육牛肉을 조달하는 일을 맡아 커다란 재산을 모았다. 이와 같이 축적된 재산의 상당부분이 의병을 비롯한 독립운동 자금으로 전용되었다. 그는 블라디보스토크에서 간행되던 『대동공보大東共報』 사장을 지내기도 하였다.[16]

---

13) 『龍淵金鼎日記』 上, 독립기념관 한국독립운동사연구소, 1994, 140~141쪽.
14) 반병률, 「러시아에서의 안중근의 항일독립운동에 대한 재해석」, 『한국독립운동사연구』 34, 14~20쪽.
15) 朴敏泳, 『大韓帝國期 義兵硏究』, 300쪽.
16) 『한인신보』 아력 1917년 9월 10~17일자, 「강동쉰해」.

이와 같이 최재형은 사회적 지위에서나 경제적 바탕에서나 명실공히 연해주 한인사회의 최고 지도급 인물로 지위를 구축하고 있었다. 국망을 전후해 국내외에서 활동하던 항일운동자 가운데 상당한 유력자들이 연추로 모여들던 이유도 바로 이와 같은 세력을 바탕으로 한인사회에 큰 영향력을 행사하고 있던 최재형과 조우하기 위해서였다고 할 수 있다. 안중근을 비롯하여 유인석柳麟錫 · 홍범도洪範圖 · 이위종李瑋鍾 등이 최재형 · 이범윤과 조우하기 위해 연추로 왔던 대표적인 인물들이다.[17)]

안중근은 최재형이 중심이 되어 결성된 동의회同義會에 가담하여 의병장으로 활동하였으며, 나아가 그의 재력에 크게 의지했던 것으로 보인다. 민족주의사학자 황의돈黃義敦이 해방 후에 우덕순禹德淳 · 이강李剛 등 안중근 동지들의 증언을 토대로 정리한 안중근 전기에서도 안중근과 최재형은 상호 신뢰가 돈독하였고, 이를 바탕으로 안중근이 최재형에게 의탁하여 장정모집과 무기수집 등 의병에 관련된 사업들을 추진해 갔다고 기술하였다.[18)]

3. 국내진공전략과 도강의병

1) 국내진공전략

1908년 7월에 전개된 연해주의병의 국내진공작전은 수차에 걸쳐 예정된 공격로를 따라 반복적으로 이루어졌다. 일제 기록에 의거하는 한, 연해주의병의 국내진공루트는 다음 두 가지 경우로 살펴보아야만 한다.[19)]

---

17) 朴敏泳, 『大韓帝國期 義兵硏究』, 300쪽.
18) 黃義敦, 「安義士(重根)傳」; 尹炳奭 譯編, 『安重根傳記全集』, 728쪽.
19) 국내진공 루트에 대한 기술내용은 朴敏泳, 『大韓帝國期 義兵硏究』, 323~324쪽에 의거하였다.

먼저, 육로와 해로 두 갈래로 나뉘어 국내로 진격해 온 경우이다. 육로의 경우에는 연추를 출발해 두만강을 건너 홍의동 및 신아산으로 진격하였으며, 해로는 두만강 하구의 녹둔鹿屯에서 선편을 이용해 청진과 성진 사이의 해안으로 상륙한 것이 그것이다. 육로로 진공한 의병은 무산 혹은 삼수를 진격 목표로 설정하였고, 해로를 택한 후자 역시 내륙으로 들어가 갑산으로 진격하는 공격루트를 설정함으로써, 육해 양면의 동시진공을 통한 입체작전으로 북한지역을 교란시키면서 두 의병부대는 삼수나 갑산, 혹은 무산 등지에서 다시 합류하기로 하였던 것으로 보인다.[20)]

다음으로, 연해주의병의 국내진공작전이 두만강 도강을 통한 두 가지 진공루트와 해로를 통한 진공루트 등 세 가지로 진행된 것으로 보는 경우이다. 첫째, 연추를 출발해 두만강을 건너 대안의 경흥 홍의동으로 진공하는 경우이다. 홍의동－경흥－신아산 등지를 전전하며 일제 군경과 항전을 벌인 의병은 이 길을 따라 들어온 것이다. 둘째, 역시 두만강을 건너 육로로 온성·무산 방면으로 남하한 사례가 그것이다. 셋째, 포시에트 부근에서 해로를 이용하여 성진 방면으로 남하한 것이다. 해로로 남하한 의병은 삼수·갑산을 목적지로 삼아, 관북의병과의 연합전선을 구축하려 했던 것으로 보인다.[21)]

그러나 위의 세 가지 공격루트 가운데 육로로 온성, 무산으로 진출하는 진격로를 두만강을 건너 경흥 일대로 들어온 진격로와 분리, 이해하기는 어렵다고 생각된다. 왜냐하면 두만강을 건너는 육로인 경우, 온성·무산 방면으로 진출하기 위해서는 경흥을 자연히 경유하게 되기 때문이다. 더욱이 단일 진격로를 택하는 경우라도 일제 군경의 수비망을 피해 깊숙한 내륙을

---

20) 『暴徒에 關한 編册』, 「城津署長發 電報」(1908.7.8)·「咸警秘收 第793號의 1」(1908.7.18); 國史編纂委員會 編, 『韓國獨立運動史－資料 11』, 452~453·461쪽.
21) 『暴徒에 關한 編册』, 「城警秘 發 第81號」(1908.7.18); 國史編纂委員會 編, 『韓國獨立運動史－資料 11』, 457쪽.

통해 무산까지 진격하기란 현실적으로 어려웠으리라 추측된다. 이렇게 볼 때, 연해주의병의 국내진공은 결국 육해 양면의 두 갈래로 전개된 것으로 믿어진다. 하지만 이 경우에도 동해안으로 상륙한 의병의 활동에 관한 기록이 드물어 그 사실 여부가 의심스럽다. 기록상 6~8백 명에 달하는 대규모 의병이 7월 27일경 청진과 성진 사이의 어느 해안으로 상륙하였다는 기록은 있지만,[22] 이후 그들의 활동을 추적할 수 있는 자료가 없기 때문이다. 다만, 장석회張錫會가 인솔하던 경성鏡城 일대의 연해주의병 일부가 해로로 들어온 의병이었으리라는 추측이 가지만 더 이상은 확인할 수가 없다.[23]

이처럼 육해 양면에서 쇄도하던 연해주의병은 애당초 관북 내륙, 곧 삼수·갑산, 혹은 무산·경성으로 진출할 계획이었다. 그리하여 이 일대에서 활동하던 홍범도 의병, 경성의병 등의 관북의병과 합세함으로써 공동의 항일전선을 구축하는 방향으로 전략을 구상하였던 것이다.[24] 안중근과 동시에 국내진공작전에 참가했던 우덕순禹德淳(일명 우홍禹鴻)이 연해주의병의 국내진공 목표와 전략에 대해 다음과 같이 회고한 대목이 이러한 면을 잘 보여주는 사례이다.

> 조선에 들어온 목적은 다른 것이 아니라 그 때 무산에 홍범도라는 의병대장이 있었는데 그 휘하에 의병 3천 명이 있다 하였습니다. 그들의 무기는 화심총火心銃(화승총－필자)인데 일군의 5연발을 따를 수야 없지마는 거의 그만큼 빠르게 매 삼보三步에 총을 재어 놓는다 하여 유명하였습니다. 그런데 그 중 한 천 명만 총을 가졌을 뿐이오 그 나머지는 목창

22) 『暴徒에 關한 編冊』, 「鏡城警察署長發 電報」(1908.7.27)·「第三巡査隊派遣警部發電報」·「警秘收 第6822號의 1」(1908.7.28); 國史編纂委員會 編, 『韓國獨立運動史－資料 11』, 459쪽.
23) 朴敏泳, 『大韓帝國期 義兵硏究』, 323~324쪽.
24) 신용하 교수도 일찍이 연해주의병이 국내진공을 결행한 목적이 홍범도부대와의 연합작전을 구축하는 데 있다고 지적하였다(신용하, 『한국민족독립운동사연구』, 을유문화사, 1985, 164·167쪽).

이나 작대기 같은 것을 가지고 있다 하므로 만일 우리가 군기軍器를 얻어 서 그들에게 제공하면 우리 의병 총세總勢 4천 명은 될 것이라 하여 그들에게 무기를 수송하여 주자는 목적으로 무산茂山 가는 수비守備로 출병하였던 것입니다.[25]

위 인용문은 곧 연해주의병이 국내로 들어간 목적이 북청·삼수·갑산 일대에서 활동하던 홍범도 의병과 연합하여 그들에게 부족한 무기를 제공하면서 전력을 극대화시켜 공동으로 항일전을 전개하는 데 있다는 사실을 알려주고 있다. 나아가 '의병 총세 4천 명'이라는 대목은 국내로 진공한 연해주의병의 개략적인 수가 1천 명 정도였다는 사실을 암시해 준다.

이와 같이 연해주의병이 홍범도를 필두로 한 관북의 산포수의병과 연합하기 위해 관북 내륙지방으로 남하할 목적을 가지고 국내진공을 결행한 사실은 당시 일본군에게 포로가 된 의병의 진술에서도 확인할 수 있다. 연해주의병의 일원으로 국내진공작전에 참여하였던 경성鏡城 출신의 주만석朱萬錫이라는 인물은 피체 후 일제의 간도 헌병분대에서 진술한 내용에서

문 : 폭도의 목적하는 바는 여하?
답 : 아我 한국은 지금 일본인이 다수 침입하여 산천연택山川沿澤을 강탈하였으니까 일본인을 타소打掃하고 그리고 안도安堵하고 살아야 할 것이다. 그래서 금일부터 출발하여 무산 방면으로 가는 것이라고 대장隊長 김영선金永先이 설명하였다.
(중략)
문 : 폭도는 인경隣境의 폭도와 서로 아는가?
답 : 그것은 잘 모르겠으나 무산 방면에 있는 폭도와 합하는 것이라고 들었다.[26]

---

25) 「禹德淳先生 懷古談」; 尹炳奭 譯編, 『安重根傳記全集』, 619쪽.
26) 『暴徒에 關한 編冊』, 「韓憲警乙 제1179호」(1908.10.12); 國史編纂委員會 編, 『韓國獨立運動史－資料 12』, 271쪽.

이러한 진술은 일반 의병으로부터 나온 만큼 이들 의병의 진공 목적이 관북에서 활동 중인 산포수의병과의 연계에 있었음을 짐작케 한다. 곧 홍범도를 중심으로 하는 함경도 의병과의 제휴, 혹은 연합을 도모함으로써 관북 전역을 장악하겠다는 것이 함경도와 연해주지역 의병의 공통된 전략이었던 것이다.[27)]

한편, 일본군도 당시 연해주의병이 관북의병과 연합하기 위해 국내진공을 결행한 사실을 여러 정보를 종합하여 감지하고 있었다. 연해주의병의 작전계획을 다음과 같이 파악한 일제의 정보기록이 그러한 정황을 입증해 주고 있다.

> 금번의 적(국내로 진공한 연해주의병－필자)은 그 목적이 나변那邊에 있는지 아직 명확히 판정을 내릴 수가 없다고 하지만, 부로俘虜의 말을 수집한 서류 기타 제종諸種의 정보를 종합하면 적은 무산·갑산 지방을 집중 지점으로 정한 듯하며, 신아산新阿山 및 홍의동洪儀洞 부근에 출몰한 적은 단순히 집합지로 가기 위해 일시 길을 우리 수비대 관내에 취하고 한 번 집합만 끝나면 그 때부터 대거 아我에 항쟁하여 장년월長年月에 걸쳐 아我를 괴롭히려 한 것 운운云云하고 있다.[28)]

곧 연해주의병이 최종 목적지로 홍범도가 거느리는 산포수의병이 활동하고 있던 무산·갑산 지방을 설정한 사실을, 탈취한 의병자료와 포로의 진술 등에 근거하여 파악하였다는 것이다. 이러한 면에서 볼 때 의병이 두만강변의 홍의동과 신아산 등지를 습격한 것은 행군 도중에 야기된 일시적 조우전遭遇戰에 불과하고, 머지않아 연합 의병세력에 의한 대규모 전투가 예상될 수 있는 상황이라고 보았다.

---

27) 朴敏泳, 『大韓帝國期 義兵硏究』, 216쪽.

28) 『暴徒에 關한 編冊』, 「會寧方面暴徒討伐詳報」(1908.7.1~7.31); 國史編纂委員會 編, 『韓國獨立運動史』 1, 1968, 524쪽.

연해주의병이 이처럼 관북의병과의 연합을 통한 공동 항일전 수행을 목표로 국내로 진공하였지만, 실제 홍범도의 산포수의병과 연합한 흔적은 찾을 수 없다. 안중근을 비롯하여 우덕순, 엄인섭 부대의 예에서 보듯이 연해주의병은 남하 도중 도처에서 일제 군경에 의해 진로를 차단당해 연해주로 귀환하지 않을 수 없었던 것이다.

다만, 1908년 8월 무렵에는 연해주에서 건너온 동의군 3백 명이 무산 지경까지 진출하였으며, 장석회가 인솔하던 창의군 계통의 일부 의병이 함북 경성으로 진출하여 이남기 · 최경희를 필두로 한 경성의병과 연합전선을 구축한 것은 특기할 만하다. 나아가 이들 연해주의병은 현지 경성의병과 공동으로 1908년 9월 3일 명천明川 공략전을 전개하였다.[29)]

2) 도강의병渡江義兵

1908년 여름에 이루어진 대규모 국내진공작전의 전모를 파악하는 일은 안중근의 의병투쟁과 관련하여 중요한 의미를 가지고 있다. 하지만, 현재로서는 산발적, 단편적인 일제측 자료에 의거해야 하는 한계 때문에 그 전모를 파악하기가 매우 곤란한 실정이다. 이러한 사실을 감안하고 안중근이 지휘관으로 참전하였던 연해주의병의 국내진공작전의 실상에 접근해 보고자 한다.

연해주의병은 1908년 7월 대규모 국내진공작전을 전개하였다. 이 때 결행된 국내진공작전은 최재형 세력이 주축이 된 동의군(동의회 의병)과 이범윤 세력의 창의군(창의회 의병)이 모두 동원되어 수차에 걸쳐 반복적으로 이루어졌다.[30)]

---

29) 연해주의병과 경성의병의 연합 상황에 대해서는 朴敏泳, 『大韓帝國期 義兵研究』, 258~269쪽 참조.

30) 의병단체인 동의회와 창의회의 내용과 성격에 대해서는 朴敏泳, 『大韓帝國期 義兵研究』, 296~298쪽 참조.

연해주의병의 양대 계열인 동의회와 창의회 두 계통이 모두 참여하여 동시다발적으로 국내진공이 결행되었던 사실은 주목되는 내용이다. 동의회와 창의회 두 계통의 의병이 수차에 걸쳐 위에서 상술한 바와 같이 상호 진공로을 달리하여 반복적으로 국내로 진입하였던 것이다. 연해주의병이 국내로 이처럼 진공한 정황은 다음 자료들을 통해 확인할 수 있다.

우선, 하얼빈의거 후 안중근과 관련된 여러 계통의 정보를 종합하여 파악한 일제의 정보자료에는 연해주의병의 국내진공 상황이 다음과 같이 기록되어 있다.

> 명치 41년(1908) 7월 최도헌이 이끄는 동의회와 이범윤이 이끄는 창의회의 동지 등 5백여 명과 홍의동(신아산 부근 두만강 연안)을 내습하였을 때 응칠(안중근－필자)은 동 포병사령관 정경무鄭警務(정제악鄭濟岳, 자는 천순千淳, 원 성진경무관)의 우영장右令將으로 사령관 정경무, 좌영장左令將 엄인섭과 같이 아我 헌병경비대와 충돌한 적이 있다. 당시 군수의 사정使丁 이덕칠李德七이란 자가 적에게 나포되어 담부擔夫로 적에게 사역되어 이 전투에 덕칠은 적의 하물을 짊어진 채 아군으로 둔귀遁歸하였다. 그리고 그 하물 속에 적도賊徒의 결의록 · 동맹록 · 여행권 등이 있었다.31)

즉 1908년 7월의 국내진공작전은 최재형의 동의회와 이범윤의 창의회 등 두 계통의 의병 5백 명이 두만강을 건너 함북 경흥군 홍의동으로 진격하였는데, 그 가운데 포병사령관 정제악 휘하에서 좌영장 엄인섭과 함께 안중근은 우영장으로 여기에 참전하였다는 것이다. 이 자료를 통해서도 동의군과 창의군이 동시에 국내로 진공한 사실을 확인할 수 있다. 위 자료상의 정제악은 도영장都營長 전제익全濟益의 이명이거나 착기로 인정되고, 포병사령관에서 포병은 포수의병을 의미하며, 사령관은 도영장과 같은 맥락에서 사

---

31) 國史編纂委員會 編, 『韓國獨立運動史－資料 7』, 244쪽.

용한 직함이다. 그 밖의 일제측 자료에도 동의회와 창의회 두 계통의 의병이 함께 관북지방으로 진공한 사실이 곳곳에 기록되어 있다.

다음으로, 이범윤 휘하에서 간도관리사 시절부터 종군했던 김중국金仲國도 국치 이전 연해주지역에서 전개된 항일투쟁의 양상을 기록하면서 "충의대忠義隊 급及 동의대東義隊를 조직하고 의병을 모집할 새 이범윤 위충의대대장爲忠義隊大將하고 최비집게東榮(최재형－필자)는 위동의대대장爲東義隊大將할새 여안중근의사與安重根義士로 동위대원同爲隊員하여 국권회복에 노력하다가"라고 하고 또 "연추 등지에 주둔하여 다시 이범윤, 최동영 등으로 충의대 급 동의대를 편성하고"라고 한 대목도 연해주의병이 동의회와 창의회 두 계통으로 나뉘어져 있던 정황을 보여준다.[32]

계봉우가 지은 안중근 전기에도 동의회와 창의회 두 세력의 의병이 각기 다른 계통으로 국내에 진공한 사실이 다음과 같이 나타나 있다.

> 아라사의 서울에 유하던 전 공사 이범진이 그 아들 위종을 보내어 군수금 만환을 기부하고 또 동의회를 설립하여 군사 모집한 것이 6백여 명에 이른지라. 6월 초나흗날(양 7월 7일－필자)에 군사를 거느리고 두만강을 건너갈 제 공(안중근－필자)은 우영장이 되었더라. 묵호우(포시에트－필자)에서 어둡기를 기대하여 목선을 타고 경흥군 홍의동에 상륙하니 밤이 이미 깊은지라 일제히 산협 사이에 숨었다가 동방이 훤하여 올 제 남방으로 오는 일군사를 엄습하여 처음으로 승전하고 좌영장 엄인섭은 아령으로 돌아가거늘 공은 유진무퇴의 큰 용맹을 가지고 군사를 독책하여 회령에 이르니 이 때 이범윤의 부하가 또한 도강하여 신아산과 슈경(?) 등지에서 여러 번 승전하고 뒤를 계속하여 오는지라. 일병이 홍의동과 신아산에서 패한 소문을 듣고 사면으로 달려들어 형세가 자못 위태한지라. 그러나 공은 생각하기를 양진 장졸이 동심육력하여 죽기를 결단코 싸우면 한 사람이 가히 백여 명을 당할 수 있다 하여 이에 이범윤 부하와 합진하여 회령군 영산에서 일병과 크게 접전하니 우리 군사의 살상

32) 「金仲國 抗日鬪爭記」(필사본, 조소앙선생문집). 위 기록에 나오는 崔東榮은 崔在亨의 오류로 보이며, 忠義隊와 東義隊는 倡義隊와 東義隊의 오류로 인정된다.

을 당한 자는 네 사람이오 일병의 살상한 수는 가히 알 수 없는데 그 신문에 가로되 장교의 죽은 자가 여덟이오 병졸의 죽은 자가 40여 명이라 하였더라.[33]

위에 따르면, 안중근이 거느리던 동의군은 포시에트에서 배를 타고 홍의동으로 상륙, 진격했다는 것이다. 그리고 홍의동전투 후 엄인섭 휘하 의병이 회군한 뒤 안중근이 거느리는 동의군만이 회령으로 깊숙이 진격하였으며, 이 무렵 이범윤 휘하의 창의군이 새로 두만강을 건너와 신아산 등지에서 승첩을 올렸다는 것이다. 또 회령군 영산에서 벌어진 격전은 동의군과 창의군 두 진영의 의병이 합세하여 수행한 전투라는 것이 그 요지이다. 곧 홍의동전투를 수행한 의병은 안중근이 포함된 동의군이고, 신아산에서 승전한 의병은 이범윤 계열의 창의군으로 상호 계통을 달리한다는 것이다. 연해주의병의 국내진공작전에 관한 이러한 내용이 그대로 사실과 일치하는지의 여부는 현재 자료의 한계로 명확히 구명하기 어려운 실정이지만, 이러한 내용을 통해서 연해주의병이 국내진공작전을 결행할 때 창의군과 동의군 두 계통이 동시기에 각기 별개의 부대로 참여하였던 사실은 확인할 수 있다.

그런데 동의군 중에서도 안중근과 엄인섭 휘하 의병은 서로 다른 노정으로 따로 두만강을 건넜을 가능성도 완전히 배제할 수 없다. 아래 기록을 보면 좌영장 엄인섭이 인솔하던 의병이 위에서 보았던 안중근 의병의 루트와는 다른 여정旅程을 따라 국내로 진공한 것으로 확인되기 때문이다.

좌영장 엄인섭은 5월 15일부터 지신하池信河(지신허－필자) 자택에 부하 약 360명을 모아 출동 준비에 착수하여 6월 6일 오후 8시경부터 야반에 걸쳐 작은 배[小舟] 8척으로 두만강을 건너 신아산을 습격하여 이를 점

33) 계봉우, 「만고의사 안중근전(10)」, 『권업신문』 1914년 8월 29일; 尹炳奭 譯編, 『安重根傳記全集』, 527쪽.

령하고 약 1개월간 각지를 전전하였으나 (중략) 드디어 일본병에 패하여 7월 10일 도주하여 연추로 귀환하였다.[34]

곧 좌영장 엄인섭은 휘하 의병 360명을 거느리고 지신허에서 출발하여 두만강을 건넌 뒤 신아산을 습격하는 등 이후 1개월 동안 함북 각지에서 교전하였다는 것이다. 그런데 위의 기록에는 엄인섭 의병의 국내진공 날짜가 6월 6일이며, 연추 귀환일자가 7월 10일로 나타나 있다. 연해주의병이 국내진공을 결행한 것이 7월이기 때문에 위 일자는 음력이 아니면 오기로 인정된다.

위의 기록을 통하여 우익장 안중근과 좌익장 엄인섭의 도강일자와 행로가 서로 다르다는 사실을 감지할 수 있는 것이다. 물론 안중근이 엄인섭과 동시에 같은 도정道程으로 관북으로 진공했을 개연성도 배제할 수 없지만, 내용상 우영장 안중근은 좌영장 엄인섭과 별도의 의병을 거느리고 진공한 것을 염두에 둔 기록으로 생각된다. 이 점은 안중근과 별도로 엄인섭 의병만이 도강 직후에 곧 연해주로 귀환했다는 앞의 기록을 통해서도 짐작된다. 나아가 엄인섭 의병은 이범윤 휘하의 창의군이 점령했던 신아산으로 진출했다고 한 점으로 미루어 도강 직후부터 동의군과 창의군 두 진영은 연합전선을 구축하였던 것으로 보인다.

이상에서 논의한 내용을 정리하면 다음과 같다. 즉 연해주의병은 1908년 7월 대규모 국내진공작전을 결행할 때 최재형 계열이 주축이 된 동의군과 이범윤 세력을 중심으로 한 창의군 두 계통으로 나뉘어 동시다발적 형태로 이루어졌다. 뿐만 아니라 동의회 계열의 의병도 동일한 시기에 분산된 형태로 두만강을 건넜던 것으로 인정된다. 그리고 동의회와 창의회 두 의병 세력은 국내진공 후 상호 연합전선을 구축하여 항일전을 함께 전개했던 것

34) 「官秘」 제8호(1915년 5월 24일 접수), 「排日鮮人 退露處分에 關한 件」(1915년 5월 17일 조선총독 寺內正毅가 외무대신 加藤高明에게 보낸 문서).

으로 확인된다. 이 때 안중근은 동의군의 우영장으로 일단의 의병을 거느리고 포시에트에서 배를 타고 경흥 홍의동으로 상륙하였다.

한편, 이범윤 휘하의 창의군도 적어도 두 차례 이상 나뉘어 관북지방으로 진공하였다. 1908년 7월 초에 국내로 들어온 선발대를 후원하기 위해 제2진이 1908년 8월 23일(음 6.27) 두만강을 건너 경흥군 아산阿山으로 진공하였다. 창의군의 제1진 선발대는 '전위대前衛隊'(전군前軍)라고 불리웠으며, 제2진 후발대는 '전위원대前衛援隊'(원군援軍)라고 불렀다. '전군前軍'의 최고 지휘관은 사령장司令長[前衛司令]의 직함을 가졌던 정위正尉 김영선金榮璿이고, 참령參領 김교명金敎明, 참위參尉 최기흥崔冀興, 정위正尉 장석회張錫會, 부위副尉 강봉익姜鳳翼, 시어侍御 이규풍李奎豊, 주사主事 우홍禹鴻 등이 중요 지휘관이었다. '원군援軍'의 최고 지휘관인 도영장都領長은 도강 당시에는 김찬호金鑽鎬였지만, 일본군과의 전투 때 그가 의진을 이탈하였기 때문에 박승규朴昇規가 서리署理로 대신 맡았다. 그리고 창의군의 최고 지휘관인 이범윤은 '창의대대장倡義隊大將'의 직함으로 사령장辭令狀을 주었다.[35]

---

35) 독립기념관 한국독립운동사연구소 편, 『韓末義兵資料』 Ⅵ, 2003, 15~23쪽. 여기에는 8월 27일 종성간도로 철수한 倡義援隊 소속의 의병들이 비장해둔 의병관련 서류(격문, 일지 및 보고서류, 의병직인 등)와 무기류(총과 탄약)를 일제가 탈취하여 그 내용을 일역한 뒤 부록으로 첨부해 놓았다. 9월 4일 종성간도의 '黑山嶺' 산중에서 탈취당하였다. 그 가운데 압수물 제1호로 첨부된 辭令을 보면 다음과 같다.

職名	日字	姓名	發令者
贊成員	무신 3월 일	金益賢	同義會 會長 李瑋鍾
倡義隊前衛援隊 書記員	무신 8월 일	金如玉	倡義隊署理 都領將 朴昇奎
倡義隊第一中二小隊 哨長	광무 9년 음 7월 2일	姜君三	倡義隊長 李
倡義隊前衛援隊 餉務員	무신 7월 일	金昌翼	倡義隊大將 李範允
咸鏡北道倡義隊前衛 餉務員	융희 2년 6월 일	全益鉉	咸鏡北道倡義隊將 李範允
倡義軍前衛援隊 第二小隊 領長	무신 7월 일	張自泊	倡義隊隊將 李範允
倡義隊前衛援隊 第一小隊 二領首	무신 7월 일	崔允範	위와 같음
倡義隊前衛援隊 都領長	무신 7월(?) 5일	金鑽鎬	위와 같음
倡義隊前衛援隊 餉務員兼道長	무신 7월 일	李仁彦	위와 같음
倡義隊前衛援隊 道路長	무신 7월 일	洪逵珠	倡義隊署理 都領將 朴昌(昇?-편자)奎

창의군 전위원대는 1백 명이 선발 도강하였고, 이어 '쌍성상촌雙城上村 운래계거雲來係巨'[36]에서 추가로 모집한 2백 명이 증파되었던 것으로 보인다. '원군'은 종성군 계상사溪上社까지 남하하였지만, 일본군의 심한 압박을 받게 되자, 8월 27일 종성간도로 곧 철수하고 말았다. 그 동안 '원군'은 김영선이 지휘하던 '전군'과 조우한 상태였다.[37]

동의군과 창의군을 망라하고 연해주의병이 국내진공작전을 결행할 때 동원된 의병 규모를 정확히 파악하기는 어렵다. 국내진공작전의 실상을 알려주는 자료가 없을 뿐만 아니라, 관련 자료마다 각기 다르게 기록되어 있기 때문이다. 이런 사실을 감안하고 그 실상을 추적해 보면 다음과 같다.

우선, 도강작전에 실제로 참여했던 우덕순이 남긴 위의 회고담에서는 안중근과 우덕순이 인솔해 도강한 의병이 모두 8백 명이라 하였고, 계봉우가 지은 안중근 전기에는 도강 직전의 상황을 기술한 대목에서 '동의회를 설립하여 군사 모집한 것이 6백 명'이라 하였다. 한편, 후술할 홍의동전투 직후에 관할 함흥경찰서장이 경황 중에 급히 보고한 전보에는 1천 명 규모로 기록되어 있다.[38] 그리고 여러 가지 정보를 종합 정리해서 본국에 보고한 한국주차군사령관의 7월 20일자 전보에서 "이미 출동한 적(연해주의병－필자)의 총수는 약 7백 명으로 무산·갑산 부근에 집합하고 또 그 일부는 선박으로 성진 부근에 상륙할 것이라는 풍설이 있다. 이번 북관北關 방면의 습격은 그 견제운동牽制運動이다."[39]라고 하여 7백 명 규모가 두만강을 도강했다고 밝히고 있다. 연해주의병의 일부는, 그 실체는 분명히 드러나지 않지만, 해로를 택하여 동해안으로 내려가 상륙한 것으로 추정된다. 뿐만 아

---

36) 위치불명이지만 니콜리스크(쌍성자) 부근 秋風지방의 러시아식 지명을 音差하여 한자로 표기한 지명으로 짐작된다.

37) 독립기념관 한국독립운동사연구소 편, 『韓末義兵資料』 Ⅵ, 23쪽.

38) 『暴徒에 關한 編冊』, 「慶興署長發 電報」(1908.7.9)·「號外」(1908.7.14); 國史編纂委員會 編, 『韓國獨立運動史－資料 11』, 450·456쪽.

39) 독립기념관 한국독립운동사연구소 편, 『韓末義兵資料』 Ⅴ, 2003, 「機密受 제1709호(1908년 7월 20일)·「參1發 호외」(1908년 7월 20일), 105·107쪽.

니라 창의군의 후속 원병이 1~2차에 걸쳐 적게는 1백 명, 많게는 3백 명 규모로 관북지방에 진공하였다. 이렇게 본다면, 국내진공작전에 참여한 연해주의병의 총수는 1천 명 안팎의 규모였을 것으로 합리적으로 추정할 수 있다.

다만, 이들 의병은 수차에 걸쳐 국내로 진공한 뒤 몇 개의 부대로 나뉘어 여러 곳에서 동시에 활동한 것으로 보인다. 안중근이 두만강을 건너기 직전에 동지들과 전략을 숙의하는 과정에서 "지금 우리들은 2~3백 명밖에 안 된다."라고 언급하고, 이어 "여러 장교들을 거느리고 부대를 나누어 출발하여 두만강을 건너니 때는 1908년 6월(음력－필자)이었다."라고 한 대목은 이러한 정황을 반영한 것이다.[40] 또 장석회張錫會와 임일록林日錄 등이 거느리던 의병이 함북 경성으로 남하하였던 사실도 연해주의병이 분산되어 활동하던 사실을 뒷받침해준다.

4. 국내진공작전의 전개

1) 홍의동·신아산전투

안중근은 동의군의 우영장右營將으로 국내진공작전에 참가하여 한 부대를 거느리고 있었다. 1908년 국내진공 당시 자료에서는 동의군의 편제를 확인할 수 없지만, 1915년 일제가 수집한 안중근과 동의회 관련 정보에서는 다음과 같이 동의군의 편제를 파악해 놓았다.[41]

40) 「安應七歷史」; 尹炳奭 譯編, 『安重根傳記全集』, 161~162쪽.
41) 「官秘」 제8호(1915년 5월 24일 접수), 「排日鮮人 退露處分에 關한 件」(1915년 5월 17일 조선총독 寺內正毅가 외무대신 加藤高明에 보낸 문서), 『不逞團關係雜件 朝鮮人의 部 在西比利亞』 5권.

도 영 장	전제익全濟益
참 모 장	오내범吳乃凡
참 모	장봉한張鳳漢 지운경池云京
군 의	미국에서 온 모씨(회령에서 일본군에 총살됨)[42]
병기부장	김대련金大連(후년後年 일본 밀정)
부장副長	최영기崔英基(어위장御衛長)
경리부장	강의관姜議官
부장	백규삼白圭三
좌 영 장	엄인섭嚴仁燮
제1중대장	김모金某
제2중대장	이경화李京化
제3중대장	최화춘崔化春
우 영 장	안중근
중대장	3명

위에서 볼 때, 동의회 의병은 최고 지휘관인 도영장이 좌, 우영장 양익兩翼을 거느리는 체제를 기간基幹으로 삼고 있었다. 이러한 양익 편제는 국내진공작전 때에도 그대로 준용되었다. 그러므로 도영장 전제익을 필두로 좌영장 엄인섭과 우영장 안중근이 동의군을 이끈 최고 지휘관들이었다.

동의군 도강부대의 최고 지휘관이었던 전제익은 함경북도 회령 출신으로 을사조약 늑결 이전에 평안남도선세위원平安南道船稅委員과 함북 길주항·성진항의 경무관警務官을 지낸 경찰 출신의 지사였다. 이후 일제침략이 가속화되는 상황에서 아우 전준언全俊彦과 함께 연해주로 망명했다고 한다. 포병사령관 혹은 도영장의 직함을 가졌던, 안중근의 직속상관 전제익全濟益은 일제측 자료에는 간혹 정제악鄭濟岳으로 나오기도 한다. 또 같은 자료에서 '전제익全濟益'과 '전제악全濟岳'이 동시에 표기되어 다른 사람으로 본 경우

42) 하와이 노동이민을 갔다가 귀국 후 연해주의병에 가담하여 회령 영산전투에서 전사 순국한 이형기·권찬규 양인 가운데 한 사람을 지칭하는 것으로 생각된다(『대동공보』 1909년 3월 21일 「兩氏忠義」 참조).

도 있다. 성명회 선언서 서명록에 전제익으로 기명된 점, 또 같은 직책에 '정제악'이 나오는 점 등으로 미루어 동일인일 가능성이 크다고 생각되지만, 다른 한편 전제악은 함께 망명한 것으로 전해지는 아우 '전준언'의 이명일 가능성도 완전히 배제할 수는 없다. 『회령군지會寧郡誌』에 따르면 전제익은 블라디보스토크에서 작고했다고 하며, 아우 전준언은 상해로 건너가 작고했다고 한다.[43]

위의 편제에서 참모 장봉한과 경리부장經理副長 백규삼, 제2중대장 이경화 외에는 생소한 인명들이고, 그 가운데는 이명이나 가명도 포함되어 있는 것으로 짐작된다. 좌영장 휘하 3중대장으로 나오는 최화춘崔化春은 단지동맹원의 한 사람인 갈화춘葛化春의 오기로 인정된다. 특히 상당한 비중을 가진 직함으로 짐작되는 참모장 오내범吳乃凡은 미지의 인물이다. 위의 편제에서 보듯이 안중근은 곧 연해주의병의 핵심 간부로 항일전을 전개하는 과정에서 중요한 역할을 수행한 야전 지휘관이었던 것이다.

안중근은 국내진공작전의 일환으로 휘하 의병을 이끌고 1908년 7월 7일 포시에트를 출발하여 두만강을 건넜다.[44] 안중근과 함께 두만강을 건넜던 우덕순은 도강 당시를 다음과 같이 회고하였다.

> 1908년 무신戊申이었습니다. 나는 의병 12소대를, 안安(안중근－필자)은 4소대를 인솔하고 6월 초 10일에 국경을 넘어 조선 땅에 들어섰습니다.

---

43) 『皇城新聞』 1900년 3월 9일, 1903년 1월 20일, 1903년 4월 7일, 1904년 8월 17일자의 「敍任及辭令」; 『會寧郡誌』, 1978, 83~84쪽. 이 『회령군지』에는 한국 초창기 영화계의 명감독으로 독립운동 영화를 다수 제작한 全昌根이 전제익의 아들로 기록되어 있으나, 사실 여부는 확인하지 못하였다.

44) 朴敏泳, 『大韓帝國期 義兵硏究』, 319쪽; 계봉우, 「만고의사 안중근전(10)」, 『권업신문』 1914년 8월 29일; 尹炳奭 譯編, 『安重根傳記全集』, 527쪽. 우덕순은 해방 직후 남긴 회고록에서 도강일자를 7월 6일(음 6월 10일)로 기억하고 있는데(「禹德淳先生의 懷顧談」; 尹炳奭 譯編, 『安重根傳記全集』, 619쪽), 이는 도강을 준비하고 결행하기까지 연속된 과정 일체를 도강으로 설정했던 결과가 아닌가 생각된다. 곧 6~7일간에 도강이 연속적으로 준비되고 결행된 것으로 보인다.

50인을 한 소대로 편성하였지요.

위의 인용문을 통해 볼 때, 우덕순은 동의군의 우영장 안중근과 동시에 두만강을 넘어 국내로 진공하였음을 알 수 있다. 이 때 안중근은 휘하에 1개 소대에 50명씩 4개 소대, 즉 2백 명을 인솔하였으며, 우덕순은 12개 소대, 6백 명을 거느리고 있었다는 것이다. 일제 정보기록에 의거해 볼 때, 우덕순은 안중근과 계통을 달리하던 창의군의 간부였던 것으로 보인다.

안중근이 거느린 의병부대는 도강 후 두만강 대안의 경흥군 홍의동洪儀洞에서 항일전을 개시하였다.[45] 홍의동은 경흥읍에서 남동쪽으로 10여 Km 떨어진 두만강 부근에 있는 마을이었다. 이들은 곧 경흥으로부터 출동한 일본군과 첫 전투를 벌여 일본군 척후보병 상등병 이하 4명을 사살하는 전과를 올렸다.[46]

홍의동을 습격한 의병은 곧 북상하였다. 경흥 경찰분서에서는 분서장 이하 순사 7명이 의병 출현 소식을 듣고 8일 경흥읍 남쪽 두만강 대안의 고읍동古邑洞으로 급거 출동한 것으로 보아 이 사실을 알 수 있다.[47]

고읍동을 경유한 부대는 두만강을 따라 북상하여 9일에는 경흥읍 아래 신아산新阿山까지 진출한 뒤 10일 새벽에 그곳 헌병분견대를 습격하였다. 이 때 엄인섭 부대는 경흥의 두만강 상류를 도강한 뒤 홍의동에서 북상한 안중근 부대와 합류하였던 것으로 보인다. 이러한 정황은 앞서 인용한 일제측 자료에서 비록 날짜는 착오가 있으나 엄인섭이 두만강을 건너 신아산을 습격, 점령하였다고 한 점과[48], 일제 정보기록에서 한 부대가 두만강

---

45) 『暴徒에 關한 編冊』, 「慶興署長發 電報」(1908.7.9)·「號外」(1908.7.14); 國史編纂委員會 編, 『韓國獨立運動史－資料 11』, 450·456쪽).

46) 『駐韓日本公使館記錄』, 「憲機 제2624호」(1909.12.28); 『韓國獨立運動史－資料 7』, 235쪽; 『暴徒에 關한 編冊』, 「韓憲警 乙 제848호」(1908.7.11); 國史編纂委員會 編, 『韓國獨立運動史－資料 11』, 453쪽.

47) 『暴徒에 關한 編冊』, 「慶興分署長發 電報」(1908.7.9)·「鏡城署長發 電報」(1908.7.10); 國史編纂委員會 編, 『韓國獨立運動史－資料 11』, 450~451쪽.

경흥 상류로, 다른 한 부대는 경흥 하류로 각기 나누어 도강했다고 한 점으로 미루어 짐작할 수 있다. 기습을 당한 일본군은 일부 경흥 방면으로 도주하였으며, 하사 이하 5명은 행방불명이 되고 1명이 전사하는 등 참패하였다.[49]

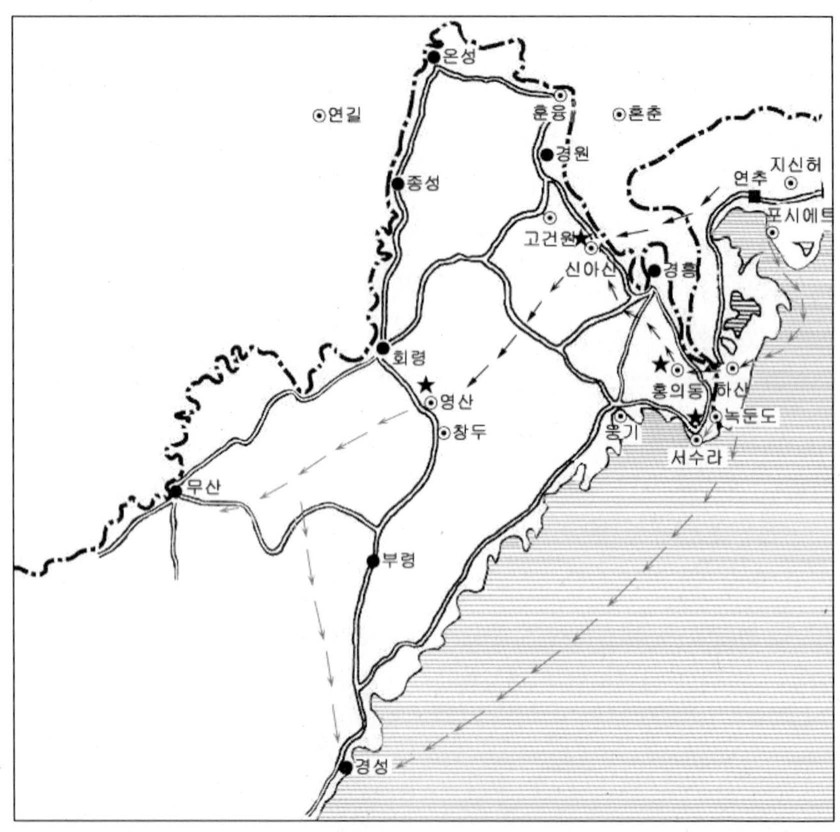

연해주의병의 국내진공작전(1908년 7월)

---

48) 「官秘」 제8호(1915년 5월 24일 접수), 「排日鮮人 退露處分에 關한 件」(1915년 5월 17일 조선총독 寺內正毅가 외무대신 加藤高明에게 보낸 문서).

49) 『暴徒에 關한 編冊』, 「號外」(1908.7.14) ; 國史編纂委員會 編, 『韓國獨立運動史 - 資料 11』, 456쪽.

홍의동전투 후 두만강을 따라 일시 북상한 뒤 엄인섭 부대와 합류하여 신아산승첩을 이룩한 것은 안중근 부대였다. 이 때 행방불명으로 보고된 일본군들은 의병에게 포로로 잡혔다가 안중근에 의해 인도적 차원에서 석방되었다. "10일 오전 4시 신아산 수비대는 약 2백 명의 적에게 격퇴당하였다. 1명이 전사하고 3명은 경흥수비대로 돌아왔다. 나머지는 행방불명되었다."[50]라고 기록한 신아산전투 상황보고에서 경흥수비대로 생환했다는 3명이 곧 안중근이 석방한 일본군 포로들이었다고 인정된다.

안중근은 일본군 포로 석방 당시 이에 완강히 반대하던 동료들을 설득하던 상황을 다음과 같이 기록하였다.

> 장교들이 불평하며 내게 말하기를 '어째서 사로잡은 적들을 놓아주는 것이오' 하므로 나는 대답하되, '현재 만국공법에 사로잡은 적병을 죽이는 법은 전혀 없다. 어디다가 가두어 두었다가 뒷날 배상을 받고 돌려보내 주는 것이다. 더구나 그들이 말하는 것이 진정에서 나오는 의로운 말이라 안 놓아주고 어쩌겠는가' 하였더니 여러 사람들이 말하되 '저 적들은 우리 의병들을 사로잡으면 남김없이 참혹하게도 죽이는 것이요, 또 우리들도 적을 죽일 목적으로 이곳에 와서 풍찬노숙해 가면서 그렇게 애써서 사로잡은 놈들을 몽땅 놓아 보낸다면 우리들이 무엇을 목적하는 것이오' 하므로 나는 대답하되 '그렇지 않다. 그렇지 않다. 적들이 그같이 폭행하는 것은 하나님과 사람들이 다 함께 노하는 것인데, 이제 우리들 마저 야만의 행동을 하고자 하는가. 또 일본의 4천만 인구를 모두 다 죽인 뒤에 국권을 도로 회복하려는 계획인가. 저쪽을 알고 나를 알면 백번 싸워 백번 이기는 것이다. 이제 우리는 약하고 저들은 강하니, 악전惡戰할 수는 없다. 뿐만 아니라, 충성된 행동과 의로운 거사로써 이토伊藤의 포악한 정략을 성토하여 세계에 널리 알려서 열강의 동정을 얻은 다음에라야 한을 풀고 국권을 회복할 수 있을 것이니, 그것이 이른바 약한 것으로 강한 것을 물리치고 어진 것으로써 악한 것을 대적한다는 그것이다.

---

50) 독립기념관 한국독립운동사연구소 편, 『韓末義兵資料』 V, 「參1發 303호」(1908.7.11), 91쪽.

그대들은 부디 많은 말들을 하지 말라' 하고 간곡하게 타일렀다.[51]

안중근은 만국공법에 의거하여 인류 정의와 도덕적 견지에서 동료들의 반발을 무릅쓰고 일본군 포로들을 석방하였던 것이다. 이 사건으로 말미암아 불만을 품은 의병들이 대오에서 다수 이탈하게 되었고, 특히 엄인섭 부대는 의견충돌로 인해 연해주로 귀환하고 말았다.

이처럼 안중근이 수행한 홍의동전투와 신아산전투는 연해주의병이 국내진공작전을 전개하면서 항일전을 수행한 가운데 거둔 대표적 승첩에 해당된다. 이 두 전투는 연해주의병이 국내로 진공해온 초기, 곧 의병의 전투력이 비교적 강력하고 사기가 고조되어 있던 시기에 거둔 승첩으로 일본군에 대한 선제공격이 주효했던 것으로 보인다.[52]

2) 영산전투

연해주의병이 홍의동과 신아산을 비롯하여 두만강에 연한 국경지대를 장악하면서 일본군 수비대를 연이어 격파하자, 이른바 한국주차군의 동부수비구사령관 마루이丸井政亞 소장은 경성鏡城에 있던 제49연대장에게 의병의 퇴로를 차단하여 포위할 것을 긴급히 지시하였다. 이에 따라 신아산이 습격을 받은 다음날인 11일 아침에는 청진수비대 병력 70명이 웅기로 급파되었고, 회령으로부터 1개 중대를 신아산 방면으로 파견하였다. 또한 경성에서는 1개 중대를 회령으로 올려 보내는 등의 병력 이동과 배치를 통해 관북 변경지방에 대한 초토화작전을 시도하였다.[53] 하지만 현지로 출동한 일본군은 고건원, 홍의동을 비롯한 경흥군과 경원군 관내의 변경지대에서 탄

51) 「安應七歷史」; 尹炳奭 譯編, 『安重根傳記全集』, 162~163쪽.
52) 朴敏泳, 『大韓帝國期 義兵研究』, 322쪽.
53) 독립기념관 한국독립운동사연구소 편, 『韓末義兵資料』 V, 「參1發 303호」(1908.7.11), 91쪽.

압작전을 수행하였지만 "적정은 아주 불명하다. 우리 각 토벌대는 효과를 거둘 수 없었다."[54] 또는 "7월 15일까지 얻은 정보에 의하면 적의 행동은 퍽 이나 민활하고 또 교묘해서 각 토벌대의 군사행동은 마침내 실패로 돌아갔다."[55]라고 하여 오히려 의병의 강력한 저항에 부딪쳐 소기의 성과를 거두지 못했다고 실토하고 있다.

이에 경성에 주둔하던 동부수비구사령관은 다시 회령에서 1개 중대를 증파하는 등 7월 15일부터 일주일 동안 부대별로 각기 일정구역을 할당하여 관북 변경지방에 대한 대탄압을 시도하였다. 그리하여 일제의 이른바 작전지구의 범위는 경원에서부터 증산甑山 · 봉산동鳳山洞 · 덕명德明을 거쳐 남방의 웅기雄基에 이르는 선 이동의 두만강 하안河岸이었다. 그리고 여기에 동원된 일본군은 제6중대, 제9중대, 제10중대 및 청진에서 출동한 장교 이하 70명, 그리고 훈융訓戎 · 웅기雄基 사이의 각 수비대 병력이었다. 이 무렵 관북 변경지대 곳곳에서는 연해주에서 출동한 의병과 이를 탄압하던 일본군 간에 거의 전면전과 다름없는 격전이 벌어지고 있었다.[56]

앞에서 보았듯이 홍의동으로 들어왔던 안중근 부대가 신아산을 습격한 노정까지는 자료상 확인되고 있다. 하지만, 이후 관북 내륙으로 이동한 뒤 회령군 영산에 이르기까지의 행군 노정을 구체적으로 알려주는 자료가 없기 때문에 그 실상을 파악하기는 어려운 실정이다.

그럼에도 불구하고, 일제 정보자료에 의거하여 연해주의병이 회령 영산에 이르기까지 도중에 일제 군경을 상대로 수행한 전투 지점이나 출현 지역을 추적할 수 있고, 그 결과는 안중근 부대의 이동 여정과 일치하거나 그

---

54) 독립기념관 한국독립운동사연구소 편, 『韓末義兵資料』 V, 「參1發 호외」(1908.7.17), 98쪽.

55) 독립운동사편찬위원회, 「會寧方面暴徒討伐詳報」(1908.7.1~31), 『독립운동사 1』, 1971, 669쪽 재인용.

56) 독립기념관 한국독립운동사연구소 편, 『韓末義兵資料』 V, 「參1發 호외」(1908.7.17), 98쪽. 여기에는 관북 변경지대의 전투상황이 비교적 자세히 기록되어 있다.

범주에서 크게 벗어나지 않은 것으로 인정된다.

안중근은 국내진공 이후 일본군과의 교전상황에 대해 '일본군대와 몇 차례 충돌하여 피차간에 혹은 죽고 상하고 혹은 사로잡은 자도 있었다'고 자서전에 기술하였고, 우덕순은 다음과 같이 회고하였다.

> (국내에) 들어와 보니 예상과는 틀리거든요. 의병 만여 명이 대거 출동한다는 풍문이 항간에 떠돌아 함경도에 있는 일병의 대부분이 국경 방면에로 몰려와 길목마다 지키고 있습니다. 그래서 13일 동안 30여 차나 교전하였으니 이만하면 그 때 우리의 처지가 얼마나 곤란하였을지 짐작하실 것입니다.
>
> 그 때 안安과 함께 엄인섭이라는 이는 나왔는데 (중략) 안은 우영장 엄嚴은 좌영장으로 조선에 나와 보니 일병 등살에 발붙일 곳이 없으므로 다시 돌아가기를 주장하고 안은 이왕 나온 바에야 일병과 결사전을 하여 볼 것을 주장하다가 군인들의 의향을 물어보니 4분지 3이 다 엄의 의견을 따랐습니다. 그러고 보니 안을 따르는 자는 한 50명밖에 안 되므로 내가 인솔한 부대와 합류하게 되었습니다.[57]

우덕순이 남긴 위의 회고담은 일제측 자료와도 내용상 상당히 일치하고 있는 점으로 보아 매우 사실적이라 인정된다. '일병의 대부분이 국경 방면으로 몰려와 길목마다 지키고 있었다.'는 내용은 동부수비구에서 급파한 3개 중대를 근간으로 하여 청진에서 출동한 70명, 그리고 훈융, 웅기 주둔 수비대 병력 등 대부대 동원상황과 변경지대 포위상황을 가리키는 대목이다. 이처럼 집중적인 탄압이 가해지는 상황에서 연해주의병은 '13일 동안 30여 차나 교전'을 벌여야 했을 만큼 심한 압박을 받았다는 것이다. 이와 같이 불리한 상황에서 회군하기를 주장한 엄인섭의 의견에 따라 안중근 휘하 의병까지 대부분 철수하게 되었고, 이에 50명 정도 남았던 안중근 휘하의 의병과 엄인섭이 거느리는 부대가 합진하게 되었다는 것이다.

57) 「禹德淳先生 懷古談」; 尹炳奭 譯編, 『安重根傳記全集』, 619쪽.

당시 우덕순은 앞에서도 언급하였듯이 안중근과는 계열을 달리하는 창의군의 한 부대를 인솔하고 있었던 것으로 인정된다.[58] 즉 홍의동과 신아산 승첩 이후 연해주의병은 동의군과 창의군 양 진영이 공동으로 작전을 전개하였다는 논지이다. 또 계봉우가 남긴 안중근 전기에 "공은 생각하기를 양진 장졸이 동심육력하여 죽기를 결단코 싸우면 한 사람이 가히 백여 명을 당할 수 있다 하여 이에 이범윤 부하와 합진하여"라고 기술한 대목도 국내진공 이후 동의군과 창의군이 합진한 사실을 알려준다.[59]

7월 11일에는 3백여 명의 의병이 경원읍 외곽 30리 지점에 위치한 융동隆洞까지 진출, 경원읍을 공략하려 하였다. 이에 상황이 다급해진 일제는 우편취급소 직원들을 훈융으로 긴급 대피시키기에 이르렀다. 이 즈음은 경원－종성 가도 중간에 위치한 북창평北蒼坪 역시 의병의 활동권 안에 들어가 있었던 것으로 보인다.[60] 그리고 11일 오후에는 다시 경원읍에서 불과 4Km 떨어진 지점까지 진출해 경원을 위협하기에 이르렀다.[61] 그런데 이 의병은 신아산을 습격했던 부대, 곧 안중근 부대와 같은 계통이었는지의 여부는 확인할 방도가 없다.

일단의 의병은 12일에도 덕명德明에서 출동한 일본군 척후병을 상대로 고아산古阿山 하면下面의 북방 2.5Km 지점에서 1차 전투를 벌인 끝에 1명을 사

---

58) 우덕순이 창의군 계열이었다는 정황은 창의군이 국내진공을 결행한 직후인 7월 16일(음 6.18) 블라디보스토크에 잔류해 있던 의병동지인 南極이 국내로 이미 진입해 있던 창의군 지휘관들에게 보낸 안부 및 격려 서신의 수신자 명단에 포함되어 있는 사실로 미루어 감지할 수 있다. 이 서신은 일본군에게 탈취당한 의병문건 가운데 하나이며, 수신인인 창의군 간부는 正尉 金榮璿, 參領 金敎明, 參尉 崔冀興, 正尉 張錫會, 副尉 姜鳳翼, 侍御 李奎豊, 主事 禹鴻 등이었다(독립기념관 한국독립운동사연구소 편, 『韓末義兵資料』 Ⅵ, 20쪽).

59) 계봉우, 「만고의사 안중근전」, 尹炳奭 譯編, 『安重根傳記全集』, 528쪽.

60) 『暴徒에 關한 編冊』, 「總監 甲 제15507호」(1908.7.13); 國史編纂委員會 編, 『韓國獨立運動史－資料 11』, 454쪽.

61) 『暴徒에 關한 編冊』, 「總監 甲 제15507호」(1908.7.13) · 「總監 甲 제15507호」(1908.7.13); 國史編纂委員會 編, 『韓國獨立運動史－資料 11』, 454쪽.

살하고 1명을 부상시키는 전과를 올렸다. 이 의병은 이어 같은 날 다시 회령에서 파견된 제9중대 소속의 일본군 27명과 신건원新乾原 서쪽 수정리水汀里에서 전투를 벌여 상등병 1명을 사살하였다.[62] 이날 전투를 수행한 의병이 경원 방면에서 남하한 의병인지, 아니면 이와는 별개의 다른 부대였는지 확실하게 단정할 수 없는 실정이다.

다만, 합리적으로 볼 때 11일과 12일 양일간에 경원과 신건원 일대에서 활동한 의병이 홍의동과 신아산에서 전투를 치루었던 그 의병, 곧 안중근 부대였다고 추론할 수 있다. 안중근을 필두로 하여 홍의동으로 들어온 의병이 신아산을 지나(10일) 경원 외곽까지(11일) 두만강을 따라 북상했다가 일제 군경의 추격을 받고 이튿날(12일) 다시 고아산·수정리 일대로 남하한 것으로 인정되기 때문이다.

이상과 같이 관북 변경지대에서 활동하던 연해주의병은 이후 내륙지방으로 행군하여 동남방에 있는 회령 방면으로 진출하였다. 이들이 회령 지경에 출현한 것이 18일경이므로, 거의 1주일에 걸쳐 행군을 계속하였던 것으로 보인다. 그 동안 이들은 몇 개의 부대로 나뉘어 도처에서 일제 군경과 교전하면서 진격하였을 것으로 짐작된다.

연해주의병은 7월 18일 회령 남방 약 2Km 지점까지 진격한 것으로 확인된다.[63] 회령까지 진출한 것으로 현재 확인되는 부대는 동의군 계열의 전제익·안중근 의병을 비롯하여 창의군 계열의 김영선·강봉익·우덕순 의병 등이다. 그리고 이 전투에 참가한 의병 수는 4백 명 규모로 짐작된다. 일제측 기록에는 2백 명 정도로 나오지만, 여러 정황으로 보아 러시아측 자료에 4백 명 정도로 파악한 것이 더 사실에 근접한 수치로 인정되기 때문이다.

---

62) 독립기념관 한국독립운동사연구소 편, 『韓末義兵資料』 V, 「한국주차군사령관 전보보고의 요지(1908.7.17)·「機密受 제1669호(1908.7.18)」, 98·99쪽.

63) 『暴徒에 關한 編冊』, 「鏡城署長發 電報」(1908.7.18) ; 國史編纂委員會 編, 『韓國獨立運動史－資料 11』, 457쪽.

회령까지 진출한 의병의 최고 지휘관 가운데 하나는 창의군 사령장司令長이던 정위正尉 김영선金榮璿金永先이었다. 국내로 진공했던 창의군은 그를 정점으로 하여 그 아래에 참령參領 김교명金敎明, 참위參尉 최기흥崔冀興, 정위正尉 장석회張錫會, 부위副尉 강봉익姜鳳翼, 시어侍御 이규풍李奎豊, 주사主事 우홍禹鴻(우덕순禹德淳의 이명) 등이 각기 한 부대를 이끌고 있었던 것으로 보인다.[64] 이들은 국내에 들어온 뒤 각기 분산된 형태로 활동한 것으로 생각된다. 그 가운데 장석회 부대는 임일록林日錄을 부장으로 삼아 함북 경성으로 남하하였다.[65] 그리고 창의군 가운데 김영선과 우덕순, 강봉익이 지휘하는 부대가 영산전투에 참가하였던 것이다.

안중근 부대를 비롯한 연해주의병은 회령군 영산에서 일본군과 전투를 벌였다. 영산전투는 곧 연해주의병이 수행한 마지막 전투였다. 이 전투에서 참패한 연해주의병은 이후 사방으로 분산되어 일부는 연해주로 귀환하고, 나머지 무산 방면으로 남하를 계속하였던 것으로 보인다.

영산전투에 대해 안중근은 다음과 같이 기록하였다.

---

64) 독립기념관 한국독립운동사연구소 편, 『韓末義兵資料』 Ⅵ, 20쪽. 회령까지 진출했다가 포로로 잡혔던 朱萬錫이라는 인물은 진술과정에 국내로 들어온 창의군의 지휘체계에 대해서 언급하였는데, 거기에 따르면 김영선이 대장으로 총지휘를 하였고, 그 아래에 金鑽浩, 金奎明 등이 중간 지휘를 하였으며, 林日錄·鄭成三·許謹·金守千·洪奉翼·李斗用·南丙星·黃學燮 등이 말단 지휘를 맡고 있었다고 한다(朴敏泳, 『大韓帝國期 義兵硏究』, 327쪽). 그런데 두 자료에 모두 등장하는 인물은 金鑽鎬(金鑽浩), 金敎明(金奎明), 姜鳳翼(洪鳳翼) 등 3인에 불과하다.

65) 경성의병과 합류한 장석회 부대가 경성까지 남하한 루트는 확실하지 않다. 즉 이 부대가 두만강을 건너 회령으로 진출한 뒤 영산전투에 참전하고 이후 경성까지 내륙으로 남하했는지, 혹은 연해주에서 해로를 통해 직접 동해안으로 상륙했는지 확인할 자료가 없기 때문이다. 일제측 자료에 연해주의병의 일부가 동해안 성진 방면으로 상륙했다는 기록이 있는 점으로 볼 때는 해로일 가능성도 배제할 수 없고, 다른 한편, 영산전투 일자가 7월 21일이고 장석회 부대가 경성에 도착한 시기가 8월 중인 점으로 미루어 날짜상 연속상에 놓여 있는 정황으로 보아서는 육로일 가능성도 높다.

일본 병정들이 습격하므로 충돌하기 4, 5시간 동안 날은 저물고 폭우가 쏟아져서 지척을 분간키 어려웠다. 장졸들이 이리 저리 분산하여 얼마나 죽고 살았는지조차 진단하기가 어려웠으나 형세가 어쩔 길이 없어 수십 명과 함께 숲 속에서 밤을 지냈다. 그 이튿날 6, 70명이 서로 만나 그 동안의 사연을 물었더니 각각 대를 나누어 흩어져 갔다는 것이었다.[66)]

위의 전투상황이 영산전투의 전황을 묘사한 것이라는 사실은 전투 당일 비가 내렸다는 점과 어두워질 때까지 전투가 계속되었다는 대목에서 알 수 있다.[67)] 위 인용문을 통해서 영산전투 당시 매우 고단했던 의병측의 형세와 전황을 충분히 짐작할 수 있다.

안중근은 또한 하얼빈의거 직후 신문에 대한 공술과정에서 엄인섭이 귀환한 이후 전제익과 함께 회령 영산까지 진출하였고, 이곳에서 김영선이 이끄는 창의군과 '우연히' 만났지만, 전제익과 김영선 간에 군권 쟁탈전이 벌어지는 와중에 일본군의 습격을 받아 참패했던 것으로 진술하였다. 그리고 그 날짜는 7월 20일경으로 기억하고 있다고 진술하였다.[68)] 이러한 진술 가운데 전제익이 안중근과 동행하여 영산까지 진출한 것은 사실로 짐작할 수 있으나, 사전에 두 진영이 연합하지 않은 상태에서 우연히 영산까지 진출하여 이곳에서 만났다는 것은 연해주의병의 실체를 은폐하기 위한 목적에서 나온 것으로 짐작된다. 국내진공을 떠날 때 군세가 50명에 불과했다고 진술한[69)] 것도 같은 이유에서였던 것으로 인정된다.

---

66) 「安應七歷史」; 尹炳奭 譯編, 『安重根傳記全集』, 164쪽.
67) 박은식, 『안중근』, 14쪽; 尹炳奭 譯編, 『安重根傳記全集』, 236쪽; 玉史 編書, 「만고의사 안중근전」, 尹炳奭 譯編, 『安重根傳記全集』, 404쪽.
68) 국사편찬위원회, 「境警視에 대한 安應七의 供述(제9회)」, 『韓國獨立運動史－資料 7』, 435쪽.
69) 국사편찬위원회, 「境警視에 대한 安應七의 供述(제9회)」, 『韓國獨立運動史－資料 7』, 434쪽.

또 안중근과 함께 영산전투를 치렀던 우덕순은 전투 당시를 다음과 같이 회고하였다.

> 회령 삼태골(에)서 길 안내를 하나 얻었는데 나중에 알고 보니 그는 일진회원이었습니다. (중략) 얼마쯤 가다 보니 밀림 가운데 겨우 길이 났는데 마치 좌우로 수목이 우거진 가운데 굴이 뚫린 셈이더군요. 그리로 들어서서 가다가 돌연 일군의 사격을 당하였습니다. 그곳에 놈들이 복병하고 있던 것이지요. 우리 의병들도 산산히 흩어져 응전하였는데 그것이 6월 23일이었지요. 정오에 시작한 격전이 어둘 때까지 계속하였습니다.[70)]

우덕순은 영산전투 장소가 삼태골 부근이라고 표현하였고, 전장은 수목이 우거진 밀림지대였다고 회고하였다. 나아가 영산전투가 의병의 길안내를 맡았던 일진회원의 유인계략에 걸려 일본군의 매복전 형태로 전개되었던 것으로 밝히고 있다. 그리하여 정오 무렵부터 어두워질 때까지 수시간에 걸쳐 쌍방간에 치열한 교전이 벌어졌다는 것이다. 이러한 정황으로 보더라도 영산전투 당시의 전황은 의병측에 절대적으로 불리했음을 알 수 있다.

우덕순은 위의 자료에서 영산전투가 음력 6월 23일 삼태골에서 벌어졌다고 밝혔다. 이에 대해 일제는 전투 날짜를 7월 21일로, 그리고 교전 장소를 회령 멱사동覓沙洞이라고 기록하고 있다.

한편, 그 이유는 알 수 없지만, 영산전투의 전황에 대해 일제측이 기록한 구체적인 자료는 잘 드러나지 않는다. 현재 남아 있는 자료에는 다음과 같이 포괄적으로 기록되어 있을 따름이다.

> 포로의 말에 의하면 21일 멱사동 부근에서 전투한 적의 수는 약 2백명으로 무장을 버리고 사산했다고 한다.[71)]

---

70) 「禹德淳先生 懷古談」; 尹炳奭 譯編, 『安重根傳記全集』, 621쪽.
71) 독립기념관 한국독립운동사연구소 편, 『韓末義兵資料』 V, 「한국주차군사령관 전보보고의 요지」, 117쪽.

회령 방면의 사건 발생 이래로 적의 손해는 합계 사망자 9명, 포로 12명이고, 노획품은 소총 29정, 탄약 3천 발, 잡품 약간이다.[72)]

앞의 우덕순이 남긴 회고록에 나오는 전투 일자인 음력 6월 23일을 양력으로 환산하면 7월 21일로 위의 일제측 자료와 정확히 일치한다. 이러한 점으로 미루어 안중근이 참가하였던 영산전투는 7월 21일 벌어졌음을 확인할 수 있다. 그리고 영산까지 진출했다가 포로가 된 김수은의 판결문에 "송산동松山洞·멱사동覓沙洞에 이르러 그곳 영산靈山에서 일본병과 교전하여"라고 한 점으로 미루어 위에 나오는 멱사동은 영산과 같은 지명의 이명, 아니면 서로 이웃한 지명으로 인정된다. 그리고 삼태골도 상호 근접한 거리에 있는 다른 지명이거나 아니면 동일 지명의 별칭으로 짐작된다. 나아가 위의 일제 기록에서 '회령 방면의 사건' 등으로 영산전투를 표현하고 있는 점을 미루어 볼 때 상당히 큰 규모의 전투가 벌어졌음을 짐작할 수 있다.

안중근은 영산전투 참패를 계기로 이후 연추로 귀환하였다. 우덕순은 영산전투 직후 의병들이 사방으로 흩어졌을 때 우연히 안중근을 만나게 된 상황을 다음과 같이 기록하였다.

다음에 산 위에 올라가 우리 참모 강봉익씨를 만나 의론하여 보았으나 어찌할 도리가 없었습니다. 얼마쯤 가다가 보니 집 한 채가 있는데 들어가 보니 뜻밖에 거기는 안중근·갈화춘·김영선 등 우리편 사람들이 먼저 와서 있더군요.[73)]

곧 영산전투 직후 전투 현장을 탈출하는 과정에 우덕순은 안중근과 갈화춘, 김영선을 만나게 되었다는 것이다. 창의군 참모였던 강봉익이 안중근,

72) 독립기념관 한국독립운동사연구소 편, 『韓末義兵資料』 V, 「參1發 호외(1908.8.4)」, 128쪽.

73) 「禹德淳先生 懷古談」; 尹炳奭 譯編, 『安重根傳記全集』, 621쪽.

우덕순과 동행했는지의 여부는 확인되지 않는다. 안중근이 자서전에서 연추로 귀환할 때 자신과 함께 두 사람이 동행하여 두만강을 건넜다고 밝혔는데, 그 두 사람이 바로 우덕순과 함께 만났던 갈화춘과 김영선이었던 것으로 인정된다.[74] 우덕순은 이 때 일본군에 체포되어 함흥으로 이감되어 있던 중 극적으로 탈출에 성공하여 석왕사 부근의 설봉산雪峰山 중흥사重興寺를 경유하여 이듬해 봄에 블라디보스토크로 귀환하였다.[75]

안중근은 영산전투에서 참패한 직후 자결을 결심하였을 만큼 큰 충격을 받았다. 참패 직후 그가 지은 다음 시에 당시 심경이 잘 드러나 있다.[76]

> 사나이 뜻을 품고 나라 밖에 나왔다가
> 큰 일을 못 이루니 몸 두기 어려워라
> 바라건대 동포들아 죽기를 맹세하고
> 세상에 의리없는 귀신은 되지 말게나

안중근이 연추로 귀환한 일시는 정확히 확인되지 않는다. 다만 자서전의 귀환과정을 기술한 대목에서 안중근이 한 달 반 동안 국내에 체류해 있었다고 밝힌 점과 국내로 진공했던 연해주의병의 일부가 종성간도로 8월 하순 퇴각하였던 점으로 미루어 볼 때, 1908년 8월 말 또는 9월 초 정도로 짐작된다. 안중근은 그 동안 겪었던 심신의 극심한 고통과 세궁역진한 고단한 형세에 대해 다음과 같이 생생하게 기술하였다.

> (영산전투 후 탈출한 뒤 찾았던 민가의) 노인에게 감사하고 작별한 뒤에 그의 지시대로 하여 몇 날 뒤에 세 사람이 모두 무사히 (두만)강을 건넜다. 그제사 겨우 마음을 놓고, 한 마을집에 이르러 몇 날 동안 편안

---

74) 반병률, 「러시아에서의 안중근의 항일독립운동에 대한 재해석」, 24쪽.

75) 「禹德淳先生 懷古談」; 尹炳奭 譯編, 『安重根傳記全集』, 622쪽.

76) 「安應七歷史」; 尹炳奭 譯編, 『安重根傳記全集』, 164~165쪽. "男兒有志出洋外 事不入謀難處身 望須同胞誓流血 莫作世間無義神"

> 히 쉰 다음에 비로소 옷을 벗어보니 거의 다 썩어서 몸을 가릴 수가 없고 이가 득실거려 셀 수조차 없었다. 출전한 뒤로 전후 날짜를 헤아려 보니 무릇 한 달 반인데, 집 안에서 자 본 일이 없이 언제나 노영露營으로 밤을 지냈고, 장마비가 그침 없이 퍼부어 그 동안의 백 가지 고초는 붓 한 자루로는 적을 수가 없다. 나는 노령 연추 방면에 이르렀다. 친구들이 서로 만나서도 알아보지 못하였다. 피골상접皮骨相接하여 전혀 옛적 모습이 없었기 때문이었다. 천번 만번 생각해 보아도 만일 천명天命이 아니었더라면 전혀 살아 돌아올 길이 없는 일이었다.[77)]

위에서 안중근은 극심한 고초 속에서도 생환할 수 있었던 것은 '천명' 때문이었다고 회고하였다. 연추 귀환 후 친구들이 알아보지 못할 정도로 국내진공 한 달 반 동안 말할 수 없는 고초를 겪었던 것이다. 영산전투 참패 후 안중근이 마음속에서 "옛날 미국 독립의 주인공인 워싱턴이 7, 8년 동안 풍진 속에서 그 많은 곤란과 고초를 어찌 능히 참고 견디었던고. 참으로 만고에 둘도 없는 영걸이로다. 내가 만일 뒷날에 일을 성취하면 반드시 미국으로 가서, 특히 워싱턴을 위해서 추상하고 숭배하고 기념하며 뜻을 같이 하리라."라고 하여 모진 고통을 이겨내고 미국 독립의 영웅이 된 워싱턴을 뼈저리게 경모하였던 사실도 자신이 겪었던 엄청난 고통을 그에게 가탁假託한 소이라 할 것이다.

5. 맺음말

이상으로 안중근이 연해주에서 전개한 의병투쟁에 대해 살펴보았다. 그 내용을 요약하면 다음과 같다.

---

77) 「安應七歷史」; 尹炳奭 譯編, 『安重根傳記全集』, 167~168쪽.

안중근이 망명을 결행하게 된 계기는 1907년 8월 대한제국 군대의 강제 해산이었다. 안중근은 해산군인들이 일본군을 상대로 처절한 시가전을 벌이던 참경을 목도하고 그날 망명길에 올랐다. 곧 그에게 있어서 국외 망명은 국권회복을 위한 새로운 방략의 모색이었고, 그 새로운 방략이 의병에 투신하여 무장항일전을 결행하는 것이었다.

안중근은 연해주에서 의병투쟁을 벌이는 동안 연해주의병의 최고 지도자인 이범윤·최재형 양인과 지속적으로 관계를 설정하고 있었으며, 활동과정에서는 엄인섭과 김기룡 양인이 가장 가깝게 지낸 동지였던 것으로 파악된다. 이범윤과는 연해주 망명 초기에 연합을 시도하였으며, 동의회에서 활동한 1908년 이후에도 일정한 관계를 맺고 있었던 것으로 인정된다. 그가 자서전에서 이범윤을 의병 '대장'으로 언급한 점이나, 공판과정에서 총대장 김두성金斗星과 함께 그 휘하에 '부장' 이범윤을 언급한 것은 그러한 맥락에서 이해할 수 있다.

연해주의병은 두 가지 계통으로 편성되어 있었다. 최재형을 정점으로 한 동의군同義軍(동의회 의병)과 이범윤 세력이 주축이 되어 편성한 창의군倡義軍(창의회 의병)이 그것이다. 1908년 국내진공작전 무렵의 창의군 편제의 실상은 잘 드러나지 않지만, 최고 지휘관인 사령장司令長 정위正尉 김영선金榮璿 아래에 참령 김교명金敎明, 참위 최기흥崔冀興, 정위 장석회張錫會, 부위 강봉익姜鳳翼, 시어侍御 이규풍李奎豊, 주사 우홍禹鴻[禹德淳] 등이 각기 한 부대를 인솔하고 있었던 것으로 보인다.

이에 비해 안중근은 동의군을 이끈 핵심 인물 가운데 한 사람이었다. 우영장에 선임되었던 그는 좌영장 엄인섭과 함께 길주·성진 경무관 출신의 최고 지휘관인 도영장都營將 전제익全濟益의 휘하에 편제되어 있었다.

안중근은 연해주의병이 1908년 7~8월 대규모 국내진공작전을 결행할 때 동의군의 우영장으로 한 부대를 거느리고 참전하였다. 그가 거느렸던 의병의 규모는 2백 명 가량으로 추정되며, 엄인섭을 비롯하여 여러 간부들이 각기 한 부대를 인솔하고 있었던 것으로 보인다. 한편, 연해주의병이 도강할 때, 뒷날 하얼빈의거에 가담하였던 우덕순은 이범윤 계열의 창의군 간부로 도강하였던 것으로 확인된다.

안중근 부대를 비롯하여 국내진공작전에 동원된 연해주의병은 모두 1천 명 안팎이었던 것으로 짐작된다. 안중근 부대는 1908년 7월 7일 두만강을 건넌 직후 두만강변의 홍의동洪儀洞을 습격하여 일본군 척후보병 4명을 사살하는 큰 전과를 올렸다. 그리고 안중근 의병은 신아산新阿山으로 올라가 10일 그곳 헌병분견대를 습격하여 승전을 거두었다. 이 전투에서 일본군은 하사 이하 5명이 행방불명되고 1명이 전사하였다. 안중근은 이 때 포로로 잡은 일본군들을 인도적 입장에서 석방시킴으로써 엄인섭 등 다른 의병들로부터 격렬한 반발을 사는 결과를 가져왔다. 동료들의 반발을 무릅쓰고 포로를 석방한 것은 안중근이 인류의 보편적 가치인 평화와 자유를 지향하고 있었다는 사실을 드러낸 증좌라 할 수 있다.

홍의동과 신아산에서 올린 승첩은 안중근 의병이 관북 내륙으로 깊숙이 진공하는 과정에서 일어난 조우전이었다. 이후 연해주의병은 한국주차군 동부수비구에서 시행하던 관북 변경지대에 대한 파상적 탄압을 피하면서 내륙 깊숙이 남하한 끝에 7월 18일경에는 회령 지경까지 진출할 수 있었다.

안중근을 비롯하여 연해주의병이 관북으로 진공한 것은 홍범도가 지휘하던 삼수갑산 일대의 산포수의병, 그리고 경성의병 등 관북지방에서 활동하던 의병들과 연합전선을 구축하기 위한 전략을 갖고 있었다. 연해주의병이 회령으로 진출한 것도 그러한 전략의 일환이었다.

안중근을 비롯하여 국내로 진공한 연해주의병이 연합세력을 구축한 뒤 일본군과 벌였던 대규모 전투는 회령 영산전투靈山戰鬪였다. 이 전투가 벌어진 날짜는 여러 정황으로 보아 두만강변에서 신아산전투를 치른 지 11일이 경과한 1908년 7월 21일이었다. 그 기간에 안중근 부대 등은 회령 지경에 이를 때까지 내륙 깊숙이 행군하였던 것이다.

영산전투는 동의군과 창의군이 연합하여 수행한 전투였다. 이 전투에는 4백 명 규모의 의병이 참여했을 것으로 짐작된다. 영산까지 진출한 것으로 현재 확인되는 부대는 동의군 계열의 전제익·안중근 부대를 비롯하여 창의군 계열의 김영선·강봉익·우덕순 부대 등으로 파악된다.

안중근은 영산전투에서 참패한 뒤 한 달 이상 관북 각지를 전전하면서 온갖 고초를 겪은 다음 8월 말, 9월 초 연해주 연추로 귀환하였다. 곧 그는 한 달 보름간의 국내진공작전 기간에 전반기 보름간에만 항일전을 수행하였고, 영산전투 이후 한 달 동안 관북 각지를 전전하면서 사지를 탈출하는 데 전력을 경주하였던 셈이다.

요컨대, 안중근은 연해주의병 가운데 동의군을 이끌고 국내진공작전에 가담하여 일제 군경을 상대로 사투를 벌였지만, 영산전투에서 패한 뒤 거의 한 달 동안 퇴로를 찾아가며 탈출하였다. 이와 같은 의병 경험은 안중근으로 하여금 구국의 새로운 방략을 모색하게 하였고, 그 결과 인심단합을 모토로 하여 동지간의 결속과 독립운동에 더욱 헌신할 것을 맹약하고 그 징표로 삼기 위해 동지 11명과 함께 동의단지회를 결성하였던 것이다. 하얼빈의거는 이러한 면에서 볼 때 한말 의병전쟁의 범주에서 새로운 구국투쟁의 방편으로 설정된 의열투쟁의 하나로 결행되었다고 할 수 있다.

안중근의 동의단지회

1. 머리말

하얼빈의거를 결행한 안중근의 신분은 '의병義兵'이었다. 1907년 가을, 러시아 연해주 망명 이후 그는 연해주의병의 핵심 인물이 되었다. 그는 창의회彰義會/倡義會와 더불어 연해주의병의 양대 세력 가운데 하나였던 동의회同義會에 참여하여 활동하였다. 1908년 7월 연해주의병이 관북지방으로 진공작전을 결행할 때, 도영장都營將 전제익全濟益, 좌영장左營將 엄인섭嚴仁燮과 더불어 그는 우영장右營將의 직책을 띠고 있었다. 이 때 그는 한 달 반 동안 관북지방 각지를 전전하면서 일제 군경을 상대로 혈투를 벌인 뒤 연해주로 귀환하였다.

2년간에 걸친 의병투쟁을 통해 축적된 항일전의 역량은 1909년 10월 26일 하얼빈 역두에서 대한침략의 원흉 이토 히로부미伊藤博文를 처단한 하얼빈의거로 승화되었다. 이와 같은 역사적 맥락을 갖고 있었던 까닭에 안중근은 하얼빈의거 후 신문, 공판석상에서 자신의 신분을 대한의군大韓義軍 참모중장參謀中將으로, 자신이 결행한 의거를 독립전쟁-의병전쟁-으로, 나아가 이토를 처단한 것은 독립전쟁 과정에서 올린 전과였다고 당당히 천명할 수 있었다. 안중근이 결행한 하얼빈의거를 한 개인의 거사가 아니라, 청일전쟁 이후 1895년부터 시작된 의병전쟁의 결실로 해석할 수 있는 중요한 근거가 여기에 있는 것이다.

안중근이 맹주가 되어 결성한 동의단지회同義斷指會는 그의 의병투쟁 과정에서 볼 때 1908년 여름의 국내진공작전과 1910년 10월 하얼빈의거의 중간 도정道程에 위치해 있다. 그러므로 동의단지회는 안중근의 의병투쟁, 특히 하얼빈의거의 실상을 해명하고 그 역사적 의의를 설정하는 데 중요한 의미를 갖고 있다고 할 수 있다. 이런 점에서 동의단지회는 그 동안 학계의 주목을 받아왔다.[1] 그럼에도 불구하고 관련자료가 거의 남아 있지 않기 때문에 그 실체를 해명하는 데는 일정한 한계를 노정할 수밖에 없었다.

본고에서는 이런 실정을 감안하고 그 동안 축적된 연구성과를 바탕으로 동의단지회의 실체를 해명해 보고자 한다. 이를 위해 먼저 동의단지회의 연원이던 동의회에서의 안중근의 역할 등을 살펴보고, 다음으로 안중근이 동의회 의병을 이끌고 항일전을 전개한 국내진공작전의 실상을 밝혀볼 것이다. 이러한 바탕 위에서 안중근이 동의단지회를 결성하게 된 시대적 배경과 여건을 비롯하여 결성 시기와 장소, 12명 회원의 실명實名, 결성 목적과 취지 등 동의단지회의 실체 해명에 필요한 여러 과제를 해결해 보고자 한다. 이러한 작업은 앞서 언급하였듯이 의병투쟁과 하얼빈의거가 안중근

1) 선행연구 가운데서도 독립운동사학계의 원로인 윤병석 교수가 그 동안 일반적으로 호칭되던 단지동맹의 정식 회명이 '동의단지회'라는 사실을 밝힌 것을 비롯해 결성 시기 및 장소 비정문제, 회원 분석, 취지 구명 등을 시도한 것은 특기할 만하다(「안중근의 연해주 의병운동과 동의단지회」, 『한국독립운동사연구』 14, 독립기념관 한국독립운동사연구소, 2000; 「안중근의 동의단지회의 補遺」, 『한국독립운동사연구』 32, 2009). 이러한 선행연구 성과는 본고의 작성에 큰 도움을 주었다.

의 구국활동에서 연속선상에 놓여 있기 때문에, 하얼빈의거가 갖는 역사적 의의와 연해주의병의 역사적 위상을 더욱 명확히 규정하는 데 이바지할 수 있을 것이다.

2. 안중근과 동의회의 관계

1907년 10월 연해주에 망명한 안중근은 동의회와 동의단지회 등 두 단체에 참여해 의병투쟁을 전개하였다. 결사의 형태는 다르지만, 두 단체의 성격과 의의는 일맥상통하고 있다. 동의회는 창의회와 더불어 연해주의병의 중심 단체였고, 동의단지회는 동의회의 활동이 위축되던 상황에서 안중근 자신이 주도하여 결성한 단체였다. 곧 동의단지회는 동의회의 후신으로, 그 결성목적과 참여인물이 더욱 한정되고 구체화된 단체였다고 할 수 있다.

안중근은 동지들과 함께 의병단체에 준準한 결사인 동의회에 참여해 활동하였다. 연해주의병은 국내에서 항전하던 단위 의병부대들과는 편제에서부터 그 성격을 달리하고 있다. 기본적으로 단일부대로 편성되어 있었던 것이 아니라 여러 단위부대가 이합집산되는 복잡한 구조와 성격을 지니고 있었기 때문이다. 그러므로 일정한 편제나 엄격한 명령계통이 상존해 있었던 것이 아니었다. 이런 까닭에 연해주의병은 그때그때의 상황에 따라 조직과 편제를 달리할 수밖에 없었으며, 한인 밀집지역 도처에 의병이 분산되어 있었던 것이다. 이와 같은 현상은 의병을 주도한 인물들의 성향이 다양하였던 점과 한인사회가 연해주 각지에 산재하였다는 점에서 자연히 기인한다고 생각된다. 그러므로 이들 각기 분산된 의병세력을 통합, 운영하기 위한 방편으로 결사의 성격을 가진 단체가 등장하게 되었던 것이다.[2] 이것

2) 朴敏泳,『大韓帝國期 義兵研究』, 한울, 1998, 292쪽.

이 창의회와 더불어 동의회가 탄생하게 된 시대적 배경이라 할 수 있다.

동의회의 주요 발기인은 안중근을 비롯하여 최재형崔在亨·이범윤李範允·엄인섭嚴仁燮·김기룡金起龍·이위종李瑋鍾·전제익全濟益·이승호李昇鎬·백규삼白圭三 등이며, 주러공사 이범진李範晉의 아들 이위종이 부명父名을 받고 1만 루블의 군자금을 가지고 연해주로 온 것이 동의회 결성의 계기가 되었다. 그리하여 1908년 4월경 연추의 최재형 집에서 동의회를 조직하기로 결의하고 수백 명이 참가한 가운데 총회가 개최되었다. 이 때 총장에 최재형, 부총장에 이범윤이 각기 선임되었고, 그 아래 회장에는 이위종, 부회장에 엄인섭이 각각 선임되었다. 그리고 백규삼이 서기書記를 맡았고, 안중근을 비롯한 발기인 전원이 평의원評議員이 되었다. 총장제와 회장제의 역할 및 기능, 상호관계에 대해서는 알려져 있지 않으나, 총장은 권위를 가진 상징적 역할을 하고, 회장이 회의 실제 업무를 관장하지 않았나 추측된다. 한편, 동의회의 군자금은 이위종이 소지하였던 1만 루블과 최재형이 사재로 출연한 1만 3천 루블을 비롯하여 수청지역 한인들이 모금한 6천 루블 등 총 2만 9천 루블에 달하였다.[3)]

동의회는 이주 한인간의 결속도모와 환난구제를 표방하면서 결성되었으나, 실질적으로는 항일의병을 추진하기 위한 결사의 성격이 강하였다. 곧 동의회라는 회명 자체가 의병결사를 의미하였던 것이다. 동의회의 평의원이었던 안중근도 "(동의회의) 목적은 화난상구禍難相救에 있으나 동 회원에는 의병에 가담한 자가 많다. (이것이 동의회가) 의병단체라는 평을 타인으로부터 받는 소이이다."라고 진술해 동의회가 곧 의병 단체의 성격을 가졌음을 시사하고 있다.[4)] 그리고 동의회 취지서에서

---

3) 「官秘 제8호(1915년 5월 24일 접수)」 '排日鮮人 退露處分에 關한 件'(1915년 5월 17일 조선총독 寺內正毅가 외무대신 加藤高明에 보낸 문서), 『不逞團關係雜件 朝鮮人의 部 在西比利亞』 5권.

4) 國史編纂委員會 編, 『韓國獨立運動史-資料 7』, 257·466쪽.

우리는 어찌 하여야 우리 조국을 붙들고 동포를 건지겠는가. 금일 시대에 첫째 교육을 받아 조국정신을 배양하고 지식을 밝히며 실력을 길러 단체를 맺고 일심동맹하는 것이 제일 방침이라 할지라. 그런 고로 우리는 한 단체를 조직하고 동의회라 이름함을 발기하노니 (중략) 저 독국[獨國-필자] 비스마르크는 평생에 쇠와 피와 두 가지로써 독국을 흥복하고 부강을 이루었나니 우리도 개개히 그와 같이 철환을 피치 말고 앞으로 나아가서 붉은 피로 독립기를 크게 쓰고 동심동력하여 성명을 동맹하기로 청천백일에 증명하노니, 슬프다, 동지제군이여.[5] (맞춤법-필자)

라고 하여 동지간의 단결과 이주 한인의 민족의식 고취를 최대 급무로 역설하고 있는데, 이는 곧 의병을 조직하고 항일전을 수행하는 전제조건으로 요구되는 내용이라 할 것이다. 그러므로 궁극적으로는 "철환을 피치 말고 붉은 피로 독립기를 크게 쓰고 동심동력하여" 무장항일전에 진력할 것을 촉구한 것이다. 곧 동의회는 의병결사 그 자체는 아니었으나, 그 중심인물들이나 추구하던 노선이 항일의병을 지향하고 있었다.[6]

하지만, 동의회는 결성된 지 오래지 않아 이범윤과 최재형 양 세력간의 갈등으로 인해 이범윤 계열이 이탈된 채 최재형과 이위종 계열을 중심으로 운영되어 갔던 것으로 보인다. 동의회가 결성되던 초기에는 다양한 성격의 인물들이 대거 회집하여 의병투쟁을 추진하였으므로 이범윤도 이와 같은 추세에 능동적으로 동참하였던 것으로 보인다. 그러나 이범윤이 최재형과 갈등을 노정하는 상황에서 동의회는 그 성격상 이범윤 세력이 자연히 배제되고 최재형 중심으로 운영되어 간 듯하다. 이듬해인 1909년에는 최재형이 직접 동의회의 회장직을 맡아 활동을 주도하였고, 안중근과 엄인섭 등의 평의원이 실제 회무를 관장하였던 것으로 보인다. 그밖에 백규삼·이경화李京化·김기룡·강창두姜昌斗·최천오崔天五 등의 의병 간부들을 비롯해 정

5)『해조신문』1908년 5월 10일자,「同義會趣旨書」.
6) 朴敏泳,『大韓帝國期 義兵研究』, 293~294쪽.

순만鄭淳萬 · 전명운田明雲 · 이홍기李鴻基 등 총 20~30명이 주요 회원으로 활동하고 있었으며 회원 총수는 2~3천 명에 달하였을 만큼 방대한 규모였다.[7)]

위에서 보았듯이 안중근은 발기인의 일원으로서 동의회의 결성과정에 참가한 뒤 평의원으로 활동하는 등 중심역할을 수행한 간부 가운데 한 사람이었다. 그와 결의형제를 맺었던 엄인섭이 부회장으로, 그리고 김기룡이 평의원으로 동의회의 활동에 적극 가담하였던 사실도 안중근과 동의회의 관계를 알려주는 단서가 된다.

안중근은 또 동의회 의병부대의 우영장右營將으로 선임되어 활동하였다. 그리하여 그는 1908년 7월 휘하 의병을 이끌고 국내진공작전에 참여하여 관북지방으로 진공한 뒤 한 달 반 동안 경흥 · 경원 · 회령 등 도처에서 항일전을 전개하였다.

3. 국내진공작전의 전개

연해주의병은 1908년 7월 대규모 국내진공작전을 전개하였다. 여기에 동원된 의병은 총 1천 명 안팎의 규모였던 것으로 추정된다. 이 때 결행된 국내진공작전은 최재형 세력이 주축이 된 동의군同義軍(동의회 의병)과 이범윤 세력의 창의군倡義軍(창의회 의병)이 모두 동원되어 수차에 걸쳐 반복적으로 이루어졌다.

안중근은 동의군의 우영장으로 한 부대를 거느리고 국내진공작전에 참가하였다. 그가 휘하 의병을 거느리고 포시에트를 떠나 두만강을 건넌 것은 1908년 7월 7일이었다.[8)]

7) 朴敏泳, 『大韓帝國期 義兵硏究』, 295쪽; 國史編纂委員會 編, 『韓國獨立運動史-資料 7』, 218 · 256~257쪽.

8) 朴敏泳, 『大韓帝國期 義兵硏究』, 319쪽; 계봉우, 「만고의사 안중근전」 10, 『권업 신문』 1914년 8월 29일자; 윤병석 譯編, 『안중근전기전집』, 국가보훈처, 1999, 527쪽.

안중근이 거느린 의병부대는 도강 후 경흥군 홍의동에서 항일전을 개시하였다.[9] 홍의동은 경흥읍에서 남동쪽으로 10여 Km 떨어진 두만강변에 있는 마을이었다. 이들은 곧 경흥으로부터 출동한 일본군과 첫 전투를 벌여 일본군 척후보병 상등병 이하 4명을 사살하는 전과를 올렸다.[10]

홍의동을 습격한 의병은 곧 북상하였다. 경흥 경찰분서에서는 분서장 이하 순사 7명이 의병 출현 소식을 듣고 8일 경흥읍 남쪽 두만강 대안의 고읍동으로 급거 출동한 것으로 보아 이 사실을 알 수 있다.[11]

고읍동을 경유한 부대는 두만강을 따라 북상을 계속한 끝에 9일에는 경흥읍 아래 신아산까지 진출한 뒤 10일 새벽에 그곳 헌병분견대를 습격하였다. 이 때 엄인섭 부대는 경흥의 두만강 상류를 도강한 뒤 홍의동에서 북상한 안중근 부대와 합류하였던 것으로 보인다. 기습을 당한 일본군은 일부 경흥 방면으로 도주하였으며, 하사 이하 5명은 행방불명이 되고 1명이 전사하는 등 참패하였다.[12]

홍의동전투 후 두만강을 따라 일시 북상한 뒤 엄인섭 부대와 합류하여 신아산승첩을 이룩한 것은 안중근 부대였다. 이 때 행방불명으로 보고된 일본군들은 의병에게 포로로 잡혔다가 안중근에 의해 인도적 차원에서 석방되었다. "10일 오전 4시 신아산 수비대는 약 2백 명의 적에게 격퇴당하였다. 1명이 전사하고 3명은 경흥수비대로 돌아왔다. 나머지는 행방불명되었다."[13]라는 전황보고 중 경흥수비대로 생환했다는 3명이 곧 안중근이 석방

---

9) 『暴徒에 關한 編冊』, 「慶興署長發 電報」(1908.7.9) · 「號外」(1908.7.14); 國史編纂委員會 編, 『韓國獨立運動史-資料 11』, 450 · 456쪽)

10) 國史編纂委員會 編, 『韓國獨立運動史-資料 7』, 235쪽; 國史編纂委員會 編, 『韓國獨立運動史-資料 11』, 453쪽.

11) 『暴徒에 關한 編冊』, 「慶興分署長發 電報」(1908.7.9) · 「鏡城署長發 電報」(1908.7.10); 國史編纂委員會 編, 『韓國獨立運動史-資料 11』, 450~451쪽.

12) 『暴徒에 關한 編冊』, 「號外」(1908.7.14); 國史編纂委員會 編, 『韓國獨立運動史-資料 11』, 456쪽.

13) 독립기념관 한국독립운동사연구소 편, 『한말의병자료』 V, 「參1發 303호」(1908.7.11), 91쪽.

한 일본군 포로들이었다고 인정된다. 이 때 안중근은 만국공법에 의거하여 인류 정의와 도덕적 견지에서 동료들의 반발을 무릅쓰고 일본군 포로들을 석방하였던 것이다. 이 사건으로 말미암아 불만을 품은 의병들이 대오에서 다수 이탈하게 되었고, 특히 엄인섭 부대는 연해주로 귀환하고 말았다.[14)]

이처럼 안중근이 수행한 홍의동전투와 신아산전투는 연해주의병이 국내 진공작전을 전개하면서 항일전을 수행한 가운데 거둔 대표적 승첩에 해당된다. 이 두 전투는 연해주의병이 국내로 진공해온 초기, 곧 의병의 전투력이 비교적 강력하고 사기가 고조되어 있던 시기에 거둔 승첩으로 일본군에 대한 선제공격이 주효했던 것으로 보인다.[15)]

연해주의병이 홍의동과 신아산을 비롯하여 두만강에 연한 국경지대를 장악하면서 일본군 수비대를 연이어 격파하자, 이른바 한국주차군의 동부 수비구사령관 마루이丸井政亞 소장은 경성鏡城에 있던 제49연대(12사단 소속)에 의병의 퇴로를 차단하여 포위할 것을 긴급히 지시하였다. 이에 따라 신아산이 습격을 받은 다음날인 11일 아침에는 청진수비대 병력 70명이 웅기로 급파되었고, 회령으로부터 1개 중대를 신아산 방면으로 파견하였다. 또한 경성에서는 1개 중대를 회령으로 올려보내는 등의 병력 이동과 배치를 통해 관북 변경지방에 대한 초토화작전을 시도하였다.[16)]

동부수비구사령관은 다시 회령에서 1개 중대를 증파하는 등 7월 15일부터 일주일 동안 부대별로 각기 일정구역을 할당하여 관북 변경지방에 대한

---

14) 「安應七歷史」; 윤병석 역편, 『안중근전기전집』, 162~163쪽. 엄인섭은 김기룡과 함께 안중근이 연해주에서 의형제를 맺었을 만큼 至近의 동지였다. 그럼에도 불구하고 그는 곧 일제의 밀정으로 변신하여 독립운동 관련 고급정보를 수시로 일제에게 제공하는 반민족 행위를 서슴치 않았다. 1911년 단재 신채호가 발간하던 한글신문 『大洋報』의 활자를 절취하여 이를 폐간케 하고, 1920년 북간도 龍井 부근에서 조선은행권 15만 원을 탈취하여 무기구입을 위해 블라디보스토크로 갔던 최봉설 · 임국정 · 윤준희 등을 밀고한 것 등이 그의 소행이었다.

15) 朴敏泳, 『大韓帝國期 義兵硏究』, 322쪽.

16) 독립기념관 한국독립운동사연구소 편, 『한말의병자료』 Ⅴ, 「參1發 303호」(1908.7.11), 91쪽.

대탄압을 시도하였다. 당시 일본군의 이른바 작전지구의 범위는 경원에서부터 남방의 웅기雄基에 이르는 선 이동의 두만강 하안河岸이었다. 그리고 여기에 동원된 일본군은 제6중대, 제9중대, 제10중대 및 청진에서 출동한 장교 이하 70명, 그리고 훈융訓戎·웅기 사이의 각 수비대 병력이었다. 이 무렵 관북 변경지대 곳곳에서는 연해주에서 출동한 의병과 이를 탄압하던 일본군간에 거의 전면전과 다름없는 격전이 벌어지고 있었다.[17)]

이처럼 집중적인 탄압이 가해지는 상황에서 연해주의병은 '13일 동안 30여 차나 교전'을 벌여야 했을 만큼 곳곳에서 혈투를 벌이면서 관북 내륙지방으로 깊숙이 남하하였다. 함경북도의 경성의병, 혹은 함경남도 일대에서 항일전을 수행하던 홍범도의 산포수의병과 연합전선을 구축하기 위해서였다.

내륙으로 남하하던 연해주의병은 7월 18일 회령 남방 약 2Km 지점까지 진격한 것으로 확인된다.[18)] 회령까지 진출한 의병의 지휘관은 동의군 계열의 전제익·안중근을 비롯하여 창의군 계열의 김영선·강봉익·우덕순 등이다. 그리고 이 전투에 참가한 의병 수는 4백 명 규모로 짐작된다.

안중근 부대를 비롯한 연해주의병은 회령군 영산에서 일본군과 혈전을 벌였다. 7월 21일 벌어진 영산전투는 곧 안중근 부대가 수행한 마지막 전투였다. 이 전투에서 참패한 연해주의병은 이후 사방으로 분산되어 일부는 연해주로 귀환하고, 나머지 일부는 함북 경성·무산 방면으로 남하를 계속하였던 것으로 보인다.

---

17) 독립기념관 한국독립운동사연구소 편, 『한말의병자료』 Ⅴ, 「參1發 호외」(1908.7.17), 98쪽. 여기에는 관북 변경지대의 전투상황이 비교적 자세히 기록되어 있다.

18) 『暴徒에 關한 編冊』, 「鏡城署長發 電報」(1908.7.18); 國史編纂委員會 編, 『韓國獨立運動史-資料 11』, 457쪽.

4. 동의단지회의 결성

1) 동의회와 동의단지회의 관계

안중근이 의병에 투신한 뒤 하얼빈의거를 결행하기까지 중간 도정에 동의단지회가 위치해 있다. 곧 동의단지회는 안중근이 결행한 의병의 항일전과 하얼빈의거 양자를 연결시켜주는 전도체였으며, 동시에 소수 정예의 동지들로만 구성되어 동의회의 설립목적과 투쟁목표를 더욱 한정시킨 동의회의 후신과도 같은 결사였다.

1908년 7월 국내진공작전을 결행한 뒤 함북 회령의 영산전투에서 패하고 그해 8월 말 혹은 9월 초 연추로 귀환한 안중근은 연해주 각지의 한인사회를 순방하였다. 영산전투 패산 후 안중근이 연해주 한인사회를 순방한 내역에 대해 계봉우는 다음과 같이 기록하였다.

> 공의 제일 장쾌한 여행은 우수리 등지와 북만주 일대에 시찰한 것이니 일찍 회령군 영산靈山 전쟁에 성공치 못함을 크게 분하여 단군 4천 2백 4십 1년 시월 초아흐렛날에 동지 두 사람을 데리고 해삼위를 들러 수청 등지를 지나 서북으로 허발포(하바로프스크－필자) 지방을 들러 살피고 다시 북만주의 3천 리 약수(흑룡강)을 건너 살마리아(사만리, 블라고슬로벤노예－필자)까지 두루 편답遍踏하고 돌아오니 그 동안 일자는 석 달이 넘고 리수는 수만여 리가 되었더라.[19]

위의 기록에 따르면, 안중근은 두 명의 동지와 함께 1908년 11월 2일(음 10. 9) 연추 근거지를 떠나 각지 한인사회 순방에 나섰다.[20] 그는 수청의 한

---

19) 계봉우,「만고의사 안중근전」6,『권업신문』1914년 8월 2일자; 윤병석 역편,『안중근전기전집』, 519쪽.

20) 안중근의 행적과 관련되어 위 기간에 일시 국내로 들어와 체류했을 개연성도 배제할 수 없다. 이 경우, 국내 항일인사들과 일정한 제휴나 교류가 있었을 것으로

인사회를 돌아본 뒤 하바로프스크로 올라갔으며, 이곳에서 다시 북서쪽으로 북상하여 흑룡강변의 블라고슬로벤노예 한인마을까지 역방하였다.[21] 결국 그는 3개월 동안에 연해주 외곽에 형성된 각지 한인사회를 널리 여행했던 것이다.

대규모 국내진공작전이 별다른 성과없이 끝난 뒤, 한인사회에서 의병의 열기가 급격히 식어가고 위축되던 상황을 반전시켜 이를 타개하기 위한 방편으로 의병 유세를 결행한 셈이었다. 한인사회를 역방歷訪하면서 그는 교육에 힘쓰기도 하고, 혹은 단체를 조직하는 데 진력하기도 했다고 밝혔다.[22] 동의단지회는 이처럼 의병투쟁의 여건이 어려워진 상황에서 안중근이 의병 결사인 동의회의 취지와 정신을 계승하여 인심단합을 통해 조국독립과 동양평화에 더욱 매진할 목적으로 결성한 단체였다.[23]

안중근은 그의 자서전에서 동의단지회를 결성하던 정황을 다음과 같이 기술하였다.

인정되기 때문에 하얼빈의거와 관련되어 특히 주목된다. 안중근이 수원에서 1908년 10월 1일(음) 진남포의 빌렘(洪錫九) 신부에게 보냈다는 엽서(안의사기념관 소장)가 그러한 정황을 알려준다. 이 문제는 앞으로 해결해야 할 과제로 남겨둔다. 엽서의 전문을 소개하면 다음과 같다. "화급한 일입니다. 목하 수원에 머물고 있으며 앞으로 서울로 나갈려고 계획하고 있습니다. 친지제솔 등에게 이 뜻을 전해주시길 바라겠습니다. 일이 있으면 글을 올리겠습니다. 안심하시기를 천만 복망합니다(有火急用事 目下水原留臨 前途漢城所過之地 向發爲計 親知諸率等下傳于此旨 幸甚伏望 當地着後上書 諒如安心之地 千萬伏望)".

21) 「안응칠역사」에는 이 기간 여정에 대해 연추에서 하바로프스크로 북상하여 다시 기선을 타고 흑룡강 상류 수천 리를 여행한 뒤 수청지방으로 내려왔으며, 1909년 음력 1월에 연추로 귀환한 것으로 밝혀 놓았다. 이 여정은 위의 계봉우 기록과 순방 대상지는 동일하지만 순서상 차이가 있다. 하지만, 현재로서는 어느 쪽이 옳은지 확단하기 어렵다.

22) 「안응칠역사」; 윤병석 역편, 『안중근전기전집』, 168쪽.

23) 윤병석, 「안중근의 '同義斷指會'의 補遺」, 『한국독립운동사연구』 32, 독립기념관 한국독립운동사연구소, 2009, 102~104쪽.

이듬해 기유년 연추 방면으로 돌아와 동지 12인과 같이 상의하되 우리들이 전후에 전혀 아무 일도 이루지 못했으니 남의 비웃음을 면하기 어려울 것이요, 뿐만 아니라, 만일 특별한 단체가 없으면 어떤 일이고 간에 목적을 달성하기가 어려울 것인즉, 오늘 우리들은 손가락을 끊어 맹세를 같이 지어 증거를 보인 다음에, 마음과 몸을 하나로 묶어 나라를 위해 몸을 바쳐 기어이 목적을 달성하도록 하는 것이 어떻소 하자 모두가 그대로 따르겠다 하여, 마침내 열 두 사람이 각각 왼편 손 약지를 끊어, 그 피로써 태극기 앞면에 글자 넉 자를 크게 쓰니 대한독립大韓獨立이었다. 쓰기를 마치고 대한독립만세를 일제히 세 번 부른 다음 하늘과 땅에 맹세하고 흩어졌다. 그 뒤에 각처로 왕래하며 교육에 힘쓰고 국민의 뜻을 단합하고 신문을 구독하는 것으로써 일을 삼았다.[24)]

안중근이 남긴 위의 기록에 따르면, 그는 곧 연해주 한인사회 순방에서 돌아온 직후에 자신을 포함하여 12명의 동지들이 독립운동에 심신을 바칠 것을 맹세하고 그 빙거憑據로 왼손 무명지 한 마디를 자르고 태극기 전면에다 혈서로 '대한독립大韓獨立' 네 자를 썼다는 것이다. 이와 같이 안중근이 주도하여 결성한 동의단지회는 전년 의병 단체로 결성되었던 동의회에 연원을 두고 있었다. 이러한 맥락에 대해서는 계봉우가 「만고의사 안중근전」에서 다음과 같이 밝혀 놓았다.

공이 북간도에서 뜻을 이루지 못하고 해삼위 지방으로 행하여 갈 제 명월노화明月蘆花에 남방으로 가려는 외기러기 그 짝을 부르듯 동의회를 모집하여 영산에서 한 번 싸움하여 왜놈의 간담을 얼마큼 서늘하게 하였으나 시기가 이利치 못함으로 연추에 물러와 다시 거사하기를 도모할 새 죽어도 함께 죽고 살아도 함께 살자는 친구 열 한 사람으로 더불어 동의단지회同義斷指會를 설립하고 각기 무명지를 끊어 맹세한 후에 그 피로써 태극기에 대한독립 네 글자를 썼더라.[25)]

---

24) 「안응칠역사」; 윤병석 역편, 『안중근전기전집』, 169쪽.
25) 계봉우, 「만고의사 안중근전」 9, 『권업신문』 1914년 8월 23일자; 윤병석 역편, 『안중근전기전집』, 525쪽.

이처럼 계봉우는 단지동맹한 결사의 명칭을 동의단지회로 기록하여, 동의단지회가 동의회에서 연원하던 정황을 구체적으로 기술하였다. 이것은 동의단지회가 동의회를 계승한 의병 결사였음을 알려주는 대목이다.

2) 동의단지회의 결성

안중근이 동의단지회를 결성한 일자를 명확하게 파악하기란 쉬운 일이 아니다. 하얼빈의거 후 안중근은 신문·공판 과정에서 일제로 하여금 혼선을 야기하고 동지들을 보호할 의도에서 결성 시기에 대해 수차에 걸쳐 상이한 진술을 하였다. 1909년 11월 4일 미조부치 다카오溝淵孝雄 검찰관의 신문에 대하여 안중근은 1909년 봄에 혼자 단지했다고 진술하였다.[26] 그 후 11월 24일과 27일의 사카이境 경시의 신문 때는 1908년 12월 혹은 1909년 1월이라 하였고,[27] 이어 12월 3일 재개된 사카이 경시의 신문에서는 1909년 1월 경이라고 답변하였다.[28] 안중근은 음력으로 진술하였기 때문에 이를 양력으로 환산하면 대체로 1909년 1월 이후 2월에 해당된다. 하지만 12월 20일 미조부치 검찰관의 제8회 신문 때에는 음력 10월 12일, 곧 양력 11월 5일 결성한 것으로 앞의 진술보다 날짜를 앞당겨 응답하였다. 그리고 1910년 2월 7일 열린 제1회 공판에서는 '금년 봄인가 조금 지난 때'로 다시 진술을 바꾸었다.[29] 이처럼 안중근은 피체 직후 최초의 신문 때부터 공판에 이르기까지 단지를 결행한 시기에 대해 1909년 1월부터 2월, 1909년 봄, 그리고 1908년 11월로 계속 진술을 달리하고 있다. 그러므로 신문·공판 때의 진술 내용만으로는 동의단지회의 결성 시기를 추단推斷하기 어려운 점이 있다.

---

26) 國史編纂委員會 編,『韓國獨立運動史-資料 6』, 58쪽.
27) 國史編纂委員會 編『韓國獨立運動史-資料 6』, 181 · 400쪽
28) 國史編纂委員會 編,『韓國獨立運動史-資料 7』, 425쪽.
29) 國史編纂委員會 編,『韓國獨立運動史-資料 6』, 309쪽.

한편, 안중근이 여순감옥에서 자서전으로 집필한 『안응칠역사安應七歷史』에는 동의단지회의 결성 시기에 대해 구체적으로 일시를 기록하지 않고 "기유년 정월 연추 방면으로 돌아와 동지 12인과 같이 상의하여"라고 하여 연해주 순방에서 연추로 귀환한 1909년 음력 1월 이후, 곧 양력 2월 무렵이라고 기록하였다.[30] 또, 계봉우가 집필한 「만고의사 안중근전」에서는 '단기 4242년 2월 초이렛날', 곧 1909년 2월 7일 동의단지회를 결성한 것으로 명기하였다.[31] 계봉우는 안중근 순국 후 첫째 아우인 안정근으로부터 넘겨받은 일체의 자료를 토대로 집필했다고 한다.[32] 이러한 계봉우의 기록은 현전하는 '대한의사안중근공혈서大韓義士安重根公血書' 엽서와 정확히 날짜가 일치한다. 즉 엽서 우측에 결성한 일자를 순한글로 '기유년 이월 초칠일'이라고 하여 1909년 2월 7일 동의단지회가 결성된 것으로 기록하였다. 이 날짜가 양력인지 음력인지 여부는 사실 가리기가 쉽지 않다. 「만고의사 안중근전」에 나오는 다른 날짜의 경우, 음력과 양력을 구분하지 않고 섞어 썼기 때문이다.

그런데, 후술하겠지만 동의단지회가 결성된 직후에 밀정을 통해 그 정보를 입수한 경흥경찰서장이 상부에 보고한 정보문건에는 단지한 일자가 '3월 2일'로 기록되어 있다.[33] 이러한 정황에 비추어 볼 때, 「만고의사 안중근전」과 혈서 엽서에 기록된 1909년 2월 7일이 음력이라는 사실을 감지할 수 있다. 이 날짜를 양력으로 환산하면 위 일제 기록상의 일자에 비해 4일이 앞선 2월 26일이 된다. 그러므로 현재로서는 이 날을 동의단지회가 결성된 일자로 비정하는 것이 가장 합리적이라고 할 수 있다.[34]

30) 윤병석 역편, 『안중근전기전집』, 115쪽.
31) 윤병석 역편, 『안중근전기전집』, 525쪽.
32) 윤병석, 「안중근의 '同義斷指會'의 補遺」, 94쪽.
33) 『暴徒에 關한 編册』, 「警秘親 제22호」(1909. 3. 12); 國史編纂委員會 編, 『韓國獨立運動史-資料 13』, 803쪽.
34) 그런데 혈서 엽서의 좌측에는 순한문으로 '一千九百九年 一(二)月 五日'이라고 표기되어 있는 점이 혼란스럽다. 이 날짜가 양력, 러시아력(아력)으로 대비시켜도

3) 결성 장소

동의단지회가 연해주 남부 우수리구역의 연추煙秋에서 결성된 사실은 분명하다. 위에서 보았듯이 결성 직후에 작성된 일제 정보기록에서도 그 장소를 연추로 파악하였고, 안중근과 계봉우도 역시 연추에서 동의단지회를 결성하였다고 기술하였다.

그런데, 연추는 연추강을 따라 한인 마을들이 남북으로 널리 형성되어 있던 일정한 영역을 가리키는 지역명이다. 구체적으로 연추는 북쪽 중국경 방면에서부터 남쪽으로 상, 중, 하별리別理 순으로 세 개의 마을이 연추강을 따라 남북으로 길게 뻗어 있었다. 상, 중, 하별리는 경우에 따라서 상, 중, 하연추로 불리기도 하였다.

그 가운데 동의단지회가 결성된 장소는 구체적으로 어디일까? 그 장소를 명확히 비정하기란 결코 쉬운 일이 아니다. 우선, 그 장소를 알려주는 단서가 하얼빈의거 후 신문 · 공판 과정에서 안중근이 남긴 진술뿐이다. 안중근의 신문 · 공판 진술은 위에서도 언급하였지만 동지 · 단체 보호 등 여러 가지 이유로 인해 그 내용을 전적으로 신뢰하기 어렵다. 다음으로, 연추 현지 조사를 체계적으로 진행하기 어려운 점도 결성 장소를 확실하게 비정하는 데 일정한 제약이 된다. 이러한 사실을 염두에 두고, 동의단지회가 결성된 구체적 장소에 대해 살펴보면 다음과 같다.

안중근은 1909년 12월 20일 미조부치 검찰관의 제8회 신문 때에 동의단지회 결성과 관련된 질문에 대해 다음과 같이 답변하였다.

모두 맞지 않기 때문에, 현재로서는 오기로 인정할 수밖에 없다. 참고로 엽서의 좌우측 일자를 음력, 양력, 아력 등으로 대비시켜 보면 다음과 같다.

아력 1월 5일; 양 1월 18일; 음 1월 8일
아력 2월 5일; 양 2월 18일; 음 1월 28일
음력 윤2월 7일; 양 3월 28일; 아 3월 15일
음력 2월 7일; 양 2월 26일; 아 2월 13일
양력 2월 7일; 음 1월 17일; 아 1월 25일

문: 단지동맹은 언제쯤 몇 사람으로 실행했는가 ?
답: 하리(下里, 연추 부근 인가가 5, 6집 있는 소부락)란 곳에서 작년 (1908년) 10월 12일 우리들 12인으로 실행하였다.
(중략)
문: 하리의 어떤 집에 모였는가?
답: 김모라는 집이다. 상세히는 모른다.[35)]

한편, 안중근은 1909년 11월 27일 사카이 경시의 신문시 단지동맹이 아닌 자신의 행적을 추적하던 과정에서 진술한 내용 가운데 하리의 구체적인 위치에 대해 다음과 같이 진술하였다.

이명남李明南은 작년 봄 노령에서 만났다. 이번 나는 동인同人과 기열基烈(김기열-필자)을 인솔하고 최초는 하리(하리는 연추·혼춘 사이에 있다. 노·청 국경이라 한다)를 출발하여 부령富寧으로 향하는 도중 (중략) 하리는 산중의 한촌寒村으로 5, 6호의 한가韓家가 있다. 아마 노국령일 것이다. 여관 주인은 김성金姓이었으나 이름은 모른다.[36)]

위 진술은 앞에서 검토한 내용과 어긋나지는 않는다. 이 진술에 이어 동의단지회 결성과 관련된 응답에서도 '하리의 김성金姓 댁宅 전술한 여관'에서 손가락을 잘랐다고 하였다.[37)] 그리고 1909년 11월 14일 제2회 미조부치 검찰관 신문 때에도 단지동맹 장소에 대해 '노국과 청국의 경계인 연추', 11월 24일 제6회 신문시 정대호와의 대질신문 때에는 '청국과 노국의 경계인 하리'로 답하기도 하였다.[38)]

위의 내용을 정리해 보면, 하리는 안중근이 연추에서 의병투쟁을 전개하는 과정에서 자주 회합을 가졌던 활동 근거지였다는 느낌이 든다. 안중근

35) 國史編纂委員會 編, 『韓國獨立運動史-資料 6』, 246쪽.
36) 國史編纂委員會 編, 『韓國獨立運動史-資料 7』, 398쪽.
37) 國史編纂委員會 編, 『韓國獨立運動史-資料 7』, 400쪽.
38) 國史編纂委員會 編, 『韓國獨立運動史-資料 6』, 58 · 181쪽.

의 진술에 의거하는 한, 하리는 연해주 연추에서 간도 혼춘琿春으로 통하는 가도상에 있는 5~6호의 작은 마을이고, 이곳 하리에 있던 김씨 성을 가진 사람이 운영하는 여관에서 동의단지회를 결성했다는 것이다.

4) 회원 명단

안중근은 11명의 동지와 함께 왼손 무명지 한 마디를 자르고 동의단지회를 결성하였다. 그 명단은 안중근이 진술한 가운데 수차에 걸쳐 나오지만, 동지를 보호하기 위한 목적에서 사실을 은폐하기 위해 실명實名을 가능한 한 숨겼기 때문에 실제 명단을 확인하기가 결코 쉽지 않다.

안중근이 동지들과 동의단지회를 결성한 사실은 단지斷指 직후에 일제 군경의 정보망에 포착되었다. 단지한 직후인 3월 12일 경흥경찰서장 하사바挾場順一郎가 내부 경무국장 마쓰이 시게루松井茂 앞으로 보낸 「대안상황보고對岸狀況報告」에서 밀정 이춘李春으로부터 넘겨받은 정보에 의거하여 단지동맹 사실을 다음과 같이 파악하였다.

> 거去 3월 2일 안응칠安應七 · 백규삼白圭三 · 김기룡金起龍 3명이 연추煙秋에 회합하여 의병의 건(폭도진흥暴徒振興의 건)에 관하여 협의하고 단지동맹斷指同盟을 하였다. 그 맹약문盟約文 중에 사역동혈死亦同穴 생역동일生亦同日의 문자가 있다. 3명 공히 수지手指 1본을 단斷하여 위약하지 않을 것을 맹세하였다 한다.
>
> (중략) 전기 안응칠 외 2명의 단지맹약은 확실한 증좌證左를 얻지 못하였다. 만약 사실이라 하더라도 대안對岸 일반의 민심은 의병에 반대의 의향을 하고 있으므로 강대한 세력을 얻을 수 없는 것으로 판단한다.[39]

---

39) 『暴徒에 關한 編冊』, 「警秘親 제22호」(1909.3.12); 國史編纂委員會 編, 『韓國獨立運動史-資料13』, 803쪽.

위와 동일한 밀정의 정보를 토대로 작성된 것으로 인정되지만, 회령경찰서장 다카미高見俊興도 3월 14일 내부 경무국장에게 "3월 2일 연추에서 적의 두목 안응칠·백규삼·김기룡 3명은 극력 폭도에 관하여 운동할 것이라고 각인이 일지一指 절단하여 계약契約하였다."[40]라고 단지 사실을 보고하였다. 그리고 이러한 정보 내용은 또 3월 27일 함경북도 경찰부장이 내부 경무국장에게 올린 보고서에도 그대로 전재되어 있다.[41]

위의 자료에 의거해 보면, 안중근 의사가 단지를 결행한 일자는 3월 2일이고, 그 장소는 연추이며, 안중근과 함께 단지를 결행했던 동지는 백규삼과 김기룡 등 2명이었다는 것이다. 그리고 동의단지회를 결성할 때 '사역동혈死亦同穴 생역동일生亦同日'이라는 구절이 들어 있는 맹약문이 있었다고 한 점으로 미루어 동지단지회의 취지문이 작성되었다는 사실도 파악하고 있었던 것으로 보인다. 이처럼 일제는 동의단지회가 결성되던 당시에 이미 밀정을 통해 그 사실을 포착하였던 것이다. 하지만, 이러한 단지동맹 관련 정보는 몇 달 뒤 하얼빈의거 결행 직후에 안의사가 신문을 받고 공판을 진행하던 상황에서 여기에 대한 언급이 없던 점으로 미루어 사장되어 거의 활용되지 못했던 것 같다. 아무튼 위의 자료에서 안중근을 비롯하여 백규삼과 김기룡 등 3명은 동의단지회의 맹원으로 명백하게 확인된다고 할 수 있다.

안중근은 동의단지회에 대한 신문이 시작되던 초반에 회원들의 신변안전을 염려하여 단독으로 단지한 것이라고 주장하였다. 즉 1909년 11월 14일 미조부치 검찰관의 제2회 신문 때, 안의사는 단지 사실을 처음으로 시인하면서 다음과 같이 혼자 결행한 것이라고 주장하였다.

---

40) 『暴徒에 關한 編冊』, 「會極秘 제4호」(1909.3.14); 國史編纂委員會 編, 『韓國獨立運動史-資料13』, 805쪽.
41) 『暴徒에 關한 編冊』, 「警秘收 제222호의 1」(1909.3.27); 國史編纂委員會 編, 『韓國獨立運動史-資料13』, 811쪽.

문: 그대는 작년 동지 4명과 의논 후 노우키에프스크(연추－필자)에서 이등伊藤 공작을 살해할 것을 맹세하고 손가락을 절단한 일이 없었는가?

답: 그곳에 회합하여 한국의 독립을 도모할 협의를 하였으나 이등만을 살해할 의논은 하지 않았다. 또 손가락은 그 때 절단한 것이 아니고 나의 손가락은 금년 봄에 맹세할 때 절단하였다.

(중략)

문: 그 때 손가락을 절단한 동지는 누구 누구인가 ?

답: 나 혼자 결심하고 손가락을 절단하였다.

문: 그대와 같이 김기열金基烈 · 홍치범洪致凡 · 윤치종尹致宗 등이 손가락을 절단한 것이 아닌가 ?

답: 그러한 일은 없다.[42]

하지만, 그로부터 며칠 뒤인 11월 22일 정대호鄭大鎬가 안중근으로부터의 전문傳聞에 따라 "안응칠 등 11명의 동맹은 한국의 독립을 기하기 위하여 손가락을 자른 것으로서 생혈生血을 사발에 담아 이것으로써 기념의 국기에 대한독립만세大韓獨立萬歲라고 대서大書하고 맹세한 것"[43]이라고 하여 안중근이 동지들과 함께 동의단지회를 결성한 사실을 실토하였다. 하지만, 이 때는 안중근을 포함하여 11명만 회합에 참여한 것으로 진술하였다.

이후 안중근은 정대호가 동의단지회의 실체에 대해 실토한 이틀 뒤인 11월 24일 미조부치 검찰관이 정대호와 대질 신문할 때 처음으로 구체적인 회원 명단을 진술하였다. 이 때 안의사는 11명이 함께 동맹을 맺었으나 자신만이 혼자 단지한 것이라고 다음과 같이 응대하였다.

문 : 국기에는 11인의 피로 썼는가?

답 : 10인 앞에서 내가 혈서하였다.

문 : 그대와 함께 11인인가?

---

42) 國史編纂委員會 編,『韓國獨立運動史-資料 6』, 58쪽.
43) 국가보훈처 편,『亞洲第一義俠 安重根』1, 1995, 480쪽.

답 : 그렇다.

(정대호에게)

문 : 안은 지금 들은대로 10인 앞에서 안이 혈서한 것으로 11인이 손가락을 자른 것이 아니라고 하는데 여하한가?

답 : 11인이 썼다고 들었다.

(안응칠에게)

문 : 정은 그렇게 말하는데 여하한가?

답 : 10인이 내가 말하는 것을 믿지 않으므로 그 앞에서 내가 혈서한 것이다.

문 : 그대 한 사람이면 동맹이 아니지 않은가?

답 : 10인은 뜻을 같이 한 사람이다.[44]

즉 안중근은 처음에는 자신을 포함한 11명이 함께 단지동맹을 결행하였는데, 다른 사람들은 취지만 같이 하고 실제로 단지한 것은 자신뿐이었다고 주장한 것이다. 회원들의 성명에 대해 안중근은 마지못해 "강기순姜起順·박봉석朴鳳錫·정원주鄭元周, 그밖의 사람은 이름을 모르는데 김金이라고 하는 사람이 3, 4인 있었고 그밖에 류柳·조趙·이李라고 하는 사람과 황길영黃吉榮이라는 사람"이라고 처음으로 언급하였다.[45] 여기서 언급된 이들 가운데 강기순은 강순기를, 황길영은 황병길을 각각 염두에 두고 지칭한 것으로 생각된다. 이들 외에는 실명으로 유추할 수 있는 명단은 없는 것 같다.

이어 11월 27일 사카이 경시의 신문 때 안중근은 여전히 11명만 회합하였으며, 그 가운데 박봉석朴鳳石·강기순姜起順·정원식鄭元植 외에는 기억나지 않는다고 하고, 이어 엄인섭과 김기룡은 참석하지 않았다고 밝혔다.[46] 이러한 진술은 위에서 언급한 명단과 대동소이한 것으로, 동지들을 보호하

44) 國史編纂委員會 編,『韓國獨立運動史-資料 6』, 180쪽.
45) 國史編纂委員會 編,『韓國獨立運動史-資料 6』, 180쪽.
46) 國史編纂委員會 編,『韓國獨立運動史-資料 7』, 400쪽.

기 위해 철저하게 실명을 숨기고 가명으로 3~4명만 언급한 채 나머지 회원들에 대해서는 기억이 나지 않는다는 핑계로 진술을 거부했던 것이다.

안중근이 단지한 회원이 모두 12명이었다고 처음으로 밝힌 것은 12월 3일 사카이 경시의 신문 때였다. 이 때 그는 동의단지회와 관련하여 지금까지 진술한 내용은 거짓이었고, 이제부터 진실을 밝히겠다고 하면서 단지한 12명의 성명과 출신지, 신분 등을 다음과 같이 제시하였다. 이어 12월 20일 미조부치 검찰관이 진행한 제8회 신문 때에도 위와 대동소이한 명단을 진술하였다. 이상 두 차례에 걸쳐 안중근이 진술한 명단을 표로 제시하면 다음과 같다.

안중근 진술 동의단지회원 명단

12월 3일 진술 명단[47]						12월 20일 진술 명단[48]	
안응칠安應七	맹주	교육가	의병	31세	평안도	안응칠安應七	
김기룡金基龍		경무관	동	30세	동	김기룡金基龍	평안도인, 이발직, 30세 전. 원 평안도경무관 지낸 일 있음
강기순姜起順			동	40세	동	강기순姜基順	40세 전후, 의병, 서울사람
정원계鄭元桂			동	30세	함경도	정원식鄭元植	의병, 30여 세, 주소미상.
박봉석朴鳳錫			동	32세	동	박봉석朴鳳錫	34세, 농부, 함경도사람.
유치홍柳致弘			동	40세	동	유치홍劉致弘	40세 전후, 농업, 함경도사람?
조순응曹順應			동	25세	동	조순응趙順應	농부, 의병, 함경도사람, 25~6세.
황길병黃吉秉			동	25세	동	황길병黃吉炳	농업, 27~8세, 함경도사람.
백남규白南奎			동	27세	동	백남규白南奎	농업, 27세, 함경도사람.
김백춘金伯春			동	25세	동	김해춘金海春	엽부獵夫, 의병, 함경도사람으로 25~6세
김천화金天化			동	26세	강원도	김천화金千華	의병, 노동자, 25~6세, 원적미상
강계찬姜計瓚			동	27세	평안도	강두찬姜斗瓚	노동자, 25~6세, 평안도사람

안중근이 진술한 위의 12명 명단이 현재 자료상 확인할 수 있는 가장 근접한 동의단지회 성원들이다. 12월 3일 진술한 명단의 특징은 회원 전부가

47) 國史編纂委員會 編, 『韓國獨立運動史-資料 7』, 425쪽.
48) 國史編纂委員會 編, 『韓國獨立運動史-資料 6』, 246쪽.

신분이 의병이라는 점이며, 12월 20일의 진술에서는 6명의 신분을 의병이라고 밝히지 않았지만, 이들 가운데 김기룡과 황병길이 명백히 의병이었던 사실로 미루어 나머지 인사들도 의병으로 간주해도 큰 무리가 없을 것 같다.

안중근이 두 차례 진술한 위 12명의 명단은 거의 일치하고 있다. 여기에 의거해 보면 동의단지회원 12명은 맹주 안중근을 비롯하여 김기룡金基龍 · 강기순姜起[基]順 · 정원식鄭元植 · 박봉석朴鳳錫 · 유치홍柳致弘 · 조순응曹[趙]順應 · 황길병黃吉秉[炳] · 백남규白南奎 · 김백춘金伯[海]春 · 김천화金天化[華] · 강두찬姜斗[計]瓚 등이다. 이 명단이 안중근이 실제로 단지한 회원의 실명을 염두에 두고 이에 가탁하여 임의로 지어낸 가명이라고 한다면, 여러 가지 정황으로 미루어 실명을 유추해 볼 수 있을 것이다. 우선 김기룡은 이미 실명이 드러난 인물이기 때문에 이론의 여지가 없고, 나머지 명단은 이름 두 자가 뒤집힌 경우와 성이 바뀐 경우 등으로 상정해 볼 수 있다. 전자의 경우에 해당되는 명단은 강기순 · 조순응 · 황길병 · 백남규 · 강두찬 등으로 각각 강순기 · 조응순 · 황병길 · 백규삼 · 강창두를 지칭하는 가명인 것 같다. 그리고 김천화는 안중근이 국내진공작전 때 영산전투 이후 함께 연추로 귀환했던 갈화천을 지칭하는 변명인 듯하다. 기타 정원주 · 박봉석 · 유치홍 · 김백춘 등 4명의 실명은 현재로서는 추론하기 어려운 실정이다.

결국 안중근이 진술한 위의 명단을 토대로 동의단지회원 12명 가운데 실명으로 확인되는 인물은 안중근을 비롯해 김기룡 · 강순기 · 조응순 · 황병길 · 백규삼 · 갈화천 · 강창두 등 8명이며, 나머지 4명은 현재로서는 실명을 확인하기 어려운 상황이다.

그 뒤 1910년 2월 7일 열린 제1회 공판에서 마나베 주조眞鍋十藏 재판관의 심문에는 "모두 12인이었지만 그 성명은 김기룡金基龍, 강기순姜基順, 유치현劉致鉉, 박봉석朴鳳錫, 백낙규白樂奎, 강두찬康斗瓚, 황길병黃吉秉, 김백춘金伯春, 김춘화金春化와 나 외에 2명의 이름은 지금 기억되지 않는다."[49]라고 하여 위의 진술내용에서 크게 벗어나지 않았다.

한편, 12명의 회원 명단은 안중근 순국 후에도 일제 정보문헌에서 발견된다. 그 가운데 하나가 1923년 조응순趙應順과 관련된 기록으로, 여기에는 그 때까지 생존해 있던 회원들에 대해 "자기 외에 오소리 방면의 하바로프에 강순규姜順奎, 흑하黑河에 김기룡金基龍 · 강창두姜昌斗 · 갈화천葛化天의 5명뿐으로 이 5인은 자기를 제외하고 다른 사람은 모두 시베리아지방에서 학교를 경영하고 있다."라고 하여 조응순 · 강순기 · 김기룡 · 강창두 · 갈화천 등 5명을 거명하고 있다.[50)]

또 회원의 한 사람으로 명확히 드러나는 강순기에 관한 기록도 확인된다. 중앙아시아 강제이주 후인 1959년에 강호여가 이인섭에게 보낸 것으로 추정되는 편지 가운데 다음과 같이 언급되어 있는 대목이 그것이다.

> 개인적으로 나의 종조부 강순기(나의 조부의 둘째 동생)와 같이 결의형제이고, 쏘련으로 들어올 때에 '씰리와'(밀산 '십리와'를 지칭－필자)에서 우리 군대와 홍장군(홍범도－필자)의 군대와 합하여서 '대한독립군'의 명의(로) 자유시까지 같이 들어왔고, 그 후에도 서로 만나면 조손(祖孫－필자)의 칭호를 부르고 지냈습니다. 나의 종조부는 일본 이등박문을 할빈에서 죽이자고 12명이 단지동맹한 사람이며, 솔밭관 공산당군대에서 행정부장이었다.[51)]

즉 뒷날 홍범도와 결의형제를 맺었던 강순기는 안중근이 결성한 동의단지회에 가담하여 함께 단지한 맹원이었으며, 뒷날 연해주 솔밭관 한족공산당 빨치산부대의 행정부장을 지낸 인물이라는 것이다.

이상에서 논급한 내용을 정리하면, 동의단지회 12명 회원 가운데 실명으로 확인되는 인물로는 맹주 안중근을 비롯하여 백규삼白圭三, 김기룡金起龍,

---

49) 國史編纂委員會 編, 『韓國獨立運動史-資料 6』, 331쪽.
50) 윤병석, 「안중근의 '同義斷指會'의 補遺」, 100쪽.
51) 「리인섭 동지에게!(1959년 추정)」(독립기념관 소장 이인섭 관련 기증자료).

강순기姜舜璣, 조응순趙應順, 황병길黃炳吉, 강창두姜昌斗, 갈화천葛化天 등 8명이며, 나머지 정원주鄭元柱[周], 박봉석朴鳳錫, 유치홍柳致弘, 김백춘金伯[海]春 등 4명은 현재로서는 실명을 확인하기 어려운 상황이다.[52)]

5) 결성 취지

안중근은 1908년 7~8월 2백 명 규모의 의병부대를 이끌고 국내진공작전을 결행한 뒤에 동의단지회를 결성하였다. 전술하였듯이 그는 국내진공작전에서 천신만고 끝에 생환한 뒤 연해주 한인사회 각지를 순방하면서 동포간의 단결과 화합을 강조하였다.

안중근은 연해주 각지 한인사회 순방을 마치고 연추로 돌아와 그 동안 자신이 역설한 단결과 화합의 증좌證左로 제시하기 위해, 나아가 한국독립을 이룩하는 데 헌신한다는 빙거憑據로 보이기 위해 동지들과 함께 단지하였다. 곧 동의단지회는 의열투쟁을 결행할 목적하에서 결성된 단체라기보다는 조국독립을 이룩하기 위한 굳은 결심을 나타내기 위해 결성한 단체였다고 할 수 있다. 후일 안중근이 신문을 받으면서 단지의 목적을 다음과 같이 진술한 것은 이러한 맥락에서 이해할 수 있다.

---

52) 러시아 한인사회 역사를 정리한 최호림은 동의단지회의 12명 회원으로 안중근, 황병길, 백규삼, 조응순, 김기룡, 유치홍, 강승규, 정주원, 강창도, 김을령, 박석봉, 갈화천 등을 거명했다고 하는데(반병률, 「안중근과 최재형」, 『역사문화연구』 33, 한국외국어대 역사문화연구소, 2009, 89쪽), 실명과 관련되어 시사하는 바가 있다. 즉 이름 두 자의 앞뒤 순서가 뒤바뀐 규칙에 비추어 본다면, 실명 확인이 어려운 4명 가운데 정원주는 정주원, 박봉석은 박석봉으로 각각 합리적으로 유추할 수 있을 것이다. 그러나 최호림은 나머지 유치홍과 김백춘 2명에 대해서는 유치홍은 그대로 실명으로 보았고, 김백춘의 경우는 김을령을 실명으로 파악한 것 같다. 그런데, 위의 본문의 실명 8명 외에 최호림이 실명으로 파악한 정주원, 박석봉, 유치홍, 김을령 등 4명이 누구인지 불분명하며, 행적이 잘 드러나지 않는다. 이런 점에서 여전히 의문이 남는다.

> 단지의 목적은 대한국의 독립을 꾀하기 위해서이며, 독립할 때까지는 여하한 방법, 수단도 가리지 않고 감행할 생각에서이며 (중략) 단지할 당시는 민심이 산란하고 또 나를 믿는 자가 없었으므로 나는 국가를 위하여 진력하는 열심을 타인에게 보이어 민심을 수습하기 위해 단지한 것이다. 고로 이등을 죽이는 것만의 목적이 아니다.[53]

위의 진술 요체는 독립운동을 도모하기 위한 목적에서 단지하였으며, 나아가 흐트러진 민심을 수습하여 독립운동을 전개하고자 신뢰를 얻기 위한 빙거로 단지를 결행하였다는 것이다.

또 계봉우가 지은 「만고의사 안중근전」에는 다음과 같은 동의단지회 취지서가 소개되어 있다. 다소 장문이지만 그 전문을 인용하면 다음과 같다.

> 오늘날 우리 한국 인종이 국가가 위급하고 생민生民이 멸망할 지경에 당하여 어찌 하였으면 좋은 방법을 모르고 혹 왈 좋은 때가 되면 일이 없다 하고, 혹 왈 외국이 도와주면 된다 하나 이 말은 다 쓸 데 없는 말이니 이러한 사람은 다만 놀기를 좋아하고 남에게 의뢰하기만 즐겨하는 까닭이라. 우리 2천만 동포가 일심단체一心團體하여 생사를 불고한 연후에야 국권을 회복하고 생명을 보전할지라. 그러나 우리 동포는 다만 말로만 애국이니 일심단체이니 하고 실지로 뜨거운 마음과 간절한 단체가 없으므로 특별히 한 회를 조직하니 그 이름은 동의단지회同義斷指會라. 우리 일반 회우會友가 손가락 하나씩 끊음은 비록 조그마한 일이나 첫째는 국가를 위하여 몸을 바치는 빙거憑據요, 둘째는 일심단체하는 표標라. 오늘날 우리가 더운 피로써 청천백일지하靑天白日之下에 맹세하오니 자금위시自今爲始하여 아무쪼록 이전 허물을 고치고 일심단체하여 마음을 변치 말고 목적에 도달한 후에 태평동락을 만만세로 누리웁시다.[54]

위 취지서를 통해서 보면 동의단지회는 조국독립을 위하여 기꺼이 목숨

53) 國史編纂委員會 編, 『韓國獨立運動史-資料 7』, 400쪽.
54) 계봉우, 「만고의사 안중근전」 9, 『권업신문』 1914년 8월 23일자; 윤병석 역편, 『안중근전기전집』, 525쪽.

을 바칠 굳은 결의를 하고 이를 실천하기 위해 결성된 일심단체였다. 그러므로 회맹 때 결행한 단지斷指는 곧 나라에 몸을 바치는 빙거인 동시에 일심단체의 표상表象이 된다는 것이다. 독립과 일심이 위의 취지서를 관통하는 핵심 키워드라는 사실을 고려한다면, 이와 같은 시대적 상황에서 결성된 동의단지회의 근본적 취지를 충분히 짐작할 수 있을 것이다.

이상에서 언급한 동의단지회의 결성 취지나 목적은 안중근이 결행한 하얼빈의거의 시대적 배경으로는 언급될 수 있겠지만, 의거를 결행한 주체로서 직접 연결하거나 상정하는 것은 사실史實과 상당한 거리가 있다는 점에 유념할 필요가 있을 것이다. 하얼빈의거에 참여한 안중근의 동료 가운데 동의단지회 회원이 한 사람도 포함되어 있지 않는 사실은 이 점과 관련하여 시사하는 바가 클 것이다.

동의단지회에서 표방한 일심단결을 통한 독립운동의 희생적 실천의식은 곧 하얼빈의거를 결행할 수 있게 한 저력이 되었다는 점에서 그 역사적 의의가 크다.

안중근은 자신이 결행한 하얼빈의거를 의병전쟁의 차원에서 전개된 독립전쟁으로 인식하고 있었다. 그가 '나 일개의 생각뿐만 아니라 곧 한국 2천여 만 동포의 대표로 결행한 것'이라고 지적한 대목도 이와 같은 맥락에서였다.[55] 나아가 그는 의병의 신분에서 결행한 하얼빈의거의 정당성을 다음과 같이 천명할 수 있었다.

> 그것(의거-필자)은 3년 전부터 내가 국사를 위해 생각하고 있었던 일을 실행한 것이나, 나는 의병의 참모중장參謀中將으로서 독립전쟁을 하여 이등을 죽였고 참모중장으로서 계획한 것으로 도대체 이 공판정에서 심문을 받는 것은 잘못되어 있다.[56]

---

55) 안중근의사숭모회 편, 『안중근의사 자서전』, 1979, 397쪽.
56) 안중근의사숭모회 편, 『안중근의사 자서전』, 450쪽; 國史編纂委員會 編, 『韓國獨立運動史-資料 6』, 313쪽.

곧 자신이 결행한 의거는 단순한 살인이나 보복의 차원이 아니라 의병이 수행한 독립전쟁의 한 과정, 혹은 결과였음을 당당히 천명한 것이다. 그 결과 안중근은 또 의병인 자신을 폭도로 지칭하는 일제의 왜곡된 시각에 대해서는 다음과 같이 명쾌한 논리로 반박할 수 있었다.

> 나를 지칭하여 폭도라고 한다. 이미 일인의 흉량胸量이 작음을 보이고 남을 모함하는 것이다. 나는 의병이며 폭도가 아닌 것이다. 만약 폭도의 이름을 구하지 않을 수 없다면 일본병이야말로 폭도다. 그리고 이등은 그 거괴巨魁다. 왜냐하면 이등이 이끄는 일병은 남의 나라를 빼앗은 자이기 때문이다. 이것이 폭도가 아니고 무엇인가. 나는 국난을 구하려고 거병하였다. 자국自國 위난危難에 나가는 자 이것이 의병이 아니겠는가.[57]

안중근 자신은 나라가 위태로울 때 구국을 위해 거의擧義하였으므로 폭도가 아닌 의병이며, 진실로 폭도를 지목하자면 곧 남의 나라를 침략한 일본군이고, 이토 히로부미伊藤博文야말로 그 폭도의 수괴라는 논리를 명확히 설파한 것이다. 이러한 논리는 민족자존, 주체의식에 근저를 둔 의병정신의 자연한 발로였다.[58]

이상에서 보았듯이 안중근은 의병으로서 독립전쟁 -의병전쟁-을 결행한 결과 일제 침략세력의 상징적 인물인 이토를 처단하는 커다란 전과를 올렸다.

안중근은 하얼빈의거 직후인 1909년 11월 6일 「이등박문죄악伊藤博文罪惡」 15개 조와 함께 일제 관헌에게 제출한 「한국인안응칠소회韓國人安應七所懷」라는 글에서 하얼빈의거를 결행한 이유를 밝히면서 대외침략과 문명파괴를 근간으로 삼는 제국주의의 반문명적 속성을 폭로하고자 거사한 것이라고 다음과 같이 함축적으로 천명하였다.

---

57) 國史編纂委員會 編, 『韓國獨立運動史-資料 7』, 404쪽.
58) 朴敏泳, 『大韓帝國期 義兵硏究』, 307~308쪽.

하늘이 사람을 내어 세상이 모두 형제가 되었다. 각각 자유를 지켜 삶을 좋아하고 죽음을 싫어하는 것은 누구나 가진 떳떳한 정情이다. 오늘날 세상 사람들은 으레 문명한 시대라 일컫지마는, 나는 홀로 그렇지 않은 것을 탄식한다. 무릇 문명이란 것은 동서양 잘난이 못난이 남녀노소를 물을 것 없이, 각각 천부天賦의 성품을 지키고 도덕을 숭상하여, 서로 다투는 마음이 없이 제 땅에서 편안히 생업을 즐기면서, 같이 태평을 누리는 그것이다. 그런데 오늘의 시대는 그렇지 못하여 이른바 상등사회의 고등인물들은 의논한다는 것이 경쟁하는 것이요, 연구한다는 것이 사람 죽이는 기계다. 그래서 동서양 육대주에 대포연기와 탄환 빗발이 끊일 날이 없으니, 어찌 개탄할 일이 아니겠는가. 이제 동양대세를 말하면 비참한 현상이 더욱 심하여 참으로 기록하기 어렵다. 이른바 이등박문은 천하대세를 깊이 헤아려 알지 못하고, 함부로 잔혹한 정책을 써서 동양 전체가 장차 멸망을 면하지 못하게 되었다. 슬프다. 천하대세를 멀리 걱정하는 청년들이 어찌 팔장만 끼고 아무런 방책도 없이 앉아서 죽기를 기다리는 것이 옳을까 보냐. 그러므로 나는 생각다 못하여 하얼빈에서 총 한 방으로 만인이 보는 앞에서 늙은 도적 이등의 죄악을 성토하여 뜻있는 동양 청년들의 정신을 일깨운 것이다.[59]

위에서 보건대, 안중근이 하얼빈의거를 결행한 궁극적 의도와 목적은 한 민족의 특수한 입장과 처지를 넘어서는 인류 보편의 고귀한 가치인 평화와 자유를 구현하여 이를 수호하는 데 있었다고 할 수 있다. 그러므로 안중근은 대한침략의 원흉 이토를 동양에서 인류의 절대 가치인 평화를 파괴하는 최대의 공적公敵으로 지목하여 그를 처단하였음을 알 수 있는 것이다. 이 점이 안중근의 독립운동 이념과 그가 결행한 하얼빈의거 양자가 모두 갖고 있는 고귀한 의의라 평하지 않을 수 없다.

59) 안중근의사숭모회 편, 『안중근의사 자서전』, 577~578쪽.

5. 맺음말

이상에서 살펴본 내용을 요약하면 다음과 같다.

1907년 10월 연해주에 망명한 안중근은 동의회와 동의단지회 등 두 단체에 참여해 의병투쟁을 전개하였다. 동의회는 연해주의병의 중심 단체였고, 안중근이 주도한 동의단지회는 동의회의 후신으로 설립목적과 참여인물이 더욱 한정되고 구체화된 단체였다.

1908년 봄에 결성된 동의회는 이주 한인간의 결속도모와 환난구제를 표방하였으나, 실질적으로는 항일의병을 추진하기 위한 결사의 성격이 강하였다. 안중근은 최재형·이범윤·이위종·전제익 등과 함께 동의회의 발기인으로 회의 결성에 주도적으로 참여한 뒤 평의원으로 활동하였다. 또 그와 결의형제를 맺었던 엄인섭은 부회장으로, 그리고 김기룡이 평의원으로 동의회의 활동에 적극 가담하였던 사실도 안중근과 동의회의 관계를 알려주는 단서가 된다. 그리고 안중근은 최재형 세력을 주축으로 편성된 동의회 의병부대에서 우영장으로 활약하였다.

동의회 의병은 최고 지휘관인 도영장이 좌, 우영장 양익을 거느리는 체제를 기간基幹으로 삼고 있었다. 이러한 양익 편제는 국내진공작전 때에도 그대로 준용되었다. 그러므로 도영장 전제익을 필두로 좌영장 엄인섭과 우영장 안중근이 동의회 의병에서 가장 핵심되는 인물이었던 것이다.

우영장 안중근은 동의군의 한 부대를 거느리고 국내진공작전에 참가하였다. 그는 2백 명 규모로 추산되는 휘하 의병을 이끌고 1908년 7월 7일 포시에트를 출발하여 두만강을 건넜다. 안중근 부대는 경흥군 홍의동, 신아산 등지에서 승리한 뒤 도처에서 일본군과 혈투를 벌이면서 회령군 영산까지 진출하였다. 하지만 이곳에서 7월 21일 일본군과 혈투를 벌인 끝에 전력의 열세로 참패한 뒤 신산고초 끝에 연해주로 귀환하였다.

영산전투 패전 후 1908년 8월 말, 혹은 9월 초 연해주로 귀환한 안중근은 3개월 동안 현지 한인사회를 순방하면서 인심단결의 필요성에 대해 역설하였다. 한인사회 유세 후 연추로 돌아온 안중근은 동의단지회를 결성하였다. 즉 이 결사는 의병투쟁의 여건이 어려워진 상황에서 안중근이 의병 결사인 동의회의 취지와 정신을 계승하여 인심단합을 통해 조국독립과 동양평화에 더욱 매진할 목적으로 결성한 단체였다.

동의단지회는 여러 가지 정황을 통해서 현존하는 혈서 엽서에 기록된 결성일자인 1909년 2월 7일이 음력이라는 사실을 확인할 수 있으며, 이 날짜를 양력으로 환산하면 2월 26일이 된다. 현재로서는 이 날을 동의단지회가 결성된 일자로 비정하는 것이 가장 합리적이라고 할 수 있다.

그리고 안중근이 동의단지회를 결성한 장소로 진술한 연추의 하리下里는 그가 의병투쟁을 전개하는 과정에서 자주 회합을 가졌던 활동 근거지였던 것 같다. 안중근의 진술에 의거하는 한, 하리는 연해주 연추에서 간도 혼춘으로 통하는 가도상에 있는 5~6호의 작은 마을이고, 그곳에 있던 김씨 성을 가진 사람이 운영하는 여관에서 동의단지회를 결성했다고 하지만, 현재로서는 그 정확한 위치를 비정하기 어려운 실정이다.

동의단지회는 맹주 안중근이 나머지 11명의 동지들과 함께 결성한 것이다. 그러나 현재로서는 진술, 공판과정에서 기록된 명단 외에는 남아 있는 자료가 거의 없기 때문에 그 실명을 확인하는 작업이 지난至難할 수밖에 없다. 결과적으로 안중근이 진술한 동의단지회 12명 회원 가운데 실명으로 확인되는 인물로는 맹주 안중근을 비롯하여 백규삼 · 김기룡 · 강순기 · 조응순 · 황병길 · 강창두 · 갈화천 등 8명이며, 나머지 정원주 · 박봉석 · 유치홍 · 김백춘 등 4명은 현재로서는 실명을 확단하기 어려운 상황이다.

안중근이 동의단지회를 결성한 것은 연해주 한인사회를 순방하면서 자신이 역설한 단결과 화합의 증좌를 제시하기 위한, 나아가 한국독립을 이룩하는 데 헌신한다는 빙거憑據를 보이기 위한 것이었다. 곧 동의단지회는 의열투쟁을 결행할 목적하에서만 결성된 단체가 아니라, 조국독립을 이룩하기 위한 굳은 결심을 나타내기 위해 결성한 단체였다고 할 수 있다. 그러므로 회맹 때 결행한 단지斷指는 곧 나라에 몸을 바치는 빙거인 동시에 일심단체의 표상表象이라 할 수 있는 것이다.

이상에서 언급한 동의단지회의 결성 취지나 목적은 안중근이 결행한 하얼빈의거의 시대적 배경으로는 언급될 수 있겠지만, 의거를 결행한 주체로 직접 연결하거나 상정하는 것은 사실과 일정한 거리가 있다는 점에 특히 유념할 필요가 있다. 하얼빈의거에 참여한 안중근의 동료 가운데 동의단지회 회원이 한 사람도 포함되어 있지 않는 사실은 이 점과 관련하여 시사하는 바가 크다. 이렇게 볼 때, 동의단지회에서 표방한 일심단결을 통한 독립운동상의 자기희생적 실천의식은 곧 하얼빈의거를 결행할 수 있게 한 저력으로 작용하게 되었던 것으로 그 역사적 의의를 설정할 수 있을 것이다.

제3부

만주지역 무장독립운동

만주 독립군의 편성과 독립전쟁

1. 독립군의 편성과 국내진입작전

1) 시대적 배경

한국독립운동의 일대 분수령이 된 1919년의 3·1운동은 독립군 편성과 독립전쟁의 계기가 되었다. 한민족의 저력은 3·1운동에서 엄청난 규모로 분출되었지만, 전 민족이 갈망하던 독립은 이룩되지 않고 일제의 탄압과 감시만 더욱 강화될 뿐이었다. 이와 같은 상황에서 3·1운동에 참여하였던 인사들은 일제의 감시를 피해 새로운 독립운동의 방향을 모색코자 서북간도와 연해주, 상해와 북경, 그리고 미주 등 해외 각지로 탈출하게 되었다.

3·1운동 직후 국내외의 민족지사들은 강력한 무장투쟁만이 일제로부터 민족이 해방될 수 있는 유일한 방편임을 절감하고 있었다. 이와 같은 인식은 민족해방운동의 한 방편으로서 평화적인 만세시위운동이 가지는 한계를 절감한 결과이기도 하다. 그리하여 1910년 국치 전후부터 민족운동자들은 그 동안 국외 독립운동의 주된 사조였던 '독립전쟁론'의 구현을 위해 총

력을 기울였던 것이다.

한편, 1894년 청일전쟁 이후 개시된 의병항전은 전국적 규모로 확대 고조되는 1907년 이후가 되면 북한지역을 비롯해 압록, 두만강 대안의 간도와 연해주지역까지 확대되어 활발하게 전개되었다. 의병은 국망에 직면한 절박한 시대상황에서 일제 침략세력을 축출하고 국권을 회복하기 위해 집요하고도 처절한 항일전을 수행하였다. 그러나 1908년 하반기 이후 수년동안 일제의 탄압이 가중되는 상황에서 전력이 고갈된 이들 의병은 새로운 항전 방향을 모색하고 근거지를 구축, 장기지속적인 항일투쟁을 위해 간도와 연해주 등지로 넘어간 것이 일반적 경향이다. 제천의병장 유인석을 비롯해 이진룡李鎭龍 · 조맹선趙孟善 · 박장호朴長浩 · 백삼규白三圭 · 조병준趙秉準 · 전덕원全德元 등의 양서지역 의병장, 홍범도洪範圖 · 차도선車道善 등의 함경도 의병장 등이 그러한 경향을 보여주는 두드러진 인물들이다. 그 가운데 망명 직후 홍범도 의병의 경우, 일제측의 한 기록에서는 "5백 명이 전원 무장을 하고 매월 15~17일간씩 훈련하는 한편, 항전준비를 서두르고 있었으며 (중략) 국내 일반 군경의 배치현황을 조사하기 위하여 39명의 밀사반密査班을 파견하고 있다."고 지적함으로써 재기항전에 대한 노력과 열망을 잘 보여주고 있다.[1] 결국 이러한 의병의 북상세력은 국망 이후 1919년 3 · 1운동을 계기로 항일무장투쟁사의 새 장인 독립군의 모태가 되면서 민족운동의 새로운 방향을 제시하게 되었던 것이다.[2]

또 3 · 1운동 이후 독립운동의 여건변화에 능동적으로 대처하기 위해 서북간도의 한인단체들도 새로운 변신을 시도하였다. 국치 이후 북간도의 대표적인 한인자치 결사였던 간민회墾民會가 대한국민회大韓國民會로, 서간도의 부민단扶民團이 한족회韓族會로 각기 확대 개편되어 그 산하에 독립군단을 편성하고 군비확충과 군사훈련에 진력한 것이 그것이다.

---

1) 윤병석, 『한국독립운동의 해외사적탐방기』, 지식산업사, 1994, 32~33쪽.
2) 朴敏泳, 『大韓帝國期 義兵硏究』, 한울, 1998, 360쪽.

2) 독립군의 편성

서북간도와 연해주의 한인사회에서는 3·1운동 발발 직후부터 거의 동시다발적으로 항일전을 표방한 수많은 독립군 부대가 편성되고 있었다. 1919~1920년 사이에 북간도에서 조직된 독립군단만 보더라도 대한군정서大韓軍政署·대한국민군大韓國民軍·대한독립군大韓獨立軍·군무도독부軍務都督府·대한의군부大韓義軍府 등 대규모 군단에서부터 대한광복단大韓光復團·대한의민단大韓義民團·대한신민단大韓新民團·대한정의군정사大韓正義軍政司 등등 중소규모의 무수한 독립군단이 있었다. 또한 서간도에서도 서로군정서西路軍政署와 대한독립단大韓獨立團 등을 비롯해 광복군총영光復軍總營·광복단光復團·의성단義成團·천마대天摩隊 등 수십 개의 대소 군단이 독립전쟁을 표방하고 나섰다. 이러한 현상은 한민족의 독립을 향한 고조된 열기가 일시에 분출된 결과이기도 하였다.

수많은 항일단체와 독립군단이 정비되고 편성된 것은 항일독립운동의 새로운 지평을 개척했다는 점에서는 그 의의가 크다고 할 수 있다. 그러나 여러 갈래의 군단이 도처에서 편성된 결과, 활동 면에서 볼 때 각기 고립 분산적으로 항일전을 수행하게 됨으로써 결국 전력의 분산이라는 한계를 노정하게 되었던 것이다. 그러므로 여러 독립군단의 전력 통합은 항일전 수행을 위해 우선적으로 해결해야 할 과제였다. 이에 따라 항일단체와 독립군단은 각기 조직을 정비하면서 항일전을 수행하는 한편, 내부적으로 상호 통합운동을 활발하게 진행시켜 갔던 것이다.

일제와의 독립전쟁을 표방하고 서북간도 각지에서 편성된 독립군단 가운데 중요한 사례를 들면 다음과 같다.[3)]

---

3) 독립군단의 편성내용에 대한 서술은 尹炳奭 외 5인, 『中國東北지역 韓國獨立運動史』(集文堂, 1997), 「북간도 독립군단의 편성」(93~107쪽)의 주지를 따랐음을 밝혀둔다.

(1) 북간도지역

가. 대한군정서大韓軍政署

북간도지역에서 편성된 여러 독립군단 가운데 가장 먼저 들 수 있는 것은 대한군정서(일명 북로군정서)이다. 대한군정서는 국치 직후에 조직된 대종교의 중광단重光團이 발전한 것이다. 북간도 일대에서 활동하던 서일徐一 등의 대종교 인사들은 국망 전후 북상도강을 단행하였던 항일의병을 규합하여 1911년 3월 왕청현汪淸縣에서 독립운동 단체인 중광단을 조직하였다.

중광단은 1919년 3·1운동을 계기로 독립전쟁을 표방하고 만주 일대의 대종교 신도와 북상한 의병 및 공교회원公敎會員 등을 더욱 규합하여 정의단正義團으로 확대 발전되었다. 독립군단으로 편성된 정의단은 1919년 8월 군정회軍政會로 다시 명칭을 변경하고 왕청현 춘명향春明鄕 서대파西大坡에 본영을 두었다. 이어 군정회는 같은해 10월 군정부軍政府로, 그리고 12월에는 상해 임시정부의 명령에 복종키로 하고 임시정부 '국무원령 205호'에 의하여 대한군정서로 다시 명칭을 바꾸어 임시정부 산하의 중요 군단이 되었다. 대한군정서는 서간도에서 이상룡李相龍·지청천池靑天 등의 주도로 편성된 서로군정서와 구분하기 위하여 북로군정서로 불렀다.

대한군정서에서는 김좌진金佐鎭과 같은 유능한 지휘관을 군사령관으로 맞이하고 사관연성소士官練成所까지 설치해 무관 양성에 전력을 집중하였다. 일제측에서는 대한군정서가 청산리대첩 직전인 1920년 8월 중순 현재 독립군 약 1천 2백 명에 소총 1천 2백 정, 탄약 24만 발, 권총 150정, 수류탄 780발, 기관총 7정 등 막강한 전력를 보유한 것으로 파악하고 있다.[4)]

대한군정서는 중광단 시절부터 근거지로 삼아온 왕청현 춘명향 유수천

4) 국가보훈처 편, 『獨立軍團名簿』, 1997, 20쪽.

楡樹川(일명 덕원리德源里)에다 총본부격인 총재부를 두었으며, 춘명향 서대파西大坡의 십리평十里坪에는 군사령부를 두었다. 청산리대첩 직전의 핵심 간부진으로는 서일徐一이 총재, 현천묵玄天黙이 부총재를 맡았으며, 그 휘하에 서무부장 임도준任度準, 재무부장 계화桂和, 참모부장 이장녕李章寧 등이 있었다.

대한군정서의 사관연성소는 1920년 3월 왕청현 십리평에서 정식으로 개교하였다. 개교 당시 생도수는 60여 명에 불과하였으나 그 뒤 입교생이 계속 늘어나 같은 해 9월 제1회로 289명의 졸업생을 배출할 수 있었다. 대한군정서의 사령관인 김좌진이 연성소장을 겸직하였고, 그 아래에 사령부 부관 박영희朴寧熙가 학도단장을 맡았으며 교관 이장녕 · 이범석李範奭 · 김규식金奎植 · 김홍국金弘國 · 최상운崔尙云 등이 생도훈련을 담당해 정예군을 양성하고 있었다.

나. 대한국민군大韓國民軍

대한국민군은 대한국민회 산하에 편성된 독립군단이다. 3 · 1운동 직후 결성된 대한국민회는 북간도 거의 전역에 걸쳐 지방조직이 정비되어 있던 대표적인 한인 민정기관이었다. 이와 같은 탄탄한 조직을 기반으로 대한국민회에서는 강력한 전력을 갖춘 대한국민군을 편성하고 항일전을 수행할 수 있었던 것이다.

국치 이후 북간도의 대표적인 한인단체였던 간민회의 전통을 계승 발전시킨 대한국민회는 본부를 연길현 춘양향 하마탕蛤蟆塘에 두고 그 밑에 동 · 서 · 남 · 북 · 중의 5개 지방회와 70여 개의 지회를 두었다. 회원의 대부분은 기독교 신자였으나 후에는 불교 · 천도교 · 공교회 계통의 인물도 가담하였다. 회장은 한때 마진馬晋이 선임되기도 하였으나 간민회 이래로 북간도 항일운동의 중심인물이었던 구춘선具春先이 맡고 있었다.

안무安武가 인솔한 대한국민군은 일제 정보기록에 의하면 1920년 8월 현재 병력 약 450명에 소총 6백 정, 탄약 7천 발, 권총 160정, 수류탄 120개 등의 무력을 보유했던 것으로 조사되어 있다.[5)]

대한국민군은 실전에서는 주로 홍범도가 거느리는 대한독립군이나 최진동崔振東[崔明錄]이 인솔하는 군무도독부군과의 공동작전을 통해 전과를 올렸으며, 청산리대첩이 임박한 1920년 가을에는 이들 두 군단과 차례로 통합을 이룩함으로써 전력의 극대화를 기할 수 있었다.[6)]

다. 대한군무도독부大韓軍務都督府

다음으로 대한군무도독부(통칭 군무도독부)는 최진동이 거느리던 독립군단으로 왕청현 춘화향春華鄕 봉오동鳳梧洞에 본부를 두고 있었다. 1920년 3~6월 무렵 두만강 대안에서 전개된 국내진입작전은 대개 이 군단을 주축으로 하였으며, 대한독립군 및 대한국민군과 연합해 작전을 수행하는 경우도 많았다.

1920년 8월 현재 일제 군경이 조사한 내용에 따르면 군무도독부 병력은 약 6백 명으로, 소총 4백 정, 권총 50정, 수류탄 20개와 기관총 2문을 보유하고 있었다.[7)] 최진동 외에 중요 간부진에는 고문 김성극金星極, 참모 박영朴英과 최정화崔精化, 총무 박시원朴施源, 모연대장募捐隊長 최태여崔太汝 등이 포진해 있었다.[8)]

라. 대한북로독군부大韓北路督軍部

대한북로독군부는 1920년 5월 홍범도의 대한독립군과 안무의 대한국민군, 그리고 최진동의 군무도독부가 단일 연합부대를 결성한 군단으로, 1920

---

5) 국가보훈처 편, 『獨立軍團名簿』, 68쪽.
6) 愛國同志援護會 編, 『韓國獨立運動史』, 1956, 305쪽.
7) 國史編纂委員會 編, 『韓國獨立運動史』 3, 1967, 631쪽.
8) 국가보훈처 편, 『獨立軍團名簿』, 238쪽.

년 6월의 봉오동승첩을 거둔 주역이었다.

이 군단을 이끈 홍범도는 1907~8년경 북청·삼수·갑산·장진 일대에서 명성을 날리던 의병장으로, 국치 직전 러시아 연해주로 건너가 국외의병에 합류하였으며, 1910년대 중반에는 한때 북만 밀산부密山府로 들어가 재기 항일전을 구상하기도 하였다. 홍범도가 독립군 편성에 착수한 것은 3·1운동을 계기로 해서였던 것으로 보인다. 즉 러시아에서 볼셰비키혁명이 발발한 뒤 연해주에서는 직접적인 항일전을 수행하기 어렵게 되자 휘하 150여 명의 군인을 거느리고 북간도로 들어와 정예의 대한독립군을 편성하고 항일전을 개시하였던 것이다.

홍범도는 1919년 여름부터 국내진입작전을 벌이는 한편 독립군단간의 통합운동과 연합작전에 심혈을 기울였다. 그는 우선 왕청현의 나자구羅子溝와 하마탕 등지에서 대한국민회 인물들과 상의한 끝에 연합전선을 구축하기로 합의하였다. 행정과 재정은 대한국민회가 담당하고 군무의 경우는 대한독립군을 홍범도가, 대한국민군을 안무가 각각 분담해 통솔하기로 약정하였다. 그러나 실제 대일전을 수행하게 되는 경우에는 홍범도가 '북로정일제일군사령부장北路征日第一軍司令部長'의 직함을 가지고 전군을 지휘토록 되어 있었다.

이와 같이 성립된 북로정일제일군은 곧이어 최진동의 군무도독부와도 군사통일을 추진한 결과 '대한북로독군부大韓北路督軍部'가 탄생하게 되었다. 통합 군단은 군무도독부의 본영이 있던 봉오동에 전력을 집결시키면서 부단한 국내진입작전을 수행하였다. 일제 정보기록에서는 대한북로독군부의 전력에 대해 비교적 소상하게 파악해 놓고 있다. 이에 따르면 대한독립군 계통으로는 병력 460명에 소총 2백 정, 탄약 4만 발, 권총 50정의 전력을 구비하고 있고, 군무도독부와 대한국민군 계통으로는 280여 명의 병력에 소총 2백 정, 탄약 1만 2천 발, 수류탄 120개, 기관총 2문을 보유하고 있었던 것으로 보인다. 한편 대한북로독군부의 편제와 임원을 보면 부장 최진동,

부관 안무를 필두로 북로정일제일군사령부장에 홍범도, 부관에 주건朱建, 참모에 이병채李秉埰·오주혁吳周爀 등이 선임되어 있었다.[9)]

마. 대한의군부大韓義軍府

대한의군부(통칭 의군부)는 국치 이후 북간도와 연해주에서 활동하던 국외 한인의병을 중심으로 3·1운동 후 결성된 대규모의 독립군단이다. 간도 관리사 이래 북간도와 연해주 일대에서 의병활동을 주도하던 노장 이범윤李範允을 비롯해 허근許瑾·조상갑趙尙甲·최우익崔于翼 등 역전의 명장들이 이 군단을 주도하고 있었다. 이범윤이 연해주를 떠나 북간도로 건너온 1920년 전후에 편성된 것으로 추측되며, 연길현 명월구明月溝에 근거지를 두었던 것으로 보인다.

본부의 조직은 이범윤 총재 휘하에 사령관에 김영선金營善, 검사부장에 최우익, 재무부장에 강봉거姜鳳擧 등으로 구성되어 비교적 단순한 체제로 이루어져 있다. 항일전이 고조되던 1920년 7월 이후에는 검사부檢査部와 참모관회의, 군사령부를 통솔하는 참모부參謀部, 경리와 경위를 맡은 참리부參理部, 그리고 지방조직을 통솔하는 지방부地方部 등으로 정비되었다. 한편, 전투부대는 허근을 대장으로 하는 약 1백 명의 '대한의군전위대大韓義軍前衛隊'와 최우익을 총무로 하는 '대한의군산포대大韓義軍山砲隊'로 구성되었다. 특히 160여 명으로 구성된 산포대는 일반 독립군 편성과는 다른 정예 특공부대였다. 얼마 뒤 전위대와 산포대는 하나의 '대한의군大韓義軍'으로 통합된 듯하다. 대한의군은 이범윤 휘하에서 최우익이 대한의군부 총판總辦이란 직함을 가지고 실질적으로 통솔하였으며, 다시 그 아래에 대한의군사령관 신일헌申日憲이 전면에서 작전을 수행하였던 것으로 보인다.[10)] 1920년 8월 하순경에는 의군부의 최고 전략가이며 핵심인물인 총무부장 최우익을 비롯

9) 국가보훈처 편, 『獨立軍團名簿』, 258~262쪽.
10) 국가보훈처 편, 『獨立軍團名簿』, 194~232쪽.

하여 이을李乙 · 강도천姜道天 등 13명의 의군부원이 의란구依蘭溝 북동北洞에서 일본군의 포위공격을 받고 전사 순국하는 참변을 당하기도 하였다.[11]

바. 혼춘한민회琿春韓民會

혼춘한민회(일명 혼춘대한국민회, 혼춘대한국민의회, 대한국민의회 혼춘지회)는 이동휘 계통의 기독교인들이 중심이 되어 결성된 항일단체로 혼춘현 사도구四道溝 소황구小黃溝에 본부를 두고 있었다. 총 회원수가 2만 1천 명에 달하였을 정도로 세력이 컸으며, 대한신민단大韓新民團과 더불어 혼춘 지방에서 가장 유력한 독립운동 중심체가 되었다. 이 회는 1920년 8월 현재 250여 명의 병력에 소총 3백 정, 기관총 3정 등의 전력을 보유하고 있었다.[12]

사. 대한광복단大韓光復團

대한광복단은 왕청현 대감자大坎子와 의란구依蘭溝 등지에서 이범윤을 단장으로 추대하고 김성극金星極과 김성륜金聖倫이 공교회孔教會 인물들을 중심으로 조직한 독립군단이다. 이 군단은 대한국민회나 대한군정서 등과는 달리 공화제를 반대하고 대한제국의 복벽復辟을 주장하였다. 대한광복단은 세력범위가 왕청현의 서부와 연길현 중부에 지나지 않을 정도여서 다른 독립군단에 비해 그 세력이 크지는 않았다. 일제측의 기록에 따르면, 1920년 8월 현재 병력 2백여 명에 소총 4백 정, 탄약 1만 1천 발, 권총 30정의 전력을 구비한 것으로 확인되고 있다.[13]

---

11) 蔡根植, 『武裝獨立運動秘史』, 77쪽; 『獨立新聞』 1923년 1월 10일, 「殉國諸氏의 略歷」.
12) 국가보훈처 편, 『獨立軍團名簿』, 311쪽.
13) 국가보훈처 편, 『獨立軍團名簿』, 270쪽.

아. 대한신민단大韓新民團

대한신민단(통칭 신민단)은 3·1운동 후 러시아 블라디보스토크 부근에서 김규면金奎冕이 조직한 독립군단으로, 왕청현 춘화향春華鄕 석현石峴에 지단 본부를 두고 있었다. 뒤에는 연길현 숭례향崇禮鄕 묘구廟溝 방면으로 근거지를 이동한 것으로 파악된다. 1920년 8월 현재 병력 2백 명, 소총 160정, 탄환 9천 6백 발, 권총 30정, 수류탄 48개 등의 무력을 보유한 것으로 믿어진다.[14)]

자. 대한의민단大韓義民團

대한의민단(일명 대한민국의민단, 통칭 의민단)은 1920년 4~5월경 연길현 숭례향 묘구廟溝에서 천주교 신도와 항일의병을 중심으로 조직된 독립군단이다. 방우룡方雨龍을 단장으로 한 의민단은 1920년 8월 현재 병력 3백 명에 소총 4백 정, 탄약 4만 발, 권총 50정, 수류탄 480개를 보유한 것으로 조사되었다.[15)]

(2) 서간도지역

가. 서로군정서西路軍政署

서간도지역에서도 북간도와 마찬가지로 3·1운동 직후부터 여러 독립군단이 편성되어 독립전쟁을 표방하고 활동에 들어갔다. 그 가운데 가장 먼저 들 수 있는 독립군단으로는 서로군정서가 있다.

서로군정서는 국치 이후 서간도지역의 대표적인 한인결사였던 부민단扶民團이 3·1운동 직후 확대 개편된 한족회韓族會를 모체로 한 것이다. 국치 이후 유하현과 통화현을 중심으로 한인들의 자치를 신장하는 한편 신흥학

---

14) 국가보훈처 편, 『獨立軍團名簿』, 280쪽.
15) 국가보훈처 편, 『獨立軍團名簿』, 275쪽.』

교新興學校를 설립하며 무장항일전을 준비해온 부민단은 1차대전 종결과 3·1운동을 계기로 변화된 시대상황에 순응키 위해 단을 대대적으로 확대 개편한 결과 1919년 3월 13일 한족회를 결성하기에 이르렀다. 한족회의 중앙총장은 이탁李沰이 맡았으며, 기관지로 『한족신보韓族新報』를 발간하였다. 국내외에서 전개되는 모든 독립운동을 지도 통제할 중앙정부의 건립에 최고목표를 두었던 한족회는 우선 일제와 독립전쟁을 수행할 주체인 군정부 건립에 착수하였다. 그러나 1919년 4월 독립운동의 최고기관으로 상해 임시정부가 수립되었으므로, 한족회는 그 산하에서 군정부의 역할을 담당하기로 하고 서로군정서로 명칭을 변경하였던 것이다.16) 서로군정서의 최고 책임자인 독판督辦에는 이상룡李相龍이 선임되었으며, 그 아래에 부독판 여준呂準, 정무청장 이탁李沰, 참모부장 김동삼金東三, 사령관 지청천池靑天 등이 간부진을 구성하고 있었다.

서로군정서는 1919년 5월 신흥학교를 신흥무관학교로 바꾸고 독립군 간부 양성에 주력하였다. 신흥무관학교는 통화현 하니허[哈泥河]에 본교를, 그리고 통화현 쾌대모자快大帽子와 유하현 고산자孤山子 등지에 분교를 두었다. 초대 교장은 이세영李世永이었으며 연성대장은 지청천이 맡았고, 교관으로는 오광선吳光鮮·신팔균申八均·이범석李範奭·김경천金擎天 등이 있었다. 교반 편성은 하사반과 장교 및 특별훈련반으로 나누어 하사관 3개월, 장교 6개월, 일반 사병 1개월 과정으로 이루어져 있었으며, 1919년 11월까지 3천 5백여 명의 독립군을 양성해 냈다. 이를 기반으로 정예부대를 편성한 서로군정서는 압록강 대안의 강계·삭주 등지로 국내진입작전을 벌이는 등 본격적인 대일항전을 전개할 수 있었다.17)

---

16) 『獨立新聞』 1920년 4월 22일, 「大韓軍政署略史」.
17) 尹炳奭 외 5인, 『中國東北지역 韓國獨立運動史』, 242·276쪽 참조.

나. 대한독립단大韓獨立團

대한독립단은 양서지방에서 활동하다 북상한 의병 계열인 박장호朴長浩·조맹선趙孟善·백삼규白三圭·전덕원全德元 등이 1919년 4월 조직한 독립군단이다. 본부는 유하현 삼원포 서구西溝 대화사大花斜에 두었으며, 국치 직후 의병계열의 망명지사들이 조직하였던 보약사保約社·향약계鄕約契·농무계農務契 등을 통합 확대한 것이다. 대한독립단의 대표인 도총재에는 박장호, 부총재에는 백삼규가 선임되었으며, 그 아래에 자의부장咨議部長 박치익朴治翼, 총참모 조병준趙秉準, 총단장 조맹선 등이 핵심간부로 활동하였다. 이와 같은 중앙본부 산하에 대한독립단은 서간도와 국내 각지에도 수많은 지단과 지부를 두고 군인징모와 군자금 모집활동을 벌여 전력을 강화하는 한편 수시로 압록강 대안의 국내로 잠입, 일제 군경과 교전을 벌였다.[18)]

대한독립단은 1919년 5월까지 단세의 확장을 위해 군자금모집과 군인징모 활동에 전력을 기울였다. 그 결과 이 시기 동안 6~7백 명의 장정과 3만원의 군자금을 모집할 수 있었다. 수집된 군자금은 무기 구입에 사용되었으며, 모여든 장정들을 북만주로 보내 군사훈련을 받게 하였다. 하지만 그 뒤에도 장정들이 계속 모여들어 1919년 8월까지 그 수가 1천 5백 명에 달하였다고 한다.[19)]

그러나 대한독립단은 1919년말 연호 사용문제를 계기로 이념과 노선에 따라 조직이 양분되기에 이르렀다. 단기檀紀 또는 융희隆熙 사용을 주장하는, 곧 조선왕조로의 회복을 기대하는 복벽주의 세력과 임시정부 연호인 민국民國 사용을 주장하는 공화주의 세력간의 대립이 그것이다. 그 결과 복벽주의 계열은 기원독립단을, 공화주의 계열은 민국독립단을 각각 조직함으로써 단은 양분되었다. 복벽주의 계열은 도총재 박장호를 비롯해 백삼규·전덕원 등 유인석 계열의 노년층 인맥이 주류를 이루었으며, 공화주의의

18) 愛國同志援護會 編, 『韓國獨立運動史』, 251~254쪽 참조.
19) 國史編纂委員會 編, 『韓國獨立運動史』 3, 653~662쪽 참조.

계열은 조병준趙秉準·김승학金承學 등 비교적 소장파 인사들이 중심이 되었다. 그 가운데 민국독립단 계열의 인사들이 대한청년단연합회·평북독판부 등의 독립군단들과 함께 광복군총영을 결성하였고, 복벽주의 계열의 인사들은 계속 대한독립단을 유지하며 항일 무장투쟁을 전개해 갔다.[20)]

다. 대한독립군비단大韓獨立軍備團

대한독립군비단은 함경도 출신의 항일지사들을 주축으로 1919년 5월경 백두산 서남방의 장백현長白縣에서 결성되었다. 그해 10월경 상해 임시정부에서 파견된 이태걸李泰杰·양현경梁玄卿·김정익金鼎益 등이 단의 약장과 지단규칙을 제정하고 조직을 체계적으로 재정비함으로써 독립군단의 면목을 더욱 일신할 수 있었다. 중앙부서의 간부진으로는 이태걸이 단장을 맡았으며, 그 아래에 부단장 김동준金東俊, 총무장 김찬金燦, 재무장 이동백李東白 등이 있었다. 뿐만 아니라 군비단은 장백현의 본단 외에도 남북만주 여러 지역과 국내에도 지단을 설치하고, 임시정부의 지도하에 한때는 만주와 노령 지역의 무장투쟁세력을 총동원하려는 계획까지 수립하기도 하였다.[21)]

이같이 본부 및 지단의 체계를 갖춘 대한독립군단비단은 수시로 압록강을 넘어 국내로 진입, 유격전을 전개하였다. 군비단은 소속 독립군들 대부분이 함경도 출신이어서 국경지방의 지리에 밝았던 관계로 함경남도 및 평안북도를 대상으로 하여 국내진입작전을 활발히 전개할 수 있었다. 특히 1921년간에 그 활동이 두드러졌다.[22)]

라. 광복군총영光復軍總營

3·1운동 직후 조직된 서간도지역의 여러 독립군단은 더욱 효과적인 독립

---

20) 金承學,『韓國獨立史』(1965), 370~371쪽.
21) 독립운동사편찬위원회 편,『독립운동사자료집 10』(1976), 282~283쪽 참조.
22) 尹炳奭 외 5인,『中國東北지역 韓國獨立運動史』, 284~285쪽.

전쟁을 전개하기 위해 미구에 하나로 통합하려는 움직임을 보였다. 평북독판부 대표인 조병준 · 김승만金承萬과 대한청년단연합회 대표인 안병찬安秉瓚 · 김찬성金贊聖, 그리고 대한독립단의 대표 김승학金承學 등이 1919년 12월경 관전현 향로구香爐溝에서 회의를 개최한 것은 이러한 목적에서였다. 회의 결과 이들 대표들은 현재의 각 독립군단을 해체하고 통일기구를 조직할 것을 결의하였다. 1920년 2월에 김승학 · 안병찬 · 이탁 등이 상해로 파견되어 이 사실을 보고하였다. 이에 따라 임시정부에서는 남북만주에 임시정부 직속기관인 광복군을 설치할 것을 결정하고 그 부속기구로 민정을 관장할 참리부參理部와 군사활동을 관장할 사령부司令部, 그리고 독립군영인 수개의 군영軍營을 설치토록 하였다.

임시정부의 이와 같은 결정에 따라 관전현에는 1920년 초에 광복군이 조직되었다. 광복군은 성립과 동시에 각 부서를 영도할 지휘관을 임명하였는데 참리부장에는 조병준, 사령부 사령장에는 조맹선이 임명되었고, 변창근邊昌根, 오동진吳東振, 홍식洪植, 최시흥崔時興, 최찬崔燦, 김창곤金昌坤 등이 각 군영의 영장營長을 맡았다.

한편 광복군총영은 광복군 본부가 조직되고 난 후 얼마 되지 않아 오직 군사적 목적만을 수행할 특수부대로서 조직되었다. 즉 각지에 분산되어 있던 광복군의 각 군영은 일제의 감시와 탄압으로 인해 활동이 위축되고 부대 상호간의 연락이 어려워졌다. 이와 같은 상황에서 광복군의 제2영장인 오동진이 휘하 부대를 인솔하고 관전현에 주둔하면서 자신의 부대를 광복군총영으로 개칭하게 되었던 것이다. 광복군 총영장에는 오동진이, 그리고 경리부장에는 참리부장인 조병준이 선임되어 이들을 주축으로 활동에 들어갔다. 한편, 국내의 천마산대를 광복군 천마별영天摩別營, 벽동碧潼과 파저강波瀦江[渾江] 연안에서 활동하던 무장단체를 벽파별영碧派別營이라 각각 부르고 일제 군경을 상대로 활발한 항전을 벌였다.[23]

임시정부 산하의 군사기관으로서 항일전을 전개한 광복군총영은 1920년 한 해 동안에도 일본군경과의 교전이 78차, 일제 주재소 습격이 56개 소, 면사무소 및 영림창 소각이 20개 소, 일제 경찰 95명을 사살하는 전과를 올렸다.[24)]

이상에 언급한 독립군 부대 외에도 안도현 내두산奶頭山에 근거지를 두고 있던 대한정의군정사大韓正義軍政司, 북만주 중동선中東線 일대의 야단野團과 혈성단血誠團, 혼춘 일대의 복황단復皇團, 서간도의 광복단光復團, 태극단太極團, 백산무사단白山武士團 등 수많은 독립군단이 1919~1920년간에 만주 · 연해주 일대에서 편성되어 일제와의 독립전쟁을 표방하고 활동에 들어갔다.

3) 국내진입작전의 전개

(1) 독립군의 전력강화

3 · 1운동을 계기로 만주와 연해주 각지에서 독립군이 본격적인 항일전에 돌입하게 되자 상해 임시정부는 1919년 말 "독립전쟁의 최후수단인 전쟁을 대대적으로 개시하여 규율적으로 진행하고 최후 승리를 지시하기 위하여" 독립전쟁의 '준비'를 선언하기에 이르렀다. 이에 임시정부는 독립군단의 편성과 정비, 군인모집과 군사훈련, 군비확충 등을 가장 중요한 시정목표로 설정하고 이를 실행하기 위해 다각적인 노력을 기울이게 된다.[25)]

수립 초기 임시정부의 독립전쟁에 대한 경도와 시정노선의 방향설정 경향성은 이 무렵 임정의 실질적 지도자였던 안창호가 1920년 정초에 행한 다음과 같은 연설의 일단을 통해서도 충분히 감지할 수 있다.

---

23) 愛國同志援護會, 『韓國獨立運動史』, 258~259쪽.
24) 尹炳奭 외 5인, 『中國東北지역 韓國獨立運動史』, 287~290쪽.
25) 國史編纂委員會 編, 『韓國獨立運動史』 3, 282쪽.

우리 당면의 대문제는 우리 독립운동을 평화적으로 계속하려는 방계方計를 고쳐 전쟁하려 함이요 (중략) 진실로 우리는 시기로 보든지 의리로 보든지 아니 싸우지 못할 때라고 단정하시오. (중략) 군사적 훈련을 아니 받는 자는 국민개병주의에 반대하는 자요 국민개병주의에 반대하는 자는 독립전쟁에 반대하는 자요 독립전쟁에 반대하는 자는 독립에 반대하는 자요.[26] (맞춤법－필자)

독립군은 일제와의 독립전쟁 결행에 즈음해 3·1운동으로 고양된 독립의지에 충만해 있었다. 홍범도 등의 명의로 발표된 「유고문喩告文」 중에서 "당당한 독립군으로 몸을 포연탄우砲煙彈雨 중에 던져 반만년 역사를 광영되게 하며 국토를 회복하여 자손만대에 행복을 줌이 우리 독립군의 목적이요 또한 민족을 위하는 본의다"라고 밝힌 대목은 당시 독립군의 이와 같은 기상과 포부를 잘 드러낸 것이다.[27] 임시정부 군무부에서도 1920년 1월 "충용한 대한의 남녀여, 혈전의 시時, 광복의 추秋가 래來하였도다. 너도 나아가고 나도 나아갈지라. 정의를 위하여 자유를 위하여 민족을 위하여 총銃과 혈血로써 조국을 살릴 때가 이 때가 아닌가."라고 하는 「포고」 제1호를 발하여 독립전쟁의 개시를 선언하며 독립군의 사기를 독려하였다.[28] 또 아래에 소개하는 「독립군가」는 이처럼 늠름한 독립군의 기상과 충만한 사기를 응축한 결정체였다.

나아가세 독립군아 어서 나가세　　기다리던 독립전쟁 돌아왔다네
이 때를 기다리고 10년 동안에　　갈았던 날랜 칼을 시험할 날이
나아가세 대한민국 독립군사야　　자유 독립 광복할 날 오늘이로다
정의의 태극깃발 날리는 곳에　　적의 군세 낙엽같이 쓰러지리라

26)『獨立新聞』 제35호, 1920년 1월 8일자, 「우리 국민이 斷定코 실행할 六大事」.
27)『獨立新聞』 1920년 1월 13일, 「喩告文」.
28)『獨立新聞』 1920년 2월 10일, 「軍務部布告」.

보느냐 반만년 피로 지킨 땅
듣느냐 이천만 단조檀祖의 혈손
양만춘 을지문덕 피를 받았고
나라 위해 목숨을 터럭과 같이

오랑캐 말발굽에 밟히는 모양
원수의 칼 아래서 우짖는 소리
이순신 임경업의 후손 아니냐
싸우던 네 조상의 후손 아니냐

탄환이 빗발같이 퍼붓더라도
대한의 용장한 독립군사야
최후의 네 핏방울 떨어지는 날
네 그리던 조상나라 다시 살리라

창과 칼이 네 앞을 가로막아도
나아가고 나아가고 다시 나가라
최후의 네 살점이 떨어지는 날
네 그리던 자유꽃이 다시 피리라[29)]

독립군이 전쟁에서 승리하기 위해서는 충만한 투지 외에 현실적 조건으로 군비조달과 무기구입 및 군사훈련 등과 같은 전력증강이 절급한 과제였다. 그 가운데서도 총기와 탄약 등의 화력 증강이 무엇보다 우선되었다. 만주 독립군이 사용하던 무기의 상당 부분은 1차대전 중 시베리아에 출병한 체코슬로바키아 군대로부터 구입해 온 것이었으며, 여기에 소요된 대금은 만주와 연해주, 그리고 국내 동포가 헌납한 군자금이었다.

독립군의 무기는 실로 다양하였다. 일반 군총으로는 러시아제 5연발총과 단발총이 주종을 이루었고, 그밖에도 미국제나 독일제, 심지어는 (명치) 30년식 또는 38년식 일제 총까지 섞여 있었다. 권총류로는 루가식을 비롯해 7연발식 · 남부식 등이 사용되었다. 그리고 중화기로는 기관총과 속사포를 보유하고 있었다. 뿐만 아니라 폭탄이라 부르던 수류탄을 구입하는 경우도 많았다. 서로군정서의 경우, 청산리대첩 직전에 약 4백 명의 무기 운반대원을 중 · 러 국경의 삼차구三岔口 방면으로 파견해 1인당 각각 총기 4정씩을 휴대하여 모두 1천 6백 정의 총기를 반입함으로써 화력증강을 꾀하였다.[30)] 전체적으로 독립군이 확보한 무기의 종류와 양이 얼마나 되었는지는 명확하지 않지만, 1920년 8월경 작성한 일제의 한 정보기록에서는 군총 3천 3백

29) 『獨立新聞』 1920년 2월 17일, 「獨立軍歌」.
30) 독립운동사편찬위원회 편, 『독립운동사자료집』 10, 193~194쪽.

정, 탄약 19만 5천 3백 발, 권총 730정, 수류탄 1천 550개, 기관총 9정 등의 화력을 독립군이 확보한 것으로 파악해 놓았다.[31)]

독립군은 화력증강과 함께 군사훈련에도 주력하였다. 독립군 훈련을 실시하던 대표적인 기관이 북간도의 사관연성소와 서간도의 신흥무관학교였다. 사관연성소 생도의 경우, 매일 5시간 이상 집중적인 집총훈련을 받았으며, 6관(22.5Kg)의 모래가 든 무거운 배낭을 메고 완전무장한 채 산야를 구보 혹은 행군하며 전술을 익히는 고된 군사교련을 받고 있었다. 아울러 매일 2회 독립사상 함양과 민족의식 고취를 위한 정신교육도 병행하였다. 서간도의 신흥무관학교에서도 보병 · 기병 · 포병 · 공병 등의 기본과목과 총검술 · 격검 · 전술 · 편제학 등의 교과목을 가르쳤으며, 넓은 연병장에서 각개교련과 기초훈련 등 강인한 군사훈련을 실시하고 있었다.[32)]

(2) 국내진입작전

1919년 3 · 1운동 발발 이후부터 서북간도의 독립군은 압록강 · 두만강 국경 부근으로 접근하여 국치 이래 10년간의 염원이던 국내진입작전에 돌입하였다. 이렇게 시작된 국내진입작전은 1919년 8월 무렵부터 본격화되기에 이르렀다.

독립군의 공격이 임박해지자 일제는 이를 차단하기 위해 국경지대에 군대와 경찰을 증파 배치시켜 철저한 경계태세에 들어갔다. 일제는 부 · 군 단위로 1개 경찰서를 두는 것이 상례였는데, 함북 · 함남 · 평북의 국경 3도의 경우에는 예외였다. 즉 함북에는 11개 군에 경찰서 19개, 파출소 6개, 주재소 130개, 출장소 42개를, 함남에는 16개 군에 경찰서 20개, 파출소 6개, 주재소 180개, 출장소 12개를, 평북에는 19개 군에 경찰서 24개, 파출소 5개, 주재소 195개, 출장소 84개를 설치해 놓고 이른바 국경수비에 만전을 기하

---

31) 尹炳奭, 『獨立軍史』, 지식산업사, 1990, 136쪽.
32) 독립운동사편찬위원회 편, 『독립운동사자료집』 10, 1973, 23쪽.

고 있었던 것이다.[33)]

독립군의 국내진입작전을 선도한 인물은 홍범도였다. 그가 인솔하던 대한독립군은 일제의 삼엄한 '국경수비망'을 뚫고 1919년 8월 국내로 진입, 압록강변의 혜산을 점령하고 갑산 공략을 계획하기도 하였다. 이어 1919년 9월에도 독립군 한 부대가 갑산군 동인면同仁面의 함정含井 주재소 등 일제 식민지기관을 공격하였다.

이러한 홍범도는 1919년 9월에 이범윤李範允·황병길黃炳吉 등의 독립군 지도자들과 연락을 취하며 백두산 부근에 근거지를 두고 다방면에서 대규모 국내진입작전을 전개할 계획을 세워 놓고, 이를 상해 임시정부에 보고하였다. 당시 임시정부를 주도하던 안창호는 이에 대해 시기상조를 이유로 1919년 11월까지 계획을 연기하라는 회신을 보내었다.[34)] 그러나 홍범도는 임정의 이러한 권고를 따르지 않고 다음달인 10월에는 압록강을 건너가 강계와 만포진을 점령하였으며 자성에서는 일본군과 격전 끝에 '70여 명'을 살상하는 큰 전과를 올렸다.[35)] 이는 곧 3·1운동 이후 독립군이 수행한 국내진입작전에서 거둔 최초의 큰 승첩이었다.[36)]

독립군의 국내진입작전은 1920년에 들어와 더욱 활발해졌다. 홍범도를 비롯해 최진동·안무·김좌진 등이 지휘하는 독립군은 수시로 국내진입작전을 펼쳤다. 그 가운데서도 1920년 2월 초 상해 임시정부에 들어온 미국 워싱턴발 로이터통신에 의하면 볼셰비키로부터 무기를 공급받은 2천 명의 독립군은 길림吉林으로 내려와 국내진입작전을 펼쳐 일본군 모某군영을 야습한 것으로 보고 있다. 이 보도에 따르면 이 때 독립군은 일본군을 무려

---

33) 김의환, 「독립군의 편성과 국내작전」(국사편찬위원회 편, 『한민족독립운동사』 4, 1988), 60쪽.

34) 姜德相 編, 『現代史資料』 26, 275쪽; 독립운동사편찬위원회 편, 『독립운동사자료집』 10, 1976, 252쪽.

35) 『朝鮮民族運動年鑑』(在上海日本領事館, 1932), 1919년 10월 24일, 「江邊八郡臨時交通局報告」

36) 尹炳奭 외 5인, 『中國東北지역 韓國獨立運動史』, 110~111쪽.

3백 명이나 사살하고 4백 명을 괴주시켰으며 회령을 점령한 듯하다고 기록하였다.[37] 이 부대의 실체나 전투 사실은 확인되지 않지만, 이 무렵 독립군이 활발히 활동하고 있던 정황을 짐작케 한다.

독립군의 국내진입작전이 활발해진 뒤인 1920년 3월에 작성된 일제측의 정보자료에 의하면, 그해 1월부터 3월까지 3개월간 독립군이 수행한 국내진입작전은 총 24회에 달하고 있다.[38] 또 임시정부 군무부는 3월부터 6월 초까지 독립군이 전후 32차례의 유격전을 전개했고, 일제 관공서를 파괴한 것이 34개소에 달했다고 발표하였다.[39]

독립군이 결행한 수많은 작전 가운데서도 특히 1920년 3월에 벌어진 온성전투는 특기할 만하다. 3월 15일 독립군 2백여 명이 두만강을 건너 온성군 유포면柔浦面 풍리동豊利洞 주재소를 공격하면서부터 시작된 온성전투는 거의 3월 말까지 지속적으로 반복 수행되었다. 특히 18일에 벌어진 온성군의 미산美山 헌병감시소 기습전은 독립군의 조직적 작전능력을 과시한 전투였다. 이날 새벽 두만강을 건너 온성군 미포면美浦面의 장덕동長德洞과 월파동月坡洞·풍교동豊橋洞 등지를 분산 공격한 독립군 소부대들은 50명씩 합세하여 미산 헌병감시소 전방 고지 성벽을 점거한 뒤 일제 헌병 및 경찰과 50분 동안 치열한 교전을 벌인 끝에 이들을 섬멸시켰다. 독립군은 부근에 주둔하고 있던 일본군 본대와 온성경찰서 경찰대가 도착하기 전에 무사히 강을 건너 돌아왔다.[40] 미산 헌병감시소를 공격하던 18일에 또 다른 독립군 2백 명은 온성읍을 공략하기 위해 새벽 5시경 온성 대안의 양수천자凉水泉子에서 두만강을 건너려 하였으나 일제 군경에게 탐지되어 작전을 중단하였다. 또 같은 날 오전에는 독립군 30명이 일제 경찰대와 교전을 벌이기도 하는 등

37) 『獨立新聞』 1920년 2월 17일, 「二千의 獨立軍이」.
38) 姜德相 編, 『現代史資料』 27, 647~648쪽.
39) 『獨立新聞』 1920년 12월 25일, 「北墾島에 在한 我獨立軍의 戰鬪情報」.
40) 姜德相 編, 『現代史資料』 27, 619~624쪽; 독립운동사편찬위원회 편, 『독립운동사자료집』 10, 270~271쪽.

온성 일대에서 독립군의 활약이 크게 두드러졌다.

일제는 온성전투에서 보여준 독립군의 탁월한 전력에 큰 충격을 받았던 것으로 보인다. 일제 군경의 상부 보고서에서 "일시 경찰 헌병의 전멸을 의심케 하였다"라든가, "(독립전쟁의) 위험성의 일단을 폭로한 것" 등으로 기술한 대목은 그와 같은 정황을 짐작케 한다.[41]

2. 봉오동승첩과 청산리대첩

1) 봉오동승첩

(1) 삼둔자전투

북간도의 삼둔자三屯子는 도문圖們 남쪽 10여 리 지점에 위치한 두만강변의 작은 국경마을로, 그 대안에는 동북방으로 종성군의 강양동江陽洞이 자리 잡고 있다. 1920년 6월 7일의 봉오동전투는 그 전단이 화룡현 월신강月新江 삼둔자에서 전날 벌어진 전투에서 비롯되었다. 또한 삼둔자전투는 독립군이 그 동안 통상적으로 수행하던 한 소규모의 국내진입작전이 단초가 되어 벌어졌다. 즉 6월 4일 새벽 30명 가량의 한 독립군 소부대는 통상적인 국내진입작전의 일환으로 삼둔자에서 두만강을 건너 동북방의 강양동으로 진격, 일제 헌병순찰소대를 격파한 후 날이 저물자 두만강을 다시 건너 귀환함으로써 작전을 종료하였던 것이다.

그러자 일제 군경은 강양동 패전을 보복하기 위해 독립군 추격에 나섰다. 니미新美 중위가 인솔하는 남양수비대 1개 중대와 헌병순사 10여 명은 두만강을 건너 삼둔자에 이르러 분풀이로 무고한 한인 양민만 살육하는 만

---

41) 尹炳奭, 『獨立軍史』, 131~132쪽; 독립운동사편찬위원회 편, 『독립운동사자료집』 10, 270쪽.

행을 저질렀다. 독립군은 삼둔자 서남방 요지에서 이들을 공격, 섬멸시켜 버렸다. 이것이 삼둔자전투로, 처음으로 두만강을 건너 중국 영토로 불법 침입한 일본군을 격퇴한 것이다.[42)]

(2) 봉오동승첩

두만강 변경지대에서 전개한 독립군의 연이은 국내진입작전에 충격을 받은 일제는 북간도의 독립군 근거지를 수색, 탄압하기 위해 대병력을 동원하기에 이르렀다. 이른바 월강추격대대越江追擊大隊의 편성이 그것이다. 즉 함북 경성군 나남羅南에 사령부를 두고 두만강을 '수비'하던 일본군 제19사단은 삼둔자에서의 참패를 설욕하고 독립군을 '토벌'하기 위해 '월강추격대대'를 편성, 불법으로 중국령 북간도를 침범케 한 것이다. 야스가와安川 소좌가 인솔하던 월강추격대대의 편성 내역은 다음과 같다.[43)]

보병 제73연대 제10중대(가미타니神谷 대위 휘하 70명의 혼성중대)
기관총 1소대(시바야마柴山 준위 이하 27명)
보병 제75연대 제2중대(모리森 대위 이하 123명)
헌병대(고하라小原 대위 이하 11명)
경찰대(가츠라기葛城 경시 이하 11명)

여기에는 또한 삼둔자전투에서 참패를 당한 니미新美 중대도 합류함으로써 대부대로 편성되어 있었다. 6월 7일 새벽 온성군 하탄동下灘洞에서 도강을 완료한 일본군은 독립군의 주요 근거지인 봉오동을 향하면서 소위 작전을 개시하였다.

봉오동은 지금의 도문시에서 서북쪽으로 15리 떨어져 있으며 동북방으로 25리나 뻗은 긴 골짜기이다. 봉오동 계곡으로는 실개천이 흐르고 있으며, 골

42) 『獨立新聞』 1920년 12월 25일, 「北墾島에 在한 我獨立軍의 戰鬪情報」.
43) 「安川追擊隊ノ鳳梧洞附近戰鬪詳報」(독립기념관 소장), 三. 彼我兵力.

짜기 어구로부터 8리 떨어진 곳에 밀짚모자 모양의 높은 산이 있어 중국인은 이곳을 초모정자草帽頂子라 불렀다. 1920년 당시 봉오동에는 하촌·중촌·상촌 등 3개 한인마을이 자리잡고 있었다. 하촌에는 최진동 일가를 중심으로 15호, 중촌은 80여 호, 북골과 남골로 된 하촌은 60여 호의 인가로 이루어져 있었다. 이러한 봉오동은 지리적으로나 경제적으로 모두 독립군의 근거지로서 적지適地였다. 봉오동의 남쪽으로는 고려촌·안산촌安山村·회막동恢幕洞·삼둔자 등의 마을들과 연계되어 있었으며, 서북쪽으로 40여 리 북상하면 대한군정서 소재지인 서대파西大坡가 나오고, 서남쪽으로 16리 지점에 대한신민단의 근거지인 석현石峴이 있고, 북쪽으로 40여 리 지점에 대한광복단의 근거지인 대감자大坎子가 있었다. 봉오동은 동·서·북 삼면이 모두 산으로 둘러싸여 난공불락의 천연요새와도 같았다.[44)]

홍범도를 총지휘관으로 하는 대한독립군과 대한신민단, 그리고 군무도독부 연합부대는 일본군의 침공에 대비해 주민들을 미리 산중으로 대피시켜 놓고 만반의 임전태세를 갖추고 있었다. 곧 홍범도는 험준한 사방 고지에 독립군 각 중대를 매복시켜 놓은 다음 일본군을 포위망 속으로 유인해 섬멸시킨다는 작전을 세웠던 것이다.

미리 세워놓은 작전계획에 따라 이화일李化日이 인솔하는 독립군 소부대는 이날 새벽 미리 봉오동 밖의 고려령 북편 고지로 출동하여 유인작전을 수행하고 있었다. 심야에 이화일 부대의 기습을 받은 일본군은 전열이 흐트러지는 등 제대로 응전치 못하고 고전하였다. 날이 밝아서야 전열을 재정비한 일본군은 부상병을 유원진柔遠鎭으로 후송시키는 한편 부근 촌락을 수색하면서 오전에 봉오동 입구로 들어왔다.

봉오동 하촌으로 들어온 일본군은 최진동의 집을 비롯한 마을 전체를 유린하여 미처 피난하지 못한 노약자를 살육하는 만행을 저질렀다. 이들은

---

44) 金春善, 「1920年代 韓民族反日武裝鬪爭硏究에 관한 再照明」(『韓民族獨立運動史論叢』, 朴永錫敎授華甲紀念論叢刊行委員會, 1992), 566~567쪽 참조.

다시 중촌을 지나 오후 1시경 상촌을 향해 진입하기 시작하였다. 일본군 전위부대가 사방 고지로 둘러싸여 있는 상촌 남쪽 300m 지점의 비파동琵琶洞 방면으로 가는 갈림길까지 진입함으로써 독립군의 포위망 속으로 들어왔으나 매복 사실을 눈치채지 못하고 있었다. 곧이어 주력부대도 기관총대를 앞세우고 역시 독립군의 포위망 속으로 깊숙이 들어오게 되었다.

일본군 본대가 포위망 속으로 완전히 들어왔을 때 사령관 홍범도는 일제 공격을 알리는 신호탄을 발사하였다. 삼면 고지에 매복하고 있던 독립군은 동시에 집중사격을 개시하였다. 불의의 기습공격을 받은 일본군은 가미타니神谷 중대와 나카니시中西 중대를 전방에 내세워 필사적으로 포위망 탈출을 시도하는 한편 응전을 시도하였다. 그러나 유리한 지형을 차지한 독립군의 맹렬한 공격에 예봉이 꺾인 일본군은 시간이 흐를수록 사상자만 속출할 뿐이었다. 독립군의 완전한 포위망 속에서 3시간을 버틴 일본군은 드디어 퇴각하기 시작하였다. 이 때 독립군의 제2중대장 강상모姜尙模는 부하들을 이끌고 패퇴하는 일본군을 맹렬히 추격해 다시 큰 타격을 가하였다.[45] 이것이 유명한 봉오동승첩의 전말이다.

봉오동에서 독립군이 일방적 압승을 거둔 사실은 한·중·일의 여러 관련 자료나 정황으로 보아 의심의 여지가 없다. 그러나 전과에 대해서는 자료마다 큰 차이를 보여 그 실상을 명확히 확인하기는 쉽지 않다. 상해 임시정부의 군무부는 독립군측의 전과를 일본군 사살 157명, 중상 2백여 명, 경상 1백여 명에 달하는 것으로, 그리고 독립군측의 피해는 전사 4명, 중상 2명으로 확인하고 있다. 이 전과는 압승 사실을 내외에 과시하는 과정에서 다소 과장된 것으로 보인다.[46] 그렇지만, 봉오동승첩 직후에 보도된 『독립신문』이나 중국 『상해시보上海時報』의 기사를 통해서 볼 때 일본군 150여 명을 사살한 공전의 대승을 거둔 것으로 믿어진다.[47] 이에 반해 일제의 전투

45) 『獨立新聞』 1920년 12월 25일, 「北墾島에 在한 我獨立軍의 戰鬪情報」.
46) 『獨立新聞』 1920년 12월 25일, 「北墾島에 在한 我獨立軍의 戰鬪情報」.

보고서에서는 참패 사실을 철저하게 은폐하였을 뿐만 아니라, 독립군 30여 명을 사살하고 일본군측의 전사자와 부상자가 각각 1명에 불과한 것으로 실상을 왜곡시켜 기술하고 있다.[48]

봉오동승첩은 독립군과 일제 양측 모두에게 큰 충격과 영향을 주었다. 독립군측은 임시정부 군무부가 이 승첩을 '독립전쟁의 제1회전'이라 선언하였을 만큼 이를 계기로 사기가 크게 진작될 수 있었다. 이로써 독립전쟁에서의 승리 가능성을 확신한 독립군은 지속적인 독립전쟁을 수행하기 위해 여러 독립군단간의 군사통일 노력을 경주하는 한편, 병력보충과 군비확충에 더욱 박차를 가하였다. 이와 같은 사기앙양과 전력증강은 장차 벌어질 일제 침략군과의 대규모 접전에서 승리를 담보하는 것이었다.

한편, 일제 역시 봉오동 참패에 커다란 충격을 받았다. 일제는 그 동안 독립군의 국내진입작전에 시달리면서도 정규군대를 투입하면 독립군을 쉽게 제압할 수 있는 민병 정도로 판단하고 있었다. 하지만 봉오동 참패를 계기로 일제는 정예화된 독립군의 강력한 전력을 실감하고, 장차 독립군이 국내진입작전을 대규모로 결행하게 되면 식민지통치에 심각한 위협 요인이 될 것으로 판단하기에 이르렀다.[49] 결국 막강한 화력를 보유한 정규 군대를 투입하고도 '예상 밖으로' 당한 봉오동의 충격적 참패는 독립군의 전력을 재평가하고 독립군 '초토화'를 위한 근본적 대책을 강구케 한 계기로 작용하였다. 청산리대첩은 봉오동전투를 계기로 독립군과 일제 양측이 받은 이상과 같은 영향과 충격의 소산이기도 하다.

---

47) 『獨立新聞』 1920년 6월 22일, 「獨立軍勝捷」; 趙中孚 외 2인 編, 『近代中韓關係史資料彙編 5』(國史館, 1967), 433~434쪽.

48) 「安川追擊隊ノ鳳梧洞附近戰鬪詳報」, 八. 彼我의 損害.

49) 신용하, 「봉오동전투와 청산리독립전쟁」(국사편찬위원회 편, 『한민족독립운동사』 4, 1988), 101쪽.

2) 청산리대첩

(1) 일본군의 간도 침공

3·1운동 이후 두만강과 압록강 접경지대에서 독립군의 활동이 활발해지자, 일제는 대책 마련에 혈안이 되었다. 1920년 5월부터 조선총독부 아카이케 아츠시赤池濃 경무국장이 수차 봉천(현 심양)을 왕래하며 만주 실력자인 순열사巡閱使 장작림張作霖을 만나 '중일합동수색'이란 명목하에 일제 군경에 의한 독립군 탄압을 시도한 것이 그 대표적 사례이다.[50] 이에 따라 서간도를 중심으로 하는 봉천성내에서 일제의 봉천독군奉天督軍 고문 우에다上田와 사카모토坂本의 두 경찰고문을 대장隊長으로 하는 우에다대上田隊와 사카모토대坂本隊로 불린 '중일합동수색대'가 편성되어 전후 4개월에 걸쳐 독립군 및 항일단체에 대한 대탄압을 가하였다. 이는 결국 각지의 친일단체인 보민회保民會를 앞세운 일제 군경의 항일민족주의자 학살작전이 되고 말았다.[51]

그러나 중국 관리 가운데는 한국의 독립운동을 동정 내지 지지하는 인물도 상당수 있었다. 특히 북간도의 경우가 그러하였다. 길림성장 서정림徐鼎霖을 비롯해 연길도윤 장세전張世銓, 보병 제1단장 맹부덕孟富德 등은 중일합동수색을 반대하고 일제측의 동정을 사전에 독립군측에 통지해 주었다. 그러므로 북간도에서는 중일합동수색이 실효를 거둘 수 없었던 것이다.

한중간의 우호관계 속에서 중일합동수색에 의한 독립군 탄압작전이 실패로 귀착되자, 일제는 직접 일본군을 간도로 침공시켜 독립군과 항일단체를 근원적으로 '초멸'하려는 대규모의 계획을 수립하기에 이르렀다. 봉오동 참패를 계기로 이러한 계획은 더욱 구체화되었다. 1920년 8월까지 완료한 '간도지방불령선인초토계획間島地方不逞鮮人剿討計劃'이 그것이다. 침공 계획과

50) 姜德相 編, 『現代史資料』 28, 67~68쪽.
51) 國史編纂委員會 編, 『韓國獨立運動史』 3, 663~666쪽.

준비를 완료해 놓은 뒤 일제는 간도침략에 따른 국제적 비난과 불법성을 은폐할 적당한 구실을 마련하였다. 1920년 10월의 혼춘사건琿春事件은 이와 같은 배경과 목적하에서 일제가 의도적으로 조작한 사건이었다.

일본군은 중국의 장강호長江好 마적을 금전으로 매수하고 무기를 제공한 뒤, 이들로 하여금 일제의 영사관분관이 있던 혼춘을 습격케 하였다.[52] 이에 따라 4백여 명의 마적단은 1920년 10월 2일 새벽에 야포 3문을 성 밖에 걸어놓고 혼춘성을 공격하였다. 이 때 혼춘의 일본 영사관분관에는 영사관 경찰과 총독부 파견 경찰대 및 총독부 함북경찰대 등에 소속된 50여 명의 병력이 주둔해 있었다. 중국측의 요청에 의해 이들 병력이 한쪽 성문을 수비하였으나 마적들은 일제측과의 사전 약속대로 무난히 성문을 통과해 약탈과 살육을 자행하였다. 결국 마적단의 난동으로 중국군 70여 명과 한인 7명이 살해당하는 참화를 입었고, 영사관원들이 탈출한 상태에서 비어 있던 일본 영사관분관도 분탕되었다. 또한 조선총독부 함북파견 경찰 일가와 일인 부녀자 9명도 아울러 살해되었다고 한다.[53] 이것이 혼춘사건의 전말이다.

혼춘사건을 구실로 일제는 출동 대기상태에 있던 대규모의 병력을 사건 당일부터 즉시 간도에 투입하였다.[54] 중국 당국과의 사전 교섭이나 통보 절차없이 일방적으로 만주를 침범한 것이다. 10월 2일부터 수일간 북간도 일대에 집중적으로 투입된 일본군의 주력은 한국 주둔군인 소위 조선군 소속의 일본군 제19사단이었다. 주력부대 외에도 연해주 주둔 포조군浦潮軍과 요동지역에 배치되었던 관동군關東軍의 일부도 투입되었다. 구체적으로 만주 침공에 동원된 일본군의 부대별 병력 규모를 보면 주력인 조선군 제19

52) 姜德相 編, 『現代史資料』 28, 141~142쪽.
53) 姜德相 編, 『現代史資料』 28, 146~148쪽.
54) 朝鮮軍司令部 編, 『間島出兵史 上』(金正柱 編, 『朝鮮統治史料 2』, 韓國史料研究所, 1970), 17~20쪽.

사단 9천 명을 비롯해 20사단 7백 명, 포조군 제14사단 4천 명, 제11·13사단 각각 1천 명, 북만주파견대 1천 명, 관동군 1천 2백 명 등으로, 총병력 2만 명에 달하는 엄청난 규모였다.[55] 이와 같은 대규모 병력이 기관총, 대포 등 중화기와 신형 장비를 갖추고 서북간도를 동서남북 사방에서 포위하는 형세로 한인사회에 대해 대대적인 압박을 가해 온 것이다. 그 가운데서도 특히 독립군의 주요 근거지였던 북간도 일대는 19사단 주력부대를 비롯한 일본군의 집중적인 탄압을 받게 되었다.

(2) 독립군의 근거지 이동

일본군의 '만주 침공' 목적은 독립군의 완전 제거, 곧 "불령선인단에 대해 섬멸적 타격"을 입하는 데 있었다. 앞에서 언급하였듯이 일본군의 간도 침공에 앞서 일제측의 강요로 독립군에 대한 탄압을 외형적으로나마 행동에 옮길 수밖에 없던 처지에 놓인 중국 관헌은 현상 타개를 위해 대한국민회를 비롯한 여러 독립군단에 대해 근거지 이동을 요구하게 되었다.[56] 연길·왕청·화룡·혼춘 등 북간도의 4개 현에서 활동 중이던 여러 독립군단은 이와 같은 상황에서 새로운 근거지를 구축하기 위해 1920년 8월 하순부터 장정에 올랐다.

북간도 독립군단 가운데 가장 먼저 장정에 오른 부대는 홍범도가 인솔하는 대한독립군이었다. 대한독립군은 봉오동승첩 이후 연길현 명월구明月溝로 근거지를 옮긴 뒤 8월 하순 사관학교까지 건립한 본영을 떠나 백두산 서남방을 향해 장정에 들어갔다. 그리하여 한 달만인 9월 20일경 대한독립군은 안도현과 접경지인 화룡현 이도구二道溝 어랑촌漁郎村 부근에 도착하였다.

55) 金靜美, 「朝鮮獨立運動史上に於おける1920年10月 - 靑山里戰鬪の歷史的意味を求ぬて-」, 『朝鮮民族運動史研究』 3, 靑丘文庫, 1986, 136쪽.
56) 愼鏞廈, 『韓國民族獨立運動史研究』, 乙酉文化社, 1985, 401~405쪽 참조.

대한독립군에 이어 안무의 대한국민군도 8월 31일 근거지인 왕청현 의란구依蘭溝를 떠나 안도현 방면으로 장정에 오른 뒤 9월 말경 역시 화룡현 이도구에 도착하였다.[57]

한편 봉오동에 근거지를 두고 있던 군무도독부를 이끌던 최진동은 군사 통일과 새로운 기지설정 등의 문제에서 홍범도·안무 등과 의견이 일치되지 않았다. 결국 군무도독부는 백두산을 향하지 않고 동북방으로 근거지 이동을 단행해 9월 말경 왕청현 나자구에 도착하였다. 또한 의군부·신민단·광복단·의민단 등의 여러 독립군단도 9월경 대한독립군이 향한 안도현 방면의 서남방으로 이동하거나 혹은 동북방의 나자구로 이동하였다.

북간도의 여러 독립군단 가운데 가장 늦게 장정길에 오른 부대는 왕청현 서대파에 근거지를 두고 있던 대한군정서였다. 대한군정서는 막대한 자금을 투입해 건립한 사관연성소에서 1920년 9월 9일 성대한 졸업식을 거행하였다. 298명의 사관생도들이 6개월간의 훈련과정을 이 날 이수하였던 것이다.[58] 또 이에 앞서 전력증강을 위해 1920년 6월 연해주 블라디보스토크로 파견하였던 2백 명 가량의 구입무기 운반대가 8월 말경 무기와 탄약을 가지고 무사히 돌아왔다. 이와 같은 사정으로 장정이 늦어진 대한군정서는 사관연성소 졸업생도를 중심으로 하는 교성대敎成隊와 사령부 경비대, 그리고 본대 등으로 부대를 편성하고 9월 17~18일 장정에 올랐다. 총기와 탄약 등의 무기를 우마차에 적재하고 서대파의 본영을 떠나 화룡현 삼도구의 청산리를 향해 450리의 험로를 진군한 끝에 거의 한 달만인 10월 12~13일경 목적지인 삼도구에 당도할 수 있었다. 서대파에서 청산리까지의 행군로에 대해 대한국민회 간부였던 홍상표洪相杓는 다음과 같이 기술하고 있다.

57) 姜德相 編, 『現代史資料』 28, 351쪽.
58) 『獨立新聞』 1921년 2월 25일.

> 서대파에서 야음을 이용하여 대황구를 지나서 왕청현 가북街北으로 수천 리 떨어진 험산준령을 거쳐 연길현 의란구 깊은 산 비적들이 통행하는 산로밖에 없었다. 이 산로는 안도현 · 연길현 · 왕청현을 연결하여 나자구를 거쳐 노령으로 통행하는 지대였다. 그래서 이 산로는 마적이 이용하였고 만주국 당시 김일성 군 약 3백 명과 최현 군 약 150명이 이 길을 이용하였던 것이다. 우리 동포의 거주가 희소하므로 무장독립군의 장거리 행군에 고생이 막심하였던 것이다. 서대파에서 노두구령까지 산로이므로 약 320리 가량 될 것이다. 영에서 10리 되는 서구파 앞으로 내려가서 30리 가면 군정서 구역인 장인강 부락에 도착하여 30리 더 가면 이도구에 도착한다. 이도구에서 어랑촌이 10리요, 백운평까지 75리가 된다. 그러므로 서대파에서 백운평까지는 455리 가량 되는 것이다.[59)]

이상에 살펴보았듯이, 청산리대첩의 주역인 김좌진 사령관이 인솔한 대한군정서와, 홍범도 장군이 인솔한 대한독립군 · 대한국민군 등의 연합부대는 1920년 9월 하순부터 10월 상순까지 일제의 탄압을 피하고 새로운 항일근거지를 건설하고자 각기 본영을 떠나 4~5백 리를 장정한 후 청산리대첩의 격전장이 된 화룡현 이도구와 삼도구 서북방의 밀림지대로 진군하였던 것이다.

북간도 일대에서 활동하던 대부분의 독립군단이 이와 같이 서남방 백두산록의 험준한 밀림지대인 화룡현 이도구 · 삼도구 방면으로 장정한 것은 장차 벌어질 일제의 강력한 탄압에 효과적으로 대응하기 위한 전략 때문이었으며, 그 구체적 이유로는 다음과 같은 점을 들 수 있다.

먼저, 이도구 · 삼도구 일대가 국경과 근접해 있었다는 점이다. 일제 침략세력 구축이 궁극적 활동목표였던 독립군으로서는 국내진입작전을 펼 수 있는 지리적 조건을 갖춘 국경 근접지대를 근거지로 삼는 것이 활동상 유리하였기 때문이다. 명장 홍범도가 백두산 방면으로 장정을 시작하면서

---

59) 洪相杓, 『간도독립운동비화』, 선경도서출판사, 1990, 85~86쪽.

지금부터 1~2개월 이내에 반드시 일본군대의 출동을 보게 될 것이고 우리들은 일본군대와 교전하는 것을 싫어하지는 않지만 당지방에서 전사한다면 개죽음과 같아서 일시 백두산지방에 회피, 결빙結氷 때를 기다려 한 발자국이라도 조선 땅에 맥진驀進하여 의의 있는 희생을 하지 않을 수 없다.[60]

라고 근거지 이동의 동기와 이유에 대해 밝힌 대목도 독립군의 그러한 경향성을 생생하게 뒷받침해 주고 있다.

다음으로, 백두산록 일대가 일본군과의 대전에 유리한 지형조건을 갖추고 있었다는 점이다. 지세가 험준하고 산림이 울창한 이곳은 일본군의 정면 공격을 피할 수 있을 뿐만 아니라 지형지세를 적절히 활용함으로써 효과적인 대일전을 수행할 수 있는 최적의 조건을 구비한 곳이었다. 독립군이 청산리 일대에서 거두게 되는 대승첩이 바로 이 점을 입증시켜 주는 산증좌가 된다.

끝으로, 백두산록 일대는 당시 봉천성과 길림성의 접경에 해당되는 지역으로, 중국군의 탄압을 피할 수 있는 적지適地로 판단되기도 했다는 점이다. 독립군이 이곳에다 근거지를 구축하게 되면, 일제측의 강요를 받은 길림성 중국군이 공격해 올 경우에 독립군이 봉천성으로 쉽게 이동할 수 있고, 봉천성 중국군이 공격해 올 경우에도 길림성으로 쉽게 이동할 수 있기 때문이었다.[61]

이도구와 삼도구 밀림지대 중에서도 대한군정서가 첫회전에서 대승을 거둔 청산리는 함북 무산 북쪽의 충신장忠信場에서 시작되는 장장 60리의 깊은 협곡이다. 그 골짜기 안에는 대진창大進昌 · 송리평松里坪 · 평양촌平壤村 · 싸리밭 등 여러 촌락이 점점이 흩어져 있었다. 또한 청산리 북쪽에 위치한

60) 姜德相 編, 『現代史資料 28』, 350~351쪽.

61) 愼鏞廈, 『韓國民族獨立運動史硏究』, 410쪽; 尹炳奭, 『獨立軍史』, 知識産業社, 1990, 170~171쪽 참조.

이도구도 어랑촌漁郞村을 비롯해 갑산촌甲山村 · 천수평泉水坪 · 봉밀구蜂蜜溝 등의 촌락이 산재한 심산장곡이다.[62]

(3) 독립군의 전투준비

청산리대첩 당시 독립군의 전력을 구체적으로 확인하는 작업은 결코 쉬운 일이 아니다. 독립군의 병력 · 무기 등을 명확히 확인하는 데는 자료상 한계가 있기 때문이다. 이러한 사실을 염두에 두고 청산리대첩 당시 전투에 직접 참가한 독립군의 대체적인 전력을 살펴보자.

대한군정서의 경우 약 6백 명의 정예병력과 1백 명 가량의 보충대 병력이 교전 개시 직전인 10월 12~13일 청산리 부근에 도착하여 주둔하고 있었다.[63] 다량의 무기를 보유한 대한군정서 병력은 여행대장 나중소羅仲昭와 중대장 이범석李範奭이 인솔한 사관연성소 졸업생 3백 명을 위주로 한 교성대, 그리고 김좌진이 직접 인솔하는 본대로 나뉘어져 있었으나, 대회전 직전에 편제를 개편, 전력의 극대화를 꾀하였다. 즉 김좌진을 사령관으로 한 사령부와 그 밑에 참모부 및 연성대를 두고, 사령부 아래에는 다시 홍충희洪忠憙를 대대장서리로 하는 1개 대대로 개편하고, 그 대대는 4개 중대와 1개 기관총 소대로 편성하였던 것이다.[64] 대한군정서는 보통 1개 소대가 50명이며 1개 중대는 2개 소대로 이루어졌으므로 대대 병력은 4백 명 가량이었다고 볼 수 있다.

홍범도가 직접 지휘하는 대한독립군은 그 동안에 최진동의 군무도독부 및 안무의 대한국민군과 연합한 결과로 대한북로독군부大韓北路督軍部를 편성하여 1920년 6월 봉오동승첩을 거두었다. 이어 같은해 7월 북간도 여러 독립군단의 군사통일 진전으로 동도군정서東道軍政署가 성립되자 그 별동부

62) 『獨立新聞』, 1921년 3월 12일, 「北路我軍實戰記 二」.
63) 姜德相 編, 『現代史資料』 28, 361 · 396쪽.
64) 『獨立新聞』 1921년 2월 25일, 「大韓軍政署報告」.

대인 동도독군부東道督軍府로 편성되었다. 그리하여 홍범도는 이 동도독군부의 사령관으로서 연길현 의란구依蘭溝 구단구九丹溝 오지에 본영을 두고 4개 대대 1천 6백 명의 큰 군단을 편성하여 요충지에 주둔시키면서 군사훈련을 통해 전력을 강화해 가고 있었다. 한편, 이 무렵에는 대한국민회와 상해 임시정부의 지원을 받아 명월구에 무관학교까지 설립하여 본격적인 간부훈련도 개시하였다.

홍범도의 대한독립군과 연합한 안무의 대한국민군은 북간도 한인사회의 자치와 독립군 양성에 가장 큰 기반을 가진 대한국민회의 직속군대였다. 이 군단은 그 동안 국내진입작전과 봉오동전투에도 참전하였던 부대로, 군자금이 비교적 풍부하고 정기적으로 훈련도 받아온 정예군이었다. 봉오동승첩 이후 8월경의 대한국민군 병력은 450명이었다. 대한국민군은 위에서 보았듯이 8월 말 대한국민회의 지시에 따라 대한독립군의 뒤를 이어 의란구 본영을 떠나 9월 하순 이도구 부근에 도착하였다.

대한의군부는 봉오동승첩 이래 허근許根을 단장, 강창대姜昌大를 부단장으로 하는 부대로 개편, 대한독립군과 연합하여 항일전을 수행해 왔다.[65] 그리하여 이도구 방면으로 진군한 후에는 홍범도 휘하에서 청산리대첩에 참전하였다. 이 무렵의 병력은 150명 정도로 추정된다.

혼춘한민회군은 이도구로 이동한 뒤 홍범도 휘하에서 2백 명 정도가 대첩에 참가하였던 것으로 보인다. 대한광복단은 1920년 8월 현재 단원이 2백 명에 불과하였으나 대첩 직전에는 450명에 이르렀다. 하지만 실제로 대첩에 참전한 병력은 2백 명 정도로 추정된다. 의병을 중심으로 조직되었던 대한의민단은 2~3백 명의 총병력 가운데 1백 명 정도가 직접 참전한 것으로 생각된다. 이도구 방면에 진군한 대한의민단은 일명 모험대冒險隊로 알려졌고 홍범도 부대와 합류한 뒤 대첩에 참가하였다. 대한신민단은 장정에 오

65) 姜德相 編, 『現代史資料』 27, 369쪽.

를 때 그 일부가 최진동이 인솔한 군무도독부군을 따라 나자구 방면으로 북상하였지만, 나머지 2백 명은 홍범도 부대를 따라 이도구 방면으로 이동한 뒤 연합부대의 일원이 되어 대첩에 참전하였다.

이상과 같은 독립군의 병력을 종합적으로 파악해 보면 청산리대첩 당시 독립군의 병력 규모를 가늠할 수 있을 것이다. 이 내용을 정리하면 대한군정서 6백 명, 대한독립군 3백 명, 대한국민군 250명, 대한의군부 150명, 혼춘한민회 2백 명, 대한광복단 2백 명, 대한의민단 1백 명, 신민단 2백 명 등 모두 2천 명 정도의 독립군이 청산리대첩에 참전한 것으로 파악된다.[66]

한편, 김좌진과 홍범도, 그리고 안무 등 독 립군의 주요 간부들은 청산리 일대로 들어온 일본군과의 대규모 회전을 앞두고 효과적인 군사작전을 숙의하기 위한 회합을 가졌다. 이도구 북하마탕에서 대첩을 앞두고 10월 13일 대한독립군과 통합된 대한국민군 · 신민단 · 대한의민단 · 혼춘한민회 등의 대표자가 모여 전략회의를 개최한 것이 그 가운데 하나다. 이 회의에서 홍범도가 통합된 연합부대의 작전지휘를 담당하기로 결의하고, 군자금 모집도 추진하였다. 이에 따라 대한국민회는 「광복사업의 성패의 추秋」라는 포고문을 발하고 한인 매호당 10원, 그리고 전 재산의 10분의 1에 해당하는 금전을 군자금으로 모집하기 시작하였다.

이에 앞서 이도구 일대에 주둔해 있던 홍범도 연합부대는 삼도구 청산리 일대에 진군한 김좌진의 대한군정서와도 연합작전을 협의하였다. 일본군이 삼도구 충신장忠信場 상촌에 도착하기 전날인 10월 10일 묘령廟嶺에서 개최한 독립군 간부회의가 그것이다. 대한군정서와 홍범도 연합부대의 지휘관들이 참가한 작전회의에서 한때 군정서 부총재 현천묵玄天默 등의 피전책避戰策을 채택해 일본군과의 전면전을 가능한 한 피한다는 전략을 결의하기도 하였다. 일본군과의 대규모 교전사태는 중국 정부의 반감을 야기하고

66) 愼鏞廈, 『韓國民族獨立運動史硏究』, 451쪽; 尹炳奭, 『獨立軍史』, 179쪽 참조.

나아가 일본군의 병력증파를 초래할 위험성이 크다고 보아, 피전책을 채택하기로 결의한 것이다.[67] 그러나 일본군의 파상적 대규모 공세에 직면하게 된 독립군은 교전 회피가 도리어 불리할 수도 있다고 판단하게 되자 적극적인 응전 방향으로 전략을 변경하였다.

(4) 청산리대첩

가. 백운평전투白雲坪戰鬪

청산리대첩은 1920년 10월 21일부터 26일까지 전후 일주일 동안 화룡현 이도구·삼도구 일대에서 아즈마 마사히코東正彦 소장이 지휘하던 일본군 '아즈마東 지대支隊'의 주력부대를 맞아 백운평전투를 시작으로 완루구·어랑촌·천수평·봉밀구·고동하 등지에서 벌인 대소 10여 회전에서 독립군이 거둔 승첩을 통칭하는 말이다. 최초의 전투인 백운평전투 교전지가 삼도구의 청산리에 속해 있었기 때문에 곧이어 벌어진 여러 전투까지도 '청산리'라는 지명으로 묶어 대첩의 이름으로 부르게 된 것이다.

간도를 침략한 일본군 가운데 청산리 일대로 들어온 아즈마 지대는 용정과 무산 방면에 진출하여 안도 남쪽, 화룡 북방에 위치한 천보산天寶山에 주력을 두고 있었다. 독립군이 백두산록의 안도현이나 그 북쪽의 돈화현으로 이동하지 못하도록 저지하는 임무를 맡은 이 부대는 10월 20일을 기하여 야마타山田 대좌가 지휘하는 이른바 야마타연대山田聯隊를 선두로 독립군 탄압작전에 들어갔다.[68] 이에 따라 아마타연대는 두 부대로 나뉘어 한 부대는 삼도구에서부터. 그리고 다른 한 부대는 이도구 봉밀구蜂蜜溝에서부터 각각 노령老嶺 방면으로 진출토록 하였다. 그리고 무산수비대 역시 석인구石人溝를 거쳐 노령 방면으로 진출케 함으로써 김좌진의 대한군정서를 사방

67) 姜德相 編,『現代史資料』27, 381쪽.
68) 姜德相 編,『現代史資料』28, 216~217쪽.

에서 포위하려 하였던 것이다.[69)]

한편, 아즈마 소장이 직접 인솔하는 주력부대는 이도구 서북방에 있던 홍범도 지휘하의 독립군 연합부대를 공격하기 위한 작전을 개시하였다. 즉 아즈마 지대 주력을 두 부대로 나누어 그 가운데 한 부대를 천보산 방면으로 출동시켜 남하케 하고, 다른 한 부대를 이도구로부터 서진케 함으로써 독립군 연합부대를 앞뒤에서 협공하려 한 것이다.

청산리 일대로 투입된 야마타연대의 병력 규모는 중화기로 무장한 정예 기병과 포병을 포함해 약 5천 명으로 추산되고 있다. 곧 이와 같은 대규모 병력을 동원한 일본군은 10월 20일을 기해 대한군정서 및 독립군 연합부대에 대해 총공격을 가한다는 작전을 수립해 놓았던 것이다.[70)]

이상의 작전계획에 따라 야마타연대의 주력은 20일부터 대한군정서 탄압을 위해 삼도구에서 청산리를 향해 진군하기 시작하였다. 이에 대한군정서의 김좌진 사령관은 적과 대전하기에 가장 유리한 지형을 갖춘 백운평 고지에다 독립군을 전투편제로 이중 매복시켜 놓은 뒤 적의 접근을 기다렸다.[71)]

이 때 대한군정서의 부대 배치는 2개의 '제대梯隊'로 이루어졌다. 우선 평소에 훈련이 적은 보병의 일부와 비전투원으로 제1제대를 편성한 뒤 총사령관 김좌진의 지휘하에 후방에 배치하였다. 그리고 사관연성소 졸업생으로 구성된 교성대를 중심으로 박격포와 기관총으로 무장한 정예부대로 제2제대를 편성한 뒤 연성대장 이범석李範奭의 지휘하에 최전선을 맡게 하였다. 교전지를 기준으로 우측 산허리의 1개 중대는 이민화李敏華, 좌측 산허리의 1개 중대는 한근원韓根源이 각각 지휘를 맡았으며, 정면 우측의 1개 중

69) 『間島出兵史 上』(金正柱 編, 『朝鮮統治史料』 2, 韓國史料研究所, 1970), 55~60쪽.
70) 金靜美, 「朝鮮獨立運動史上に於ける1920年10月 -青山里戰鬪の歴史的意味を求ぬて-」, 158쪽 참조.
71) 『獨立新聞』 1921년 3월 1일, 「北路我軍實戰記」.

대는 김훈金勳, 좌측의 1개 중대는 이교성李敎成, 그리고 정면 중앙에는 이범석이 직접 지휘를 맡아 매복 대기하고 있었다.[72)]

독립군이 매복한 지점은 청산리 골짜기 중에서도 폭이 가장 좁고 좌우 양편으로 깎아지른 듯한 절벽이 솟은 곳이었다. 그 사이에 백운평이라 부르는 공지가 있어 청산리 계곡을 통과하는 단 하나의 오솔길이 나 있었다.[73)] 백운평의 독립군 매복지는 그 공지를 바로 내려다보는 깎아지른 절벽 위였다. 이민화 부대가 매복한 백운평 우측 지대는 경사가 60도나 되는 산허리였고, 김훈 부대가 매복한 정면 우측은 깎아지른 절벽이었다.[74)]

야마타연대의 전위부대인 야스가와安川 소좌 인솔하의 1개 중대는 독립군의 매복 사실을 전혀 예상하지 못한 채 21일 아침 백운평으로 들어왔다. 일본군이 독립군 매복지점으로부터 불과 10여 보에 지나지 않을 정도로 근접하자, 김좌진은 공격명령을 내렸다. 6백 명의 독립군은 계곡 중앙의 공지에 다다른 일본군을 향해 일시에 집중사격을 개시하였다. 일순간에 기습을 당한 야스가와 전위부대는 매복지점조차 제대로 파악할 수 없는 상황에서 전열이 궤멸되고 말았다. 결국 30여 분간의 집중공격 끝에 독립군은 2백 명의 전위부대 전원을 섬멸하는 커다란 전과를 올릴 수 있었다.[75)]

야스가와 전위부대의 전멸에 뒤이어 뒤따르던 야마타연대의 주력부대도 기관총과 산포山砲 등의 중화기를 앞세우고 백운평 교전지를 향해 돌격해 왔다. 그러나 주력부대 역시 절대적으로 우세한 지형을 확보하고 있던 독

---

72) 李範奭, 『우둥불』, 三育出版社, 1986, 25 · 30쪽 참조.

73) 李範奭, 『우둥불』, 25쪽. 이범석은 백운평전투 현장의 지형과 지세에 대해 다음과 같이 기술하고 있다. "아군 장교의 정찰 보고에 의하면 이 골짜기를 따라 십여 리를 더 들어가면 5, 6리 길이에 2리 넓이의 빈 터가 있는데 그 가운데에는 한 줄기 실개천이 흐르고 양옆은 칼로 깎아세운 듯한 산이 있다 한다. 또 그 주위는 무성한 밀림에 둘러싸여 단 한 사람도 자유롭게 빠져나갈 수 없는 철옹성을 이루고 있다는 것이다."

74) 愼鏞廈, 『韓國民族獨立運動史硏究』, 464쪽.

75) 『獨立新聞』 1920년 12월 25일, 「北墾島에 在한 我 獨立軍의 戰鬪情報」.

립군의 집중공격을 받게 되자 사상자만 속출하였다. 이에 일본군은 독립군을 협공하기 위해 고지를 따라 돌격하면서 우회하였으나 절벽 위를 선점한 독립군의 화력을 당할 수가 없었다. 야마타연대는 최후로 부대를 약간 후퇴시켜 전열을 재정비한 뒤 산포와 기관총의 엄호하에 정면과 측면에서 최후의 돌격을 시도하였다. 독립군은 고지 위의 완전히 은폐된 지점에서 이들을 향해 집중사격을 가하였다. 일본군은 끝내 다수의 시체를 남겨둔 채 퇴각하였다. 결국 대한군정서는 이 전투에서만 일본군 2~3백 명을 사살하는 공전의 대승을 거두었다.

독립군은 퇴각하는 일본군을 추격하지 않고 이도구 방면으로 길을 떠나 밤을 새워 갑산촌甲山村으로 행군하였다. 이도구 북쪽 천보산 방면에서 안도현으로 돌아 청산리로 침입해 오는 야마타연대의 별동 기병대에게 퇴로를 차단당하지 않기 위해서였다.[76]

나. 완루구전투完樓溝戰鬪

완루구전투는 백운평전투에 이어 10월 22일 홍범도가 지휘하는 독립군 연합부대가 이도구의 완루구에서 아즈마 지대의 주력을 상대로 대승을 거둔 전투이다. 대한군정서가 백운평전투 직후 갑산촌甲山村으로 이동하던 때에 아즈마 지대의 주력은 홍범도 휘하의 독립군 연합부대를 '초멸剿滅'하기 위해 두 부대로 나뉘어 이도구에서 남, 북 완루구의 두 길을 따라 포위망을 좁혀왔다. 이에 홍범도는 미리 설정한 저지선에서 그들을 맞아 전투를 개시하는 한편, 예비대로 하여금 우회해 오던 아즈마 지대의 일부를 측면 공격케 하였다.[77]

북완루구로 진격하던 아즈마 지대의 일부는 홍범도 부대의 이러한 전략을 감지하지 못하고 독립군 예비대가 빠져나간 후 그 중간 사잇길 고지에

76) 姜德相 編, 『現代史資料』 28, 291쪽.
77) 『獨立新聞』 1920년 12월 25일, 「北墾島에 在한 我 獨立軍의 戰鬪情報」.

들어간 아즈마 지대의 다른 일대를 독립군으로 오인해 공격하였다. 그리하여 중앙 고지에 들어선 아즈마 지대의 일부는 한쪽에서는 독립군으로부터, 다른 한쪽에서는 아즈마 지대의 다른 부대로부터 집중공격을 받아 거의 전멸되고 말았다. 즉 독립군 연합부대를 포위공격하던 아즈마 지대의 남·북 두 부대는 홍범도가 지휘하는 한 부대에 의해 전면에서 공격을 받는 한편, 독립군 예비대의 뛰어난 유인작전에 말려들어 자살전까지 벌이게 되었던 것이다. 상해 임시정부에서는 홍범도 휘하의 독립군 연합부대가 이 전투에서 일본군 4백 명을 사살하는 커다란 전과를 올린 것으로 확인하였다.[78)]

다. 천수평전투泉水坪戰鬪

백운평전투 직후부터 밤새 행군을 계속한 대한군정서는 이튿날인 10월 22일 새벽에 이도구 갑산촌에 이르렀다. 이 때 독립군은 갑산촌 주민들로부터 인근의 천수평에 일본군 기병 1개 중대가 야영중이라는 정보를 입수하게 되었다. 이에 대한군정서는 다시 강행군을 재촉하여 교성대를 앞세우고 한 시간 가량 더 행군한 끝에 천수평에 당도할 수가 있었다. 천수평에는 120여 명의 기병중대 병력이 깊은 잠에 떨어져 있었다.

독립군은 일본군을 완전히 포위한 채 일제히 공격을 개시하였다. 새벽에 불의의 기습을 당한 일본군은 전의를 상실한 채 허둥대기만 할 뿐이었다. 결국 이 전투에서 일본군 기병대는 어랑촌 본대로 탈출한 4명을 제외하고 전원이 사살되었다.[79)]

라. 어랑촌전투漁郎村戰鬪

청산리대첩 가운데 가장 규모가 큰 전투는 이도구 어랑촌 일대에서 벌어진 격전이었다. 어랑촌은 경술국치 전후 함북 경성군鏡城郡 어랑사漁郎社의

---

78) 『獨立新聞』 1920년 12월 25일, 「北墾島에 在한 我 獨立軍의 戰鬪情報」.
79) 李範奭, 『우둥불』, 40~45쪽.

주민 10여 호가 이도구에서 서쪽으로 10리 가량 떨어진 골짜기 안에 이주하여 개척한 한인 마을이다.

전투는 어랑촌 마을 일대에서 10월 22일 하루 종일 벌어졌다. 당일 새벽 천수평에서 살아남은 네 명의 일본군이 어랑촌 앞 이도하二道河 부근에 주둔해 있던 아즈마 지대 본대에 참패 사실을 알려왔다. 이에 본대에서는 가노加納 기병연대를 필두로 한 대부대를 천수평으로 급파시켰다. 한편, 천수평전투 직후 대한군정서는 어랑촌 방향의 계남鷄南 부근 '야계野鷄골'로 내려와 그곳의 유리한 고지를 선점한 뒤 출동한 일본군 대부대와 전면전에 돌입하게 되었던 것이다.

어랑촌전투에는 독립군과 일본군 양쪽 모두 전력이 투입되었다. 독립군측에서는 백운평과 천수평에서 연승을 거둔 대한군정서 6백 명과, 완루구에서 완승한 뒤 이곳으로 이동해 온 홍범도 휘하의 연합부대 1천 5백 명이 총동원되었다. 반면 이 전투에 참여한 일본군 병력 규모는 확인하기 어려우나, 어랑촌 부근에 임시 본대를 둔 아즈마 지대 소속의 보병 · 기병 · 포병 등 주력 5천여 명이 이 일대에 주둔하고 있었던 사실은 확인된다. 이렇게 볼 때 일본군은 독립군에 비해 병력과 화력 양면에서 월등히 우세한 입장에 있었던 것은 확실하다. 그럼에도 불구하고 최후 승리는 독립군측에 귀착되었다. 투철한 항일의지로 무장한 독립군은 유리한 지형을 이용한 뛰어난 전술을 구사해 일본군에게 커다란 타격을 가하며 대규모 전투를 승리로 이끌 수 있었던 것이다.

어랑촌전투에서 독립군측은 먼저 대한군정서가 어랑촌 후방의 고지를 장악하여 일본군의 진출로를 차단하고, 이어 홍범도 휘하의 독립군 연합부대가 같은 고지 최고봉에 포진하여 대한군정서를 지원한다는 전략을 세웠다. 일본군은 우세한 전력만을 믿고 희생을 무릅쓴 공격을 감행하였다. 항전의지가 투철한 독립군은 지형상 유리한 고지를 선점하고 있었기 때문에 다가오는 일본군을 향해 조준사격을 가할 수 있었다. 일본군은 단시간에 많은 사상자가 발생하게 되자 공세를 멈추고 전열을 재정비하였다. 그러나 공격을 단념하지는 않았다. 일본군 기병대는 천수평의 서방고지를 따라 독립군의 측면공격을 시도하였으며, 포병과 보병은 독립군 진영의 정면에서 격렬한 공격을 재개하였다. 오전 9시부터 재개된 일본군의 공세는 해질 무렵까지 반복되었다. 그러나 지형상 우세를 점한 독립군은 일본군의 파상공세를 적절히 차단하면서 효과적인 반격을 가하며 전세를 유리하게 이끌어 갔다. 시간이 지날수록 일본군의 피해는 늘어만 갈 뿐이었다.

상해 임시정부는 어랑촌전투에서 독립군이 승리를 거두어 일본군 3백 명을 사살한 것으로 밝혔다. 그럼에도 불구하고 일본군측은 참패 사실을 숨기고 단지 전사자 3명, 부상자 11명이라는 허위기록을 남겼다.[80] 한편 이 전투에 참전하였던 이범석은 가노 노부테루加納信暉 기병 제27연대장을 비롯해 일본군 1천여 명을 살상한 것으로 추산하였고, 독립군도 1백여 명이 사상한 것으로 회상하였다.[81]

어랑촌전투 후 대한군정서는 안도현의 황구령黃口嶺을 향해 소부대로 나뉘어 행군에 들어갔다. 또한 행군과정에서도 일본군과 도처에서 산발적인 전투를 벌이기도 하였다. 완루구 산림 속에서 하룻밤을 지낸 대한군정서는 23일 낮 맹개골 삼림 속에서 일본군 30여 명을 발견하고 이들을 기습함으로써 기병 10여 명을 사살하는 전과를 올렸다. 이어 맹개골로부터 20여 리 떨어진 만기구萬麒溝에서도 50여 명의 일본군과 조우전을 벌여 30여 명을 사살하는 대승을 거두었다. 이와 같은 맹개골전투와 만기구전투도 청산리 대첩의 여러 전투 가운데 일부를 차지하고 있다.

마. 천보산전투天寶山戰鬪

김좌진이 거느리는 대한군정서와 홍범도가 인솔하는 독립군 연합부대는

80) 姜德相 編,『現代史資料』28, 223~224쪽.
81) 李範奭,『우둥불』, 52쪽.

10월 24~25일간에 천보산 남쪽 부근에서 중대 규모의 일본군을 공격한 끝에 대승을 거두었다. 먼저 대한군정서 소속의 한 부대는 10월 24일 두 차례에 걸쳐 천보산 부근의 은·동광을 수비하고 있던 일본군 1개 중대를 습격, 큰 타격을 입혔다. 이 때 일본군은 국자가局子街(연길) 주둔 일본군 중대 병력과 기관총 소대의 증파를 요청하였을 정도로 큰 타격을 입었다. 이어 식량조달을 위해 천보산 부근으로 파견되었던 홍범도 연합부대 소속의 한 부대도 10월 25일 새벽 현지 주둔 일본군을 기습공격한 끝에 대승을 거두었다. 교전 직후 일본군 대대 병력이 천보산으로 급히 파견되었던 것도 이러한 독립군의 대승에 기인하는 것으로 볼 수 있다.[82]

바. 고동하곡古洞河谷 전투

청산리대첩 가운데 마지막 전투인 고동하곡전투는 10월 25일 밤부터 26일 새벽 사이에 벌어졌다. 일본군이 고동하곡으로 독립군을 추격해 오던 중 홍범도 휘하 독립군의 매복전에 걸려 참패를 당한 것이다. 고동하는 노령老嶺 동남쪽에서 발원해 화룡현 관내의 화룡향和龍鄕을 거쳐 안도현 경내로 들어가는 하천으로 송화강 수계에 속한다. 교전 지점은 현재의 팔가자임업국八家子林業局 관할하에 있는 고동하림장古洞河林場 남쪽으로 10Km 정도 떨어진 골짜기이다.[83]

홍범도 독립군을 탐색하던 일본군은 25일 밤 고동하 골짜기에서 독립군의 흔적을 발견하고 심야에 이노飯野 소좌가 이끄는 2개 소대를 앞세워 야습을 감행하였다. 그러나 홍범도 독립군은 일본군의 접근과 야습에 대비해 주변 각지에 매복해 있던 중이었다. 이에 독립군은 여러 방면에서 즉시 반격을 가해 대승을 거둘 수 있었다. 45분간 계속된 전투 끝에 독립군은 일본

82) 愼鏞廈, 『한민족독립운동사』, 492~494쪽 참조.
83) 허송암, 「청산리전역에 대하여」, 『룡정3·13반일운동80돐기념문집』, 연변인민출판사, 1999, 311쪽.

군 2개 소대 가운데 1백여 명을 사살하는 큰 전과를 올렸다. 일제의 한 전투보고서에서도 이 전투 당시 "동쪽 하늘이 점차 밝아오자 (살았다는 안도감에서 일본군) 장졸들의 얼굴마다 기쁨이 나타났다."고 술회하였을 정도로 일본군이 참패를 당했던 것이다.[84]

(5) 청산리대첩의 전과와 의의

항일무장독립운동사상 공전의 대승을 기록한 청산리대첩에서 독립군이 거둔 구체적 전과를 파악하기는 결코 쉬운 일이 아니다. 상호 적대관계에 있던 한국과 일본, 그리고 전투 현장인 중국측의 자료마다 각기 그 내용이 달리 기술되어 있기 때문에 실제 전과를 명확히 파악하기가 그만큼 어려운 것이다. 그럼에도 불구하고 청산리대첩에서 독립군측이 절대적으로 압승한 사실을 기록한 점에서는 대개 일치하고 있다. 이 점을 감안하고 청산리대첩에서 독립군이 올린 전과의 대강을 살펴보면 다음과 같다.

상해 임시정부의 군무부는 김좌진이 인솔한 대한군정서의 전황보고에 근거하여 청산리대첩의 총체적인 전과에 대해 일본군의 전사자가 연대장과 대대장 한 명씩을 포함해 1천 257명이며, 부상자는 장교 이하 2백여 명이라고 밝혔다.[85] 이보다 앞서 임시정부의 기관지인 『독립신문』도 "김좌진씨 부하 6백 명과 홍범도씨 부하 3백여 명은 대소 전투 10여 회에 왜병을 격살한 자 1천 2백여 명"이라 하여 군무부 보고와 비슷한 규모로 기술하였다.[86] 한편 박은식은 일본군 전사자를 2천여 명으로 기록하고, 청산리대첩에 직접 참전한 이범석은 그의 회고록에서 일본군의 사상자를 3천 3백 명으로 파악함으로써 임시정부에서 발표한 전과를 약간 초과하고 있다.[87] 자료에

---

84) 愼鏞廈, 『韓國民族獨立運動史研究』, 494~497쪽 참조.
85) 『獨立新聞』 1921년 2월 25일, 「大韓軍政署報告」.
86) 『獨立新聞』 1921년 1월 21일, 「我軍隊의 活動」.
87) 朴殷植, 『韓國獨立運動之血史』, 上海 維新社, 1920, 185쪽; 李範奭, 『우둥불』, 58쪽.

따라 약간씩 차이를 보이기는 하지만 이상과 같은 한국측 전과 기록은 대체로 독립군의 압승을 뒷받침하는 면에서는 그 윤곽을 같이하고 있다.

이에 비해 일본측 기록은 청산리에서의 참패 사실을 은폐할 뿐만 아니라 피해상황을 자의로 축소함으로써 객관적 자료로서의 신빙성을 결여하고 있다. 청산리대첩 직후 일제 신문에서는 현지 영사의 비밀보고에 의거해 "아군(일본군) 전몰장병 가노 연대장 1명, 대대장 2명, 중대장 5명, 소대장 9명, 하사 이하 병졸 9백여 명"이라고 대대적으로 보도했다고 하지만, 이 사실은 현재 확인되지 않고 있다. 일제는 전투 보고서에서 대한군정서가 청산리 부근의 4일간에 걸친 전투에서 일본군 7백 명을 사살하고 총기 2백 정과 포 2문을 노획했다고 선전하고 있는데, 이것은 사실이 아니라고 부정하였다.[88] 그리고 최초의 백운평전투에서는 병졸 3명 전사에 하사 1명과 병졸 2명이 부상하였을 뿐이고, 대규모의 접전인 어랑촌전투에서조차도 보졸步卒 1명과 기병 2명이 전사하고, 보졸 4명과 기병 7명이 부상한 정도로, 그리고 홍범도 부대의 야간 매복전에 걸려 일본군 추격대가 거의 전멸된 고동하곡의 격전에서는 아예 "아의 피해 없음. 적의 사상자 30명"이라고 하여 전황을 허위로 보고하는 등 사실을 왜곡하였던 것이다.[89]

그러나 간도주재 사카이堺 일본 총영사는 청산리대첩 직후 본국의 외무대신에게 다음과 같은 비밀 급전을 보내 일본군의 참패를 어느 정도 인정하고 있다.

> 일본군 담당구역 내에서의 불령선인 토벌은 이미 각 부대가 모두 일단락을 고하였다. 그 효과는 일찍이 조선군이 2개 연대의 병력으로 2개월 동안에 소탕할 수 있다고 믿은 기대에 반해 성적은 안외案外에 생각과 같지 않아서, 말하자면 다소 실패로 끝났다는 비난을 면키 어렵다.[90]

---

88) 愼鏞廈, 『韓國民族獨立運動史研究』, 500쪽; 李範奭, 『우둥불』, 59쪽; 愛國同志援護會 編, 『韓國獨立運動史』, 314쪽.

89) 尹炳奭, 『獨立軍史』, 198쪽.

한편, 독립군측에서도, 일본군의 피해상황에 비해서는 상대적으로 경미하지만, 상당한 인적 손실을 보았던 것으로 추정된다. 일본군의 정보기록에서도 독립군측의 피해에 대해 백운평전투에서 16명, 어랑촌전투에서 60명 정도가 전사하고, 이어 고동하곡전투에서는 30명 가량이 사상한 정도로 기술하였다.[91] 이범석은 대한군정서의 경우 전사 60명, 부상 90명, 실종 2백명으로 파악했지만, 실종자는 그 후 대부분 부대로 복귀한 것으로 회고하고 있다.[92]

독립군의 피해상황을 비교적 객관적으로 파악한 자료는 임시정부 파견원 안정근安定根이 상해 임시정부에 제출한 비밀 보고서이다. 여기서 안정근은 10월 22일부터 3일간 여러 전투에서 3백 명에 달하는 독립군 사상자가 발생한 것으로 보고하고 있다. 결국 독립군의 전체 피해 규모는 여기에다 21일의 백운평전투와 25~26일의 고동하곡전투 등에서 발생한 사상자를 감안해야 할 것이다. 이렇게 볼 때 청산리대첩에서 독립군이 입은 인적 손실의 규모는 350명 안팎으로 추산되는 것이다.[93]

이상에서 본 것과 같이 청산리대첩에서 독립군은 무기와 병력 면에서 절대적 우세를 자랑하던 이른바 무적황군 일본군을 상대로 완승을 거두며 혁혁한 전과를 올렸다. 그렇다면 독립군이 이처럼 압승할 수 있었던 요인은 과연 무엇이었던가? 이 문제는 독립군과 일본군 양쪽의 상대적 전력 분석 작업 외에도 3·1운동 이후 간도 한인사회의 격동하던 독립열기와 독립전쟁 간의 유기적 관계의 해명을 통해서 밝혀질 수 있을 것이다.

우선 독립군이 승리할 수 있었던 직접적 요인으로는, 정신적 측면에서 어떤 악조건 속에서도 희생을 각오한 독립군의 결사항전의 투지를 무엇보

---

90) 姜德相 編, 『現代史資料 28』, 304쪽; 愼鏞廈, 『韓國民族獨立運動史研究』, 502쪽 재인용.

91) 尹炳奭, 『獨立軍史』, 198쪽.

92) 李範奭, 『우둥불』, 58쪽.

93) 愼鏞廈, 『韓國民族獨立運動史研究』, 500~501쪽.

다 먼저 들 수 있다. 대한군정서 총재 서일徐一이 1921년 1월 청산리대첩의 전말을 상해 임정에 보고한 글 끝에서 다음과 같이 지적한 대목이 독립군의 이러한 결사항전 의지를 웅변해 준다고 할 것이다.

> 오호라, 3일간의 전투에 양도糧道가 구절俱絕되어 다만 5~6괴塊의 감자로써 아장餓腸을 근충僅充하고, 일일일야一日一夜에 능히 150여 리의 험산밀림을 통행하되 일호一毫도 탈기奪氣함이 무無하며, 전투 후에 또한 수천백 리 삼림장설중森林長雪中을 통과하여 동상한 자가 불소不少하되 반점半點의 원회怨悔가 무無함은 참으로 독립의 장래를 위하여 희망한 바이더라.94)

조국광복이라는 확고한 투쟁목표를 향한 독립군의 이러한 능동적 항전의지는 형식적 군제의 틀에서만 움직이던 일본군의 피동적 임전자세를 완전히 압도할 수 있었던 것이다.

다음으로 전술 · 전략 면에서도 독립군은 일본군을 압도하였다. 독립군은 삼림과 계곡 등의 지형과 지세를 적절히 활용하고 유리한 고지를 선점한 뒤 접근해 오는 일본군을 향해 정확한 타격을 가할 수 있었다. 이에 비해 일본군은 화력과 병력의 우세만 믿고 삼림과 계곡에서 벌어질 전투에 대한 대비책도 없이 그대로 진군하는 무모한 작전을 반복적으로 구사함으로써 길목에서 매복한 독립군의 타격목표가 되고 마는 결과를 초래하였던 것이다. 백운평전투와 고동하곡전투의 예가 독립군이 구사한 전형적인 유격전술에 해당된다. 이와 같이 독립군이 일본군에 비해 전술 · 전략 면에서 우세할 수 있었던 것은 결국 독립군 지휘부의 작전수립 · 군사운용 능력이 일본군 지휘관을 월등히 압도한 결과로도 볼 수 있을 것이다.

이와 같은 직접적 요인 외에 거시적으로 볼 때 간도 한인사회의 한층 고조된 민족역량이 대첩을 올리게 한 더 근원적인 요인이었다. 독립군의 모

---

94) 『독립신문』 제95호, 1921년 2월 25일자.

체였던 현지 한인사회에서는 독립전쟁에 즈음해 군수지원과 정보제공 등 물심양면으로 헌신적 지원을 아끼지 않았다. 그 동안 독립군을 양성해 온 간도와 연해주의 한인사회는 국내진입작전이 개시된 1919년 여름부터 독립군의 항전에 모든 뒷바라지를 다해 왔었다. 가난한 농민이 주축이 된 한인사회는 아직 경제적으로 생활기반조차 확고하지 못한 형편에서도 군자금을 내어 무기를 마련케 하였고, 군량 · 피복 등의 군수물자를 전담하였다. 뿐만 아니라 한인 이주민들은 일본군의 동태를 정확하게 탐지하는 정보활동을 자원하였고 독립군의 각종 통신연락을 담당하였다. 때로는 지형 · 지세를 적절히 이용해야 하는 독립군이 부대를 이동하거나 배치할 경우, 현지 안내를 자원하기도 하였다. 천수평전투는 현지 주민의 정보로 일제 기병대를 기습공격하여 승첩한 경우이고, 완루구전투 역시 현지 한인이 제공한 일본군 동향 정보가 승전의 밑바탕이 되었던 것이다.

요컨대 1920년 10월의 청산리대첩은 1910년 국치 이후 간도를 중심으로 한 남북만주와 노령 연해주 등지의 국외 한인사회에서 경주한 '독립전쟁론'의 결실이었다. 국치 후 국내외 민족운동자들은 일제로부터 민족이 해방을 쟁취하기 위해서는 일제의 통치력이 미치지 않는 국외 각지에 독립운동기지를 건설하고 민족의 군대인 독립군을 양성함으로써 언젠가 적절한 시기가 왔을 때 일제침략세력과 전면전을 벌이겠다는 독립전쟁론을 견지하고 있었다. 이와 같이 독립을 향한 굳은 신념과 처절한 노력이 3 · 1운동을 계기로 봉오동승첩과 청산리대첩 등 독립전쟁으로 일시에 표출된 것이다. 동시에 이와 같은 독립군의 독립전쟁은 3 · 1운동에서 보여준 한민족의 자주독립 의지를 계승해 일제 침략세력으로부터 한민족이 독립할 수 있다는 민족의 자주독립 역량을 유감없이 발휘한 쾌거이기도 하다.

3. 경신참변과 자유시참변

1) 독립군의 북정

대한군정서 등 여러 독립군 부대는 청산리대첩이 끝난 직후 지체없이 북쪽 중·소 국경 부근의 밀산密山을 향해 대장정에 올랐다. 먼저 대한군정서는 어랑촌전투를 승리로 이끈 뒤 일본군의 추격을 피해가며 장정에 오르기 위해 즉시 부대를 이동시켰다. 즉 사령관 김좌진의 인솔하에 야포와 기관총 등 중화기를 비롯해 총기와 탄약을 2량의 우마차에 만재하고 청산리 일대를 벗어나 10월 26~27일경에는 화룡현과 안도현의 경계인 황구령촌黃口嶺村 부근에 도착해 홍범도가 이끄는 독립군 연합부대를 기다렸다. 그 후 11월 7일경 황구령을 출발한 뒤 오도양차五道楊岔로부터 삼림계곡을 따라 천보산 서쪽 부근을 돌아 15일경 왕청현 춘양향春陽鄕 신선동神仙洞에 도착하였으며, 이어 여러 독립군부대가 집결하던 밀산으로 향하였다. 그리고 이를 전후한 시기에 홍범도와 연합하였던 여러 부대 가운데 대한국민군·대한의군부·대한광복단 등의 독립군단도 대한군정서의 행군로와 비슷한 길을 따라 밀산을 향해 북정을 단행하였다.[95)]

한편 홍범도가 인솔한 대한독립군과 혼춘한민회 및 대한의민단 등의 독립군 연합부대 6백여 명은 고동하곡전투를 승리로 이끌며 청산리대첩을 마무리한 다음 곧바로 안도현 산림지대로 행군하였다. 그리하여 홍범도를 주축으로 한 이들 연합부대는 서간도 통화현 하니허[哈泥河]의 본영을 떠나 안도현 내두산奶頭山 부근 삼인반三人班에서 새로운 병영을 건설하고 있던 지청천池靑天 휘하 4백 명의 서로군정서와 합류함으로써 단일부대를 편성할 수 있었다. 총사령관에 홍범도, 부사령관에 지청천이 각각 취임한 통합군단

---

95) 姜德相 編, 『現代史資料』 28, 406~408쪽; 『獨立新聞』 1921년 1월 21일.

역시 곧바로 밀산을 향한 고난의 행군에 들어갔다.

청산리대첩에 참여한 상기 여러 독립군단과는 달리, 중국측과 근거지 이동에 관한 타협이 이루어진 직후의 장정 초기부터 나자구와 밀산 방면을 향해 그대로 북상한 독립군도 있었다. 최진동 휘하의 군무도독부를 비롯해 대한의군부 · 신민단 · 혼춘한민회의 일부 독립군이 그러하였다. 왕청현 나자구에 집결한 이들 독립군 1천여 명은 이범윤을 명의상 총재로 추대하고 최진동을 사령관으로 하는 대한총군부大韓總軍府를 조직한 뒤 연해주 방면으로부터 기병대의 내원을 받으면서 일본군과 교전할 작전을 세우고 있었다. 그 후 대한총군부도 다른 독립군이 밀산 방면으로 북상함에 따라 그곳으로 향하였다.

하지만 모든 간도 독립군이 밀산으로 북상한 것은 아니었다. 북정한 독립군 가운데는 처음부터 본대에서 이탈해 다른 곳으로 향한 병력도 있었으며, 중도에 낙오자도 많았다. 그러나 대체로 볼 때, 북간도의 여러 독립군 부대는 청산리대첩 후 중 · 소 국경 부근의 밀산을 향해 북상길에 오르게 되었다.

독립군의 집결지였던 밀산은 1910년 전후부터 민족운동자들이 국외 독립운동기지의 하나로 경영하기 시작한 곳이었다. 청산리대첩의 주역 가운데 한 사람인 홍범도도 1910년대 중반 봉밀산蜂密山 일대에 주둔하며 독립군을 양성하고 있었다. 정태가 밀산을 '조선 독립군의 발상지'라고 규정한 것도 이러한 맥락에서이다.[96]

그러나 밀산은 많은 독립군을 장기간 수용하기에는 현지 한인사회의 재정적 기반이 취약한 곳이었다. 이에 밀산에 주둔한 독립군 지도자들은 러시아 연해주로 넘어가 소모된 전력을 보충 증강한 뒤 새로운 항일전의 방향을 모색하려 하였다. 연해주는 서북간도와 마찬가지로 1910년 전후부터

96) 朴敏泳, 『大韓帝國期 義兵硏究』, 221~223쪽 참조.

국외 항일운동의 중추기지로 터전을 닦아오던 곳이었고, 20만 명에 이르는 대규모 한인사회가 형성되어 있었기 때문에 독립군의 새로운 활동근거지 개척의 적지適地로 자연히 부상하게 된 것이다. 더욱이 당시는 러시아혁명이 시작된 직후로, 볼셰비키 혁명정부가 피압박 약소민족의 해방투쟁에 대한 후원을 공약하던 때였다. 볼셰비키의 이러한 약속은 만주 독립군에게 새로운 희망을 주고 연해주 이동을 재촉하는 중요한 계기로 작용하였다. 그리하여 여러 독립군단의 지도자들은 회의를 열어 연해주로 이동할 것을 결정한 뒤, 하나의 통합된 독립군단으로 당당히 진군키 위해 대한독립군단大韓獨立軍團을 편성하였다.

대한독립군단은 한 개 여단 밑에 3개 대대로 구성되었다. 그리고 1개 대대는 3개 중대, 1개 중대는 3개 소대로 각각 구성되었고, 1개 소대의 구성원은 27명으로, 총병력이 3천 5백여 명에 달하였다. 이와 같이 편제된 대한독립군단의 총재는 대한군정서의 지도자였던 서일徐一이 맡았으며, 부총재에는 청산리대첩의 명장인 홍범도와 김좌진 · 조성환曹成煥 등이 선임되었다. 그리고 총사령에는 김규식金奎植, 참모총장에는 이장녕李章寧, 여단장에는 서로군정서 사령관이던 지청천池青天이 각각 선임되었으며 김창환金昌煥 · 조동식趙東植 · 윤경천尹擎天 · 오광선吳光鮮 등이 중대장을 맡았다.[97)]

대한독립군단 편성에 합류한 중요 부대로는 서일을 총재로 한 대한군정서를 비롯해 홍범도가 지휘하는 대한독립군, 그리고 대한국민군 · 혼춘한민회 · 대한신민단 · 군무도독부 · 대한의군부 · 혈성단血誠團 · 야단野團 · 대한정의군정사大韓正義軍政司 등이었다. 그리하여 단일편제의 독립군 연합체인 대한독립군단은 1921년 1월 초 러시아의 연해주 이만으로 넘어가 자유시(스보보드니, 구 알렉시에프스크)로 향하는 새로운 장정을 시작하였다.[98)]

---

97) 蔡根植, 『武裝獨立運動秘史』, 공보처, 1947, 99쪽.
98) 尹炳奭, 『獨立軍史』, 208~211쪽.

만주 독립군이 청산리대첩 직후부터 장정길에 올라 자유시로 이동하기까지 과정은 실로 고난에 찬 행군이었다. 굶주림과 혹독한 추위 등 이들 독립군이 겪은 고통과 고단한 형세는 1921년 9월 대한독립군 북만주 통신부 '리중실'이 임시정부 대통령 이승만에게 보낸 보고서(「알려드리는 글」)의 일단에 다음과 같이 생생히 나타나 있다.

> 삼가 따로 쓴 두 장과 함께 사뢰나이다. 남북만주 여러 군단이 성립됨이 이미 삼 년이라 요량함이 없음은 아니오나 자랑할 만한 열매를 얻지 못함은 깊이 유감되는 바인가 하나이다. 지남으론 선령(先靈-필자)의 뜻을 잇고자, 지금으론 이십조의 동포를 건지고자, 다음으론 억만대 자손에게 복록을 주고자 하는 우리 독립군의 두 어깨가 이미 무거웠으며 따라 한 두 해에 이룰 바가 아닌가 하나이다. 조선(祖先-필자)에게는 열어주신 낙원을 잃은 죄, 제 몸에게는 배달겨레의 본뜻과 본승을 나타내지 못한 죄, 자손에게는 씻지 못할 부끄럼을 끼친 죄, 슬프다. 이것이 어깨총 받들어총 하는 독립군의 죄 뿐이냐. 묻노니, 형제여, 형제의 죄도 있거든 함께 받고자 하나이다. 밤과 낮을 이어 전전긍긍하는 바는 동포의 도와주시는 뜻, 깊이 바라시는 뜻을 저버릴까, 최후의 일인까지 견디지 못할까 함이오니 (중략) 저희는 이뿐으로 최후의 마음을 결정하였나이다. 때는 일기가 혹독히 추운 겨울이라 몸에는 솜을 붙이지 못하고 발에는 홋감발에 미투리뿐인 그 모양이 어떠하오리까. 할 일 없어 중동선 북으로 향하여 첫째는 군인의 얼고 줄임을 면코자 하며, 둘째는 여러 군대를 모으고자 하니 먼 데는 수천 리요, 가까운 데는 칠팔백 리 되는 험한 산골 빽빽한 산림을 지나는지라, 이 일이 어찌 쉽소오리까. 더구나 중동선 북에는 우리 동포의 집이 드물어서 몇백 명 군인의 의복과 양식도 공급할 수 없으므로 이 또한 사세에 의지하며 다시 아령 이만으로 가게 되었나이다. 아령 이만으로 간 뒤에 여러 군단이 합하여 전날 명의를 모두 작소(繳銷-필자)하고 대한독립군이라 이름하여 한 기관 아래에 지휘를 받게 되었더라. 이만은 일·아 사이에 이른바 완충의 땅이므로 적의 교섭이 심하여 다시 아령 흑하편으로 가게 됨에 전부가 다 그곳으로 가면 첫째 내·외지에 교통이 편치 못하고 또는 모두 볼셰비키됨이 우리 독립운동에 편치 못한 일이 많으며, 겸하여 후방의 수습으로 말미암아 중요 임원

모모는 중령에 있게 되었나이다. 후방의 수습이라는 것은 여러가지 곤란함이 많아 열에 아홉이 뜻과 같지 못한지라, 간도에 있어서는 작으나 크나 무기를 사며 사관을 가르치는 경비는 모두 간도 사시는 동포의 의연으로 썼거니와 한 번 간도를 떠난 뒤에는 한 푼의 경비가 극히 어렵고 어디어디서 약간의 구제비를 보내주셔서 가이없이 감격하나, 이것이 불 피어나는 화로에 눈송이 집어넣기라. (중략) 슬프다, 물없는 웅덩이의 고기요, 불붙는 기둥 위의 제비라. 이를 뉘 능히 구하며 뉘 능히 살게 하리요. 많으나 적으나 우리 동포가 아니면 그 뉘라서 돌아보오리까. 감히 비옵나니 밑없는 구덩이에 빠진 무리를 건져주시옵소서. 아령 자유시에 있는 이천의 군대는 입고 먹는 것을 모두 아인이 공급하오니 비록 나라가 다르면 인종이 각빛이나 이와 같이 보호하여줌이 또한 감사한 일이오며 아직까지는 별일없이 지내나이다.[99] (맞춤법－필자)

2) 경신참변

무장독립군을 비롯한 간도일대의 항일독립운동세력을 '초토화'할 목적으로 투입된 일본군은 상술하였듯이 독립군의 강력한 저항에 부딪쳐 소기의 '성과'를 거두는 데 실패하였다. 일본군 북만주 파견대 역시 나자구 노모저하老母楮河를 비롯해 몇 군데서 장정중인 독립군과 교전을 벌였지만 역시 뚜렷한 전과를 올리지 못하였다. 일본군 보고서에서 "(일본군은 독립군측에) 섬멸적 타격을 주지 못하였다. (또한 독립군의) 중심인물로 지목된 자의 대부분을 놓쳐 버렸다."라고 한 대목은 완전히 실패로 귀착된 일본군의 '초토화작전' 결과를 생생히 입증해 주고 있는 것이다.[100]

독립군에 대한 탄압이 이처럼 실패로 귀착된 것은 앞에서 언급하였듯이 결국 한인사회가 독립전쟁에 대해 물심양면에서 전폭적으로 지원하고 성원한 결과이기도 하다. 곧 현지 한인사회는 무장독립군의 모태였다. 그러

---

99) 『雩南李承晚文書』(東文篇) 7, 연세대 현대한국학연구소, 1998, 561~568쪽.
100) 朝鮮軍司令部 編, 『間島出兵史 上』, 106쪽.

므로 간도를 침략한 일본군은 독립군 탄압에 심혈을 기울이는 한편, 현지 한인사회에 대해서는 초토화 전략을 구사하게 된 것이다. 일제의 무장군대가 비무장 민간의 한인사회에 대해 인적, 물적 양면에서 무참히 짓밟은 만행, 곧 경신참변은 '인류사의 저주받을 한 페이지'로 기록될 것이다.

간도 한인사회에서 자행된 경신참변은 일제 침략군에 의해 1920년 10월 초부터 12월까지 3개월 동안 집중적으로 반복되었다. 일본군은 간도 도처에서 한인 촌락을 습격 방화하였다. 각지 촌락의 무장하지 않은 한인 주민들은 침략군에 의해 임의로 '불령선인'으로 지목되어 참혹하게 살해되었다. 이러한 만행은 일본군대가 간도에서 퇴각하는 1921년 5월까지 도처에서 자행되고 있었다.

일제의 조선군 19사단 예하의 주력부대 가운데 하나인 기무라木村 지대는 1920년 10월 20일 온성 부근에서 두만강을 건너 간도 침략을 개시하였다. 이 부대는 북간도 한인사회의 독립운동 근거지와 마을들을 초토화시키는 임무를 띠고 있었다. 10월 22일 대한군정서의 근거지인 왕청현 서대파西大坡와 십리평十里坪 일대를 휩쓸었던 것도 이 부대였다. 십리평에 있던 대한군정서 병영과 7개 동의 사관연성소 건물이 이 때 소각되고 말았다. 이어 이 부대는 백초구百草溝와 의란구依蘭溝, 그리고 팔도구八道溝 등지에서 150명의 무고한 한인 양민을 학살하는 만행을 저질렀다.[101)]

10월 30일에는 경신참변을 상징하는 사건인 장암동참변獐巖洞慘變이 일어났다. 연해주로부터 침입한 일본군 제14사단 제15연대 제3대대장 오오카大岡隆久가 인솔한 77명의 병력이 용정촌 동북 25리 지점에 위치한 장암동獐巖洞으로 침입해 주민 33명을 참혹하게 살해하고 가옥 · 학교 · 교회 등을 불태워 마을을 초토화한 것이다.[102)] 40여 호 규모의 장암동은 이주 한인촌

101) 리광인, 「'경신년 대토벌'과 연변 조선족 군중의 반'토벌'투쟁」, 『한국학연구』 4, 인하대 한국학연구소, 1992, 125쪽.

102) 車成瑟, 「獐岩洞慘案에 關한 研究」, 『獨立運動史의 諸問題』, 범우사, 1992, 202~204쪽.

락으로 주민의 대부분이 기독교 신자였다. 일본군은 주민 가운데 성인 남자 33명을 한 곳에 집결시켜 처참히 살해하고 시신까지 불태우는 야수적 만행을 자행하였다. 만행 다음날 캐나다 북장로회 선교사 푸트Foote D. D.[富斗一]와 용정에서 제창병원을 경영하던 영국 선교사 마틴Dr. S. Martin[閔山海]은 함께 장암동을 방문해 참변의 진상을 조사하고 참혹한 광경을 사진에 담아 일제의 만행을 세상에 폭로할 수 있었다. 마틴은 자신이 조사한 참변의 정형을 다음과 같이 생생하게 기술하였다.

> 날이 밝자마자 무장한 일본 보병부대는 예수촌을 빈틈없이 포위하고 골 안에 높이 쌓인 낟가리에 불을 질렀다. 그리고는 전체 촌민에게 밖으로 나오라고 호령하였다. 촌민들이 밖으로 나오니 아버지고 아들이고 헤아리지 않고 눈에 띄면 사격하였다. 아직 숨이 채 떨어지지 않은 부상자도 관계치 않고 그저 총에 맞아 쓰러진 사람이면 마른 짚을 덮어놓고 알아보지 못할 정도로 불태웠다.[103]

장암동참변 외에도 한인 학살의 사례는 허다하다. 한인 마을마다 10여 명 전후의 희생자는 예사였다. 이씨 집성촌이었던 30여 호 규모의 연길현 의란구 남동南洞의 경우에도 마을 주민 거의 전부가 몰살당하였다. 마을의 어느 네 형제는 자기 집과 함께 불태워지고 말았다.[104] 또 연길현 와룡동臥龍洞의 교사 정기선鄭基善은 일본군에게 연길현 구수하九水河 신흥동新興洞으로 끌려가 심문을 당하게 되었다. 그는 일본군의 고문에 의해 안면 피부가 칼로 벗겨지고 눈알이 빠져 누군지 알아볼 수 없는 '고기덩어리'가 되고 말았다.[105] 뿐만 아니라 연길현 팔도구에서는 어린아이 네 명이 일본군에게 처참히 자살刺殺당했고, 연길현 약수동에서도 사람을 죽여 불에 태운 후 그

103) 姜德相,『現代史資料』28, 朝鮮 4, 676쪽.
104)『獨立新聞』1921년 1월 27일,「墾北來信」.
105)『獨立新聞』1921년 2월 5일,「間島慘狀別報」.

시체를 다시 강물에 던졌다. 또 일본군은 부녀자를 강간한 후 살해하였다. 연길현 소영자小營子에서는 25명의 부녀자가, 그리고 이도구(현 화룡현 서성향 소재지)에서도 20여 명의 부녀자가 강간당하였다.[106] 심지어는 2~3세 아이를 창끝에 꿰어든 일본군이 고통으로 울부짖는 비명을 들으며 이를 즐기는 사례조차 있었다. 민족주의사학자 박은식은 한인이 당한 참변의 구체적 실상과 사례를 아래와 같이 적나라하게 기술함으로써 일제의 야수적 죄악상을 규탄 고발하고 있다.

> 아아! 세계 민족이 나라를 위해 몸을 바친 자 수없이 많지만, 어찌 우리 겨레처럼 남녀노소가 참혹하게 도살을 당한 자 있을 것이리오. 역대 전쟁사상 군사를 놓아 살육 약탈한 자 수없이 많지만, 저 왜적처럼 흉잔포학한 자는 들은 적이 없다. (중략) 저 왜적이 우리 서북간도의 양민동포를 학살한 일 같은 것이야 어찌 역사상에 있었던 일이겠는가. (중략) 각처 촌락의 민가 · 교회 · 학교 및 양곡 수만 석을 모두 불태웠다. 남녀노소를 총으로 쏴 죽이고, 칼로 찔러 죽이고, 매질하여 죽이고, 포박하여 죽이고, 주먹으로 때려죽이고, 발로 차서 죽이고, 찢어 죽이고, 생매장하고, 불에 태우고, 가마에 삶고, 해부하고, 코를 꿰고, 옆구리를 뚫고, 배를 가르고, 머리를 베고, 눈을 파내고, 가죽을 벗기고, 허리를 베고, 사지를 못박고, 손발을 잘라서 인류로서는 차마 볼 수 없는 일을 저들은 오락으로 삼아 하였다. 우리 동포는 혹은 할아버지와 손자가 함께 죽고, 혹은 부자가 함께 참륙당하고, 혹은 남편을 죽여 아내에게 보이며, 혹은 형을 죽여 아우에게 보이며, 혹은 상인喪人으로 혼백魂魄 상자를 품고 난을 피하다가 형제가 함께 죽음을 당하기도 하고, 혹은 산모가 기저귀에 싼 어린애를 품고 화를 피하다가 모자가 같이 명을 끊었다. 그밖에 허다한 일은 이루 다 적을 수 없다.[107]

이와 같은 한인사회의 끔찍한 참변은 북간도에서만 자행된 것이 아니다.

---

106) 리광인, 「'경신년 대토벌'과 연변 조선족 군중의 반'토벌'투쟁」, 127쪽.
107) 朴殷植, 『韓國獨立運動之血史』, 上海 維新社, 1920, 165~166쪽.

서간도에서는 이른바 중일합동수색이 실시되던 1920년 5~8월 4개월에 걸쳐 우에다上田 부대와 사카모토坂本 부대 등의 일본군에 의해 한인 학살이 자행되었다. 그 뒤 서간도를 침범한 관동군 소속의 스기야마杉山 보병대와 기병연대에 의해서도 북간도에서와 같은 양상으로 참변이 반복되었다. 서간도 가운데서도 특히 흥경현興京縣 왕청문旺淸門과 관전현寬甸縣 일대에서 피해 정도가 극심해 왕청문에서만 305명이, 그리고 관전현 일대에서는 총 495명의 한인이 참화를 입었다. 왕청문의 서보西堡교회당과 강남江南교회당, 그리고 민족교육기관인 삼성학교三成學校도 이 때 일본군에 의해 파괴되었다. 이어 통화현과 유하현의 여러 한인 마을에서도 일본군의 만행에 의해 '시산혈하屍山血河'를 이루었다고 한다.108)

러시아 연해주지방에서도 1920년 4월부터 일제의 블라디보스토크 주둔군인 포조군浦潮軍과 남우수리 파견대에 의해 한인 참살이 자행되었다. 연해주 각지에 주둔하고 있던 일본군은 4월 초부터 볼셰비키를 탄압하는 한편, 블라디보스토크 · 하바로프스크 · 니콜리스크를 비롯한 연해주 도처에서 한인 민족운동 대탄압에 돌입해 마을을 습격 방화하고 한인들을 학살하였다. 4월 5일 일본군의 포위공격을 받은 블라디보스토크 신한촌은 초토화되었다. 신한촌에서만 300명 이상의 한인이 일본군에게 체포당했으며, 가옥은 물론 한민학교와 신문사 건물도 소실되었다. 블라디보스토크뿐만 아니라 니콜리스크 거주 한인들 역시 참화를 입었다. 연해주 한인사회의 출중한 지도자이며 임시정부 재무총장에 추대되기도 한 최재형崔在亨을 비롯해 김이직金理稷 · 황경섭黃景燮 · 엄주필嚴周必 등이 함께 참살된 것도 이 때였다. 한편 4월 6일 일본군의 총공격을 받은 하바로프스크에서도 20명 이상의 한인이 희생되었다.109) 이것이 이른바 4월참변으로, 연해주 도처에서 한인 70여 명이 희생되었던 것이다.

---

108) 『獨立新聞』 1920년 12월 18일, 「旺淸門附近의 慘狀」.
109) 김승화 저, 정태수 역, 『소련 韓族史』, 대한교과서주식회사, 1989, 113~114쪽 참조.

자료상의 한계로 경신참변 당시 간도 한인사회가 입은 인적, 물적 피해의 규모와 실상을 명확히 밝히기는 어려운 실정이다. 이 점을 감안하고 상해 임시정부의 간도 파견원이 보고한 1920년 10~11월 두 달간의 통계만 보더라도 3,469명이 희생되고 170명이 체포되었으며 민가 3,209동, 학교 36개 교, 교회당 14개 소, 곡물 54,045섬이 소실된 것으로 파악된다.[110] 이 통계가 11월 이후 이듬해 5월까지의 피해상황을 집계하지 않은 수치임을 감안할 때, 일본군 침략기간에 입은 참화의 전체 규모는 이 수치를 훨씬 상회할 것이다.[111] 만행 실상을 극도로 축소한 일본군측의 자료에서조차도 한인 494명을 살해하고, 민가 531동, 학교 25개 교를 소각한 것으로 기술하고 있다.[112]

일제의 대륙침략 전단前端으로 야기된 일본군의 간도침범과 그로 인한 경신참변은 일제에게 철저히 유린된 한민족의 고통을 상징하는 생생한 한 증좌가 된다. 또한 경신참변은 국망 직전 일제가 의병 등 항일세력 초토화 전략으로 감행한 소위 남한폭도대토벌작전과 맥락을 같이 하고 있다는 점에 주목해야 한다. 일제가 의병 탄압을 완료하고 난 뒤 한국병탄을 추진했듯이, 간도 한인사회의 저항세력에 대한 초토화전략으로 경신참변을 야기함으로써 3·1운동으로 격동한 한민족의 독립열망을 철저히 분쇄하려 했던 것이다. 경신참변은 이런 시각에서 역사적으로 조망되어야 할 것이다.

---

110) 『獨立新聞』 1920년 12월 18일, 「西北間島同胞의 慘狀血報」. 이 통계는 1920년 10월 9일부터 11월 30일까지 조사된 내용으로, 10월 5일부터 11월 23일까지 조사기록을 제시한 박은식의 『韓國獨立運動之血史』 통계치와는 다소간 편차를 보이고 있다. 『혈사』에는 희생자 총수가 3,106인으로 집계되어 있다.

111) 이런 맥락에서 경신참변 전 기간에 한인 1만 명 정도가 희생된 것으로 추정하는 경우도 있다(愼鏞廈, 『韓國民族獨立運動史硏究』, 510쪽).

112) 『間島出兵史 上』, 108쪽.

3) 자유시참변

자유시참변은 한국독립운동사상 가장 비극적인 사건으로 기록되어 있다. 1921년 6월 러시아 연해주에서 일어난 이 사변은 여러 가지 복잡한 구조 속에서 파생된 까닭에 사건의 전모와 성격을 일원적으로 규정하기가 결코 쉽지 않다. 곧 자유시참변은 러시아 극동공화국 및 볼셰비키의 한국독립운동세력에 대한 간섭, 이로 인한 상해파와 이르쿠츠크파의 대립 · 갈등의 심화 등의 요인들이 복합적으로 작용하면서 그 모순이 일정한 단계에 이르러 한꺼번에 분출된 결과로 볼 수 있다.

1917년 볼셰비키혁명 이후 1922년 말 공산화작업이 완료될 때까지 시베리아 연해주지방의 정세는 대단히 복잡하고 혼미한 양상을 띠고 있었다. 볼셰비키 혁명세력인 적위군과 반동세력인 백위군의 혼전 속에 일본 · 미국 · 영국 · 프랑스 등 연합군의 무력간섭과 시베리아에 수용되어 있던 체코슬로바키아 군대의 반란 등으로 인해 한 치 앞을 예상할 수 없을 만큼 극도로 혼미한 정세를 보였던 것이다. 연해주 한인사회도 역시 현지의 복잡한 정세가 그대로 투영됨으로써 분열과 혼돈 속에 휩싸일 수밖에 없었다. 자유시참변의 단초가 되는 한국공산주의운동사상 두 개의 분파, 이른바 상해파와 이르쿠츠크파가 파생하게 된 배경도 이와 같은 연해주의 복잡한 정세에 기인한다.

자유시참변은 외형적으로 볼 때 연해주 내전기간에 파생된 상해파와 이르쿠츠크 두 계파간의 대립과 갈등의 분출 양상으로 나타났다. 볼셰비키혁명이 진행되는 동안에 시베리아 연해주에서는 통상 민족좌익운동으로 불리는 방편적인 공산주의운동의 조직과, 처음부터 볼셰비키와 직결된 한인 공산주의 조직이 출현하였다. 전자는 1918년 6월 하바로프스크에서 결성된 이동휘李東輝 · 김립金立 · 박진순朴鎭淳 등의 한인사회당을 말하고, 후자는 1919년 1월 이르쿠츠크에서 김철훈金哲勳 · 오하묵吳夏默 등에 의해 결성된 이르쿠츠크공산당 한인지부를 말한다. 양파는 뒷날 상해파와 이르쿠츠크파 두 개의 고려공산당으로 대립하여 레닌정권에 경쟁적으로 접근하면서 한인공산주의운동의 주도권 쟁탈전을 벌였다. 자유시참변은 바로 이 과정에서 빚어진 참극인 것이다.[113)]

한편, 1918년 4월 일본군의 블라디보스토크 침공 직후부터 볼셰비키 쪽에 가담하였던 한인들은 일찍부터 빨치산부대를 조직하여 저항에 나섰다. 하바로프스크에서 1918년 6월 말 1백여 명의 한인부대가 결성된 것을 시발로 추풍秋風·수청水淸·포시에트·올긴 등지에서 한인무장부대가 결성되어 활동에 들어갔다. 1920년 초부터 연해주의 볼셰비키세력과 한인세력은 연합전선의 형태를 띠면서 일본군에 대해 공세적 입장을 취하고 있었다. 한·러 연합부대가 1920년 3월에 아무르강 하구 태평양 연안의 항구인 니콜라예프스크(泥港) 주둔 일본군을 공격, 전멸시킨 니항사건도 이와 같은 상황에서 일어난 것이다. 여기에 자극을 받은 일본군은 1920년 4월에 들어와 볼셰비키와 한인세력에 대한 대대적 공세에 돌입하였다. 앞장에서 언급했듯이, 이때 일본군이 연해주 각지의 한인사회를 유린한 것을 4월참변이라 한다.

한인무장부대들은 연해주 일대에서 일본군의 탄압이 이처럼 가중되고 상대적으로 북쪽의 흑룡주 일대에서 극동공화국과 볼셰비키세력이 강화·안정됨에 따라 점차 흑룡주의 스보보드니로 집결하게 되었다. 일본군의 블라디보스토크 공격으로 볼셰비키를 따라 일찍 흑룡주로 올라간 이만군대와 다반군대 등의 한인무장부대도 스보보드니로 들어갔다. 이들 부대는 대개 2백 명 안팎으로, 이만군의 사령관은 김표토르, 다반군의 사령관은 최니콜라이였다.

한인무장부대가 이처럼 스보보드니로 집결하게 된 것은 당시 러시아 한인사회의 임시정부로 등장한 대한국민의회의 노력과 밀접한 연관이 있다.

---

113) 김창순, 「자유시사변」, 『한민족독립운동사』 4, 국사편찬위원회, 1988, 142쪽. 자유시참변 기술에서는 이 글의 주지를 크게 수용하였다.

이 무렵 대한국민의회가 연해주 각지의 한인무장부대로 하여금 스보보드니로 집결토록 지도하고 나섰기 때문이다.

흑룡주의 한인사회는 볼셰비키가 이 지역에서 대세를 장악하자 한국독립운동의 안전지대가 흑룡주에 마련될 수 있음을 확신하게 되었다. 1920년 3월 스보보드니에서 흑룡주한인총회가 발족된 것도 이와 같은 분위기를 반영한 결과이다. 총회는 발족과 동시에 군대모집에 들어가 곧 4백 명의 1개 대대를 편성할 수 있었다. 이 부대는 러시아 극동공화국의 제2군단과 교섭한 결과 2군단 산하의 특립대대로 배치되어 한인보병자유대대로 불렸다. 총지휘관인 대대장에는 오하묵이, 그리고 정치문화 담당 총책인 군정위원장에는 최고려가 각각 임명되었다. 오하묵은 러시아 적군 제2군단 제6연대장 겸 블라고베시첸스크 수비대장으로 있다가 한인보병자유대대장으로 취임한 것이다. 스보보드니의 한인보병자유대대는 연해주의 다른 한인무장부대나 만주 독립군과는 달리 볼셰비키 군대로서의 한인부대라는 특성을 가지고 있었다. 이 점이 스보보드니에 집결하는 한인무장세력내에 심상찮은 갈등관계를 가져온 요인이었다.[114)]

스보보드니에 집결한 시베리아 연해주 한인무장세력 가운데 내부사정이 가장 복잡한 부대는 니항군대泥港軍隊였다. 이 부대는 스보보드니 이동 이후 사할린의용대로 개칭되었다. 박병길朴秉吉이 이끌던 380명의 니항군대는 1920년 3월 한·러 연합군이 니콜라예프스크(니항)를 공격할 때 여기에 참전했던 한인부대였다. 니항사건 발발 후 니콜라예프스크에서 철수하면서 니항군대는 두 갈래로 나뉘어 스보보드니 일대로 집결하게 되었다. 이 과정에서 니항군대 본대는 극동공화국 제2군단 제19연대 산하의 제3대대로 편입되었다. 2군단의 제19연대는 한인 니항군대와 함께 니콜라예프스크 일본군 공격을 주도했던 빨치산 트라피친 부대가 이동해 온 뒤 편입된 연대

114) 김창순, 「자유시사변」, 148~149쪽 참조.

였다. 한편 본대에 앞서 자유시를 향해 이동해온 니항군대의 다른 한 부대는 한인자유대대 산하에 들어와 1개 중대로 편입되었다. 니항군대 본대의 최고 지휘자였던 박병길은 제2인자 박일리야와의 알력으로 인해 부대를 이탈하여 스보보드니를 찾아 자유대대의 비서장에 취임함으로써 스보보드니 일대에 집결한 니항군대는 두 파로 나뉘어 상호 심각한 갈등을 노정하고 있었다. 이 점 또한 사변을 야기한 주요한 원인의 하나로 작용하였다.

한편, 앞장에서 살폈듯이 청산리대첩 직후 북만주 밀산으로 집결했던 간도의 여러 독립군 부대는 통합군단인 대한독립군단을 조직한 뒤 1921년 1월 각 부대별로 러시아 연해주로 넘어가 이만(현 달레네첸스크)에 집결하게 되었다. 이 때 대한군정서 사령관 김좌진은 이범석과 함께 이만으로 넘어갔었지만 스보보드니로 북상하지 않고 만주로 되돌아와 참화를 피할 수 있었다.

극동공화국 적위군의 인도에 의해 만주에서 넘어온 독립군부대는 곧 흑룡주로 이동하였다. 흑룡주에 도착하였을 당시 주요 부대는 대한총군부(최진동, 허근), 대한국민군(안무), 대한군정서(서일), 대한독립군(홍범도) 등이었으며, 총병력 1천 9백 명 정도로 줄어 있었다.

스보보드니에 마지막으로 들어왔던 부대는 이르쿠츠크에 있던 합동민족군대 소속 한인부대였다. 이 부대원 6백 명은 5월중 세 차례에 걸쳐 스보보드니로 들어왔다. 그리하여 만주와 러시아 각지로부터 몰려와 스보보드니와 그 인근에 주둔하게 된 한인 병력은 4천여 명에 달하였다.[115)]

한인 무력의 스보보드니 집결은 자유대대와 니항군대간에 정면대결을 야기시켰다. 자유대대는 러시아 한인사회의 '정부'로 자처하던 대한국민의회를 봉대했고, 니항군대는 상해 임시정부를 봉대하였다. 대한국민의회는 당시 오하묵·최고려 등의 이르쿠츠크파가 장악하고 있었고, 이에 대하여

115) 尹炳奭 외 5인, 『中國東北지역 韓國獨立運動史』, 218쪽.

시베리아에서 상해 임시정부를 대표하고 있는 세력은 이동휘계의 박애朴愛·이용李鏞 등 상해파였다. 이 양자는 스보보드니에 집결한 한인무력을 자파 세력하에 두려고 자유대대와 니항군대간의 군권투쟁에 개입하게 된다.[116)]

1920년 10월 극동공화국 내의 볼셰비키 최고기관인 원동부에 박애, 계봉우桂奉瑀, 김진金震, 장도정張道政, 박창은朴昌殷 등 5인을 간부로 하는 '한인부'가 조직되었다. 12월 21일 열린 한인부 간부회의에서는 치타에서 한인의병대회를 소집해서 전한군사위원회를 결성할 것과 대회 소집에 이르기까지 잠정적으로 임시군사위원회를 설치하여 모든 한인 군대를 통솔케 한다고 결정하였다. 1921년 1월 16일 한인부 회의에서 조직된 임시군사위원회 위원으로는 박창은·이용·한창걸·박일리야 등이 선출되었다. 이 위원회는 이르쿠츠크파의 무력인 자유대대와 대립, 불화관계에 놓이게 되었다. 그 원인은 자유시에 집결한 한인 무력을 자유대대가 관할하려는 것을 군사위원회가 자기네에게 관할권이 있다고 주장한 데 있다.

상해파와 이르쿠츠크파의 군권 다툼은 자유시에 모인 한인 무력의 향배가 관건이었다. 이와 같은 상황에서 니항군대 본대를 이끌고 자유시에 들어온 박일리야는 자유대대측의 만류를 뿌리치고 치타의 극동공화국 한인부를 찾아가게 된다. 박애 등의 한인부는 자유대대측과 아무런 협의 없이 극동공화국 군부와 교섭한 뒤 한인부의 핵심인물 가운데 한 사람인 박창은을 총사령관, 그리고 러시아인 그레고리예프를 참모부장으로 임명하여 자유시로 파견하였다. 동시에 니항군대의 명칭을 사할린의용대로 변경하면서 자유시에 집결한 전 한인 무력을 이 군대가 관할토록 하는 극동공화국 군부의 명령을 대동케 하였다. 그러나 자유대대측에서는 이 명령에 불복하였으며, 박창은은 총사령관직을 사임하였다. 이에 한인부에서는 다시 극동공

---

116) 임창순, 「자유시사변」, 153쪽.

화국 군부와 교섭하여 그레고리예프를 연대장, 박일리야를 군정위원장으로 선임하였다. 이들은 즉시 지휘권을 행사하여 자유대대에 편입된 종래의 니항군대와 다반군대를 자유시 북방의 마사노프로 이주시키고, 만주 독립군에 대해서도 압력을 가하고 있었다. 나아가 대대장 오하묵이 치타에 체재 중이던 자유대대를 강압적 분위기하에서 자유시 인근의 크라스노야르로 이동케 하였다. 이러한 군대 이동 조치는 자유시에 군대를 그대로 두고서는 지휘권을 행사하기 어렵다는 데 그 이유가 있었다.[117]

한편, 1921년 3월 김하석과 최고려 등 이르쿠츠크파는 코민테른 동양비서부에 출두하여 임시고려군정의회를 조직하였다. 고려군정의회의 총사령관에는 러시아인 갈란다시월리, 부사령관에는 오하묵, 그리고 군정위원에는 김하석·채성룡 등이 선임되었다. 한인 무장세력에 대한 군사지휘권을 가진 것은 당시 보리스·스미야츠키를 수령으로 하는 이르쿠츠크의 코민테른 동양비서부였던 까닭에, 이 때부터 상황이 일변해 고려군정의회가 전권을 장악하게 되었다. 곧 극동공화국 내의 러시아공산당이 맡고 있던 러시아 한인문제를 코민테른 동양비서부가 전담하게 되고, 동양비서부가 이르쿠츠크파를 일방적으로 지지함으로써 극동공화국 한인부의 위상은 결정적 타격을 받게 되었던 것이다. 임시고려군정의회는 고려공산당 창당대회가 종료된 직후인 5월에는 '임시'를 떼고 정식으로 고려군정의회가 되었다. 최고지도부는 총사령관 갈란다시월리, 군정위원 유동열·최고려 등 3인으로 선정되었다.

이와 때를 같이 해 마사노프에서는 상해파에 의해 한인의병대회가 개최되어 한인군사위원회가 정식으로 발족하였다. 이는 1921년 1월 이용을 위원장으로 조직했던 임시한인군사위원회를 확대 강화시킨 것이었다. 이 대회에는 러시아의 니항군대·이만군대와, 만주의 대한광복군·대한군정서·

117) 임창순, 「자유시사변」, 156쪽.

대한의군부 · 군무도독부 독립군이 참가하였다. 이 때 군사위원으로는 이용 · 채영 · 한운룡 · 장기영 · 박일리야 등이 선출되었다. 그리하여 스보보드니에는 이르쿠츠크파의 고려군정의회가, 그 인근의 마사노프에는 상해파의 한인군사위원회가 동시에 양립된 채 대치하는 양상을 보였다.

이런 대치상황에서 1921년 5월 하순 치타를 떠난 갈란다시월리 일행은 6월 6일 스보보드니에 도착하였다. 그러나 이 때까지도 니항군대와 다반군대, 그리고 이만군대 등의 러시아 한인무장 군대와 대한총군부 · 대한국민군 등의 만주 독립군은 1개 연대를 편성하고 사할린의용대(대한의용군)란 이름으로 활동하면서 고려군정의회의 통제를 받지 않고 있었다. 이들 부대들이 마사노프 일대에 주둔하고 있었던 데 비해, 자유대대와 홍범도 부대만이 스보보드니에 돌아와 주둔 중이었다.

스보보드니 도착 직후 갈란다시월리는 자신이 전군의 총사령관임을 선언하고 사할린의용대 지휘자 박일리야에게 군대를 인솔하고 스보보드니에 출두할 것을 명령하였다. 그러나 박일리야는 이를 거부한 채 오히려 총사령관이 마사노프로 와 주도록 요청하였다. 하지만, 양군의 팽팽한 대치상황 속에서 형세는 고려군정의회측에 점점 유리하게 돌아갔다. 홍범도 부대 이탈 이후 안무의 대한국민군이 스보보드니로 돌아간 것을 비롯하여 이탈자가 속출하였던 것이다. 그럼에도 불구하고 박일리야는 고려군정의회에 대한 반항을 조금도 늦추지 않고 갈란다시월리의 명령에 끝까지 복종하지 않았다.[118]

이와 같은 극도의 긴장상태에서 6월 27일 밤 고려군정의회 지도부는 사할린의용대의 강제 무장해제를 결정하기에 이르렀다. 그리하여 자유시 수비대인 극동적군 제2군단 제12여단 29연대와 교섭한 결과 4개 중대를 차출하고, 여기에 오하묵과 최고려 등의 자유대대 병력이 가담하여 사할린의용

118) 임창순, 「자유시사변」, 157~159쪽.

대의 주둔지인 수라세프카로 출동시켰다. 이 때 장갑차 등의 중화기도 동원되었다고 한다. 수라세프카 일대를 포위한 뒤 28일 오후 공격명령이 하달되자 사할린의용대에 대한 공격이 개시되었다. 러시아군대의 공격 앞에 사할린의용대는 무참히 무너졌다. 한인 사상자가 속출하고, 만주에서 온 독립군은 동포의 의연금으로 산 총을 버릴 수 없다고 하여 총을 든 채 제야강으로 뛰어들었다. 이것이 세칭 자유시참변이다.

독립운동사상 가장 비극적인 사건으로 기록된 자유시참변을 현장에서 목격한 김승빈은 그 참상을 다음과 같이 기록하고 있다.

> 나는 자유시사변에 직접 참가자는 아니나 목격자 중의 한 사람입니다. 1921년 6월 21일(28일의 착각－필자)이라고 기억되는데, 그날 아침에 일찍 일어나 '고려혁명군사의회의 군대와 싸특의용군의 군대가 서로 대진하고 있는데 무장 충돌이 일어날 위험이 있다는 말을 듣고 곧 전선으로 나갔습니다. 가서 보니 혁명군사의회군대는 자유시 동남향 언덕진 비탈을 따라 산개하였는데 좌익에 갈란다시윌리 군대가 배치되었고 그에 이어서 조선인 부대들이 배치되어 산병선을 이루었고 싸특의용군 부대들은 수랍쓰까 서남방 동구로부터 혁명군의회 군대들의 산병선을 대치하여 산병선을 이루고 있는 것을 내 눈으로 친히 보았습니다. (중략) 낮 12시가 거의 되어 또다시 전선으로 향하여 가는 길에 시가를 벗어나자마자 한 방의 총소리가 나더니 그에 이어 양측에서 사격이 시작되었습니다. 좀 더 나가니 보초가 통행을 금지하기 때문에 전선에까지 가지 못하고 도로 돌아왔습니다. 총소리는 해질 무렵에 가서야 그쳤습니다. 그러니 전투가 8~9시간 계속된 셈입니다. 그 이튿날 싸특의용군에서 탈퇴하여 자유시에 와 있던 홍범도 군대와 하사양성소 두 부대에서 군인 80여 명을 동원하여 전장 소제를 하였습니다. 즉 전사자들의 시체를 거두어 매장하였습니다. (중략) 그 후에 관도 갖추지 못하고 장례식도 없이 길게 파놓은 웅덩이에 시체를 차례로 눕히고 그 위에 백목을 덮고 묻었습니다. (중략) 싸특의용군의 군인 수효가 2천여 명에 달했는데 그 중에서 33인이 전사하고 제야강을 건너다가 배가 엎어져서 물에 빠져죽은 사람들이 약간 있었다고 하며 포로로 붙잡힌 사람이 8백 명이 되었고 그밖에는

사처로 달아났습니다.[119)]

자유시참변의 피해상황에 대해서는 다양한 견해들이 있다. 가해자인 고려군정의회측에서는 사망 36명, 행방불명 59명, 포로 864명으로 집계한 반면, 간도 반일단체들이 연명한 참변 성토문에서는 사망 272명, 익사 31명, 행방불명 250여 명 등 대략 550여 명이 희생된 것으로, 그리고 917명이 포로로 잡힌 것으로 집계하고 있다.[120)] 무릇 자유시참변의 피해상황은 독립운동사상 미증유의 참극임에 의심의 여지가 없을 만큼 엄청난 규모였던 것으로 짐작된다.

이상의 자유시참변은 상해파와 이르쿠츠크파 사이의 싸움이라는 한인 내분에 일차적 원인이 있다. 그러나 이미 보았듯이 여기에는 볼셰비키의 일관되지 못한 정책에도 큰 책임이 있다. 그들은 상해파와 이르쿠츠파, 혹은 자유대대와 니항군대간에 대립이 엄존하고 있음에도 일방적으로 자유대대측을 비호, 고려군정의회라는 최고기구를 구성하여 상해파와 니항군대의 불만을 샀다. 비록 한인부대가 러시아 상급기관의 지시를 받도록 되어 있었으나 한인부대는 어디까지나 자발적으로 결성되어 러시아혁명을 지원하는 외국인 부대라는 점을 감안한다면 이같은 일방적인 조처는 러시아공산당 혹은 코민테른이 말하는 피압박민족해방이라는 슬러건 내부에 짙은 자국 중심주의의 입장을 견지하고 있는 것이다.[121)]

청산리대첩 이후 일본군의 탄압을 피하고 새로운 항일전의 전기를 마련코자 결행한 만주 독립군의 고난의 장정은 결국 이처럼 쓰라린 수난사로 귀결되고 말았다. 참변 이후 잔여 부대는 북만주로 다시 넘어왔으며, 일부는 현지에 잔류하고 나머지는 사산하게 되었다. 그 뒤 남북만주 각지의 독

119) 『韓國獨立運動史資料集-洪範圖篇-』, 韓國精神文化研究院 編, 1995, 99~100쪽.
120) 尹炳奭, 『再發掘 한국獨立運動史』, 한국일보사, 1987, 257쪽.
121) 尹炳奭외 5인, 『中國東北지역 韓國獨立運動史』, 232~233쪽.

립운동 세력은 다시 전열을 가다듬어 통신과 연락을 재개하면서 군단 정비와 통합작업에 들어가 1920년대 중반 만주독립운동의 새 지평을 열어갔다.

독립군과 한국광복군의 항일무장투쟁

1. 머리말

만주 독립군과 대한민국임시정부의 한국광복군(이하 광복군)은 한국독립운동사의 중심을 관류하는 항일무장투쟁사의 근간을 이루고 있다. 1894년 청일전쟁 이후부터 시작된 의병전쟁은 1905년 을사조약 늑결, 1907년 광무황제 강제퇴위와 군대해산 등을 계기로 전국적으로 확대 격화되어 구국의 성전聖戰으로 발전하였다. 이들 의병은 일제 군경의 파상적인 탄압을 피하여 1910년 국치國恥를 전후한 시기에는 압록강·두만강을 넘어 연해주와 간도로 건너가 독립운동 근거지를 건설하면서 장기항전을 모색하고 있었다. 이처럼 북상도강北上渡江한 항일의병이 1919년 3·1운동을 계기로 독립전쟁을 결행하게 되는 만주 독립군의 근간을 형성한 세력이라 할 수 있다.

한국독립운동사상 무장투쟁을 선도한 항일의병이 국치 전후에 압록강·두만강 대안 혹은 변경지대로 집중되고 장기지속적인 항일전의 방안을 모색하게 되면서 독립전쟁론獨立戰爭論이 대두하였으며, 이를 구현하기 위한 무장세력이 곧 3·1운동을 계기로 부상한 독립군이었다. 봉오동승첩과 청산리대첩으로 형상화된 1920년 만주 독립전쟁의 주역이었던 독립군은 이후 일제의 만주 침략과 공산주의 이념문제가 제기되는 시련 속에서도 여기에 능동적으로 대처하면서 1930년대 중반까지 항일전을 지속적으로 전개하였다.

한편, 1932년 윤봉길 의사의 홍구공원 의거 이후 상해를 떠나 양자강을 따라 각지를 전전하던 대한민국임시정부는 1940년 중경에 정착한 직후 광복군을 편성하였다. 광복군은 관내지방으로 남하한 만주 독립군 세력을 근간으로 삼아 편성되었다. 이는 곧 광복군이 만주 독립군의 정통성을 계승한 민족의 군대라는 사실을 보여주는 증좌라 할 수 있고, 실제로 광복군은 자신들이 대한제국의 군대와 의병, 독립군의 전통을 계승한 것으로 자부하였다. 그리하여 대한민국임시정부의 국군이던 광복군은 활동목표가 2차대전에 참전하여 미국, 영국 등 연합군과 함께 대일전을 전개하는 것이었다. 이를 위해 광복군은 다양한 노력을 경주하였다. 인면전구공작대印緬戰區工作隊를 인도·미얀마 전선에 파견하여 영국군과 공동작전을 전개했던 것과 미국의 전략첩보국(OSS)과 공동작전을 도모하던 것 등이 그 대표적인 사례라 할 수 있다.

여기서는 이와 같은 역사적 맥락하에서 만주 독립군과 임시정부 광복군이 전개했던 항일무장투쟁을 개관해 보고 그 시기별 양상과 특징을 살펴보고자 한다. 먼저 1919년 3·1운동 이후부터 1930년대 중반 독립군의 중심세력이 관내지방으로 이동할 때까지 만주 독립군단의 성립과 변천 추이를 살펴보았다. 이어, 독립군이 전개한 항일무장투쟁의 대강大綱에 상당하는 1920년의 봉오동승첩과 청산리대첩을 필두로 1920년대 중반 참의부의 항일전, 그리고 1930년대 초반에 활약했던 북만주의 한국독립군과 남만주의 조선혁명군의 항일전 등을 개관하였다. 다음으로, 광복군의 항일무장투쟁은 연합군과의 공동전선 구축을 통한 대일전對日戰 수행의 관점에서 살펴보았다. 이를 위해 먼저 광복군이 편성되는 시대적 배경과 창군과정에 대해 언급한 뒤, 다음으로 영국군과 공동으로 대일전을 수행한 인면전구공작대의 활동상과, 미국의 전략첩보국(OSS)과 공동으로 대일전을 추진하던 사실 등을 개관하였다.

그 동안 학계에서는 항일무장투쟁사의 실상을 해명하는 차원에서 부문별, 지역별 연구에 집중해 왔다. 그리하여 만주 독립군과 광복군이 수행한 대일전에 대해서는 어느 정도 그 실상을 밝혀 놓았다. 해방 후 독립운동사 학계에서 거둔 대표적인 성과 가운데 하나라고 평가할 수 있을 것이다.

여기서는 그러한 선행 연구를 토대로 국외에서 전개된 항일무장투쟁사의 커다란 흐름을 조망하고 그 역사적 의의를 새롭게 구명하고자 하였다. 그러므로 새로운 역사적 사실을 밝히거나 또는 기존에 알려진 사실에 대해 해석을 새롭게 시도하지는 않았다. 대신에 독립운동사의 근간을 이루고 있는 항일무장투쟁사의 큰 흐름 속에서 만주 독립군과 임시정부 광복군이 전개한 항일전의 실상을 살펴보고 시기별, 지역별 양상과 특징을 추출함으로써 항일무장투쟁사, 나아가 독립운동사에 대한 이해를 심화하는 데 본래의 목적을 두었다.

2. 독립군의 항일무장투쟁

1) 독립군단의 성립과 변천

1919년 3 · 1운동은 만주 독립군이 전개한 독립전쟁의 계기가 되었다. 한민족의 저력은 3 · 1운동에서 엄청난 규모로 분출되었지만, 전 민족이 갈망하던 독립은 이루어지지 않았고, 오히려 일제의 탄압과 감시만 더욱 강화될 뿐이었다. 이와 같은 상황에서 3 · 1운동에 참여했던 지사들은 일제의 감시를 피해 새로운 독립운동의 방향을 모색코자 해외 각지로 탈출하게 되었다.

3·1운동 직후 국내외의 민족지사들은 강력한 무장투쟁만이 일제로부터 해방될 수 있는 유일한 방편임을 절감하였다. 이러한 인식은 평화적인 만세시위운동이 가지는 한계를 절감한 결과이기도 하였다. 그리하여 1910년 국치 전후부터 민족운동자들은 그 동안 국외 독립운동의 주된 사조였던 '독립전쟁론'을 구현하기 위해 총력을 기울였다. '독립전쟁론'은 일제의 질곡에서 벗어나 민족해방과 조국독립을 달성할 수 있는 가장 확실한 방안이 일제를 상대로 적기適期에 독립전쟁을 벌여 승리하는 것이라는 독립운동의 한 이론체계라 할 수 있다.[1)]

1894년 청일전쟁 이후 개시된 의병전쟁은 구국의 성전으로 확대 고조되던 1907년 이후가 되면 북한지역을 비롯해 압록, 두만강 대안의 간도와 연해주까지 확대되어 활발하게 전개되었다. 의병은 국망에 직면한 절박한 시대상황에서 일제 침략세력을 축출하고 국권을 회복하기 위한 집요하고도 처절한 항일전을 수행하였다. 그러나 1908년 하반기 이후 수년 동안 일제의 탄압이 가중되던 상황에서 전력이 고갈된 의병은 새로운 항전방향을 모색하고 근거지를 구축, 장기지속적인 항일투쟁을 위해 간도와 연해주 등지로 북상도강北上渡江하던 것이 일반적 경향이었다. 제천의병장 유인석柳麟錫을 비롯해 이진룡李鎭龍·조맹선趙孟善·박장호朴長浩·백삼규白三圭·조병준趙秉準·전덕원全德元 등의 양서지방 의병장, 홍범도洪範圖·차도선車道善 등의 관북지방 의병장 등이 그 대표적인 인물들이다. 국치 직전인 1910년 6월에 러시아 연해주에서 편성된 십삼도의군十三道義軍은 의병을 비롯한 국내의 항일무장투쟁이 국외로 확대되어 가던 도정道程에서 나타난 항일군단이었다. 결국 이러한 의병의 북상세력은 1910년 국치 이후 1919년 3·1운동을 계기로 항일무장투쟁사의 새로운 장을 열게 되는 독립군의 모태가 되면서 민족운동의 새로운 방향을 제시하게 된다.[2)]

---

1) 尹炳奭,『國外韓人社會와 民族運動』, 一潮閣, 1990, 11~12쪽.
2) 朴敏泳,『大韓帝國期 義兵研究』, 한울, 1998, 360쪽.

3·1운동 직후부터 만주와 연해주 한인사회에서는 무장항일전을 표방한 여러 독립군단이 동시다발적으로 편성되고 있었다. 1919~1920년 사이에 북간도에서 조직된 독립군단만 보더라도 대한군정서·대한국민군·대한독립군·군무도독부·대한의군부 등 대규모 군단에서부터 대한광복단·대한의민단·대한신민단·대한정의군정사 등 중소규모 군단에 이르기까지 많은 독립군단이 있었다. 또한 서간도에서도 서로군정서와 대한독립단 등을 비롯해 광복군총영·광복단·의성단 등 대소 군단들이 독립전쟁을 표방하고 나섰다. 이러한 현상은 독립을 향한 한민족의 고조된 열기가 일시에 분출된 결과이기도 하였다.

수많은 항일단체와 독립군단이 정비되고 편성된 것은 항일독립운동의 새로운 지평을 개척했다는 점에서는 그 의의가 크다고 할 수 있다. 그러나 여러 갈래의 군단이 도처에서 편성된 결과, 활동 면에서 볼 때 각기 고립분산된 형태로 항일전을 수행하게 됨으로써 결국 전력의 분산이라는 한계를 노정하게 되었다. 그러므로 독립군단의 통합문제는 항일전 수행을 위해 우선적으로 해결해야 할 과제였다. 이에 따라 여러 항일단체와 독립군단은 각기 조직을 정비하면서 항일전을 수행하는 한편, 내부적으로 상호 통합운동을 활발하게 진행시켜 갔다.

만주 독립군단의 편성과 통합운동은 3·1운동 이후부터 1920년에 걸쳐 큰 활기를 띠었다. 그러나 1920년 10월에 감행된 일본군의 간도침공과 경신참변으로 인하여 여러 독립군단은 큰 시련에 부딪쳤고, 통합노력과 시도도 일시 중단되지 않을 수 없었다. 이에 봉오동승첩과 청산리대첩 후 만주 독립군단은 일본군의 대탄압을 피해 밀산으로 북정을 결행하였고, 이어 러시아 연해주로 건너가 1921년 6월에 자유시참변이라는 독립운동사상 최대의 참극을 겪게 되었다. 자유시참변 이후 만주로 회귀한 독립군단은 이에 굴하지 않고 다시 조직을 정비하면서 일제와의 결전의지를 더욱 다져갔다.

이후 독립군의 항일역량을 결집시켜 전력을 극대화하기 위한 통합 시도와 노력은 계속되었고, 그 결과 1922년 8월에는 남만주에 대한통의부大韓統義府가 성립되어 통합기반을 구축하였다. 그 후 독립군단간의 통합운동은 대한통의부의 통일기반을 바탕으로 크게 진전되어 참의부 · 정의부 · 신민부 등 3부의 성립을 보게 되었다. 즉 1924~1925년까지는 요녕성의 집안集安 · 관전현寬甸縣을 중심으로 압록강 대안 일대에 세력을 가진 참의부參議府와, 요녕성과 길림성에 걸치는 하얼빈 이남의 넓은 지역을 관할하는 정의부正義府, 그리고 영안寧安을 중심으로 한 동북만의 중동선 일대에서 북간도 일부에 걸치는 신민부新民府로 정립하게 되었던 것이다. 이들 3부는 각기 한인사회의 자치를 집행하는 민정기관과 무장항일전을 전개하는 군정기관의 결합체로, '독립전쟁론'의 구현을 최고 목표로 삼는 군정부軍政府였다. 일본군과의 전면 대결은 비록 없었다고 하더라도, 수십 명으로 편제된 독립군 소부대들은 일제 통치기관을 습격하여 그 기능을 마비시켰고, 일제 군경을 사살하였으며 또한 일제의 창귀倀鬼인 밀정을 숙청하였다. 이들 독립군은 군영지를 중심으로 한 남북만주에 국한하지 않고 수시로 압록강과 두만강을 넘어 평안도, 함경도 변경지대로 넘어가 활동하였으며, 때로는 황해도, 경기도 등 중부지방까지 깊숙이 진입하는 경우도 있었다. 특히 3부 가운데서도 서간도를 주 무대로 활동하던 참의부는 지리적 근접성과 무장투쟁의 지향 강도로 인해 1920년대 독립군의 항일무장투쟁을 주도하였다.[3]

1931년 9 · 18만주침공 이후 만주국이 들어서고 일제가 만주를 실질적으로 지배하게 되자, 독립군은 다양한 계통의 중국 의용군과 연합전선을 구축하면서 공동으로 대일무장투쟁을 전개하였다. 북만주의 한국독립군韓國獨立軍과 남만주의 조선혁명군朝鮮革命軍이 이 시기 한중연합전을 전개한 대표적인 독립군단이었다.[4]

---

3) 채영국, 『1920년대 후반 만주지역 무장항일투쟁』, 독립기념관 한국독립운동사연구소, 2007, 16~19쪽.

4) 여기서는 민족주의 계열의 무장항일투쟁만 다루었고, 1930년대 사회주의 계열에

3부 통합운동이 결렬된 후 북만주에서 활동하던 한족총연합회가 주축이 되어 1930년 7월 길림성 위하葦河에서 한국독립당이 결성되었다. 그리고 홍진洪震, 지청천池青天 등 한국독립당의 지도자들은 당군黨軍인 한국독립군韓國獨立軍을 편성하였다. 특히 사령관 지청천은 종래의 소규모 분산적 유격전으로는 전면 항전이 불가능하다고 판단하여 북만주 각지의 대소 부대를 총집결시켜 대규모의 항일전을 전개해야 한다고 생각하였다. 이들은 무장항일전의 군사전략과 국제정세를 다음과 같이 전망하였다.

> 왜적의 이번 발동은 다만 만주의 침략에만 그치지 않고 장차 산해관 이내 중국 대륙과 기타 지역까지 침략할 것이고 이 결과는 반드시 세계대전을 유치하고야 말 것이다. 그렇게 되면 우리 한국독립의 계기는 여기서 싹트게 마련이다. 왜냐하면 이제부터는 만주 바닥의 항일부대와 공동작전을 펴서 무기·탄약 등 일체 보급을 얻어낼 수 있으며, 또 일보 나아가서는 세계 연합군의 교전단체로 참가하여 같이 입국, 상륙작전에 참여하게 되면 반드시 전후 강화회의에서 독립을 쟁취할 수 있을 것이다.[5)]

위의 인용문에서 보듯이 한국독립군의 지도자들은 1931년 9·18만주침공 직후에 이미 일제의 관내지방 침공, 곧 중일간의 전면전을 예견하였을 뿐만 아니라, 중국인들과의 연합항전의 필요성을 인식하고 그 방략을 모색하고 있었던 것이다.

이러한 전망하에 한국독립군은 항일의 기치를 내걸었던 이두李杜·정초丁超 등이 거느리던 중국군과 교섭을 계속한 결과 1931년 12월에는 쌍방간에 일정한 합의가 이루어져 한중연합전선이 형성되기에 이르렀다. 이 때 합의된 내용을 보면 비록 중국군으로부터 군수물자의 지원을 받고 중국군과 연합하면서도, 한국독립군은 별도의 단위부대를 유지하면서 독자적으로

서 전개한 또 다른 한중연합세력인 동북항일련군의 무장투쟁에 대해서는 내용과 성격을 달리하기 때문에 생략하였다.

5) 趙擎韓, 『白岡回顧錄』, 한국종교협의회, 1979, 94쪽.

작전을 수행할 계획이었음을 확인할 수 있다.[6)]

한국독립군은 오광선과 이응서, 그리고 조경한趙擎韓 등의 군인 소모노력에 힘입어 6개 대대로 편제하면서 소규모 유격전의 중심에서 벗어나 대규모 정규전을 치를 수 있도록 편제를 개편하였다. 그리하여 총사령관 지청천 휘하에 김창환金昌煥과 황학수黃學秀 등이 부사령관에, 참모장에 신숙申肅과 조경한이 연이어 선임되었다.

한국독립군은 이와 같이 9·18만주침공 이후 만주에서 봉기한 반만 항일군과 연합하여 대일항전을 전개하게 되었다. 중국인들은 일본군의 침략에 맞서 항일투쟁을 전개하였으며, '만주국'이 세워진 뒤에도 이를 인정치 않고 만주국군과 관헌의 통치에 저항하고 일제의 침략에 반대하는 반만 항일운동을 광범위하게 전개해 나갔다.

일제의 만주 침공 이후 봉기한 각종 반만 항일대원의 총수는 1932년에는 36만 명을 헤아릴 정도로 대규모 세력을 형성하였으나, 거듭되는 만주국 군경 및 일본군의 탄압으로 1934년에 들어서는 4만 명으로 격감했고 중일전쟁이 일어나는 1937년에는 9천 5백 명, 그리고 1939년경에는 3천 명으로 줄었다가 1941년 초를 고비로 거의 자취를 감추고 말았다.[7)]

'반만항일'의 기치를 걸고 항일전을 벌였던 만주 중국인들의 세력은 다양하였다. 이들은 시의에 따라 의용군·구국군·자위군自衛軍 등의 명칭을 사용하였으며, 중국 본토의 국민당 정부와도 연계되어 있었다. 그 가운데 한국독립군은 이두·정초 등의 길림자위군吉林自衛軍·중동철도호로군中東鐵道護路軍, 왕덕림王德林 휘하의 오의성吳義成·공헌영孔憲榮 등이 거느리는 길림구국군과 연결되어 반만항일투쟁을 전개하였다. 한국독립군이 1932년 초 북만일대에서 크게 세력을 떨친 이러한 중국 군단들과 연합하여 항일투쟁을 전개한다는 것은 전투역량의 강화나 자기세력의 보존 및 진작을 위해 옳은 방

---

6) 一靑, 「九一八後韓國獨立軍在中國東北殺敵略史」, 『光復』 제2권 제1기, 1942, 53~56쪽.
7) 尹炳奭 외 5인, 『中國東北지역 韓國獨立運動史』, 집문당, 1997, 519쪽.

향이었다고 할 수 있다.

한편, 서간도를 중심으로 한 남만주 일대에서는 1929년 한인 자치기관으로 국민부國民府가 결성되었다. 그리고 국민부의 친위 독립운동 정당인 조선혁명당朝鮮革命黨이 결성되었고, 그 당군으로 조선혁명군이 편성되어 한중연합의 항일무장투쟁을 전개해 나갔다. 이러한 단체와 군단은 1920년대 후반 만주에서 전개되던 민족유일당운동의 일정한 성과를 반영한 결과 탄생한 것이었다. 이처럼 국민부를 필두로 조선혁명군과 조선혁명당이 정비됨에 따라 1930년대 초 남만지역의 민족주의계열 운동조직은 당(지도정당)·정(자치기관)·군(독립군) 체제로 역할을 분담하게 되었다.

남만주의 조선혁명군은 1910년 전후 독립운동근거지 건설 이래 축적된 독립군의 역량을 총집결하여 여러 난관을 극복하며 무장투쟁을 펼쳐갔다. 만주침략 이전까지만 해도 일제에 대해 직접적인 적대관계를 보이지 않았던 중국측도 그들에게 절박하게 다가온 국가적 위기를 맞아 굳은 항전의지를 다지게 되었다. 이러한 분위기에서 조선혁명군은 중국인들과 공동의 항일전을 펼쳤다. 조선혁명군의 지휘관들은 중국의 항일군 지도자들인 당취오唐聚五·양정우楊靖宇 등과 연대하여 대규모의 한중연합군을 결성하였다. 이와 같은 한중연합군의 결성은 독립군이 20년간에 걸쳐 독립전쟁을 수행하는 과정에서 축적한 실전경험과 중국측의 군수물자 및 인적자원이 결합되어 대규모의 항일전을 전개할 수 있는 기반이 조성되었음을 의미하는 것이다.[8)]

중국의 항일군은 항일구국군을 비롯하여 국민구국군, 그리고 산발되어 포진한 자위군 및 자치군 등이 있었다. 이들 중국군들은 군사력에 차이가 있는 데다가 제각기 얻고자 하는 실리가 달랐기 때문에 자체 통합도 어려웠다.[9)] 하지만 1932년 3월부터 조선혁명군은 중국측의 의용대와 연합하여

8) 장세윤, 「조선혁명군 연구」, 『한국독립운동사연구』 4, 독립기념관 한국독립운동사연구소, 1990, 315~343쪽.

적극적인 대일항전을 전개해 갔다.

2) 독립군의 항일전

(1) 봉오동승첩

1919년 3·1운동을 계기로 만주와 연해주 각지에서 독립군이 본격적인 항일전에 돌입하게 되자 대한민국임시정부는 1919년 말 "독립운동의 최후 수단인 전쟁을 대대적으로 개시하여 규율적으로 진행하고 최후 승리를 얻을 때까지 지구持久하기 위하여" 독립전쟁의 '준비'를 선언하기에 이르렀다. 이에 임시정부는 독립군단의 편성과 정비, 군인모집과 군사훈련, 군비확충 등을 가장 중요한 시정목표로 설정하였다.[10)]

만주 독립군이 전개한 독립전쟁의 신호탄은 1920년 6월 7일의 봉오동승첩이었다. 그리고 그 전단은 수일 전 벌어진 삼둔자전투三屯子戰鬪이다. 삼둔자는 도문 남쪽 두만강변의 국경마을로, 그 대안에는 종성군의 강양동江陽洞이 자리잡고 있다. 또한 삼둔자전투는 독립군이 그 동안 통상적으로 수행하던 소규모의 국내 진입전이 단초가 되어 벌어졌다. 6월 4일 새벽 30명으로 편성된 독립군 소부대는 통상적인 국내 진입전의 일환으로 삼둔자에서 두만강을 건너 동북방의 강양동으로 진격, 일제 헌병순찰소대를 격파한 후 날이 저물자 두만강을 다시 건너 귀환함으로써 작전을 종료하였다. 그러자 일제 군경은 강양동 패전을 보복하기 위해 독립군 추격에 나섰다. 니미新美 중위가 인솔하는 남양수비대 1개 중대와 헌병순사 10여 명은 두만강을 건너 삼둔자에 이르러 분풀이로 무고한 양민을 살육하는 만행을 저질렀다. 독립군은 삼둔자 서남방 요지에서 이들을 공격, 섬멸시켜 버렸다. 이것이

9) 추헌수, 「조선혁명당과 한국독립당의 활동」, 『한민족독립운동사』 4, 국사편찬위원회, 1988, 375쪽.
10) 「大韓民國臨時政府施政方針」, 『韓國獨立運動史』 3, 국사편찬위원회, 1969, 364쪽.

삼둔자전투로, 처음으로 두만강을 건너 중국 영토로 불법 침입한 일본군을 격퇴한 것이다.[11)]

독립군이 계속적으로 수행한 국내진입전에 충격을 받은 일제는 북간도의 독립군 근거지를 수색, 탄압하기 위해 대병력을 동원하기에 이르렀다. 이른바 '월강추격대대越江追擊大隊'의 편성이 그것이다. 함북 경성군 나남에 사령부를 두고 두만강을 방어하던 일본군 제19사단은 삼둔자에서의 참패를 설욕하고 독립군을 탄압하기 위해 '월강추격대대'를 편성, 불법으로 북간도를 침범케 한 것이다.

6월 7일 새벽 온성군 하탄동下灘洞에서 도강을 완료한 일본군은 독립군의 주요 근거지인 봉오동鳳梧洞을 향하면서 이른바 작전을 개시하였다. 도문 북쪽 외곽에 있는 봉오동은 동북방으로 뻗은 25리에 달하는 긴 골짜기이다. 봉오동 계곡으로는 실개천이 흐르고 있으며, 여기에 밀짚모자 형태의 높은 산이 있어 중국인은 이곳을 초모정자草帽頂子라 불렀다.

일본군 본대가 포위망 속으로 완전히 들어왔을 때 독립군 지휘관 홍범도는 총공격을 알리는 신호탄을 발사하였다. 삼면 고지에 매복하고 있던 독립군은 동시에 집중사격을 개시하였다. 불의의 기습공격을 받은 일본군은 포위망을 벗어나고자 필사적으로 응전하였다. 하지만, 유리한 지형을 선점한 독립군의 맹공에 시간이 흐를수록 사상자만 속출할 뿐이었다. 군립군의 포위망 속에서 3시간을 버티던 일본군은 패퇴하였다.[12)]

봉오동에서 독립군이 압승을 거둔 사실은 한·중·일의 관련자료나 정황으로 보아 의심의 여지가 없다. 그러나 전과에 대해서는 자료마다 큰 차이를 보여 그 실상을 명확히 확인하기가 쉽지 않다. 임시정부의 군무부는 독립군측의 전과를 일본군 사살 157명, 중상 2백여 명, 경상 1백여 명에 달하는 것으로, 그리고 독립군측의 피해는 전사 4명, 중상 2명으로 확인하고 있

---

11) 尹炳奭, 『獨立軍史』, 지식산업사, 1990, 143쪽.
12) 『獨立新聞』 1920년 12월 25일자, 「北墾島에 在한 我獨立軍의 戰鬪情報」.

다.[13] 이 전과는 압승 사실을 내외에 과시하는 과정에서 다소 과장된 것으로 보인다. 그렇지만, 봉오동승첩 직후에 보도된 『독립신문』이나 상해에서 발간되던 『시보時報』의 기사를 통해서 볼 때 일본군 150여 명을 사살한 공전의 대승을 거둔 것으로 믿어진다.[14]

(2) 청산리대첩

청산리대첩은 1920년 10월 21일부터 26일까지 전후 일주일 동안 화룡현 이도구·삼도구 일대에서 아즈마東正彦 소장이 지휘하던 일본군 주력부대를 맞아 백운평을 시작으로 완루구·어랑촌·천수평·천보산·고동하곡 등지에서 벌인 대소 10여 회의 전투에서 독립군이 거둔 승첩을 통칭한다.

간도를 침략한 일본군 가운데 청산리 일대로 들어온 19사단의 아즈마 지대는 용정과 무산 방면에 진출하여 안도安圖 남쪽, 화룡和龍 북방에 위치한 천보산天寶山에 주력을 두고 있었다. 독립군이 백두산록에 자리잡은 안도현이나 그 북쪽의 돈화현으로 이동하지 못하도록 저지하는 임무를 맡은 이 부대는 10월 20일을 기하여 야마타山田 대좌가 지휘하는 이른바 야마타연대山田聯隊를 선두로 탄압작전을 개시하였다.[15] 이에 따라 야마타연대는 두 부대로 나뉘어 한 부대는 삼도구에서부터, 다른 한 부대는 이도구 봉밀구蜂蜜溝에서부터 각각 노령老嶺 방면으로 진출토록 하였다. 그리고 무산수비대 역시 석인구石人溝를 거쳐 노령 방면으로 진출케 함으로써 대한군정서를 사방에서 포위하려 하였던 것이다.[16]

한편, 아즈마 소장이 직접 인솔하는 주력부대는 이도구 서북방에 있던 홍범도 지휘하의 독립군 연합부대에 대한 공격을 개시하였다. 아즈마 지대

---

13) 『獨立新聞』 1920년 12월 25일자, 「北墾島에 在한 我獨立軍의 戰鬪情報」.
14) 『獨立新聞』 1920년 6월 22일자, 「獨立軍勝捷」; 趙中孚 외 2인 編, 『近代中韓關係史資料彙編』 5, 國史館, 1967, 433~434쪽.
15) 姜德相 編, 『現代史資料』 28, 216~217쪽.
16) 『間島出兵史 上』, 55~60쪽.

주력을 두 부대로 나누어 한 부대를 천보산天寶山 방면으로 출동시켜 남하케 하고, 다른 한 부대를 이도구로부터 서진케 함으로써 독립군 연합부대를 앞뒤에서 포위 공격하려 한 것이다.

청산리 일대로 투입된 아즈마 지대의 병력 규모는 중화기로 무장한 정예 기병과 포병을 포함해 약 5천 명으로 추산되고 있다. 곧 이와 같은 대규모 병력을 동원한 일본군은 10월 20일을 기해 대한군정서 및 독립군 연합부대를 총공격한다는 작전을 수립해 놓았다. 그 결과 독립군은 이러한 일본군을 상대로 21일 백운평전투를 시작으로 2, 3도구 일대에서 10여 회의 대소 전투를 벌여 모두 승리하였다. 그 가운데 22일 종일 벌어진 어랑촌전투는 독립군과 일본군 양쪽 모두 주력이 투입된 격전으로, 이 전투에서 독립군은 청산리대첩을 상징하는 승첩을 올렸다.

청산리대첩에서 올린 전과에 대해 임시정부 군무부는 김좌진이 인솔한 대한군정서의 전황보고에 근거하여 일본군의 전사자가 연대장과 대대장 한 명씩을 포함해 1천 257명이고, 부상자는 장교 이하 2백여 명이라고 밝혔다.[17] 앞서 『독립신문』도 "김좌진씨 부하 6백 명과 홍범도씨 부하 3백여 명은 대소전투 10여 회에 왜병을 격살한 자 1천 2백여 명"이라 하여 군무부 보고와 비슷한 규모로 기술하였다.[18] 한편 박은식은 일본군 전사자를 2천 명으로 기록하고, 청산리대첩에 직접 참전한 이범석은 회고록에서 일본군의 사상자를 3천 3백 명으로 파악함으로써 임시정부에서 발표한 전과를 약간 초과하고 있다.[19] 자료에 따라 약간씩 차이를 보이기는 하지만 이상과 같은 전과기록은 대체로 독립군의 압승을 뒷받침하는 면에서는 그 윤곽을 같이 하고 있다.

한편, 독립군측에서도, 일본군의 피해상황에 비해서는 상대적으로 경미

---

17) 『獨立新聞』 1921년 2월 25일자, 「大韓軍政署報告」.
18) 『獨立新聞』 1921년 1월 21일자, 「我軍隊의 活動」.
19) 朴殷植, 『韓國獨立運動之血史』, 上海 維新社, 1920, 185쪽.

하지만, 상당한 인적 손실이 있었던 것으로 보인다. 일본군의 정보기록에서도 독립군측의 피해에 대해 백운평전투에서 16명, 어랑촌전투에서 60명 정도가 전사하고, 이어 고동하곡전투에서는 30명 가량이 사상한 정도로 기술하였다. 이범석은 대한군정서의 경우 전사 60여 명, 부상 90여 명, 실종 2백여 명으로 파악했지만, 실종자는 그 후 대부분 부대로 복귀한 것으로 회고하고 있다.[20)]

독립군의 피해상황에 대해 비교적 객관적으로 파악한 자료는 임시정부 파견원 안정근安定根이 상해 임시정부에 제출한 비밀 보고서이다. 여기서 안정근은 10월 22일부터 3일간 여러 전투에서 3백여 명에 달하는 독립군 사상자가 발생한 것으로 보고하고 있다. 결국 독립군의 전체 피해 규모는 여기에다 21일의 백운평전투와 25~26일의 고동하곡전투 등에서 발생한 사상자를 감안해야 할 것이다. 이렇게 볼 때 청산리대첩에서 독립군이 입은 인적 손실의 규모는 350여 명 안팎으로 추산되는 것이다.[21)]

(3) 참의부參議府의 항일전

1924년에 성립된 참의부는 임시정부의 직할부대로 편성되었던 까닭에 공식 명칭을 대한민국임시정부 육군주만참의부陸軍駐滿參議府라 하였다. 후술할 고마령참변古馬嶺慘變 이후 조직을 재정비하던 시기인 1927년에 임시정부에서 김승학金承學을 신임 참의장으로 임명하여 남만주 현지로 보낸 사실로도 참의부와 임시정부 양자의 관계를 알 수 있다.[22)]

서간도를 중심으로 한 남만주 일대에서 항일전을 수행하던 참의부 독립군은 압록강 변경지대에 집중 배치되었다. 그 가운데서도 압록강 대안의 집안현輯安縣은 참의부의 주요한 군사 근거지이자 활동무대였다. 참의부 5

20) 李範奭, 『우둥불』, 삼육출판사, 1986, 58쪽.
21) 愼鏞廈, 『韓國民族獨立運動史硏究』, 500~501쪽.
22) 김병기, 「참의부 연구」, 단국대 박사학위논문, 2005, 52~53쪽.

개 중대 가운데 3개 중대가 집안현에 배치되었고, 나머지 2개 중대는 환인현桓仁縣과 통화현通化縣에 분산 배치되었다. 그리고 이들 각 중대의 독립군 병력은 소대별로 여러 지역에 분산 배치되어 있었다.[23)]

참의부 대원들이 수행한 국내진공작전은 주로 압록강변의 평북 위원, 자성, 후창, 구성, 강계 등지에서 활발하게 이루어졌으며, 심지어는 서울, 이천, 안성 등 중부지방까지 그 활동이 미치는 경우도 있었다.[24)]

참의부 대원들이 수행한 대일전 가운데 중요한 사례로는 1924년 5월 19일 압록강변에서 총독 사이토 마코토齋藤實이 승선한 선박을 공격한 것을 들 수 있다.[25)] 사이토가 압록강 변경의 일본군 수비상황을 점검한다는 정보를 탐지한 참의장 채찬蔡燦은 제2중대 제1소대원들로 특공대를 조직하여 평북 위원군 마시탄馬嘶灘에 매복시켰다. 아침 9시경 사이토 총독 일행이 탄 경비선이 압록강변을 따라 참의부 특공대원들이 매복해 있는 지점에 나타났다. 총지휘관 장창헌張昌憲의 명령에 따라 독립군들은 경비선을 향해 일제히 사격하였다. 참의부 대원들의 기습공격을 받게 되자, 사이토를 태운 일제의 국경 순시선은 전속력으로 도주하고 말았다. 비록 사이토를 처단하지는 못했지만, 이 전투는 독립군의 활동을 내외에 널리 알리는 중요한 계기가 되었다.

한편, 참의부 독립군이 수행한 전투 가운데 가장 처참했던 것은 1925년 3월 16일 벌어진 고마령참변古馬嶺慘變이다. 이 전투는 압록강변에서 60리 떨어진 집안현의 심산유곡인 고마령에서 참의부 간부를 비롯한 대원들이 5개 중대 군사회의를 개최하고 있을 때 밀정 이죽파李竹坡가 안내한 일제의 초산경찰대가 급습하여 벌어졌다. 회의 도중 급습을 받은 참의부 간부들은 결사적으로 항전하였으나 결국 중과부적으로 큰 참화를 입고 말았다. 참의

---

23) 尹炳奭 외 5인, 『中國東北지역 韓國獨立運動史』, 집문당, 1997, 317~319쪽.
24) 尹炳奭 외 5인, 『中國東北지역 韓國獨立運動史』, 319~320쪽.
25) 尹炳奭 외 5인, 『中國東北지역 韓國獨立運動史』, 320~321쪽.

장 최석순崔碩淳을 비롯해 전창희田昌禧 · 최항신崔恒信 · 전덕명全德明 등 29명의 독립군이 장렬하게 전사 순국하였고, 제1중대 소대장인 전세용田世用 등 몇 명의 대원들만이 중상을 입고 겨우 살아났다.[26] 이것이 1921년 6월의 자유시참변과 더불어 독립군사상 최대 참극으로 병칭되는 고마령참변이다.

(4) 한국독립군과 조선혁명군의 항일전

가. 한국독립군의 항일전

한국독립군은 1930년 7월 길림성 위하葦河에서 총사령에 지청천池青天, 부사령에 황학수黃學秀, 참모장에 신숙申肅을 선임하고 중동선을 중심으로 중국 호로연합군護路聯合軍 등 반만항일군과 한중연합군을 편성하여 9 · 18만주침공 후 일만군日滿軍을 상대로 1933년까지 위하 · 일면파一面坡 · 의란依蘭 등지의 전투를 시작으로 도처에서 대소 회전을 벌여 다대한 전과를 올렸다. 특히 1932년 9월에 시작된 하얼빈 남방의 요충지인 쌍성보雙城堡 공략전과 그해 12월에 2천 명의 일만 유격기병대를 격파한 경박호전투鏡泊湖戰鬪, 1933년 4월 일만연합군 1개 사師 병력을 요격한 사도하자승첩四道河子勝捷, 같은 해 6월의 동경성전투東京城戰鬪 및 대전자령전투大甸子嶺戰鬪 등의 전첩을 올려 북만주 한국독립군사에 큰 전공을 기록하였다.[27]

그 가운데서도 왕청현 나자구의 대전자령(일명 태평령太平嶺)에서 거둔 승첩은 한국독립군이 수행한 수많은 항일전 가운데 최대의 전과를 올린 전투로 기록되어 있다. 동경성전투 이후 한국독립군은 왕청현 동북의 산악지대를 거쳐 1933년 6월 하순경 노송령老松嶺을 넘어 동서검자東西臉子에 이르렀다. 이 무렵 한국독립군은 나자구에 주둔하고 있던 일제 조선군 제19사

---

26) 金承學, 『韓國獨立史』, 獨立文化社, 1965, 400~401쪽.
27) 장세윤, 「한국독립군의 항일무장투쟁 연구」, 『한국독립운동사연구』 3, 독립기념관 한국독립운동사연구소, 1989, 18~44쪽.

단의 '간도파견군'이 국내로 철수한다는 정보를 입수하였다. 한중연합군인 한국독립군과 시세영柴世榮이 이끄는 길림구국군은 일본군의 철수 정보를 접하고 3일간 1백 Km를 행군하여 6월 28일경 나자구 북방 외곽의 노모저하老母猪河에 도착하였다.

한중연합군은 일본군의 퇴각로를 예단하여 유리한 곳에서 매복·공격할 수 있는 지점을 선정하여 부대를 배치하기로 하였다. 이에 따라 한국독립군은 6월 말 일본군의 통과 예상지점인 대전자령의 양편 산허리에 매복하였다.

이 전투에 한국독립군은 주력부대 5백여 명, 중국의 길림구국군은 2천 명이 참가하였다. 한국독립군은 주력 3백 명이 고개의 가운데 부분, 정상에 배치되고 고개의 입구와 출구에는 각 1백 명이 길림구국군과 혼합 배치되었다. 한중연합군은 계곡 양편 산기슭에 구축되어 있는 참호 속에 매복·대기하여 습격 준비를 완료하였다. 한국독립군은 쌍성보전투를 비롯하여 여러 차례의 대소 전투를 치르면서 다대한 전과를 올렸지만, 그 대부분은 일만 연합군을 상대로 한 것이었다. 거기에 비하여 대전자령전투는 전적으로 일본군과의 전투였다. 그런 만큼 독립군의 결사항전을 다지는 각오도 남달랐다.

한중연합군이 대전자령에서 일본군을 상대로 전투를 벌인 것은 1933년 6월 30일이었다. 이날 아침 일본군은 자동차와 우마차에 화물을 적재하고 대전자령을 향해 나자구를 출발하였다. 일본군의 병력은 보병·포병·기병·공병의 혼성 2개 대대 규모를 합친 약 1천 3백 명 가량이었으나, 이들 부대 외에 회령으로부터 간 화물호송대 병력과 화물자동차 1백 대, 우마차 5백 대 등이 합류, 일본군의 병력은 1천 6백 명에 달하였다.[28]

이 날 한낮에 시작된 전투는 4~5시간 계속되었다. 이 전투에서 한중연합

28) 장세윤, 「한국독립군의 항일무장투쟁 연구」, 36~39쪽.

군은 약 2개 대대의 일본군을 완전히 격파하는 빛나는 승전을 거두었다. 일본군은 이 전투에서 많은 병력이 살상되거나 패주하여 치명적인 손상을 입었고, 일부 부대가 겨우 탈출했을 뿐이었다. 대전자령 계곡에서 가까스로 빠져나간 후에도 일본군은 한중연합군의 추가 공세로 인해 더 큰 손실을 입고 7월 4~5일경에야 가까스로 일제의 침략거점인 백초구百草溝에 도착할 수 있었다.

대전자령전투에서 거둔 전과에 대해서는 여러 가지 설이 있어 확단하기 어렵다. 여러 가지 정황과 관련자료에 의거하여 합리적으로 추론할 때, 철수하던 일본군 1천 6백 명이 괴멸적 타격을 받고 그 가운데 최소한 1백 30명 이상이 사상한 것으로 보인다. 뿐만 아니라 소총 1천 5백 정, 군복 3천 착 등 일본군이 보유한 다량의 무기와 다대한 보급물자를 노획함으로써 독립군의 전력을 더욱 보강할 수 있었다.29)

나. 조선혁명군의 항일전

북만주에서 지청천이 이끄는 한국독립군이 활약하던 무렵, 남만주에서는 양세봉梁世鳳 · 김학규金學奎 등이 지휘하던 조선혁명군이 중국의 의용대와 한중연합전선을 형성하여 도처에서 대소 항일전을 전개하였다. 조선혁명군 총사령 양세봉은 1932년 3월 11일 참모장 김학규와 중대장 조화선趙化善 · 최윤구崔允龜 · 정봉길鄭鳳吉이 지휘하는 3개 중대 병력을 중국측의 왕동헌王彤軒 · 양석복梁錫福 부대와 연합시켜 한중연합군을 결성하였다. 이 한중연합군이 이튿날 신빈현新賓縣의 왕청문旺淸門에서 무순현撫順縣의 천금채千金寨로 향하여 진군하면서 유명한 영릉가전투英陵街戰鬪를 벌였던 것이다.30) 이 때 일본군을 격파하고 영릉가를 점령한 한중연합군은 적군을 추격하여 상협하上夾河까지 점령하였다. 전후 5일간에 걸친 이 전투에서 한중연합군은 대

29) 장세윤, 「한국독립군의 항일무장투쟁 연구」, 43쪽.
30) 蔡根植, 『武裝獨立運動秘史』, 대한민국 공보처, 1949, 165쪽.

승을 거두었고, 일본군은 무수한 사상자와 군장비 및 무기 등을 버려둔 채 패퇴하고 말았다.[31)]

이 무렵인 1932년 4월 당취오唐聚五 · 왕육문王育文 등 중국의용군측의 중요 부대는 환인桓仁에 모여 본격적인 항일전을 전개할 것을 맹세하였다. 이어 효과적인 항전을 위해 요녕구국회遼寧救國會를 조직하였다. 이와 같이 조직된 중국측의 구국회는 총사령부 아래 52개의 사령부를 두어 남만 전역에 20만 대군을 배치한 재만 제1의 항일군단이 되었다. 조선혁명군은 지체없이 요녕구국회와도 공동으로 항일전을 전개하기로 합의하였다. 그리하여 조선혁명군의 총사령 양세봉은 한중연합군인 요녕구국회의 특무부대사령관에 임명되었고, 그 사령부를 통화通化에 설치하였다.

이듬해인 1933년 5월에 일만연합군은 영릉가를 되찾기 위해 1만 5천 명의 대병력으로 한중연합군을 공격해 왔다. 한중연합군은 이들을 맞아 용감히 항전하였지만, 전력의 열세로 인해 끝내 영릉가를 포기하고 철수하지 않을 수 없었다.

그 뒤 일본군은 7월 7일 영릉가 석인구石人溝 골짜기 깊숙이 진영을 구축하고 있던 조선혁명군의 사령부를 또다시 공격해 왔다. 이 전투에서 조선혁명군은 양세봉 총사령의 탁월한 전술에 힘입어 일본군 40여 명을 사살하고 다량의 무기를 노획하는 전과를 올렸다. 그리고 석인구전투 직후인 7월 중순경 한중연합군은 무순현 노구대老溝臺를 점령하고 있던 일본군 1개 연대를 공격하여 2일간의 격전 끝에 물리쳤다.[32)]

그러나, 이처럼 분전하던 조선혁명군은 1934년 9월 양세봉이 순국하고 또 일제의 파상적 공세에 직면하게 되자 그 세력이 급격하게 쇠퇴하였다. 이에 김학규金學奎와 현익철玄益哲 등 지휘관들과 그들을 따르던 독립군들은

---

31) 愛國同志援護會 編, 『韓國獨立運動史』, 1956, 283쪽.
32) 愛國同志援護會 編, 『韓國獨立運動史』, 282~284; 蔡根植, 『武裝獨立運動秘史』, 168~170쪽.

산해관山海關을 넘어 중국 관내로 이동하여 임시정부에 합류하고 또 광복군에 참가하였다. 이와는 달리 중국 관내로 이동하지 않고 남만주에 잔류한 조선혁명군 대원들은 1938년까지 여러 난관 속에서 끝까지 항일전을 전개하였으며, 이 무렵 공산주의 계열의 항일단체인 동북항일연군에 합류하기도 하였다.[33]

3. 한국광복군의 항일무장투쟁

1) 한국광복군의 편성과정

북만주에서 항일전을 수행하던 한국독립군은 1933년 9월 동녕현성전투東寧縣城戰鬪를 고비로 전력이 급격히 쇠퇴하였다. 그 동안 연합전선을 구축하던 중국군과 갈등이 파생되고 또 일본군의 공세가 크게 강화됨에 따라 전황이 매우 불리해졌던 것이다. 이러한 시기에 임시정부에서는 중앙육군군관학교 낙양분교洛陽分校 한인특설반 운영 등 무장전력을 강화하기 위해 만주 독립군세력에 대해 관내 이동을 요청하게 되었다. 그리하여 1933년 말 한국독립당 당수 홍진洪震 및 한국독립군 총사령 지청천, 부사령 황학수를 비롯하여 조경한趙擎韓 · 오광선吳光鮮 · 공진원公震遠 · 김창환金昌煥 등 한국독립군 주요 간부들과 군관학교 입학 지원자 40여 명이 중국 관내로 이동하게 되었다.[34]

상해 임시정부의 방침에 따라 한국독립군 지도부가 관내로 이동한 후 만주 독립군의 활동은 새로운 국면을 맞게 되었다. 이에 따라 남만주에서 활

---

33) 장세윤, 「조선혁명군 연구」, 『한국독립운동사연구』 4, 독립기념관 한국독립운동사연구소, 1990, 22~23쪽.

34) 一靑, 「九一八後韓國獨立軍在中國東北殺敵略史」, 56쪽.

동하던 조선혁명당의 지도자와 조선혁명군의 장령들인 현익철과 김학규 등도 휘하 독립군과 함께 1935년을 전후하여 남만주를 떠나 산해관 너머 중국 관내지방으로 이동하였다.[35] 중국 관내로 이동한 한국독립군과 조선혁명군의 주요 성원들은 이후 대한민국임시정부 및 그와 관련된 각 정당에서 크게 활약하였고, 아울러 중앙육군군관학교 낙양분교의 특별훈련반 등을 통해 배출된 인재들은 대부분 광복군의 기간요원으로 성장하였다.

한편, 임시정부는 1932년 4월 윤봉길의 홍구공원 의거를 계기로 중국 국민당 정부의 각별한 주목과 지원을 받게 되었다. 이에 김구는 1933년 봄 장개석蔣介石과 면담을 하게 되었고, 그 결과 중국중앙군관학교 낙양분교에 한인특설반이 설치될 수 있었다.[36] 1934년 2월 92명의 간부 훈련생이 입교함으로써 개교하였다. 그러나 이 무렵 일제의 압력을 받은 중국정부에 의해 설립 1년 만에 1기생 62명의 졸업생을 배출한 채 폐교되고 말았다. 그 뒤에도 군사간부를 양성하려던 임시정부의 노력은 계속되어 일부 한인 청년들은 남경南京의 중앙육군군관학교에 들어가 무관교육을 받았다. 그리하여 1934~1937년간 2백 명 정도가 낙양, 남경의 중국 군관학교를 졸업하였던 것으로 보인다.

군관학교 출신 한인 청년들은 광복군이 편성되기 전까지는 독립운동 단체에서 활동하게 된다. 그 중 김구 계열은 한국국민당청년단韓國國民黨青年團으로 흡수되었다가 중일전쟁 이후 지청천 계열과 연합하여 한국광복진선청년공작대韓國光復陣線青年工作隊를 조직하였고, 이후 군사특파단軍事特派團 또는 한국청년전지공작대韓國青年戰地工作隊에서 활동하면서 광복군 창설에 기초적 역할을 하였다.

1937년 중일간에 전면전이 발발하자, 임시정부에서도 전시체제에 대비하여 군사활동을 강화하기 위해 군무부 산하에 군사위원회를 설치하고 유동

35) 韓詩俊, 『韓國光復軍硏究』, 一潮閣, 1993, 47~48쪽.
36) 윤병석 직해, 『백범일지』, 집문당, 320~321쪽.

열 · 지청천 · 이복원 · 현익철 · 김학규 · 안공근 등 6명을 군사위원으로 선임하였다. 안공근을 제외한 나머지 5명은 모두 만주 독립군을 이끌고 실전경험을 쌓은 탁월한 지휘관들이었다. 곧 군사위원회는 1943년 4월 공식적으로 해체될 때까지 전시체제하에서 임시정부의 군사정책을 수립하고 이를 추진해 가는 군무의 핵심기구였고, 특히 광복군 창설에 기초적 역할을 담당하였다.

임시정부가 군사위원회에 이어 항일전에 대비하여 설치했던 또 하나의 기구가 군사특파단이었다. 1939년 기강綦江에 도착한 임시정부에서는 화북지방으로 이주해온 20만 명의 한인들을 대상으로 선전 초모활동을 벌이기 위해 군사특파단을 조직하여 서안西安으로 파견했던 것이다. 군사특파단은 조성환을 단장으로 하고 황학수 · 이준식 · 나태섭을 비롯하여 청년공작원 노복선 · 서파 등으로 구성되었다. 이러한 군사특파단의 활동은 1940년 11월 서안에 광복군총사령부가 설치될 때까지 지속되었다. 광복군을 창설한 직후 임시정부에서는 총사령부를 서안으로 이전시켰고, 이와 동시에 군사특파단은 발전적으로 해체되었다. 단장인 조성환은 광복군 총사령이 된 지청천의 뒤를 이어 군무부장으로 선임되어 1941년 1월 중경重慶으로 복귀하였고, 나머지 단원들은 서안 총사령부의 간부로서 활동을 계속하였다.[37)]

한국광복군은 1940년 9월 17일 중경에서 창설되었다. 광복군 창설의 마지막 실무는 김구 주석을 비롯하여 중국측 인사들과 교분이 두터웠던 박찬익를 비롯하여 만주 독립군의 지휘관 출신인 지청천 · 유동열 · 김학규 · 조경한 · 이범석 등이 맡아 성사시켰다.

광복군 편성 작업은 먼저 지청천을 총사령, 이범석을 참모장으로 하는 총사령부를 구성하는 일부터 시작하였다. 이것은 당시 하위 편제를 구성할 만한 인적 자원이 아직 충분히 확보되지 못한 상황이었기 때문이다.

---

37) 독립운동사편찬위원회 편, 『독립운동사』 6, 1975, 206쪽.

광복군총사령부 편성과정에서 나타나는 특징을 보면, 우선 임시정부의 군사정책을 그 동안 직접 담당하던 인물들이 중심이 되었다는 점이다. 지청천 · 이복원 · 김학규 · 이준식 · 황학수 등은 군사위원회 위원들이고, 조성환 · 이준식 · 유해준 · 고일명 · 나태섭 등은 군사특파단 인물들이었다. 다음으로, 대부분의 간부들이 지청천 · 이범석 · 김학규 · 이준식 · 황학수 등과 같이 군대의 운용과 실전경험을 가진 만주 독립군 출신이거나 정식 군사교육을 받은 무관학교 출신이었다는 점이다. 마지막으로, 위의 내용과 연계되어 있기도 하지만, 총사령부 편성에서 나타나는 가장 중요한 특징은 광복군을 만주 독립군의 맥락을 계승하여 편성하려 했다는 점이다. 총사령 지청천과 참모장 이범석은 대표적인 독립군단인 서로군정서와 북로군정서 독립군을 이끌었던 인물이고, 중요 간부들도 한국독립군과 조선혁명군 출신들이 주축이 되었던 사실이 이러한 경향을 그대로 반영한 것이었다.[38]

이것은 광복군이 민족의 군대로서 역사적 정통성을 계승했다는 점을 표방한 결과이다. 즉 광복군은 대한제국 군대에서 의병, 독립군으로 이어지는 민족군대의 적전嫡傳임을 자부하고 있었던 것이다. 「한국광복군총사령부성립보고서」에서

> 박장군(박승환－필자)의 자결 총성이 일어나자 한국군은 용기를 떨쳐서 싸워 한국에 주둔한 적군을 크게 사살하였으니 시가가 온통 붉게 물들었다. 수일이 되지 않아 전국의 의병이 이 소문을 듣고 다시 일어나 국군과 민병이 서로 섞여 몰아붙였으니 성세가 널리 크게 퍼지게 되었다. 전쟁 10여 년에 한국 전토는 포연탄우중에 있어 비무장 한인 남녀노소로 처참히 적에게 피살된 자가 15만 명을 내려가지 않으며, 한국 주둔의 적군으로서 한국군에 사살당한 자도 역시 그 수를 헤아릴 수가 없다. 요컨대, 한국광복군은 일찍이 1907년 8월 1일 국방군이 해산되던 때에 곧 성립된 것이다. 환언한다면, 적이 우리 국군을 해산하던 날이 곧 우리 광복군 창설의 때이니, 금년(1940년－필자) 8월은 마땅히 33주년에 해당

38) 韓詩俊, 『韓國光復軍研究』, 93~94쪽.

하는 것이다.[39]

라고 하여 대한제국 군대의 강제해산과 박승환의 순국으로 촉발된 시위대의 항일전으로 인해 격화된 전국 의병전쟁을 논급하면서, 이와 같이 국권수호를 위해 결사 항전한 국군國軍의 전통은 1940년 광복군으로 그대로 계승 발전된 것으로 평가하고 있다.

광복군총사령부의 편성에 뒤이어 휘하 단위부대로 지대支隊를 편성하였다. 총사령부에서는 원래 3개 지대를 편성하였던 것 같다. 총사령부의 기본목표는 3개 사단을 편성하는 것이었고, 총사령부와 군사특파단 인원들로 3개 지대를 편성하였던 것이다. 그런데 1941년 1월 1일 한국청년전지공작대가 광복군에 편입하여 제5지대가 됨으로써 모두 4개 지대가 편성되었다. 이로써 초창기 광복군은 총사령부와 그 단위부대로 4개 지대의 편제를 갖추어 활동하였다.[40]

이와 같이 4개 지대를 근간으로 한 광복군은 김원봉이 이끌던 조선의용대가 합류해오자, 1942년 기존의 4개 지대를 모두 해체하고 3개 지대로 재편하였다. 제1지대는 김원봉의 조선의용대를 근간으로 하였고, 제2지대는 기존의 제1, 2, 5지대를 통합하여 편성한 것이며, 제3지대는 모병활동을 위해 적전지대敵前支隊인 안휘성 부양阜陽의 징모제6분처가 발전하여 성립되었던 것이다. 이러한 3개 지대 편제는 해방 때까지 그 골간을 그대로 유지하고 있었다.

---

39) 「韓國光復軍總司令部成立報告書」, 『韓國獨立運動文類』 제1집, 대한민국임시정부 선전위원회 편, 1940, 88~89쪽. "朴將軍之鎗聲作 而韓軍奮勇出戰 大殺駐韓敵軍 市街盡赤 不數日 三韓義兵 聞風再起 國軍民兵 相與配合 所向披靡 聲勢浩大 轉戰十餘年 韓國全境 在鎗林彈雨中 非武裝之韓人男女老幼 慘被敵刃屠殺者 不下五十萬 敵軍之輪流駐韓 爲韓軍格殺者 亦不可稱數 總而言之 韓國光復軍 早於一九〇七年八月一日國防軍解散時 仍即成立 換言之 敵人解散我國軍之日 即我光復軍創設之時 今年八月適値三十三週年"

40) 韓詩俊, 『韓國光復軍研究』, 145쪽.

2) 한국광복군의 대일전

(1) 인면전구공작대印緬戰區工作隊의 항일전

임시정부가 광복군을 편성한 궁극적 목적은 미국 · 영국 · 중국 등과 함께 연합국의 일원으로 대일전에 참전하여 승리함으로써 당당한 전승국의 자격으로 한국독립을 쟁취하는 것이었다. 광복군은 이러한 목적을 달성하기 위해 안팎의 여러 가지 제약 조건을 무릅쓰고 다양한 군사활동을 전개하였다. 인도 · 미얀마전선에 공작대를 파견하여 영국군과 공동으로 군사작전을 전개한 것과, 미국의 전략첩보국(OSS)과 공동작전을 구상한 일 등이 그 대표적인 사례라 할 수 있다.

그 가운데 인면전구공작대는 1943년 중경에서 현지로 파견되었고, 1945년 해방 직후 중경으로 귀환하였다. 파견 기간은 2년이었고 대원은 모두 9명에 지나지 않았다. 그럼에도 불구하고, 이들의 활동이 갖는 역사적 의의는 결코 적지 않으며, 한국독립운동사에서 뚜렷한 위상을 가지고 있다. 무엇보다 인면전구공작대는 대한민국임시정부가 연합국의 일원으로 2차대전에 참전하기 위해 편성한 광복군의 소임을 최일선에서 구현했던 유일한 부대였기 때문이다. 이 부대는 영국군과 공동으로 대일전을 벌여 임팔 등지에서 특수 공작전으로 상당한 전과를 올리며 커다란 활약을 하였던 것이다.

한지성韓志成을 대장으로 한 공작대는 중국군사위원회에서 3주간 교육을 받고 1943년 8월 말 인도 콜카타로 파견되었다. 콜카타에 도착한 뒤 수도 델리로 이동해 특수 공작전 수행을 위한 훈련을 받았다. 훈련내용은 영어학습과 일어방송, 전단작성, 문서번역 등이었다. 특히 대원들에게 영어를 가르쳤던 사람은 충청남도 공주에서 35년간 선교사로 활동하면서 1906년 영명학교永明學校를 세워 경영하던 윌리엄Frank E. C. Williams이었다. 1940년 11월 한국에서 강제 추방되어 인도로 갔던 그는 델리 외곽의 가지아바드Ghaziabad

에 농업기술과 자력갱생을 가르치던 '인그라함학교'를 설립하였는데, 인면공작대원들이 바로 이곳에서 영어를 배웠던 것이다.[41] 특수공작전 투입을 위해 실시된 대원 교육은 1943년 9월 15일부터 12월 10일까지 3개월간 이루어졌다.

2차대전 중 동남아의 대표적인 전투 가운데 하나가 1944년 3월부터 7월까지 영국군과 일본군 사이에 벌어졌던 임팔 대회전이었다. 델리에서 훈련을 마친 공작대는 '부야크'에 집결한 뒤 인도, 미얀마 국경지대의 임팔 전장戰場에 투입되었다. 대원들이 임팔에 도착한 것은 문응국 · 김상준 · 나동규가 2월 12일이며, 한지성 · 박영진 · 김성호가 3월 19일이었다. 대원 가운데 송철은 델리의 영국군사령부에 남아 군사업무에 협조하였고, 이영수와 최봉진은 콜카타에 남아 대적방송 임무를 수행하게 되었던 것이다.

영국군 201 전지선전대에 배속된 문응국과 김상준, 나동규 3인은 영국군 제17사단과 함께 1944년 3월 초 미얀마 영내의 티딤Tiddim까지 진격하였지만, 이곳에서 일본군 제33사단에 의해 포위되어 난관에 봉착하였다. 이 때 문응국은 일본군 노획문서를 정확히 해독하고 그 정보를 사단장 코완D. T. Cowan 장군에게 제공함으로써 사단 병력이 전원 무사히 철수하는 데 큰 기여를 하였다.[42]

임팔대회전 시기에 인면공작대가 활동했던 지역으로는 현재 자료상 임팔을 비롯하여 디마푸르(Dimapur), 캉글라통비Kanglatongbi, 우크룰Ukhrul, 비센푸르Bishenpur, 티딤 등지가 확인된다. 임팔 정북방으로 210Km 상거한 디마푸르는 콜카타에서 연결된 철도의 종착지이고, 캉글라통비는 임팔 북방 외곽지대에 위치해 있다. 우크룰은 임팔 북동쪽 미얀마와의 국경지대에 위치해 있으며, 비센푸르는 임팔 정남방에 근접해 있다. 그리고 티딤은 다시 비센푸르 정남쪽 180Km 떨어진 미얀마 영내에 있다. 인면공작대는 이들 지역에

41) 영명100년사편찬위원회, 『永明100年史』, 2006, 321~324쪽.
42) 韓國精神文化硏究院 編, 『韓國獨立運動證言資料集』, 박영사, 1986, 114~115쪽.

서 대적선무방송을 비롯하여 문서해독, 포로 심문과 교육, 대적선전지 발행 등의 특수공작전을 영웅적으로 수행함으로써 상당한 전과를 올릴 수 있었고, 나아가 영국군의 깊은 신뢰를 받게 되었던 것이다. 대원들은 3월부터 5월까지 임팔지역에서만 대적선무방송 30여 회, 10여 건의 포로심문, 문서번역 등의 공작전을 전개하였다.[43]

임팔 대회전 참전 후 인면공작대는 1945년에 다시 영국군과 함께 미얀마 탈환전에 투입되었다. 미얀마의 최대 격전지였던 만달래이 공방전에 합류한 것을 비롯해 미얀마의 수도 양곤 상륙작전에 참전한 것으로 확인된다. 1944년 7월 중경으로 복귀한 나동규를 대신해 1945년 3월 인도에 파견되었던 안원생 대원이 동남아전구사령부에 배속된 외에 한지성 · 박영진 · 김성호 대원은 미얀마 중북부에서 만달래이로 향해 남진하는 부대에, 최봉진 · 김상준 · 이영수는 미얀마 중부지역을 우회하여 만달래이를 향해 북상하는 부대에, 그리고 문응국 · 송철은 미얀마의 수도 양곤 상륙작전에 참전한 것이다.

공작대 9명 전원은 미얀마 탈환작전이 종료된 후 인도 콜카타로 철수하였다. 대원들은 이곳에서 8 · 15광복을 맞이하였다. 그리고 이들은 1945년 9월 10일 콜카타에서 중경으로 무사히 귀환함으로써 2년간에 걸친 인면전구 공작전을 종료하였다.

요컨대, 인면전구공작대는 영국군과 연합하여 일본군을 상대로 특수공작전을 수행하였다. 대원들이 비록 영국군에 배속되어 있었다고 하더라도 그들의 신분은 대한민국임시정부의 광복군이었다. 그러므로 인면공작대가 자신들의 소임으로 자각하고 있던, 연합군의 일원으로 편제되어 일제 구축을 통한 조국광복의 신념을 철저하게 구현하였던 것은 우리에게 시사하는 바가 크다고 할 것이다.[44]

---

43) 한지성, 「인도에서 활약하는 조선용사들」, 『독립』 제3권 제75호, 1945년 6월 13일자.
44) 박민영, 「한국광복군 印緬戰區工作隊 연구」, 『한국독립운동사연구』 33, 독립기념관 한국독립운동사연구소, 2009, 179쪽.

(2) 한미공동작전의 추진

1940년 9월에 창설된 광복군은 처음부터 연합군의 일원으로서 대일전 참여에 전력을 기울였다. 임시정부 및 광복군 수뇌부는 연합국, 특히 태평양 전선에서 일본군을 격파하면서 북상하고 있는 미국을 향하여 적극적인 전시 참전외교를 전개하였다. 또한 한반도문제에 부정적이던 미국 정부도 태평양전쟁 발발 이후 대일전을 효율적으로 수행하기 위해 해외의 한인독립운동세력을 활용코자 하였다. 이와 같은 양측의 전략적 이해가 맞아 떨어져 1945년 초부터 광복군과 미국 OSS의 합작훈련에 대한 교섭이 본격적으로 이루어졌다.[45] 이와 같은 교섭은 주로 광복군 제2지대장 이범석과 중국 OSS 비밀첩보과의 사전트Clyde B. Sargent 대위 사이에서 이루어졌다.

즉 미군과의 공동작전을 통해 연합군의 일원으로 국내로 진공하려던 광복군의 의도와, 미군의 한반도 상륙에 필요한 정보수집과 첩보활동에 광복군이 매우 유용할 것으로 인식한 OSS의 판단이 합치된 결과 한미연합작전이 추진되었던 것이다. OSS에서 광복군을 동원하여 첩보원으로 활용할 목적으로 입안한 '독수리작전'Eagle Project이 그것이다. 독수리작전 안은 1945년 2월 중국 OSS 비밀첩보과에서 처음 작성된 뒤 OSS 총수 도노반W. J. Donovan 장군과 중국 주둔 미군총사령관 웨드마이어의 최종 승인을 얻고, 다시 임시정부 및 광복군과 협의를 거쳐 5월부터 시행에 들어갔다.

독수리작전 계획서에 의하면 선발된 대원을 대상으로 3개월 동안 첩보, 통신 훈련을 실시하기로 하였다. 그리고 이들 요원들을 훈련시킨 후 한반도의 5개 전략지점인 서울 · 부산 · 평양 · 신의주 · 청진 등지에 침투시킨다는 것이었다. 그리고 이들의 주요 임무는 각 지역의 해군기지 · 병참선 · 비행장을 비롯한 군사 · 산업시설 · 교통망 등에 대한 정보수집이었다. 그리고

45) 김광재, 『한국광복군』(한국독립운동의역사 52), 독립기념관 한국독립운동사연구소, 2007, 239쪽.

이들에게는 지역별로 서로 다른 임무가 부여되었다. 아울러 이들이 구축한 정보망이 뿌리를 내리고, 연합군의 북상이 한반도나 일본에 육박할 경우에는 일반적인 정보수집 외에도 지하운동의 규모와 활동 및 한국인의 의식 등에 대한 정보를 수집하고, 한국인의 대중봉기를 지원하는 것으로 계획되었다. 훈련기간 3개월 가운데 처음 2개월은 서안 두곡杜曲에서 첩보훈련을 하고, 나머지 1개월은 곤명昆明으로 장소를 옮겨 통신훈련을 실시하기로 되어 있었다. 한반도의 침투방법으로는 산동반도를 출발하는 해로, 혹은 만주를 거치는 육로 등의 경로를 설정하였다.[46)]

이러한 계획에 따라 광복군 제2지대원 가운데 50명이 선발되어 제1기로 훈련을 받았다. 독수리작전의 훈련은 첩보공작을 위한 훈련으로 시작되었다. 하루 8시간의 교육이 실시되었고, 1주일간 교육이 끝나면 시험이 치러졌고 그 결과가 만족스럽지 않으면 퇴출되기도 하였다. 훈련과목은 첩보 및 통신교육, 일본군 전투서열, 심리전술, 독도법 등 매우 다양하였고, 특히 무전기술 습득을 위한 통신교육이 큰 비중을 차지하고 있었다.

5월 11일 시작된 제1기 훈련은 3개월 뒤인 9월 4일 종료되어 50명의 훈련생 가운데 38명이 과정을 수료하였다. 그리고 제1기에 이어 제2기 훈련이 8월 13일 시작될 예정이었지만 일제 패망으로 실시되지 못하고 말았다.[47)]

한편, 제2지대 외에도 안휘성 부양阜陽에 있던 광복군 제3지대도 같은 시기에 OSS 합작 훈련을 실시하였다. 제3지대는 1945년 6월 30일 징모제6분처에서 지대로 승격되면서 한미합작훈련에 돌입하게 되었다. 22명의 선발대원들은 안휘성 남쪽의 입황立煌으로 가 7월 7일부터 미군복과 미군용 보급품을 지급받고 3개월 과정의 훈련을 시작하였다. 여기에는 한국어와 독립운동진영의 내부사정에 밝았던 윔스C. N. Weems도 제3지대의 고문 자격으로 훈련에 관여했다고 한다.[48)]

46) 김광재, 『한국광복군』(한국독립운동의역사 52), 241~242쪽.
47) 韓詩俊, 『韓國光復軍硏究』, 287쪽.

하지만, 이와 같이 한미공동으로 대일전을 전개하려 했던 광복군의 작전 계획은 곧이어 닥친 일제 패망으로 실행되지 못하고 말았다. OSS와 공동으로 국내침투를 위한 훈련까지 마치고 실전 투입을 목전에 두고 있었지만, 시기적으로 너무 촉박했던 관계로 실제 항일전선에 투입되지 못한 채 독립을 맞이하게 됨으로써 한민족과 임시정부의 장래에 커다란 암운이 드리우게 되었던 것이다. 광복을 앞두고 김구 주석을 비롯하여 지청천, 이범석 등 광복군의 수뇌부가 서안에 머물면서 광복군의 미군편입과 국내침투 문제를 미국측과 협의하기 위해 몰두한 사실도 이 문제를 국가와 민족의 장래를 좌우하는 중대 사안으로 깊이 인식하고 있었음을 보여주는 증좌이다.

4. 맺음말

이상으로 만주 독립군과 임시정부 광복군이 전개한 항일무장투쟁에 대해 살펴보았다. 한말 의병전쟁에서 시작된 항일무장투쟁은 독립운동의 근간을 이루며 만주 독립군으로 연계되었다. 그리고 만주 독립군은 1910년대 독립운동의 주된 사조였던 독립전쟁론獨立戰爭論을 구현하기 위한 노력을 경주하였다. 독립전쟁론은 1905년 을사조약 늑결 이후부터 1910년 국치 전후에 걸쳐 형성된 독립운동의 이론체계로 한민족이 일제로부터 독립하기 위해서는 민족의 힘을 길러 적당한 시기에 일제와 전면전을 벌여 승리해야만 한다는 논리였다.

만주의 독립군단이 편성되는 것은 1919년 3·1운동을 계기로 해서였다. 전 민족의 합일된 힘이 분출된 3·1운동 직후에 서북간도에는 북로군정서·대한독립단·군무도독부·서로군정서 등 독립전쟁을 표방한 대소 독립

48) 김광재, 『한국광복군』(한국독립운동의역사 52), 262~264쪽.

군단이 동시다발적으로 편성되었다. 이 시기에 편성된 만주의 독립군단은 3·1운동에서 나타난 한민족의 독립열망을 상징하는 것으로, 전 민족의 염원을 안고 출범한 대한민국임시정부처럼 독립을 달성하기 위해 독립전쟁을 수행하였다. 그러므로 봉오동승첩과 청산리대첩은 이 시기에 만주 독립군이 전개한 독립전쟁의 최고봉인 동시에, 3·1운동 이후 극도로 고조된 독립열망을 상징하는 것이기도 하다. 하지만, 3·1운동 직후 만주 독립군의 독립전쟁은 일제의 파상적 탄압을 받으면서 고난과 시련을 맞아 크게 위축되었다.

만주 독립군단은 1924~5년 참의부·정의부·신민부 등 3부로 통합되었고, 이를 계기로 독립군의 항일무장투쟁이 새로운 활기를 띠었다. 압록강 대안의 남만주에 세력을 가진 참의부, 요녕성과 길림성에 걸치는 넓은 지역을 관할하는 정의부, 동북만의 중동선 일대에서 북간도에 걸치는 신민부 등 3부는 모두 한인사회의 자치를 집행하는 민정기관과 항일무장투쟁을 전개하는 군정기관의 결합체로 독립전쟁론의 구현을 최고 목표로 삼은 군정부였다. 그 가운데서도 특히 참의부는 지리적 근접성과 무장투쟁의 지향성으로 인해 1920년대 중반 독립군의 항일무장투쟁을 주도한 군단이었다. 1925년 3월 참의부 대원 29명이 전사 순국한 고마령참변은 강경한 무장항일전을 지향하던 참의부의 성향을 짐작케 하는 비극적 사건이었다.

1930년대 만주 독립군의 항일무장투쟁은 일제가 만주를 침략한 현실적 조건에 능동적으로 대응하면서 전개되었다. 즉 북만주 일대에서 활약한 한국독립군과 남만주에서 활동한 조선혁명군은 만주가 일제에 의해 유린되고 괴뢰 만주국이 들어선 어려운 상황에서 중국인 항일세력과 연계하여 공동으로 대일전을 수행하였다. 한국독립군이 1932~33년간에 전개한 경박호전투·동경성전투·대전자령전투 등과, 조선혁명군이 같은 기간에 치렀던 영릉가전투 등은 모두 중국인 반만항일군과 연합하여 공동으로 전투를 수행하여 올린 승첩이었다. 그 가운데서도 특히 1933년 6월 말에 치른 대전자령전투는 규모와 전과 면에서 특히 두드러졌다. 이 때 1천 6백 명의 일본군이 괴멸적 타격을 입었고, 그 가운데 1백 30명 이상이 사상한 것으로 알려졌다.

하지만, 만주 독립군은 일제의 파상적 탄압으로 말미암아 1930년대 중반에 이르면 더 이상 만주에서 활동하지 못하고 그 중심인물들이 중국 관내 지방으로 이동하여 새로운 항일무장투쟁의 기반을 마련하였다. 한국독립군 계열의 지청천과 황학수, 그리고 조선혁명군 계열의 현익철과 김학규 등이 그 대표적인 사례라 할 수 있다. 대한민국임시정부의 국군인 광복군은 이러한 인적 기반 위에서 편성될 수 있었다.

한국광복군은 1940년 9월 17일 중경에서 편성되었다. 1937년 중일전쟁이 발발한 이후 임시정부는 대일전에 참여할 수 있는 여러 가지 방안들을 강구하면서 전시체제로 돌입하였다. 군사위원회의 설치와 군사특파단 파견은 이 무렵 대일전을 염원하던 임시정부가 취할 수 있던 최대한의 군사적 조처였다. 이러한 토대위에서 광복군은 창설될 수 있었다. 임시정부가 광복군을 편성한 목적은 미국, 영국 등과 함께 연합국의 일원으로 대일전에 참전하여 승리함으로써 당당한 전승국의 자격으로 독립을 쟁취하는 것이었다. 인도 · 미얀마전선에 인면전구공작대를 파견하여 영국군과 공동으로 군사작전을 전개한 것과, 미국의 전략첩보국(OSS, Office of Strategic Services)과 공동작전을 구상한 일 등이 그 대표적인 사례라 할 수 있다.

인면전구공작대는 1943년 중경에서 현지로 파견되었고, 1945년 해방 직후 중경으로 귀환하였다. 파견 기간은 2년이었고 대원은 모두 9명에 지나지 않았다. 그럼에도 불구하고, 이들의 활동이 갖는 역사적 의의는 결코 적지 않다. 임시정부가 연합국의 일원으로 2차대전에 참전하기 위해 편성한 광복군의 소임을 최일선에서 구현했던 '유일한' 부대였기 때문이다. 이 부대는 임팔 등지에서 영국군과 공동으로 대일전을 벌여 특수 공작전으로 상당한 전과를 올리며 커다란 활약을 하였다.

광복군은 또한 국내침투를 위해 미군과도 공동으로 작전을 계획하였다. 미국 정부는 태평양전쟁 발발 이후 대일전을 효율적으로 수행하기 위해 해외의 한인독립운동세력을 활용하려고 하였기 때문에 공동전선이 형성될 수 있었다. 그 결과 2지대의 경우, 1945년 5월부터 광복군과 미국 OSS의 합작훈련이 실시되기에 이르렀다. 5월 11일 시작된 제1기 훈련은 9월 4일 종료되어 38명의 정예요원이 과정을 수료하였다. 그리고 제3지대에서도 22명의 선발대원들이 입황立煌에서 7월 7일부터 3개월 과정의 훈련을 시작하였다. 3지대 훈련에는 한국사정에 매우 밝았던 윔스C. N. Weems 대위도 고문 자격으로 관여했다고 한다. 그럼에도 불구하고 이러한 한미공동작전 구상은 곧이어 닥친 일제 패망으로 인해 미처 실행되지 못하고 말았다.

요컨대, 만주 독립군과 임정의 광복군은 독립운동사의 중심을 관류하는 항일무장투쟁사의 근간을 이루고 있으며, 대한제국 군대와 항일의병의 적통嫡統을 계승한 한민족의 정화精華라 할 수 있다. 곧 국내에서 활동하던 의병 가운데 국치 전후 북상도강北上渡江을 결행한 세력이 곧 만주 독립군의 근간이 되었고, 또 만주 독립군의 핵심세력이 중국 관내지방으로 이동하여 임정 광복군의 주류를 형성했다는 사실과 그 경향성은 우리에게 시사하는 바가 크다. 독립전쟁을 모토로 한 항일무장투쟁 노선은 지역적, 시대적 환경과 조건에 능동적으로 상응하여 형태와 방식을 달리하면서, 일제침략이 가속화되는 1894년 청일전쟁 이후부터 1945년 해방 때까지 일관되게 추진되었다는 점에서 역사적 의의가 크다고 할 것이다.

제4부

간도 한인사회의 수난

경신참변의 분석 연구

1. 머리말

간도 한인사회를 초토화한 경신참변庚申慘變은 한국을 침략·지배하던 일제의 반인류적 속성을 생생히 드러낸 사건이다. 강권주의强權主義를 모토로 하던 일제의 대한 침략·지배 정책의 본질이 이 사건을 통해 그대로 표출되었던 것이다. 이러한 점에서 경신참변은 일제의 식민지 지배정책을 거시적으로 조망하는 데 시사하는 바가 크다고 할 수 있다.

1919년 3·1운동이 발발하자, 국내외를 막론하고 한민족의 독립열기는 극도로 고조되었다. 용정의 3·13집회에서 내걸었던 '조선독립축하회朝鮮獨立祝賀會'라는 기치를 보더라도 당시 독립열기가 얼마나 팽배해 있었는가를 짐작할 수 있을 것이다.

국내의 만세시위는 군경을 동원한 일제의 무력으로 철저히 탄압할 수 있었던 데 비해, 압록강·두만강 대안의 간도와 연해주의 한인사회에서 고조된 독립열기는 그대로 독립군의 활발한 항일전으로 승화되고 있었다. 간도 일대에서 건실하게 배양된 이러한 독립운동세력은 곧 일제가 한국을 식민지 통치하는 데 가장 큰 장애가 되었다. 그러므로 일제는 한국을 영구히 지배하기 위해서는 3 · 1운동 이후 비등하던 한민족의 독립열기를 차단시켜야만 하는 '시대적 과제'에 봉착하게 되었던 셈이다. 일본군의 간도 침공과 경신참변은 일제가 이러한 목적을 달성하기 위해 선택한 정책인 동시에 군사작전이었다.

이러한 견지에서 볼 때, 경신참변은 병탄 직전인 1909년 전후에 감행한 대대적인 의병 탄압과도 속성을 같이 한다고 볼 수 있다. 일제는 대한제국을 침략하는 막바지 단계에서 의병전쟁이라는 한민족의 총체적인 저항에 부딪치자 이른바 '남한폭도대토벌작전' 등과 같은 대대적인 초토화작전을 감행함으로써 반일투쟁의 예기를 꺾고 병탄을 실행하였던 전력前歷을 갖고 있었다.

한편, 일제가 감행한 1920년의 간도 침공은 독립운동세력 탄압이라는 일차적 목표를 넘어서 그들의 일관된 국시였던 대륙침략정책의 연장선상에 놓여 있던 것으로, '동아대국' 건설을 목적으로 한 계획적인 군사행동의 일환이었던 점도 간과해서는 안 된다. 따라서 1918년 일본군의 시베리아 침공과 연해주의 4월참변, 그리고 1920년 10월 간도침공과 경신참변은 모두 이러한 맥락에서 살펴보아야만 그 역사적 진실 규명에 진일보할 수 있을 것이다.[1] 한국을 비롯해 요동 · 시베리아 등지에 주둔하고 있던 일본군 전체가 움직이는 대규모 작전을 감행하였던 이면에는 일제의 대륙침공 야욕이 이처럼 도사리고 있었던 것이다.

그 동안 경신참변에 대해서는 만주지역 독립운동과 한인사회를 다룬 많은 논저 속에서 혼춘사건과 참변의 사례를 중심으로 부분적으로 언급되어 왔다. 특히 이 사건이 청산리대첩으로 상징되는 만주 독립군의 항일전과 직접 관련되어 있는 관계로, 이 분야를 고찰한 대부분의 논저에서 이 사건

---

1) 金春善, 「庚申慘變 연구」, 『한국사연구』 111, 한국사연구회, 2000.12, 139쪽; 조동걸, 「1920년 간도참변의 실상」, 『역사비평』 45, 1998년 겨울호, 49쪽 참조.

을 논급하였다. 또한 근년에 들어와, 경신참변의 전말과 그 주변상황을 취급한 논문도 다수 발표되었다. 그 가운데 특히 김춘선의 논문은 경신참변의 전말을 본격적으로 다룬 최초의 논고라 할 수 있을 것이다. 이 논문에서는 특히 간도 침공작전의 기본 계획이라 할 '간도지방불령선인초토계획間島地方不逞鮮人剿討計劃'의 내용을 분석하고, 참변 이후 간도지역에 친일세력이 부식되는 과정에 대해 세밀히 논급함으로써 참변의 전말에 대한 이해의 폭을 심화시켰다.

본고에서는 기존의 연구성과에서 부분적으로 논급되던 내용들을 종합하고, 이를 바탕으로 경신참변이 일제침략사와 독립운동사 양면에서 갖고 있는 전체적인 흐름과 내용을 파악하는 데 주안점을 두고자 한다. 이를 위해 먼저 경신참변이 야기되었던 시대적인 상황으로, 만주지역의 독립운동 고조 내용과, 경신참변의 서막으로 일어났던 연해주 한인사회의 4월참변에 대해 논급하였다. 이어서 경신참변의 단초가 되었던 혼춘사건과 일본군의 간도 침공상황에 대해 살펴보았다. 그리고 서북간도에 걸쳐 자행되었던 참변의 실상을 고찰함으로써 이 사건에 내재된 군국주의 일제의 반인륜적 본질을 폭로하고자 한다.

본고의 집필에는 주로 일제측 자료가 활용되었다. 기왕에 널리 알려져 있는 『간도출병사間島出兵史』(조선군사령부 편)를 비롯하여 혼춘사건 관련 일본 방위연구소 소장자료 등을 중요 자료로 이용하였다. 그리고 한국측 자료로는 임시정부 기관지였던 『독립신문獨立新聞』의 관련기사, 그리고 이승만 자료 속에 포함되어 있는 참변 관련 자료 등도 활용하였다.

경신참변은 만주 독립군의 활동, 혼춘사건, 그리고 일제의 시베리아침공 등 3·1운동을 전후한 시기에 만주를 둘러싸고 벌어졌던 대규모 사건들이 복합적으로 작용한 결과 일어났다. 그러므로 이 분야에 대한 심층적 이해와 풍부한 자료 섭렵이 선행되어야만 그 본질에 접근할 수 있을 것이다. 앞으로 이 분야를 연구하는 데 다소라도 일조할 수 있기를 기대할 따름이다.

2. 경신참변의 시대적 배경

1) 3·1운동 이후 만주 한인사회의 독립운동 고조

봉오동승첩과 청산리대첩으로 상징되는 1920년 만주 독립군의 항일전은 한국독립운동사의 근간을 이루고 있는 무장투쟁사의 극점에 해당하는 민족적 쾌거였다. 이와 같은 만주 독립군의 활동은 1919년 3·1운동을 계기로 활발하게 펼쳐지게 되었다.

1918년 11월 독일이 마지막으로 항복함으로써 5년간 끌어온 제1차 세계대전이 종결되자, 한민족의 독립운동은 일대 전기를 맞이하게 되었다. 러시아에서의 대한국민의회 결성, 만주에서의 대한독립선언서 공포와 일본에서의 2·8독립선언, 그리고 국내외에서 거족적으로 펼쳐진 3·1운동 등으로 연속되는 한민족의 고조된 독립열기도 1차대전 종결 직후의 세계질서 재편 무드에 편승하여 일시에 분출된 것이었다.

간도와 연해주 일대의 해외 한인사회에서도 1914년 1차대전 발발 이후 비교적 소강상태를 보이던 독립운동이 1918년 말부터 다시 활발하게 전개되었다. 북간도의 민족운동자들은 국내외와 연계하에 독립운동 방향을 모색하였다. 1919년 초에 연길에서 개최한 기독교 대전도회 총회를 통해 거족적인 운동계획을 마련한 것이 그것이다. 그리하여 연해주로는 김약연金躍淵과 정재면鄭載冕을, 국내로는 강봉우姜鳳宇를 각각 대표로 파견하여 현지 독립운동세력과 연계토록 하였다.[2] 이 때 연해주로 파견된 김약연 등은 그곳에서 대한국민의회를 조직하는 데 참여하고 현지의 민족운동자들과 회합하여 독립선언서 작성과 선포 등에 관한 협의를 가졌다. 나아가 파리강화회의에 파견할 대표단 인선 및 자금의 조달문제 등을 논의 결정하고 간도

---

2) 『獨立新聞』 제36호, 1920년 1월 10일자, 「北墾島, 그 過去와 現在」(四方子).

로 돌아왔다. 그 날이 국내에서 3·1운동이 발발하던 날이었다. 한편, 국내로 파견된 강봉우는 함흥으로 내려가 영생학교永生學校를 중심으로 독립선언 이후의 독립운동 방향 등을 협의하였다. 그리고 공교회孔敎會 등 다른 종교계의 인사들과 일반인들도 2월에 들어서는 광무황제 훙거薨去에 대한 망배식望拜式 거행 등의 명의를 빌려 은밀히 독립운동 방향을 논의, 추진하고 있었다.[3]

또한 북간도의 민족운동자 33인은 연길 하장리下場里에서 2월 18일과 20일 2차에 걸쳐 북간도 일대에서 전개할 독립운동의 방향과 내용을 협의, 결정하였다. 이 때 모인 인사들 가운데 중요한 인물들로는 구춘선具春先과 김영학金永學, 그리고 연해주로부터 온 고평高平을 비롯해 박동원朴東轅·이홍준李弘俊·이성근李聖根 등이 있다. 여기서 합의된 내용은, 첫째 북간도의 각 교회와 모든 단체는 단결 협력하여 조국 독립운동에 진력할 것, 둘째 간도내의 모든 단체는 연해주에서 합의된 독립선언서 공포와 동시에 시위운동을 개시할 것, 셋째 독립선언서가 발표되면 간도내 각 단체의 유력자는 용정龍井에 회집하여 독립선언 대회를 거행할 것 등이었다.[4]

북간도 독립운동자들의 이와 같은 지도와 방향 설정으로 혼춘琿春·화룡和龍·연길延吉·왕청현汪淸縣 등 북간도 각지에 산재한 한인 집단 거주지에서는 용정龍井의 3·13운동을 비롯해 동시다발적인 대소 만세시위운동이 지속적으로 전개되면서 독립열기가 한층 고조되고 있었다. 외형적으로 드러난 자료만을 기준으로 할 때도, 3월 중순부터 4월 말까지 북간도 한인사회에서는 모두 54회의 집회를 열었고 참여인원이 모두 101,470명에 달하였다고 한다.[5] 이러한 통계수치를 통해서 보더라도 국내의 3·1운동과 마찬가지로 북간도지역에서도 이 기간에 소수의 친일파와 노약자를 제외한 청장

3) 尹炳奭, 『근대한국民族運動의 思潮』, 集文堂, 1996, 460쪽.
4) 尹炳奭, 『근대한국民族運動의 思潮』, 461쪽.
5) 楊昭銓, 『中國에 있어서의 韓國獨立運動史』, 韓國精神文化硏究院, 1996, 201쪽.

년층 거의 모두가 만세시위운동에 참여하였던 것으로 이해할 수 있다.

한국독립운동의 일대 분수령이 된 1919년의 3·1운동은 나아가 만주 독립군이 수행한 독립전쟁의 계기로 작용하였다. 3·1운동 직후 국내외에서 활동하던 지사들은 강력한 무장투쟁만이 일제로부터 민족이 해방될 수 있는 유일한 방편임을 절감하고 있었다. 이와 같은 인식은 민족해방운동의 한 방편으로서 평화적인 만세시위운동이 가지는 한계를 절감한 결과이기도 하다. 그리하여 1910년 국치 전후부터 민족운동자들은 그 동안 국외 독립운동의 주된 사조였던 독립전쟁론의 구현을 위해 총력을 기울였다.

한편, 1894년 청일전쟁 이후 개시된 의병전쟁은 1907년 이후가 되면 북한지역을 비롯해 압록강·두만강 대안의 간도와 연해주지역까지 확대되어 치열하게 전개되었다. 그러나 1908년 하반기 이후 수년 동안 일제의 탄압이 가중되는 상황에서 전력이 고갈된 이들 의병은 새로운 항전 방향을 모색하고 장기지속적인 항일전을 수행하기 위해 간도와 연해주 등지로 북상도강北上渡江하던 것이 일반적 경향이었다. 이러한 의병의 북상 세력은 경술국치 이후 1919년 3·1운동을 계기로 항일무장투쟁사의 새로운 장을 열게 되는 독립군의 모태가 되면서 민족운동의 새로운 방향을 제시하게 되었던 것이다. 그 결과 서북간도와 연해주의 한인사회에서는 3·1운동 발발 직후부터 거의 동시다발적으로 항일전을 표방한 수많은 독립군 부대가 편성되고 있었다. 이러한 현상은 독립을 향한 한민족의 고조된 열기가 일시에 분출된 결과이기도 하였다.[6)]

2) 일본군의 시베리아 침공과 4월참변

1920년 경신참변의 단초는 1918년 초부터 개시된 일본군의 시베리아 침

6) 박민영, 「독립군의 편성과 독립전쟁」, 『한국사』 48, 국사편찬위원회, 2001, 197쪽.

공이었다. 일본군이 시베리아 침공을 감행하게 된 경위와 내용은 다음과 같다.

제1차 세계대전의 와중이던 1917년에 러시아에서는 볼셰비키혁명이 일어났다. 이 때 성립된 혁명정부가 대전 탈퇴를 선언하고 전 세계의 무산계급을 향해 혁명 참여를 호소하게 되자, 연합국측은 러시아내전에 대해 무력간섭을 시도하게 되었다. 혁명 발발 직후인 1917년 12월 프랑스 파리에서 일본을 비롯해 미국 · 영국 · 프랑스 등 연합국 대표들이 모여 소비에트 러시아에 대하여 무력간섭을 하기로 결정하였던 것이다. 이러한 무력간섭 정책의 결정에는 볼셰비키혁명을 계기로 시베리아에 대한 영토적 야심을 노골화하려는 일본의 역할이 컸다고 할 수 있다.

일본은 다른 연합국보다 먼저 시베리아지역에 대한 무력개입을 시도하였다. 1918년 1월 12일 블라디보스토크 항구로 일본 순양함 '이와시'호가 입항한 것으로 필두로, 1월 14일 영국 순양함이 그 뒤를 이었으며, 1월 17일에는 또다시 일본 순양함 '아사히'호가 도착하기에 이르렀다. 뒤이어 미국 순양함 '브루클린'호도 가세하였다.[7)]

한편 해군에 뒤이어 일본 육군이 시베리아 침공을 단행하게 되는 것은 1918년 4월 5일 블라디보스토크 항구에 상륙하면서부터이다. 이 때 미국 · 영국 등 13개 연합국 군대가 러시아의 동서남북으로 진주하고 있었다. 그리하여 미국 · 영국 · 프랑스 · 일본이 협의하여 작전을 개시하였는데, 일본군은 1918년에는 1만 2천 명, 한국에서 3 · 1운동을 봉쇄한 뒤에는 3개 사단을 넘어 1922년 패퇴할 때까지 많을 때는 7만 5천 명의 병력을 진주시켜 러시아 볼셰비키 혁명군과 싸우며 시베리아에 일본의 괴뢰정부를 수립하려는 망상을 불태우고 있었다. 일본군은 북사할린 · 연해주 · 흑룡주의 주요 도시를 점령하였고, 한창 기세를 올릴 때는 치타에서 서진하여 자바이칼주까지 육

7) 김승화 저, 정태수 역, 『소련 韓族史』, 대한교과서주식회사, 1989, 83~84쪽.

박하고 있었다.[8)]

일본군의 연해주 침공 직후부터 한인들은 추풍秋風(수이푼) · 수청水淸(스찬) 등지에서 빨치산부대를 편성하여 항일전을 벌였다. 이들 부대 가운데 1919년 말~1920년 초에 강국모姜國模에 의해 결성된 혈성단血誠團이 특히 두드러졌다. 러시아 한인 빨치산부대가 일본군을 상대로 가장 큰 승첩을 올린 전투는 니항尼港(니콜라예프스크)에서 벌어졌다. 아무르강 하구의 니항에는 2개 보병 중대가 주둔해 있었으며, 그 밖에 상인 · 어부 등 일본 민간인 다수도 진출해 있었다. 니항은 태평양 연안의 어업 중심지로서 해상교통이 편리하였던 까닭에 상당수의 한인도 거주하고 있었다. 이들 한인은 일본군의 침략 이후 무장부대를 조직하여 러시아 빨치산과 연합작전을 벌였다. 한 · 러 연합부대는 1920년 3월 12일부터 5일간에 걸쳐 집중 공격한 끝에 니항 주둔 일본군을 섬멸시키고 영사 부부를 포함한 다수의 일본인을 사살하였다. 니항사건을 계기로 일본군은 볼셰비키와 한인사회에 대해 직접 공격을 감행하고 나왔다.

일본군의 공격은 1920년 4월 4일부터 시작되었다. 그날 밤 일본군은 블라디보스토크 시내 중심부의 공공기관에 기관총과 대포 사격을 감행하였다. 이 때부터 5일 새벽에 걸쳐 우수리스크 · 스파스크 · 하바로프스크 · 슈트코프 · 포시에트 등지에서도 일본군의 공격이 파상적으로 펼쳐졌다.

블라디보스토크 공격 당시 특히 신한촌은 초토화되었고, 이로 인해 많은 한인이 죽었으며 가택 수색까지 이루어졌다. 이 날 신한촌에서만 3백 명 이상의 한인이 체포되었다. 대규모 한인사회가 형성되어 있던 스찬 지역에는 4월 6일 밤에 일본군이 습격해 왔다. 한창걸이 지도하는 한인 무장부대가 저항하였으나 중과부적이었으며, 강태준 등이 전사하고 그 나머지 대부분은 항카호 북쪽의 이만(현 달레네첸스크)으로 멀리 이동할 수밖에 없었다.

---

8) 조동걸, 「1920년 간도참변의 실상」, 『역사비평』 45, 1998년 겨울호, 48쪽.

우수리스크에서는 이 때 연흑룡주 노동자들의 회의가 열리고 있었는데, 일본군은 이 도시를 점령하자 여기에 참석했던 많은 대표들을 체포 혹은 살해하였다. 연해주 한인사회의 최고 지도자로 임시정부 재무총장에 선임되었던 최재형崔在亨을 비롯해 김리직 · 엄주필 · 황카피톤 · 이경수 등이 이 때 일본군에게 희생되었다. 4월참변은 시베리아를 침공한 일본군대가 1920년 4월 연해주 각지에서 이처럼 한인사회를 초토화한 사건을 말한다.[9]

1920년 연해주 한인사회의 이와 같은 4월참변은 곧이어 벌어질 간도 경신참변의 전주곡이었다. 일제는 대규모 군대를 동원한 초토화 전략으로써 1919년 3 · 1운동 이후 연해주와 간도 한인사회에서 한층 고조되고 있던 항일독립운동의 기세를 압살하려 하였고, 그러한 전략을 구체적으로 실행한 결과 연해주에서 4월참변이 벌어졌고 뒤이어 간도에서는 경신참변이 야기되었던 것이다.

4월참변 이후 러시아에서 한국독립운동의 무대는 블라고베시첸스크 · 스보보드니 · 치타 · 이르쿠츠크 등의 흑룡주 일대로 일단 북상하게 되었다. 그리하여 연해주 일대에는 일본군이 각지를 점령하고 있었다. 결국 이 무렵 북간도 일대의 독립군은 동쪽으로는 연해주 주둔 일본군, 남쪽으로는 한국을 강점해 있던 이른바 조선군, 서쪽으로는 관동군, 북쪽으로는 우수리 주둔 일본군에 의해 사방이 포위되어 고단한 형세에 놓여 있었던 것이다.[10]

---

9) 尹炳奭 외 5인, 『러시아지역의 韓人社會와 民族運動史』, 교문사, 1994, 197~198쪽.
10) 조동걸, 「1920년 간도참변의 실상」, 48쪽 참조.

3. 일본군의 간도 침공

1) 일제의 '중일합동수색' 시행

압록강 · 두만강 대안의 간도 한인사회에서 독립운동의 열기가 크게 고조되어 가자, 일제는 '중일합동수색'이란 명목으로 중국 당국의 힘을 빌려 독립운동세력 탄압을 시도하였다.[11]

먼저 일제는 일본 본토 및 조선총독부 경무국 소속의 경찰대를 서북간도 각지에 소재한 자국 영사관으로 대거 투입시켜 중국의 주권을 무시하고 독립운동가들을 검색 탄압하기 시작하였다. 아울러 일제의 현지 영사관원들은 중국 관헌으로 하여금 독립운동가들을 탄압하도록 강요하였다.[12]

다음으로 일제는 조선총독부의 아카이케 아츠시赤池濃 경무국장을 파견하여 동삼성의 최고 실력자 장작림張作霖을 압박하고 1920년 5월부터 8월까지 3회에 걸쳐 봉천회담奉天會談을 개최하여 '중일합동수색'을 통해 독립운동세력에 대한 대탄압을 시도하였다.[13] 이에 따라 서간도를 중심으로 하는 봉천성내에서 일제의 봉천독군奉天督軍의 두 경찰고문을 대장隊長으로 하는 우에다대上田隊와 사카모토대坂本隊로 불리던 중일합동수색대가 편성되어 전후 4개월에 걸쳐 독립군 및 항일단체에 대한 대대적인 수색작전이 벌어졌다. 명목상으로는 중일합동수색을 표방하였으나, 실제로는 각지에 조직된 친일단체인 보민회保民會를 앞세운 일제 군경에 의한 독립군 학살작전이었다.[14]

---

11) 본 내용은 尹炳奭, 『獨立軍史』(지식산업사, 1990, 161~164쪽)의 주지를 수용하여 기술하였다.

12) 朝鮮軍司令部 編, 『間島出兵史 上』(金正柱 編, 『朝鮮統治史料 2』, 韓國史料研究所, 1970), 10쪽.

13) 姜德相 編, 『現代史資料』 28, 「間島地方不逞鮮人取締ニ關スル日支交涉ノ經過」, 64~64쪽.

14) 國史編纂委員會 編, 『韓國獨立運動史』 三, 1967, 198쪽.

그러나 북간도의 경우, 길림성의 중국 관헌 중에는 일제측의 합동수색 요청을 암암리에 거부하고 독립운동세력을 지지하는 인물도 있었다. 길림성장 서정림徐鼎霖을 비롯하여 연길도윤 장세전張世銓, 보병 제1단장 맹부덕孟富德 등이 그러한 입장을 견지하고 있었다. 그러므로 북간도에서는 서간도와는 다르게 독립운동세력에 대한 일제의 탄압이 효과적으로 이루어질 수 없었다.

하지만 일제는 1920년 6월 7일 봉오동鳳梧洞에서 참패하게 되자, 조선군의 참모장 오노 도요시大野豊四와 관동군의 참모장 대리 키시貴志 등이 전면에 나서서 제3차 봉천회담을 개최하여 중국측을 더욱 압박하고 나왔다. 이러한 상황에서 독립군측은 장세전張世銓 · 맹부덕孟富德 등과 교섭한 결과, 양측의 입장을 충분히 고려하여 독립군은 근거지 이동을 단행하고 중국군은 출동상황을 독립군측에 사전에 통보하는 것을 골자로 하는 타협안을 보게 되었다.[15)]

일제의 심한 압박 속에서 한 · 중 양측간에 이와 같은 타협이 이루어진 것은 중국 영토 안에서 활동하고 있던 독립군측으로서는 중국 당국의 이해와 협조가 절실히 필요하였기 때문이다. 이에 따라 대한국민회와 대한군정서 등 북간도의 여러 독립군 부대는 그 동안 구축해 놓은 근거지를 포기하고 곧이어 백두산 기슭을 향해 장정에 오르게 되었다.

결과적으로 일제가 의도한 중일합동수색을 통한 간도 독립운동세력 탄압 전략은 소기의 성과를 거둘 수 없었다. 이에 일제는 자국의 군대를 직접 동원하여 간도 한인사회의 독립운동세력을 근원적으로 말살하려는 대규모 작전계획을 수립하기에 이르렀다. 이른바 '간도지방불령선인초토계획間島地方不逞鮮人剿討計劃'이 그것이다. 이는 동시에 장차 만주 공략을 위한 일제의 입지를 더욱 강화할 수 있는 포석의 일환이기도 하였다.

15) 愼鏞廈, 『韓國民族獨立運動史硏究』, 乙酉文化社, 1985, 403~404쪽.

소위 조선군 19사단을 중심으로 한 일제의 이러한 대규모 군사작전 계획은 1920년 6월 봉오동전투 직후부터 구체적으로 입안에 들어가 8월에 완료되었다.16) 이어 10월 초에 일제는 의도적으로 조작해 낸 혼춘사건琿春事件을 빌미로 간도 침공을 전격적으로 감행하기에 이르렀다.

2) 일본군의 간도 침공

혼춘사건은 일본군이 공작한 것이다. 일본군은 사전에 통교하여 중국 마적을 매수하였다. 그리하여 9월 12일에 제1차 혼춘 습격이 있었고, 이어 10월 2일에 다시 제2차 혼춘 습격이 일어났다. 그 가운데 10월 2일에 일어난 습격 사건을 이른바 혼춘사건이라고 한다.17)

상해 임시정부 외교부에서 사건 발생 직후인 1920년 12월 9일에 작성한 선전 문서인 「북간도의 한인에 대한 일본의 만행」에는 마적이 1, 2차에 걸쳐 혼춘을 습격한 사건의 전말이 비교적 자세히 기술되어 있다. 다소 장문이지만 그 주된 부분을 인용하면 다음과 같다.

> 만순萬順의 비도 약 1백여 명이 성중군경의 미비함을 탐실探悉하고 주숙야행晝宿夜行하여 9월 20일에 동구東溝(거성距城 70리)에 저抵하여 집둔잠헐集屯暫歇하고 당야當夜 9시에 혼춘을 향하여 진발進發하여 익일 상오 4시에 성중에 침입하니 군경은 수몽중睡夢中에 재在하다. 비도는 동문으로 공입攻入하여 육군초소, 헌병대, 심검청審檢廳 간수소看守所, 상포商鋪 30여 호, 관은전분호官銀錢分號 등을 차제次第로 습격하여 (중략)

---

16) 朝鮮軍司令部 編, 『間島出兵史』 上, 11쪽.

17) 10월 2일 혼춘을 습격한 마적의 실체에 대해 신용하 교수는 "占東 · 萬順 등이 지휘하는 마적단"(『韓國民族獨立運動史硏究』, 411~412쪽)이라 하였고, 박창욱 교수도 "鎭東을 우두머리로 한 萬順 · 雙羊 · 滿天飛 · 만승 등의 마적단"(「혼춘사건과 '장강호' 마적단」, 『역사비평』 51, 2000년 여름호, 253~255쪽)이라고 파악하였다. 한편, 후술하는 임시정부 외무부에서 작성한 자료에도 1차 습격은 萬順, 2차 습격은 '老鎭東'이 인솔한 것으로 기록되어 있다.

비수匪首 노진동老鎭東은 제1차 혼춘습격에 만순과 상약相約하여 일치 행동하기로 하였더니 일기日期ㅣ 상좌相左함으로 미참未參됨을 한恨하여 자기 부하만으로 혼춘을 재함再陷코자 할새 양도兩途로 분分하여 1백여 명은 대포 2문을 휴携하고 별로別路로 동관東關을 진공進攻케 하고 자기는 4백여 명을 솔率하고 북로北路로 내來하다가 9월 29일 오전 3시에 황구荒溝에 지至하여 해지該地 주찰소駐紮所를 공파攻破하여 무기와 탄자彈子를 약탈하고 30일에는 칠좌요七座窑를 진거進據하니 급보ㅣ 성내에 보도되다. 인민은 태반이나 피난도주하고 군경은 거지擧止를 은조隱措하니 적適에 길림독군서吉林督軍署에서 파래派來되어 전차前次 비요정형匪擾情形을 조사하던 부관 오모烏某가 자원하여 성내 총지휘가 되어 내비來匪를 방어하려 하다. 10월 1일에 비도가 관문저자關門咀子에 지至함을 문聞하고 혼춘 일본영사는 서기 고송高松을 현지사서縣知事署에 파派하여 실정을 탐청探聽하고 일본군대 가파加派를 요구하거늘 2일 오전 3시에 현지사는 경찰소장 모석령牟錫齡을 견遣하여 중국 군경이 족히 비도를 방어할지니 일군을 가파加派치 말라 요구하였으나 일본영사ㅣ 불윤不允하므로 담화ㅣ 연장하여 오전 4시에 지至하다. 차시此時에 비도는 북산北山으로 공하攻下하여 선先히 일본영사서日本領事署를 습격하니 이는 해구역該區域이 중국 공병工兵의 방수防守하는 처處인 고로 선함先陷치 아니하면 서관西關 일대는 겁략劫掠키 불능한 소이所以라. 60여 명의 공병을 격폐擊斃하고 일본영사서 정실正室을 분소焚燒하고 일인 11인(남 8인, 여 3인)과 한인 7명(김도여金度汝 외 6명이니 호비胡匪 습격이 긴박함에 일본영사서에 피난한 자)을 살해하고 일인 부상자 8명을 출出케 하다. 일본 영사와 모牟 소장은 영사서 후면 소옥중小屋中에 익입匿入하여 난을 면하다. 비도는 동관東關으로 상약相約 공입攻入하는 비도 1지枝와 전후 호응하여 약 6시간을 성중에 횡행하여 우정국, 해관, 염창鹽倉, 심검청 간수소 등을 차제로 분소하고 오전 9시경에 퇴거하니 서관 성내에 연소延燒 가옥이 30여 호요 방거인수綁去人數가 약 2백 명(한인 30여 명, 일본상인 1명, 기여其餘는 중국인)에 달하다.[18]

위의 인용문은 사건 발생 직후 임시정부에서 파악한 혼춘사건에 대한

18) 연세대학교 현대한국학연구소 편, 『雩南李承晚文書』 東文 7, 「北間島의 韓人에 對한 日本의 蠻行」, 193~195쪽.

정보를 담고 있다고 생각된다. 혼춘사건의 전말에 대해서는 비교적 구체적이고도 정확하게 사실을 기록하고 있다. 1차 습격은 만순萬順이 주도하고, 2차 습격은 노진동老鎭東이 주도하였던 것으로 파악하였으며, 특히 혼춘사건으로 지칭되는 2차 습격의 과정과 중국·일본측의 대응, 그리고 피해상황을 비교적 소상히 기술하고 있다. 이 때 피해상황에 대해서는 일본인은 11명이 죽고 8명이 부상하였으며, 한인은 7명이 살해된 것으로 기술하였다. 그리고 일본영사분관이 소실되고, 시내 가옥 30여 호가 불탔으며, 약 2백명이 끌려갔다는 것이다.19)

하지만 이 자료에는 일본이 마적을 매수한 사실과 혼춘사건의 포괄적 의미와 파장 등에 대해서는 간과되어 있는 점으로 보아, 철저히 계획된 일제의 포괄적 침략 의도를 파악하기에는 정보수집에 한계가 있었다고 할 것이다.

일제는 일본군의 간도 침공을 정당화하기 위한 여론조작을 통해서 혼춘사건의 파장을 극대화하였다. 곧 사건 발발 직후부터 일제는 이를 '제2의 니항사건'으로 규정하면서 두만강 변경지대의 북한 주민을 동원하여 규탄궐기, 그리고 군대 침공을 요청·지지하는 결의대회를 연이어 개최하였던 것이다. 그리하여 일본군의 출동과 더불어 두만강 대안의 회령·웅기·청진 등지에서 어용 결의대회를 개최하고, 나아가 10월 15일에는 이른바 '북선각지연합대회北鮮各地聯合大會'를 개최함으로써 일본군대의 간도 침략을 정당화시켜 주었다.20)

---

19) 한편, 일제측의 자료에는 마적단의 습격으로 중국군 70여 명과 한인 7명이 살해당하고 영사관원들이 피난한 뒤 비어 있던 일본 영사분관이 공격을 받았으며, 이때 조선총독부 함북파견 경찰부의 澁谷 일가와 일인 부녀자 9명도 아울러 살해되었던 것으로 나타나 있다(尹炳奭, 『獨立軍史』, 지식산업사, 1990, 165쪽 참조).

20) 陸軍省 編, 『自大正八年至同十一年 間島事件關係書類』(일본 防衛硏究所 소장), 「陸軍省受領 壹제1921호」(1920.10.4.)·「陸軍省受領 壹제1921호 其2」(1920.10.9.)·「陸軍省受領 壹제1979호」(1920.10.8.)·「陸軍省受領 壹제1981호」(1920.10.8.)·「陸軍省受領 壹제2060호」(1920.10.16.) 참조. 이상의 전보 문건들은 滿洲居留民會長,

혼춘사건 발발 직후, 일제는 '간도지방불령선인초토계획'에 따라 사전에 대기상태에 있던 병력을 즉시 간도로 투입하였다.[21] 일제가 간도 한인사회를 '초토화'할 목적으로 입안한 이 계획은 총칙總則·출동出動·병기兵器·통신通信·급양給養·징용徵傭 등 모두 6개 부문에 걸쳐 총 23개 항목으로 구성되었다. 그 가운데 총칙의 제1항에서는 "본 계획은 간도지방에 있는 불령선인 토벌의 목적으로 출병을 요구할 경우에 대비하여 준비할 사항을 지시하는 것이다."라고 하여 이 계획이 장차 감행될 간도 한인사회 초토화를 위해 수립되었음을 분명하게 언급하였다. 이어 총칙 제2항에서 "본 토벌은 그 기간을 약 2개월로 잡고 제1기(1개월)에는 전적으로 각 행동구역 안에 있는 불령선인단에 대한 토벌을 진행하며, 제2기(나머지 기간)에는 제1기의 결과에 의거해 나머지 방면에 대해 실시방안을 개정槪定한다."라고 함으로써, 간도 전역에 걸쳐 있는 각지 한인사회에 대해 반복적이고도 파상적인 대탄압을 구상하고 있었음을 예시하였다.[22]

이 계획에 따르면 일제는 북간도 전역에 걸쳐 (갑) 혼춘琿春-초모정자草帽頂子, (을) 서대파西大坡-하마탕蛤蟆塘-백초구百草溝, (병) 용정촌龍井村-대굴혼大屈琿-국자가局子街, (정) 광포廣浦-두도구頭道溝 등 크게 4개 방면으로 나뉘어 군대를 침투시킴으로써 결과적으로는 이 지역에 산재한 한인사회 전체를 작전구역으로 설정하였다.[23]

會寧市民大會代表者, 朝鮮雄基市民大會, 朝鮮淸津府民大會, 北鮮各地聯合大會 등의 명의로 육군대신에게 일본군의 간도 일대에 대한 침공, 나아가 점령을 결의해 청원하는 내용으로 이루어져 있다. 愼鏞廈 교수도 일제가 혼춘사건을 '제2의 니항사건'으로 규정한 사실과, 여론을 조작하기 위한 관제 시민대회 개최 사실을 지적한 바 있다(『韓國民族獨立運動史硏究』, 乙酉文化社, 1985, 412~413쪽).

21) 朝鮮軍司令部 編, 『間島出兵史』 上, 17~20쪽.

22) 朝鮮軍司令部 編, 『間島出兵史』 下, 161쪽.

23) 朝鮮軍司令部 編, 『間島出兵史』 下, 165~166쪽.

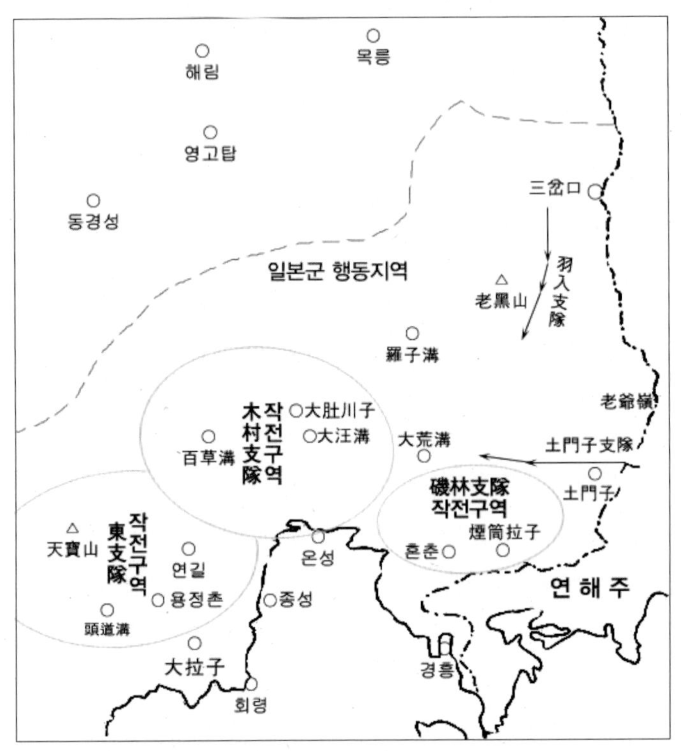

간도 침공 일본군 배치상황(1920년 10월 현재)

10월 2일 혼춘사건이 발발하던 당일부터 일본군의 간도 침공은 개시되었다. 이 날 오후, 일제는 경원수비대 병력 80명을 혼춘으로 출동시키고, 이어 온성 부근에서 출동 대기 중이던 아베대대安部大隊와 경원헌병대 소속의 헌병 6명도 신속하게 역시 혼춘으로 투입시켰다.[24)]

이를 시작으로 일본군은 간도 전역에 걸쳐 대대적인 침공을 감행하였다. 그 가운데서도 경신참변에서 가장 큰 참화를 입었던 북간도 일대에 집중적으로 투입된 일본군 '토벌대'의 주력은 함북 경성군 나남에 사단사령부를 두고 있던 소위 조선군 제19사단이었다. 19사단의 동원 병력과 침공루트를

24) 朝鮮軍司令部 編,『間島出兵史』上, 17쪽.

살펴보면 아래와 같다.[25)]

1. 이소바야시磯林 지대支隊

경원으로부터 두만강을 건너 혼춘하 방면에 진출하여 그 일원 토벌의 주력이 된다. 독립군을 나자구 방면으로 추격 포위하여 삼차구三岔口 방면에서 남진하는 포조군浦潮軍 일대와 공동작전을 벌인다.

지대장 육군소장 이소바야시磯林直明, 보병 제38여단 사령부, 보병 제75연대, 보병 제78연대 제3대대, 기병 제27연대 제3중대, 야포병 제25연대 제2대대.

2. 기무라木村 지대

온성으로부터 월강하여 왕청 방면으로 진출해서 그 일원을 담당하는 주력부대가 된다. 대한국민회 · 대한군정서 등의 본영을 중심으로 토벌전을 수행한다. 특히 서대파 · 십리평 · 대감자 · 백초구 · 하마탕 등지를 반복 토벌한다.

지대장 육군 보병대좌 기무라木村益三, 보병 제76연대, 기병 제27연대 제2중대의 1소대, 산포병山砲兵 제1중대, 공병 제19대대 제1중대의 1소대.

3. 아즈마東 지대

회령 등지에서 월강하여 룡정 방면으로 진출해서 그 일원을 소탕하는 주력부대가 된다. 무산에서 북상하는 제20사단의 일부대와 합동작전으로 독립군이 안도 · 돈화 방면으로 이동하는 것을 저지 초멸한다.

지대장 육군 소장 아즈마東正彦, 보병 제37여단 사령부, 보병 제73연대, 보병 제74연대 제2대대, 기병 제27연대, 야포병 제25연대 제1대대, 공병 제19대대 제3중대.

4. 사단직할부대

일본군의 사령부는 나남에서 회령으로 북상하여 전신과 비행대, 그리고 병참을 보급한다.

사단장 자작 다카시마高島友武, 보병 제74연대 제1대대본부 및 제3중대, 비행기반, 무선전신반, 비둘기통신반.

---

25) 朝鮮軍司令部 編, 『間島出兵史』 上, 28~89쪽 참조.

제19사단 외에도 간도 침공 작전에는 간도를 중심으로 동서남북 각지에 주둔하고 있던 여러 부대가 동원되었다. 러시아 연해주에 투입되었던 포조군浦潮軍과, 여순旅順에 사령부를 두고 중국 침략의 첨병 역할을 수행하던 관동군에서도 일부 병력이 차출되어 출동하였다. 또한 조선군의 제20사단과 조선헌병대 및 조선총독부 경찰대도 그 일부 병력이 차출되어 간도에 투입되기에 이르렀다.

만주로 출동한 포조군은 혼춘 · 국자가 · 용정 일대로 침공한 제14사단(보병 제28여단)을 비롯하여 제11사단의 일부(토문자土門子 지대), 제13사단의 일부(하뉴羽入 지대), 그리고 북만주파견대의 일부(안자이安西 지대) 등이었다. 이들 부대는 북만주의 삼차구-나자구, 남부 우수리지방의 바라바시-토문자, 포시에트-혼춘-국자가 등지로 나뉘어 침공하면서 19사단 주력부대의 기동에 상응하여 유기적으로 탄압작전에 임하도록 하였다.[26)]

한편, 서간도로 출동한 관동군의 병력은 보병 제19연대의 일부 부대와 기병 제20연대의 일부가 주력이 되었다. 즉 19연대장 스기야마杉山 대좌가 지휘하는 보병 1개 대대를 주축으로 한 부대는 무순撫順으로부터 흥경興京을 거쳐 통화通化에 도착한 뒤, 11월 15일 다시 통화를 떠나 환인桓仁 · 태평초太平哨 · 관전寬甸 등지를 거쳐 12월 3일 안동安東에 도착하여 철령鐵嶺으로 귀환하였다. 또 기병 20연대는 공주령公主嶺으로부터 해룡海龍 · 삼원포三源浦를 거쳐 11월 7일 통화通化에 도착한 뒤, 흥경興京 · 영액성英額城 · 상가대商家臺 등지를 경유하여 11월 27일 개원開原에 도착하여 공주령으로 귀환함으로써 탄압작전을 종료하도록 되어 있었다.[27)]

이처럼 간도를 침공한 일본군 병력이 모두 얼마인지는 확실하지 않다. 동원병력 가운데 후방 경계병력을 제외하고 일선에 투입된 전투병력의 숫

26) 朝鮮軍司令部 編, 『間島出兵史』 上, 80~85쪽.
27) 朝鮮軍司令部 編, 『間島出兵史』 上, 86쪽; 姜德相 編, 『現代史資料』 28, 「不逞鮮人ニ對スル陸軍ノ西間島示威行軍隨行復命書」, 471~481쪽.

자가 얼마인지도 명확하지 않다. 하지만 편성된 부대별 병력을 보면 주력인 조선군 제19사단에서 9천 명이 동원된 것을 비롯하여 제20사단에서 7백 명, 포조군의 제14사단에서 4천 명, 제11사단에서 1천 명, 제13사단에서 1천 명, 북만주파견대에서 1천 명, 관동군에서 1천 2백 명 등이 동원되어 총 1만 8천 명 내지 2만 명이 투입된 것으로 이해할 수 있다.[28] 이와 같은 대규모 병력이 일시에 출동하여 기관총과 대포 등 정예무기와 장비를 갖추고 북간도 전역을 사방에서 포위한 채 한인사회에 대한 '초토화' 작전을 감행하기에 이르렀던 것이다.

혼춘사건 이후 이와 같이 한국 · 중국 · 러시아 등지에서 간도를 중심으로 출동한 일본군의 소요 경비가 1920년 10월부터 같은 해 12월까지 3개월 동안 총 45,582,388엔圓의 임시군사비가 투입되었을 만큼, 일제로서는 이 사건을 기화로 만주지역에 대한 군사적 침략을 강화함으로써 동북아 정세의 일대 판도 변화를 초래하는 대규모 작전을 감행하였다. 그 구체적인 항목을 보면 혼춘사건에 관하여 직접 군대를 출동하기 위해 지출한 경비가 4,147,582엔이었고,[29] 노령 및 북만주 파견대 · 청도青島수비부대, 아울러 군사조사 등에 소요되는 임시군사비가 41,435,388엔이었다. 즉 대규모 부대가 각지에서 간도로 출동함에 따라 한국 · 중국 · 러시아에 배치 · 주둔하고 있던 일본군 전체가 이 작전을 지원하기 위해 재배치됨으로써 대규모의 임시군사비가 이처럼 투입되었던 것이다.

---

28) 金靜美, 「朝鮮獨立運動史上における1920年10月」, 『朝鮮民族運動史研究』 3, 青丘社, 1986, 136쪽.

29) 혼춘사건으로 출동한 군대의 소요경비 4,147,582圓은 다음 두 항으로 나뉘어져 있었다(일본 防衛研究所 소장자료, 「陸軍省受領 貳제2356호」(1920.10.15), '臨時軍事費支出分の件'의 통계수치 참조).
1. 불령선인 소탕에 소요되는 경비; 헌병증가, 항공반, 통신설비, 군용비둘기반, 기타 부대행동비 등의 과목에 3개월간(1920년 10~12월)에 총 3,699,592엔이 투입되었다.
2. 만주사단에서 기병 1개연대, 보병 1개대대 출동경비; 1개월 반 기간에 총 447,990엔이 투입되었다.

한편 일제는 군대투입과 동시에 북간도 각지에 경찰분서를 설치하여 경찰력을 대폭 증강시켰다. 경신참변 전에 일제는 240명의 경찰을 용정촌龍井村 · 국자가局子街 · 두도구頭道溝 · 혼춘琿春 · 백초구百草溝 · 천보산天寶山 · 남양평南陽坪 · 팔도구八道溝 등 8개 지역에 설치된 경찰서 및 분서에 주둔시켰다. 그러다가 경신참변 기간 중에 화룡현의 달라재[大拉子] · 걸만동傑滿洞 · 부동釜洞, 연길현의 동불사銅佛寺 · 의란구依蘭溝 · 이도구二道溝, 왕청현의 가야허[嘎呀河] · 양수천자凉水泉子, 혼춘현의 흑정자黑頂子 · 두도구頭道溝 등 10개 소에 분서를 증설하고 170명의 경찰력을 증원하였던 것이다.[30)]

이상과 같이 혼춘사건을 기화로 일제는 소위 조선군을 비롯하여 연해주의 포조군, 그리고 만주를 경략하던 관동군 등이 총출동하여 간도 한인사회를 사방에서 포위한 채 독립운동 세력을 초토화한다는 명분하에 무차별적인 탄압을 파상적으로 가하였다. 경신참변은 이들 일제 침략군에 의해 간도 한인사회가 입은 참화를 총체적으로 일컫는 것이다. 일제의 한국 침략과 지배 기간에 야기된 수많은 참극 가운데 가장 규모가 크고 비극적인 사건이라 할 수 있다.

4. 경신참변의 실상

1) 북간도 한인사회의 참상

경신참변은 혼춘사건을 계기로 일본군이 간도를 침공하는 1920년 10월부터 완전히 철수하는 1921년 5월까지 약 8개월간에 걸쳐 반복적으로 지속되었다. 일본군의 만행이 특히 집중된 지역은 북간도의 연길 · 혼춘 · 화룡 ·

30) 蔡永國, 「庚申慘變後 독립군의 再起와 抗戰」, 『한국독립운동사연구』 7, 독립기념관 한국독립운동사연구소, 1993, 326~327쪽.

왕청의 4개 현이었다. 대규모의 이주 한인사회가 형성되어 있던 이 일대에는 대한독립군·대한국민회군·군무도독부군·대한군정서 등 수많은 독립운동단체 및 독립군단이 활동하고 있었기 때문에, 일본군의 탄압이 서간도에 비해 그만큼 집중될 수밖에 없었다.

간도 한인사회에 대한 일본군의 대탄압은 크게 세 단계로 나눌 수 있다. 제1단계는 10월 14일부터 11월 20일 '제1기 토벌'이 종료될 때까지로, 이 시기에는 주로 독립운동단체와 독립군의 활동 근거지로 지목되는 촌락과 학교·교회 등에 대한 대대적인 탄압이 가해졌다. 제2단계는 11월 21일부터 12월 16일 주력부대가 철수할 때까지로, 이른바 '잔당숙청'이라는 명목하에 작전구역 안에 있는 한인사회에 대한 반복적인 수색과 국경수비대를 동원한 무력시위를 진행하였다.[31] 그리고 제3단계는 12월 17일부터 1921년 5월 9일 일본군이 완전히 철수할 때까지로, 이 기간에는 간도파견대間島派遣隊를 기반으로 경찰분서의 증설과 총독부 경찰력의 증가, 친일세력의 부식 등 일련의 조치를 취하면서 간도지역에서의 이른바 새로운 질서 확립에 주력하였다.[32] 그 가운데서도 일제의 만행은 1920년 10~12월 3개월간의 제1단계와 제2단계에 집중되었다.

북간도를 침공한 조선군 제19사단 주력부대는 미리 준비해 놓은 '작전계획'에 따라 다음과 같이 4개 지대로 나뉘어 '작전구역' 안의 한인사회에 대해 무차별 탄압을 감행하였다.[33]

혼춘하 방면으로 침공한 이소바야시 지대는 10월 13일 혼춘에 집결한 다음 다시 세 부대로 나뉘어 10월 14일 밤부터 2~4일간에 걸쳐 혼춘과 대황구

31) 『朝鮮軍司令部 編, 間島出兵史 上』, 40~41쪽.

32) 金春善, 「庚申慘變 연구－한인사회와 관련지어－」, 『한국사연구』 111, 한국사연구회, 2000, 149쪽.

33) 磯林·木村·東支隊 및 사단직할부대(국경수비대) 등 4개 지대의 출동상황과 탄압내용 기술에는 金春善, 「庚申慘變 연구－한인사회와 관련지어－」, 150~151쪽을 참조하였다.

일대의 한인마을에 대한 '제1차 토벌'에 들어갔다. 마키牧 대좌가 인솔하는 제1토벌대는 14일 밤 혼춘을 출발하여 사도구四道溝·연통라자煙筒拉子·삼도구 방면으로 출동하였고, 아베 소좌가 거느리는 제2토벌대는 대황구 방면으로 진출하였으며, 도도키十時 중좌가 인솔하는 제3토벌대는 혼춘 부근의 한인 촌락들을 초토화하였다. 그 결과 제1토벌대는 혼춘 동북부지역에 산재한 28개 한인촌락을 수색하면서 28명을 체포하고 그 가운데 4명을 사살하였으며, 제2토벌대와 제3토벌대는 3명을 사살하고 4명을 체포한 뒤 혼춘으로 압송하였다. 제1차 '토벌' 이후 10월 22일부터는 연해주의 바라바시 방면으로부터 혼춘 동북쪽의 중·러 국경 부근에 위치한 토문자土門子로 침공한 제11사단 소속의 토문자 지대 및 북만주 나자구 방면으로 침공한 13사단 소속의 하뉴羽入 지대 등의 포조군과 합동작전으로 이 일대에 산재한 한인사회에 대해 무차별 타격을 가하였다.[34] 일제측의 통계자료에 의하면, 이소바야시 지대는 이른바 작전 개시 이후 1920년 12월 20일까지 50명을 사살하고 77명을 체포하였으며, 민가 43채, 학교 1개 교 등을 불태웠다고 한다.[35]

왕청汪清·백초구百草溝 방면을 담당하였던 기무라 지대는 온성 부근에서 두만강을 건넌 뒤 서대파西大坡·십리평十里坪·석두하자石頭河子 일대에 대한 탄압을 개시하였다. 이 부대는 북간도 한인 독립운동의 근거지와 마을들을 초토화시키는 만행을 저지른 주역이 되었다. 특히 22일에는 대한군정서의 근거지인 왕청현 서대파와 십리평 일대를 휩쓸었다. 십리평에 있던 대한군정서의 병영과 7개 동(각 동은 폭 20척, 길이 60척)에 달하는 사관연성소士官練成所 건물이 이 때 소각되고 말았다. 일제측의 통계자료에 의하면, 기무라 지대는 1920년 12월 20일까지 94명을 사살하고 132명을 체포하였으며, 민가 106채, 학교 2개 교 등을 불태웠다고 한다.[36]

---

34) 朝鮮軍司令部 編,『間島出兵史』上, 47쪽.
35) 朝鮮軍司令部 編,『間島出兵史』上, 108쪽.

용정 · 화룡 지역을 담당하던 아즈마 지대는 10월 15일 용정에 도착한 직후 국자가 · 천보산 · 두도구 · 용정촌(지대 사령부) 등 4개 방면으로 나뉘어 부대를 편성한 후 즉시 초토화 작전에 돌입하였다. 10월 17일 화룡현 청산리와 이도구 일대에 독립군이 집결해 있다는 정보를 입수한 지대장은 즉시 야마타山田 부대를 청산리 일대로 투입하여 김좌진의 대한군정서를 추격케 하고, 지대 사령부는 이도구로 이동하여 완루구에 있던 홍범도가 인솔하던 독립군 연합부대를 포위 섬멸하려 하였다.[37] 그러나 10월 21일부터 26일까지 1주일 동안 전개된 청산리대첩에서 독립군은 오히려 매복전과 기습전을 적절히 구사하여 공전의 전과를 거두었다. 하지만 일제는 이 과정에서 무고한 양민에 대하여 보복적인 살육과 약탈 · 방화를 자행하는 야수적 만행을 저질렀다. 일제측의 통계자료에 의하면, 아즈마지대는 이른바 작전 개시 이후 1920년 12월 20일까지 222명을 사살하고 327명을 체포하였으며, 민가 292채, 학교 17개 교, 교회 1개 소 등을 불태웠다고 한다.[38]

국경수비대는 주로 두만강 연안의 수비를 강화하는 한편, 헌병, 경찰대와 함께 수시로 국경 대안의 간도로 침공하여 일본군의 작전을 지원하면서 국경 부근의 한인마을을 초토화하였다. 그 가운데 회령 수비대는 10월 19일 학성鶴城 · 송언松堰 · 무관둔茂官屯을 습격하여 10명을 사살한 후 시체에 석유를 부어 불태우는 만행을 저질렀다. 또 종성 수비대는 19일과 21일에 대안에 있는 한인마을을 습격하여 17명을 사살하였다. 일제측의 통계자료에 의하면, 국경수비대(강안수비대/ 병참수비대)는 이른바 작전 개시 이후 1920년 12월 20일까지 128명(107명/ 21명)을 사살하고, 71명(17명/ 54명)을 체포하였으며, 민가 100채(94채/ 6채), 학교 5개 교(3개/ 2개) 등을 불태웠다고 한다.[39]

---

36) 朝鮮軍司令部 編, 『間島出兵史』 上, 108쪽.
37) 朝鮮軍司令部 編, 『間島出兵史』 上, 55~56쪽.
38) 朝鮮軍司令部 編, 『間島出兵史』 上, 108쪽.

청산리대첩에서 참패한 일본군은 한인사회에 대해 보복성 만행을 자행하면서 미증유의 참상이 도처에서 벌어졌다. 일제는 10월 26일 용정의 간도 총영사관에서 조사·작성한 배일 촌락 및 학교 조사표를 근거로 하여 연길현 관내에서는 동불사銅佛寺·태평구太平溝·와룡동臥龍洞·소영자小營子·의란구依蘭溝 등을 비롯한 23개 마을과 흥동학교興東學校·영신학교永新學校·명신학교明信學校 등 18개 교, 화룡현 관내에서는 상광포上廣浦·어랑촌漁郎村·유동柳洞·청산리靑山里·청파호靑波湖·장재촌長財村·걸만동傑滿洞 등을 비롯한 12개 마을과 명동학교明東學校·창동학교昌東學校·광동학교光東學校·정동학교正東學校 등 19개 교, 왕청현 관내에는 유수하柳樹河·대감자大坎子·덕원리德源里·서대파西大坡·봉오동鳳梧洞·합수평合水坪·나자구羅子溝 등을 비롯한 11개 마을과 명동소학교明東小學校·원동소학교元東小學校 등 5개 교를 집중적으로 수색하여 학살과 방화를 자행하였다.[40]

북간도에서 자행된 수많은 참경 가운데 먼저 한인촌락이 집단적으로 참화를 입은 대표적인 사례를 소개하면 다음과 같다.

북간도의 경신참변을 상징하는 사건으로는 장암동참변獐巖洞慘變을 들 수 있다. 연길현 용지사勇智社에 있던 장암동 마을의 참변은 경신참변의 실상을 상징하는 사건으로 부각될 만큼 매우 잔혹하였다. 1920년 10월 30일 연해주로부터 출동한 이른바 포조군 제14사단(28여단) 제15연대 제3대대장 오오카大岡隆久가 스즈키鈴木 대위 이하 70명의 병력과 헌병 3명, 경찰관 2명 등을 인솔하고 주둔지인 용정촌을 떠나 동북 25리 지점에 위치한 한인 기독교 마을인 장암동으로 출동하였다. 주민의 대다수가 기독교 신자로, 주민들이 독립운동세력과 긴밀하게 연계되어 있다는 것이 탄압 명목이었다. 장암동에 도착한 일본군은 전 주민을 교회에 집결시킨 후 남자 33명을 포박

39) 朝鮮軍司令部 編,『間島出兵史』上, 108쪽.
40) 金春善,「庚申慘變 연구－한인사회와 관련지어－」, 151쪽; 姜德相,『現代史資料』28,「秘間情 제37호」(1920.10.26), '排日部落及學校調査の件', 373~375쪽.

하여 교회 안에 가두고 석유를 뿌린 뒤 불을 질러 태워 죽이는 만행을 저질렀다.[41]

청산리대첩의 서전을 장식한 10월 21일의 백운평전투 당시 격전지 입구에 자리잡고 있던 백운평白雲坪 한인마을도 일본군에 의해 철저히 유린되었다. 요행히 목숨을 건진 3명을 제외한 주민 전부가 학살되었을 뿐만 아니라, 23가구 마을 전체를 불태웠던 것이다. 친일단체인 조선인거류민회의 보고서에서조차 "여자를 제외한 모든 남자들은 늙은이나 어린이나 전부 살해되었다. 심지어 4~5세의 유아까지도 불행을 면치 못하였다"고 기술, 일본군의 잔학상을 지적하였다.[42]

30여 호의 이씨 집성촌인 연길현 의란구依蘭溝의 남동南洞에서는 변성變姓한 3명을 제외한 모든 주민이 이 때 몰살당하였다. 그 가운데 어떤 네 형제는 함께 분살焚殺당하기도 하였다.[43]

또 연길현 속칭 개암나무골의 한인촌에는 10월 30일 19사단 76연대 소속의 일본군이 침입하여 민가 70채를 소각하고 주민 3백 명을 집단 학살하는 참극을 자행하기도 하였다.[44]

경신참변 당시 곳곳에서 자행된 참극의 사례는 너무나도 다양하다. 그 가운데서도 특히 야수적인 만행을 저질렀던 사례를 들면 다음과 같다.

---

41) 朝鮮軍司令部 編,『間島出兵史』下,「獐巖洞屠殺事件」, 270~284쪽; 金正明 編,『朝鮮獨立運動』3, 原書房, 1967,「獐巖洞附近ノ討伐狀況」·「獐巖洞掃蕩詳報」, 248~250·268~271쪽.

42) 金春善,「庚申慘變 연구－한인사회와 관련지어－」, 158쪽 참조.

43)『獨立新聞』제92호, 1921년 1월 27일자,「北墾島虐殺慘狀」. 이러한 南洞의 참변에 대해 金春善은 현지 당안관자료(중화민국 9년 11월 14일자 연길현 경찰소장 于捷三의 보고)에 의거하여 "연길현 제3구 褲襠溝(일명 의란구 남동, 혹은 중평촌이라 함)는 이씨성 30여 호가 사는 집성촌이었는데 11월 14일 일본군의 포위, 습격을 받아 10여 호가 소각되고 李承浩·李汝樂·李汝益 등 21명이 무참히 총살" 당한 것으로 구체적으로 기술하고 있다(金春善,「庚申慘變 연구－한인사회와 관련지어－」, 160쪽).

44) 김철수, 김중하,「일제의 '경신년대토벌'에 대하여」,『룡정3·13반일운동80돐기념문집』, 연변인민출판사, 1999, 288쪽.

10월 28일, 연길현 춘양향春陽鄕 일대에서 3명의 한인이 체포되었다. 일본군은 그들의 손바닥에 쇠못으로 구멍을 뚫은 뒤 쇠줄로 꿰고 그 쇠줄로 다시 코를 꿰어서 말 뒤에 매달아 10여 리를 끌고 다니다가 끝내 총살하는 만행을 자행하였다.[45] 그리고 화룡현에서는 일본군이 전선을 끊었다는 혐의로 12세 어린이의 머리를 자른 후 전선에 매달아 놓기도 하였다.[46] 12월 6일에는 일본군이 연길현 와룡동臥龍洞의 창동학교昌東學校 교사이며 대한국민회 총부의 통신원인 정기선鄭基善을 체포하였다. 일본군은 그를 연길현 구소하鳩巢河의 신흥동新興洞으로 끌고 가 심문하면서 얼굴 가죽을 칼로 벗겨낸 다음 두 눈을 칼로 도려내어 '육괴肉塊'로 만들기도 하였다.[47] 일본군은 심지어 2~3세의 유아를 창끝에 꿰어 들고 아파서 울부짖는 비명을 들으며 쾌재를 부르는 만행조차 서슴치 않았다. 연길현 팔도구八道溝에서는 어린아이 4명을 자살刺殺하였고, 연길현 약수동藥水洞에서는 살해한 시신을 다시 불에 태운 후 강물에 던졌다. 또한 연길현 소영자小營子에서는 25명의 부녀가, 화룡현 이도구에서도 20여 명의 부녀가 집단으로 강간당하는 사례도 있었다.[48]

1921년 1월 21일자 『독립신문』에는 북간도에서 대한신보를 발행하던 '이씨李氏'라는 인물이 현지의 한인사회가 입은 참상의 생생한 정황을 보내온 서신이 「간북내신墾北來信」이라는 이름하에 전재되었다. 그 가운데 참상의 일반적 정황을 기술한 다음과 같은 대목은 경신참변의 끔찍한 실상을 그대로 보여주는 생생한 증좌가 되고 있다.

45) 김철수, 김중하, 「일제의 '경신년대토벌'에 대하여」, 288쪽.
46) 金春善, 「庚申慘變 연구 -한인사회와 관련지어-」, 160쪽.
47) 『獨立新聞』 제93호, 1921년 2월 5일자, 「間島慘狀別報」.
48) 리광인, 「'경신년 대토벌'과 연변 조선족 군중의 반'토벌'투쟁」, 『한국학연구』 4, 인하대 한국학연구소, 1992, 127쪽.

친애하는 형님(독립신문사 관계자－필자)! 형님은 이 북간도의 사변에 얼마나 통심痛心하고 절치切齒하셨습니까. 이러한 학살과 방화는 다른 세계 민족과 역사에서는 보지 못하던 바요 다못 한족韓族이 처음 보고 한족의 역사에 처음 끼칠 참화와 원한이외다.

이 북간도에 많은 동포와 지기知己를 둔 형님은 그네의 존몰存沒을 몰라 퍽이나 번민 중에 지내셨으리이다. 나도 아마 그 중에 일분자一分子는 되었겠지요. 불행이라 하면 불행일 것이고, 행이라 하면 행일런지는 모르겠으나 나는 삶을 얻었습니다. 삶을 얻은 나는 이렇게 씁니다.

두만강안岸의 학살

객년 10월 14, 5일경에 두만강을 건너기 시각한 일병은 바로 송오동松墺洞에서 13명의 학살을 첫번으로 개시하였습니다. 그리하여 두만강 연안에만 1천 5백 명 이상의 사자死者를 출出하였습니다. 가옥의 소화燒火됨도 그만 못하지는 아니 하오리다.

동 18일경부터 3일간 적아敵我의 비상非常한 전투가 개시되어 미방味方(아방我方 ?－필자)의 사자는 수삼 명에 불과하되 수천의 사자를 출出한 적병은 더욱 그 악한 마권魔拳을 휘둘렀습니다. 그리하여 동同 전쟁지인 화룡현 삼도구는 그 주위와 및 두도구로서 삼도구에 왕往하는 도변途邊에는 인가 하나를 볼 수 없다 합니다. 노인과 장년壯年과 여자는 무론이요 3, 4세의 소아까지 학살하였다 합니다. 그 수는 대개 얼마나 될런지요.

인人을 입立하고 사격연습

또 군정서軍政署 사관교士官校의 소재지인 왕청현 '시대포'(서대파－필자)도 이보다 더할지언정 못하지는 않다 합니다. 화룡현 장암동에서는 28명의 야소교인을 일장一場에 횡렬하고 병졸의 사적射的을 만들어 놓고 소총사격을 연습하였으며 연길현 의란구 남동은 전혀 30여 호 되는 이성李姓의 촌인데 3인이 근僅히 성명을 변하여 해탈解脫되고 기여其餘의 전수全數가 학살되었으며, 모씨의 4형제는 소화燒火되는 가옥 중에 밀쳐 넣어 분살焚殺하였다 합니다. 그 외에 수삼 명 혹은 10여 명의 학살은 없는 데가 없습니다. 방화도 그러합니다. 이는 간도 전체이외다.

창에 꿰여 죽는 소아

아~ 잔인과 포악의 화신인 일병이여. 2, 3세 되는 소아를 창 끝에 꿰어 들고 그 아파서 부르짖는 것을 보고 웃고 손뼉을 치며 쾌하게 여겼습니다. 제조製造가 방정方正한 시저匙箸와 부녀의 지환指環과 노인의 입은 모물毛物 어느 것이 다 억탈抑奪되지 아니 한 것이 없고 소녀를 학살할 때에는 반드시 강간하였소. 사람을 학살할 때에 일시에 총살하는 것보다 창으로 찔러 견디지 못하여 소리 지르고 고민苦悶하다가 죽는 것을 낙사樂事로 삼았소.

박피剝皮한 누누累累 중시衆屍

수십일 전만 하여도 간도 어디를 가든지 도방途傍에 사시死尸가 누누累累치 아니한 곳이 없었소. 그러나 그 사시死尸는 반드시 그 면피面皮를 박탈剝脫하여 수모誰某임을 판명치 못하게 만들었다 합니다.

야소교 신도를 학살한 곳에는 서양 선교사의 조사가 심함을 증오하여 매장하고 부란腐爛한 시체를 다시 발굴하여 촉각루髑角婁(미상－필자)하나 남김없이 소화하였습니다.

기탄없는 강도 · 강간

간도 수백만의 계종鷄種은 일병의 반찬이 되고 말았습니다. 값을 준 일은 결코 없습니다. 부녀의 월자月子까지 유루遺漏 없이 탈취당하였으니 더 말하지 아니 하여도 일병의 만행의 만일萬一은 추찰推察하리이다.

촌村에와 도방途傍에와 삼림 중에서 수만의 동포를 학살한 일병은 무고한 수천수만의 동포를 일영사日領事 소재지로 몰아다가 자복自服을 권勸하여 청종聽從치 않는 자는 암살하여 치워버리고 청종하는 자는 인정仁政이나 베푸는 듯이 방송放送하며 관대의 태態를 가장하니 이는 필연 외인外人의 이목을 기망欺罔하려 함이더이다.

잔인한 수만의 제물

그러나 그 무참하고 잔인한 총창의 제물이 된 남녀는 이미 수만에 달하였습니다. 소화된 가옥도 그러합니다. 또 그 창검에 팔과 다리가 끊기고 혹은 눈을, 혹은 옆구리를 찔려 종생終生의 불구자가 됨도 수천이로소이다. 이는 속일 수 없는 사실이외다. '시대포'와 삼도구에는 가족이 전멸되고 회신灰燼만 남은 구허舊墟 중에서 원혼이 부르짖고 여간如干의 골편骨片만 산재한 것을 제 장차 무슨 방법으로 기망欺罔하려는고.

수천수만의 애호성哀號聲

간도 전 폭원幅員에 부모 잃고서 우는 아이, 형 잃고 우는 아우, 아우 잃고 우는 형, 자녀를 여의고 우는 노부와 노모, 부모와 오라비를 잃고 우는 소녀, 그 수천수만의 입을 무엇으로 틀어막으려는고.

옷밥 찾는 중구난방衆口難防

식료품 한 줌, 의복 한 벌 건지지 못하고 다 태우고 삭풍 불어오는 이 설상에 맨발 벗고 나서서 주린 배 움켜쥐고 울며 아버지 신 주시오, 어머니 밥 주오 하는 입을 제 무슨 방법으로 틀어막으려는고.

아 잔인하도다, 포악하도다. 토이기병土耳其兵(터키 병사－필자)의 '에루살렘'에와 독일병의 백이의白耳義(벨기에-필자)에다 이러하였는가요? 49)

한편, 서북간도 일대에서 일제의 흉포한 만행이 고비를 넘긴 다음인 1920년 12월 10일, 상해 임시정부에서는 정부 요인들이 참석한 가운데 상해 민단사무소에서 강우규姜宇奎 의사와 만주 독립군, 그리고 경신참변으로 희생당한 한인들을 위한 추도식을 엄숙히 거행하였다. 이 날 국무총리 이동휘李東輝가 매우 강개한 어조로 낭독한 참절비장한 추도문의 일부를 소개하면 다음과 같다.

오호 통재痛哉며 오호 참재慘哉라. 세계 역사에 국國을 위하여 생명을 희생한 자 하한何限이리오마는 아我 대한 동포 남녀노유와 같이 극참혹화極慘酷禍를 당한 자는 미유未有하였고, 병兵을 종縱하여 살략殺掠을 자행한 자 하한何限이리오마는 피彼 왜적倭賊과 같이 흉잔포학한 자는 미문未聞하였도다. 오호라, 간북墾北 일대와 간서墾西 일대에 거류한 우리 동포제군이시여, 불행히 백육百六의 액운을 치値하여 구적仇賊의 신복臣僕을 불인不認하므로 부휴도강扶携渡江하여 풍설을 촉모觸冒하며 형극을 참제斬除하여 천신만고를 인수忍受하고 유일惟一 노동으로 생활을 요구하면서 조국광복으로 기도하며 세계의 문화를 수수授受코자 교회와 학교를 갈력창판竭力創辦하여 궁림황야穹林荒野에 현송弦誦이 상문相聞함으로 오족吾族 전도前途하여 멸족滅族의 독계毒計를 진행코자 수만의 만병蠻兵이 간북과 간서에 침입하여 우리의 선량한 동포를 박멸코자 할새 혹 생生으로 매埋하며 혹 화火로 소燒하며 부釜로 팽烹하며 혹 강에 투投하며 비鼻를 천穿하며 협脅을 관貫하며 복腹을 부剖하며 수首를 참斬하며 안眼을 착鑿하며 피皮를 괄刮하며 요腰를 참斬하며 수족을 단斷하고 포살砲殺과 도살刀殺과 장살

49) 『獨立新聞』 1921년 1월 27일자, 「墾北來信」.

杖殺과 박살縛殺과 권살拳殺과 척살踢殺로 함에 아 동포는 혹 조손祖孫이 동살同殺되며 혹 부자父子 병살倂殺되며 혹 기부其夫를 살殺하여 기처其妻에게 시示하며 혹 기제其弟를 육戮하여 기형其兄에게 시示하며 혹 상주喪主가 혼백상魂魄箱을 포抱하고 난難을 도逃하다가 형제 구폐俱斃가 되며 혹 산모가 강보아襁褓兒를 회懷하고 화를 피하다가 모자母子 병륙并戮이 되고 기천호幾千戶의 가옥과 기만석幾萬石의 양곡과 기십처幾十處의 교당과 학교가 일거一炬에 진멸하였으니, 세계고금에 여차如此히 극참極慘한 혈사血史가 유有하며 여차히 잔학한 만종蠻種이 유有한가.50)

2) 서간도 한인사회의 참상

서간도의 한인사회 참화는 앞장에서 언급한 1920년 5~8월간에 일제가 획책한 이른바 '중일합동수색' 기간에 그 서막이 올랐다. 우에다대上田隊와 사카모토대坂本隊 등 이른바 중일합동수색대에 의해 4개월간에 걸쳐 서간도 한인사회의 독립운동세력에 대한 입체적 탄압작전이 벌어졌던 것이다. 그리하여 우에다대는 흥경 · 유하 · 해룡 · 통화현 일대를, 사카모토대는 안동 · 관전 · 환인 · 통화 · 집안 · 임강 · 장백 등지를 각각 전전하면서 수많은 독립운동가를 살해 혹은 체포하였다. 일제측의 보민회 관련 정보기록에서는 그 탄압 결과에 대해 "사카모토반坂本班의 체포자 277명 중 사살 8명, 영사관 중국측에 인도 57명, 조선측(일제총독부)에 인도 5명, 설유방환 207명, 우에다반上田班의 체포자 88명 중 사살 1명, 설유방환 87명"이라고 기록하고 있다.51)

---

50) 『獨立新聞』 1920년 12월 18일자, 「西北墾島에서 慘死한 同胞 追悼文」. 이 추도문은 박은식이 지은 『韓國獨立運動之血史』의 경신참변 결론부와 거의 동일한 내용으로 이루어져 있는 점으로 보아, 박은식의 글을 대본으로 정리한 것으로 추정된다.
51) 國史編纂委員會 編, 『韓國獨立運動史』 三(1967), 「48.保民會의 經過」, 664~665쪽.

중일합동수색 시기의 한인사회 탄압에서 특기할 사실은 서간도 독립운동의 중심지였던 삼원포三源浦가 초토화되었다는 점이다. 삼원포 일대에 대한 중일합동 수색대의 내습은 5월 31일 전격적으로 벌어졌다. 3백 명이 포박되어 끌려가 모진 고문을 받았던 삼원포 내습사건의 전말에 대해 당시 『독립신문』은 자세히 보도하고 있다. 그 요지의 일부를 보면 다음과 같다.

> 거去 5월 31일 조조早朝에 적경敵警 4명은 주구走狗(밀정－필자) 6, 7과 중국 순병巡兵 30여와 기마순병騎馬巡兵 15, 6명을 데리고 유하현으로부터 돌연히 내습하다. 적은 중국 순병을 사방에 세우고 적경과 적견敵犬(밀정－필자)이 2, 3명씩 작대作隊하여 남자란 남자는 12, 3세의 어린 학생으로부터 6, 70의 연만年滿한 노인에 이르기까지 한 사람도 남기지 않고 포박하다. 이리하여 당장에 포박된 3백여 명은 중국 순경청에 구류를 당하다. (중략) 포박된 3백여 명의 동포는 일일이 적의 참혹한 형벌을 당하면서 심문을 받다. 혹은 모지母指를 매어 공중에 댕궁히 달고 난타하며 혹은 비공鼻孔에 수水를 관灌하여 혼절케도 하며 그 외 별별 말못할 악형을 다하다.[52]

얼마 후 일본군의 간도 침공시기에 북간도와 마찬가지로 서간도의 한인사회도 초토화되었다. 서간도를 침공한 일본군은, 상술하였듯이, 일제 관동군 소속의 보병 제19연대와 기병 제20연대의 일부 병력 1천 2백 명이었다. 무순을 출발한 보병 제19연대는 통화에 도착한 뒤 11월 중순부터 12월 초순에 걸쳐 환인·대평초大平哨·관전 일대의 한인사회를 초토화하였으며, 기병 제20연대는 11월 초순부터 하순에 걸쳐 해룡海龍·삼원포三源浦·통화通化·흥경興京·영액성英額城·상가대商家臺·개원開原 일대의 한인사회에 대한 탄압작전을 벌였다.[53] 그 결과 서간도 각지의 한인사회에서도 '시산혈하尸山

52) 『獨立新聞』 1920년 6월 24일자, 「敵警 大擧하여 三源浦를 掩襲」.
53) 朝鮮軍司令部 編, 『間島出兵史』 上, 86쪽 ; 姜德相 編, 『現代史資料』 28, 「不逞鮮人ニ對スル陸軍ノ西間島示威行軍隨行復命書」, 471~481쪽.

血河'의 대참화를 입게 되었던 것이다.

그 가운데서도 흥경현興京縣의 왕청문旺淸門 일대의 한인사회는 큰 참화를 입었다. 이곳을 내습한 일본군은 중국인이 경영하던 왕청문 고등소학교에 군중을 모아놓고 독립운동세력 탄압을 위해 군대가 출동했음을 연설함으로써 참화를 예고하였다. 일본군은 이근진李根眞 장로를 비롯한 왕청문교회의 중심인물들과 학교 직원 등 10여 명을 인적이 드문 깊은 산중으로 끌고가 무참히 살해하였다. 참변의 현장을 목격한 마부의 전언으로 유족들은 이들의 시신을 겨우 수습할 수 있었다. 왕청문에서는 이러한 만행 외에도 서보西堡교회당과 강남江南교회당, 그리고 민족교육기관이던 삼성학교三成學校를 초토화하기에 이르렀다.[54]

서간도 한족회의 자치구역 안에 있던 통화현의 서반랍배西半拉背는 20여 호에 불과한 작은 한인마을이었으나, 이곳을 내습한 일본군에 의해 참화를 입었다. 이곳에는 평북 정주 사람인 조용석이 동생 조후석 등과 함께 1918년에 설립한 배달학교培達學校가 있었다. 교장은 조용석이 맡았으며, 교감은 김기선, 교사로는 조동호 등이 있었다.[55] 11월 3일 서반랍배에 들이닥친 일본군은 배달학교의 집기를 파괴하고 교직원 3명 전원과 한족회 자치회원들을 참살하였다.[56]

광복군총영의 근거지였던 관전현의 홍통구紅通溝에서도 일본군의 만행은 자행되어 '최단장崔團長' 외에 3명이 총살당하였다.[57] 12월 30일에는 동서구東西溝에서 농민 30명을 포박한 뒤 장심掌心과 경피頸皮를 철사로 꿰어 끌고 다니다가 끝내 얼음 속에 빠뜨려 살해하는 극악무도한 만행을 저질렀다.[58]

54)『獨立新聞』1920년 12월 18일자,「旺淸門附近의 慘狀」.
55) 한국독립유공자협회 편,『中國東北地域 韓國獨立運動史』, 集文堂, 1997, 244쪽.
56)『獨立新聞』1921년 1월 21일자,「墾島通信」.
57)『獨立新聞』1921년 1월 21일자,「墾島通信」.
58)『獨立新聞』1921년 1월 21일자,「墾島通信」.

일제의 이와 같은 만행은 혜산진 대안의 깊숙한 오지인 압록강 상류의 장백현長白縣까지 미쳐 이 일대에서 4백여 명이 체포되고 212명이 참살당했다는 기록도 보인다.[59]

상해 임시정부에서 간도 파견원의 조사 보고에 의거하여 서북간도 일대에서 입은 참화 피해를 집계하였을 때, 유하 · 삼원포 · 왕청문 · 관전 등지를 중심으로 하는 서간도 일대에서만도 한인 1,323명이 살해되고 125명이 체포당한 것으로 기록하고 있다.[60]

3) 경신참변의 피해상황

1920년 겨울에 야기된 서북간도 일대의 경신참변에서 입은 구체적인 피해상황을 명확히 제시하기는 결코 쉽지 않다. 무엇보다 한 · 중 · 일 삼국간의 관련자료마다 자국의 이해와 입장에 따라 피해의 정도가 다르게 기록되어 있기 때문에 실상에 접근하기가 어렵다. 그리고 대개의 자료는 참변이 집중적으로 벌어지는 1920년 10~11월간의 피해상황에 집중되어 있고, 1921년 5월 일본군의 완전 철수 때까지 전 기간에 걸친 피해상황을 기록한 경우가 없기 때문에 전모를 파악하는 데 일정한 한계가 따르는 것이다. 이러한 점을 감안하고 여러 자료에 나타난 경신참변의 피해상황을 살펴보고자 한다.

한국측 자료로는 상해 임시정부 계통의 보고 자료가 있다. 임시정부에서 간도 파견원의 보고에 의해 공식적으로 파악한 피해상황을 보면, 인명 피해가 피살 3,469명, 피체 170명이고, 재산 피해는 민가 3,209개 동, 학교 36개교, 교회당 14개 소, 곡물 54,045섬이 소실된 것으로 기록하고 있다.[61] 그러

---

59) 『獨立新聞』 1921년 4월 2일자, 「長白縣通信」. 이 통신에는 장백현 각지에서 한인이 입은 참화의 사례와 실상을 자세히 보도하고 있다.

60) 『獨立新聞』 1920년 12월 18일자, 「西北墾島同胞의 慘狀血報」.

나 이 통계수치에는 누락된 내용이 있었기 때문에 추가로 파악한 피살 인원 154명을 합하면, 모두 3,623명이 피살된 것으로 나타난다.[62)]

다음으로 임시정부 외무부에서 경신참변의 만행을 규탄하기 위해서 1920년 12월 9일자로 작성한 문서 「북간도의 한인에 대한 일본의 만행」 속의 피해상황 조사표와 제2회 서북간도 '한교피해조사표', 그리고 국제사회에 일제의 만행을 고발하기 위해 피해상황 조사표를 영역한 「Report on Japanese Outrages upon Korean and Chinese Civilians in Manchuria」 등 3건이 있다.[63)] 외무부에서 작성된 동일한 성격의 문서이기는 하지만, 통계수치상에서는 약간씩 차이가 있다. 「북간도 한인에 대한 일본의 만행」 속에 포함되어 있는 통계표에서는 간도파견원의 보고에 의해 작성된 피해상황표와 동일하게 피해종별을 7가지로 분류하고 있다. 그 가운데 피살인수에 대해서만 살펴보면, 서간도와 북간도를 합하여 모두 3,109명으로 집계되어 있다. 그리고 10월 9일부터 11월 30일까지의 피해상황을 조사한 제2회 서북간도 한교피해조사표에서는 피살자와 부상자, 그리고 피체자를 구분하지 않고 '사상급피금자수死傷及被擒者數'라는 이름으로 함께 집계하여 모두 3,736명이 피해를 입은 것으로 기록해 놓았다. 그리고 가옥 3,207채가 불타고, 학교 34개교, 교회당 13개 소, 곡물 51,645석이 피해를 본 것으로 집계하였다. 또 영역된 피해보고서에서는 사상자(Killed or Injured) 3,165명, 가옥 피해 2,526채,

---

61) 『獨立新聞』 1920년 12월 18일자, 「西北墾島同胞의 慘狀血報」. 임시정부 간도 통신원의 보고에 의해 작성된 이 통계표는 '10월 9일부터 11월 30일까지의 된 사실조사'라는 附記가 있어 이 기간에 이루어진 사실에 대한 통계로 일단 인정되지만, 본문에는 '10월 9일부터 11월 5일 합 27일간의 도처에 (하략)'라는 조사기간을 암시하는 대목이 있기 때문에 앞으로 조사기간에 대한 세밀한 분석이 필요할 것으로 생각된다.

62) 『獨立新聞』 1921년 1월 27일자, 「墾島慘狀後報」. 여기에는 북간도의 연길현과 화룡현 등 2개 현의 누락분만 "被殺人, 被奪物, 被燒物" 등 3개 항목으로만 분류하여 피해상황을 기록해 놓았다. 그 가운데 피살인 항목을 보면, 연길현에서 97명, 화룡현에서 57명, 합계 154명이 추가로 파악된 것으로 밝혔다.

63) 연세대학교 현대한국학연구소 편, 『雩南李承晩文書』(1998) 東文篇 7, 190~215쪽.

학교 33개 교, 교회당 13개 소, 그리고 곡물 62,265석(파운드)으로 집계되어 있다.

상해 임시정부와 정보 및 자료를 공유하고 있었겠지만, 박은식은 『한국독립운동지혈사』에 첨부한 경신참변 피해상황 조사표에서 한인 양민 3,106명이 피살되었으며, 238명이 체포되고, 2천 5백 호의 가옥이 소실된 것으로 기술하였다.[64] 하지만 이 통계는 위의 임시정부 통계와 마찬가지로 경신참변 전 기간에 걸친 조사가 아니라 11월까지의 피해상황에 대해서만 집계한 결과라 할 수 있다. 그러므로 실제 피해 규모는 이 통계 수치를 훨씬 상회할 수밖에 없을 것이다.[65]

다음으로 실제 참변이 일어났던 간도의 관할국인 중국측의 자료에 경신참변 피해상황에 대한 기록이 있다. 하지만, "최근 3주일간에 연변 일대에서 살해된 조선인은 2천 명"이라고 보도한 1920년 11월 7일자 『길장일보吉長日報』의 보도내용과, 320여 명의 한인이 희생된 것으로 집계한 공문자료 사이에는 큰 차이가 난다. 즉 1921년 5월 5일 연길 도윤道尹이 외교총장에게 올린 공문인 「오현화인간민피일군소살수손상황五縣華人墾民被日軍燒殺受損狀況」에는 연길 · 화룡 · 왕청 · 혼춘 · 동녕 등 5개 현에서 피살자가 한인[墾民] 320명, 중국인[華民] 622명으로 집계하고 있다.[66] 그러나, 1922년 7월 14일 중국 외교총장이 주중일본공사 오바타小幡에게 보낸 조회에서는 위의 북간도 5개 현에서 한인 324명이 희생되고, 중국인 24명이 살해된 것으로 되어 있다.[67] 이러한 통계수치는 당시 중국 당국이 일제측과 배상문제를 협의하면서 집계한 것으로 보아 중국인의 피해상황은 비교적 정확하다고 인정되지만, 배

---

64) 朴殷植, 『韓國獨立運動之血史』, 208~216쪽.

65) 愼鏞廈, 『韓國民族獨立運動史研究』, 乙酉文化社, 510쪽 각주 참조. 여기서 愼鏞廈 교수는 경신참변 때 입은 전체적인 인적 피해 규모를 1만 명 정도로 추산하였다.

66) 金春善, 「庚申慘變 연구 -한인사회와 관련지어-」, 163쪽.

67) 姜德相 編, 『現代史資料』 28(朝鮮 4), 「吉林延吉道屬延琿和汪東五縣被日軍燒殺華佃墾各戶損失財產及人口數目一覽表」, 592쪽.

상 대상으로 인정받지 못한 한인들의 피해상황에 대한 집계는 누락되었거나 축소된 것이라 할 수 있다.[68)]

끝으로 일제측의 탄압 관련 자료는 그들의 만행을 감추기 위해 경신참변의 실상을 가능한 한 축소·왜곡하여 집계하고 있다. 간도를 침공한 주력부대였던 제19사단 사령부의 보고에 의해 조선군사령부에서 작성한 문서에 따르면, 이른바 작전 기간에 한인 494명이 피살되고 707명이 체포된 것으로 기록되어 있으며, 민가 531개 동과 학교 25개 교 등이 소각되는 손실을 입은 것으로 집계되어 있다.[69)]

이상의 여러 자료에서 집계한 경신참변의 피해상황 가운데 한인 희생자 부문만을 별도로 제시하면 아래와 같다.

〈표 1〉 경신참변 한인 희생자 수

자 료	피살한인 / 명	비 고
임시정부 간도파견원 보고	3,623	
북간도의 한인에 대한 일본의 만행	3,109	임정 외무부 작성
제2회 서북간도 한교韓僑 피해조사표	3,736	임정 외무부 작성 (부상자 포함)
영역英譯 피해상황 조사표	3,165	임정 외무부 작성 (부상자 포함)
중국 길장일보吉長日報	2,000	
연길 도윤道尹 보고서	320	서간도 제외
중국 외교총장 조회문	324	서간도 제외
일제 조선군사령부 문서	494	

위의 자료들은 조사지역과 조사기간, 그리고 사망, 부상 등 피해 종별이 모두 다르기 때문에, 단순히 외형적 수치만으로 비교하기는 어려운 실정이

68) 金春善, 「庚申慘變 연구 -한인사회와 관련지어-」, 164쪽.
69) 朝鮮軍司令部 編, 『間島出兵史』 上, 108쪽.

다. 이런 점을 감안하더라도 가장 큰 편차를 비교해 볼 때, 임정 간도 파견원이 파악한 희생자 수는 3,623명인데 비해, 연길도윤이 보고한 북간도지역의 한인 피해자수는 320명에 불과하다. 후자와 같은 중국측 당안자료의 이러한 통계수치는 일제의 조선군사령부 문서 속에서 서간도를 포함하여 제시한 피살자 수 494명과 비슷한 규모로 생각된다. 이와 같은 왜곡 · 누락 집계는 고도의 정치적, 외교적 이해관계가 고려된 결과라 할 수 있다.

이상과 같은 자료 검토에도 불구하고, 경신참변에서 간도 한인사회가 입은 참화의 전모를 명확히 제시하기는 어렵다. 하지만 이처럼 여러 자료에 나타나는 참화의 집계가 매우 큰 편차를 보이고 있다는 사실만으로도 경신참변의 실상이 그만큼 참혹하였고, 그에 따른 피해상황이 극심했음을 반증하는 증좌라 할 수 있을 것이다.

5. 맺음말

1920년 간도 한인사회를 초토화한 경신참변은 일제에 의한 민족수난기에 한민족이 겪었던 대표적인 비극적 사건 가운데 하나이다. 역사적 배경 설정의 측면에서 볼 때, 이 참변은 경술국치 직전에 경험하였던 '남한폭도대토벌작전'과 같은 의병 대탄압과도 맥락을 함께 하고 있으며, 또 연해주 한인사회를 초토화한 1920년 4월참변의 연장선 위에 놓여 있다고도 할 수 있다.

일제는 1910년 한국 병탄 이후 한민족에 대해 무단통치로 일관한 탄압 · 지배정책을 추진하면서 영구 식민지화를 획책하고 있었다. 이와 같이 암울한 수난기에 거족적 3 · 1운동이 발발하자, 국내외를 막론하고 한민족은 모두가 '독립'이라는 지상과제에 도달할 수 있다는 희망과 기쁨, 곧 독립열기에 휩싸이게 되었다. 만주지역에서 독립군이 일제 군경을 상대로 한 독립전쟁을 활발하게 전개하게 되는 것도 이러한 시대의 흐름을 반영한 결과였다. 그러므로 일제는 한국을 영구 식민지 지배하기 위해서는 한민족의 독립열기를 철저히 봉쇄해야만 하였다. 경신참변은 이와 같이 치밀한 사전계획 하에서 수립되고 실행된 독립운동 말살정책인 동시에 군사작전이었다.

그 결과 '간도지방불령선인초토계획間島地方不逞鮮人剿討計劃'으로 명명된 일본군의 간도 침공작전은 대단히 규모가 크고 삼면에 걸친 입체작전으로 펼쳐지게 되었다. 여기에는 2만 명에 가까운 병력이 동원되었을 뿐만 아니라, 임시군사비로 총 4천 5백만 엔圓이 넘는 막대한 전비가 투입되었다. 전비 가운데 북간도로 직접 군대를 출동하기 위해 지출한 경비는 약 4백만 엔에 불과하고 나머지 대부분의 전비는 시베리아 및 북만주 파견대, 청도靑島 수비부대의 활동 및 군사조사 등에 소요되었다. 즉 대규모 부대가 간도로 출동함에 따라 한국 · 중국 · 러시아에 주둔하고 있던 일본군 전체가 이 작전을 지원하기 위해 재배치됨으로써 대규모의 임시군사비가 투입되었던 것이다.

경신참변은 혼춘사건으로 일본군이 간도를 침공하기 시작하는 1920년 10월부터 완전히 철수하는 1921년 5월까지 약 8개월간에 걸쳐 반복적으로 지속되었다. 그 가운데서도 일제의 만행은 1920년 10~12월 3개월간에 걸쳐, 북간도의 연길 · 혼춘 · 화룡 · 왕청의 4개 현에 집중되었다. 대규모의 이주 한인사회가 형성되어 있던 이 일대에는 대한국민회 · 군무도독부 · 대한군정서 등 수많은 독립운동단체 및 독립군단이 활동하고 있었기 때문에 일본군의 탄압이 그만큼 집중될 수밖에 없었다. 한편, 관동군이 출동한 서간도에서는 특히 흥경현의 왕청문 일대, 그리고 관전현의 관전과 철령 일대에 참화가 집중되었다. 이 일대는 서간도 독립운동세력의 활동 중심지였고 나아가 일본군의 작전 중심에 들어 있던 지역이었다.

요컨대, 경신참변은 3·1운동을 계기로 급속히 고조된 한민족의 독립열기를 차단하기 위해 일제가 간도지역의 한인사회를 의도적으로 초토화한 사건이었고, 이런 까닭에 참변의 실상은 극도로 참혹하고 잔인하였던 것이다.

만주국 시기 연변지역 한인의 수난

1. 머리말

1931년 9월 18일 만주침공을 감행한 일제는 이듬해인 1932년 3월 1일 괴뢰국 만주국을 건국하였다. 길림성 · 요령성 · 흑룡강성 등 중국 동북삼성의 만주 전역을 판도로 한 만주국이 성립됨으로써 이후 1945년 패망 때까지 13년간 일제는 이 지역에 대한 지배를 현실화하였다. 이 시기 만주에 거주하던 150만 명에 달하던 한인들도 국내의 경우와 같이 결국 일제의 직접적인 지배와 탄압을 받지 않을 수 없게 되었다.

주지하다시피 드넓은 만주 가운데서도 한인이 가장 밀집해 거주하던 지역은 오늘날 연변조선족자치주의 영역에 상당하던 북간도, 곧 연변[1]지역이었다. 즉 연길 · 화룡 · 혼춘 · 왕청의 4개 현을 비롯해 안도현을 포괄하던 이 지역에는 당시 전체 만주 한인구의 거의 절반이 거주하고 있었다.

1) '延邊'은 일찍부터 북간도에 상당하는 지명으로 사용되어 왔다. 어감과 개념은 약간씩 다르지만, 연변에 상당하는 지명으로는 '延吉' '延琿' 등도 병용되었다.

일제는 만주국 시기에 연변 일대를 이른바 간도성間島省으로 획정하여 이곳에 거주하던 한인들의 동향에 대해 늘 예의주시하였으며, 나아가 한인들에 대한 지배, 행정력을 제고시켜 그들의 영향을 부식하는 데 많은 노력을 기울였다.

만주국 시기 연변 한인들에 대한 일제의 지배정책과 그 실상을 파악하는 작업은 한말 이주 초기부터 형성된 한인사회의 성격과, 나아가 오늘날의 연변 조선족의 정체성을 확인하는 과정의 일환이라 할 수 있다. 조선족의 역사적 전통과 문화가 형성되던 시대적 상황의 여러 조건들을 구명하는 작업이 되기 때문이다.

연변 한인사회의 형성과 그 실상에 대해서는 그 동안 다양한 각도에서 연구가 진행되어 왔다. 또 만주국 시기 한인들의 반제투쟁에 대해서도 상당한 연구가 축적되어 온 것이 사실이다. 그러나 만주국 시기에 연변 한인에 대한 일제의 통치, 지배정책과 그 실상에 대해서는 크게 주목하지 못하였다. 그것은 이 분야에 대한 그 동안의 연구가 만주국 전체를 대상으로 설정하여 만주 한인사회의 동향과 일제의 통치 등을 파악하는 작업에 집중되어 왔기 때문이다. 연변 한인사회가 만주 한인사회의 일부이고 또 가장 중심부를 차지하고 있다는 점을 감안하더라도, 연변 조선족이 가졌던 역사적 조건과 상황을 올바로 이해하기 위해서는 만주국 시기에 연변 한인사회에 대한 일제의 탄압과 지배의 실상을 명확히 구명하는 작업이 선행되어야만 할 것이다.

본고에서는 먼저 만주국 시기(1932~1945)에 연변 한인사회의 규모와 그 시대적 추이를 만주 전역과 대비시켜 살펴보고, 이러한 토대 위에서 연변 지역 한인들을 대상으로 일제가 취했던 지배정책의 내용과 그 실상을 고찰해 보고자 한다. 특히 일제의 한인 지배정책을 이해하기 위해서 만주국의 이른바 건국정신인 민족협화民族協和와 한인의 관계에 대해 살펴보고, 나아가 일제의 한인 지배정책과 관련하여 중요한 의미를 갖는 문건인 1936년의 한인 '지도요강指導要綱'의 내용과 성격, 의미 등을 살펴보았다. 다음으로는 연변 한인사회에 대한 일제의 식민지교육 강요의 내용과 의미를 특히 초등 교육을 중심으로 언급하였고, 이어 일제의 한인지배 단체의 성격을 지녔던 조선인민회朝鮮人民會를 비롯하여 만주제국협화회滿洲帝國協和會 조선인민회 분회朝鮮人民會分會, 간도협조회間島協助會 등 연변지역의 한인 친일단체 등을 논급하였다. 끝으로는 만주국 시기에 일제가 정책적 강요하에서 연변 각지에 건설한 이른바 집단부락集團部落에 대해 언급함으로써, 이 시기 연변 한인사회가 처해 있던 참담한 현실과 민족적 고뇌를 더 사실적으로 이해할 수 있는 계기로 삼고자 한다.

본고는 그럼에도 불구하고 여러 가지 한계를 가지고 있음을 자인하지 않을 수 없다. 그 가운데서도 특히 다음 두 가지를 지적하지 않을 수 없다. 먼저, 연변지역의 한인사회만을 연구대상으로 삼았음에도 불구하고, 문헌자료와 현실인식의 한계로 인해 본고는 내용기술과 논지전개 과정에서 만주 한인사회 전체를 대상으로 설정한 경우가 많았다. 만주에서 연변지역이 갖고 있는 자연지리, 역사문화의 특수성을 고려할 때, 이 점은 본고가 갖는 두드러진 한계라 할 수 있다. 다음으로, 본 연구주제와 관련되어 한국, 중국, 일본 3국의 방대한 자료들을 철저하게 조사 분석하지 못했다는 점은 한계와 아쉬움을 넘어 유감으로 남아 있다. 만주국 시기에 일제가 연변 한인사회를 탄압하고 지배했던 역사상像을 형상화 해내기 위해서는 앞으로 더 많은 연구가 지속되어야 할 것이다.

2. 만주국 시기 연변지역 한인사회 규모

만주국이 성립되기 직전인 1931년 현재 중국 동북삼성인 만주에 거주하던 한인구는 630,982명이었다. 그 후 만주국이 성립된 3년 뒤인 1935년 현재 한인구는 826,570명으로, 1931년부터 4년 동안 약 20만 명(정확히는 195,580명)이 늘어난 셈이었다. 이 기간에 만주국이 성립된 지 2년 후인 1934년에 약 8만 5천명, 1935년에 약 6만 8천명이 늘어나 만주국 성립 이전의 다른 연도에 비해 월등히 높은 인구 증가비를 보이고 있다. 이러한 한인구의 증가 추세는 매년 더욱 가속화되었다. 그리하여 1936년의 한인구는 총 859,589명이었고, 그 2년 뒤인 1938년에는 1,056,308명으로 집계되었다. 1937년 1년간 무려 20만 명이 급증하였던 셈이다.(〈표 1〉 '만주국 성립 전후 만주 거주 한인구 추이' 참조) 그뒤 연변지역의 한인구는 1940년에 이르면 1938년 대비로 거의 50%가 늘어나 150만 명(정확히는 10월 현재 1,450,384명)에 육박하는 것으로 집계될 만큼, 일제의 만주 집단이민정책으로 말미암아 국내로부터의 인구유입이 계속 격증하고 있다.[2] 이렇게 유입된 한인구 가운데 상당수가, 정확한 통계수치를 제시할 수는 없지만, 남북만주뿐만 아니라 연변 각지에도 정착하였던 것으로 보이며, 이러한 현상은 연변지역의 한인사회에 격변을 초래한 기인 가운데 하나로 작용하였을 것으로 짐작된다.

만주 가운데 한인구가 가장 밀집해 있던 지역은 단연 연변지역, 곧 만주국의 간도성間島省이었다. 만주국 시기에 연변지역의 총 면적은 1,656방리方里로 나타나 있으며, 그 가운데 연길현이 518방리로 가장 넓은 면적을 차지하고 있었다. 그 다음으로 왕청현 498방리, 화룡현 378방리, 혼춘현 262방리의 순이었다.

2) 滿洲國史編纂刊行會 編, 『滿洲國史(各論)』, 東京, 滿蒙同胞援護會, 1971, 58쪽; 尹輝鐸, 「滿洲國의 '民族協和'運動과 朝鮮人」, 144쪽.

〈표 1〉 만주국 성립 전후 만주 거주 한인구 추이[3)]

(단위 : 명)

연 도	남 자	여 자	계
1926년	298,110	244,075	542,185
1927년	304,582	253,698	558,280
1928년	313,399	263,433	577,052
1929년	322,631	273,046	597,677
1930년	325,781	281,338	607,119
1931년	338,410	292,572	630,982
1932년	360,174	312,475	672,649
1933년	358,876	314,918	673,794
1934년	403,438	355,447	758,885
1935년	442,298	384,272	826,570
1936년			859,589
1938년			1,056,308
1940년			1,450,384

「만주국현주호구통계滿洲國現住戶口統計」에 따르면 1938년 말 현재 만주국 관내에 거주하던 한인구는 전술하였듯이 총 1,056,308명이고, 그 가운데 연변지역(간도성)의 한인구가 523,898명으로 전체 한인구의 50%를 상회하고 있다.[4)] 연변지역 가운데서도 한인구가 밀집되어 가장 많이 거주하고 있던 곳은 연길현이었다. 일제의 한 통계수치를 보면 1936년 6월 현재 연길현에는 306,674명이 거주하고 있었고, 그 다음으로 화룡현에 71,367명, 혼춘현에 63,816명, 왕청현에 43,089명이 살고 있었으며, 안도현에는 불과 3,173명이

3) 이 표는 일본 외무성 동아국 제2과, 『소화11년도 執務報告』 제2책(소화12년 12월), 327쪽; 동아국 제2과, 「滿洲國主要都市在留本邦人人口概計表(소화12년 1월 1일 현재); 동아국 제3과, 「中華民國在留本邦人及第三國人人口概計表 附 滿洲國在留本邦人人口」(소화15년 1월 1일 현재) 등에 의거하였다.

4) 일본 외무성 동아국 제3과, 「中華民國在留本邦人及第三國人人口概計表 附 滿洲國在留本邦人人口」(소화15년 1월 1일 현재)(일본 외무성 외교사료관 소장)에 포함되어 있는, 만주국 치안부 警務司에서 작성한 「滿洲國現住戶口統計」(康德5년 말 현재)에 의거한 것이다.

거주하고 있었을 뿐이었다.[5)]

한편, 연변지역의 전체 인구 가운데 한인의 인구비는 거의 80%에 육박하였다. 만주국이 성립된 직후인 1932년 말 현재의 한 통계에 따르면, 연변의 총 인구는 520,418명이며, 그 가운데 한인은 406,341명으로 전체 인구의 77%를 점유하고 있었다.[6)] 이듬해인 1933년 7월 현재의 연변 한인구는 전년도에 비해 2만 4천여 명이 증가한 424,463명으로 집계되어 있고[7)], 1935년에는 대략적으로 한인구가 47만 명으로 집계되어 연변지역 총인구 60만 명의 80%를 점유하고 있었다.[8)] 그 뒤 1940년 10월 현재 연변지역의 한인구는 582,427명으로 집계되어 5년간 11만 명 이상 격증하였다.[9)]

다음으로 연변지역에서 한인구가 1만 명 이상 거주하던 인구 밀집지역을 보면, 만주국 중기인 1936년을 기준으로 23,770명이 거주하던 도문圖們이 수위를 차지하고 있다. 그 뒤를 이어 용정龍井(18,285명), 팔도구八道溝(17,609명), 마적달馬滴達(16,184명), 석건평石建坪(12,030명), 흑정자黑頂子(10.300명), 왕청汪淸(10,002명) 등지의 순으로 나타났다.(〈표 2〉 '만주국 시기 연변지역 주요도시 인구' 참조) 당시 연길은 9,108명이 거주하고 있는 것으로 나타나 아직까지는 한인구의 밀집이 두드러진 곳이 아니었음을 감지할 수 있고, 백초구百草溝의 경우에는 1934년의 한인구가 16,479명으로 집계되어 있는 데 비해 1936년에는 4,077명만이 거주하고 있는 것으로 나타나 있어, 그 편차를 고려할 때 통계상 오류가 있는 것으로 짐작된다. 그리고 팔도구 · 의란구 · 위자구 · 석건평 · 석현 · 양수천자 · 마적달 · 흑정자 등지는 인구 유입이 급증한 곳으로,

---

5) 朝鮮憲兵隊司令部 編, 『鴨綠江, 豆滿江 對岸移住鮮人의 狀況』(소화11년 6월말 현재, 일본 방위연구소 자료), 附表第一 참조.

6) 만주국 민정부 총무사 조사과 편, 『在滿朝鮮人事情』(대동2년 9월)(일본 방위연구소 소장), 199쪽.

7) 만주국 민정부 총무사 조사과 편, 『在滿朝鮮人事情』(대동2년 9월), 205쪽.

8) 機密 제267호(소화10년 8월 30일) '間島省公署ノ省內朝鮮人教育方針ニ關スル件' (일본 외무성 외교자료관 소장)

9) 신규섭, 「'만주국'의 협화회와 재만 조선인」, 『만주연구 1』, 만주학회, 2004, 115쪽.

정확히 자료는 제시할 수 없지만, 이 시기에 국내로부터 유입된 한인구가 이곳으로 집중된 결과로 추정된다.

〈표 2〉 만주국 시기 연변지역 주요도시 인구

(단위 : 명)

지 명	1934년 말	1936년 말	지 명	1934년 말	1936년 말
용정龍井	19,566	18,285	양수천자涼水泉子	1,452	5,763
달라재大拉子	1,188	1,256	혼춘琿春	4,707	5,237
개산툰開山屯	1,329	2,132	합달문哈達門		5,758
팔도하자八道河子		1,402	마적달馬滴達	851	16,184
남양평南陽坪	1,443		흑정자黑頂子	279	10.300
동불사銅佛寺	1,819	1,890	백초구百草溝	16,479	4,077
노두구老頭溝	4,800	4,571	대두천大肚川	7,967	
명월구明月溝	8,144	6,301	왕청汪淸		10,002
두도구頭道溝	6,667	6,719	삼차구三岔口	4,577 (소삼차구小三岔口)	1,692
이도구二道溝	3,382	3,587	춘양春陽		3,904
삼도구三道溝	5,634	5,592	길림吉林	3,904	2,143
연길延吉	9,183	9,108	합달만哈達溝「灣?」	102	111
팔도구八道溝	4,333	17,609	엽전樺甸	663	764
의란구依蘭溝	1,395	6,382	반석磐石	1,055	1,761
위자구葦子溝	697	3,271	소성자小城子		760
도문圖們	17,998	23,770	돈화敦化	1,216	1,624
석건평石建坪	1,141	12,030	교하蛟河	1,576	1,714
석현石峴	1,329	6,189	신참新站	1,938	1,317

3. 일제의 만주 한인 지배정책

1) '민족협화'와 만주 한인의 관계

일제는 괴뢰 만주국을 세우고 청조의 마지막 황제인 부의溥儀를 형식상의 최고 통치권자인 만주국 집정執政으로 옹립하여 외형상 독립국의 형태를 취하였다. 이러한 상황에서 만주국의 모든 권력은 총무청總務廳에 집중되어 있었고, 이를 일제의 관동군이 '내면지도內面指導'하는 간접지배 형식을 취함으로써 만주국의 권력을 일제가 실질적으로 장악할 수 있었다. 그 후 일제 관동군은 다양한 방법을 동원하여 만주국의 '독립국가' 체제를 정비해 나갔으며, 만주에 거주하는 여러 민족을 새로운 통치체제에 포섭 편입하기 위해 명분과 이념을 만들어 냈다. 1932년 3월 1일 공포된, "무릇 신국가 영토 안에 거주하고 있는 자는 모두 종족의 구별과 존비尊卑의 구별이 없다. 원래의 한족 · 만주족 · 몽고족과 일본 · 조선의 각 민족뿐만 아니라 기타 국인國人으로서 장기간 거주하기를 원하는 자도 평등한 대우를 받을 수 있다."[10] 라고 한 만주국의 건국선언도 이러한 맥락에서 나온 것이었다. 이처럼 일제는 새로 건국되는 만주국 안에 거주하는 모든 민족에게 평등한 사회적 지위와 거주의 자유가 보장되는 것처럼 선전하였다.[11]

일제는 또한 만주국의 지배질서를 확립하는 데 요구되는 새로운 '만주국인'을 형상화하는 작업도 벌였다. 일제가 제시한 '만주국인' 상은 이른바 건국정신을 갖춘 근대적인 시민이고 유교의 예법과 덕목을 숭상하는 국민이었다. 이에 따라 국민들에게는 사해동포주의 · 박애 · 만국평화 · 만국도덕 등이 강조되었다.[12]

일제가 만주국의 건국이념에서 한족 · 만주족 · 몽고족 · 한인 · 일본인 등 이른바 오족협화五族協和를 근간으로 하여 여러 민족간의 화합을 강조한 '민족협화'를 주창한 배경과 이유는 만주국민의 85% 이상의 주민이 한족이었던 까닭에, 한족의 우월한 중화의식을 말살하는 데 있었다. 일제가 민족협화를 강조함으로써 만주국의 국가권력이 일본인 관료에게 집중되어 있었

10) 『滿洲國政府 公報』 1932년 3월 1일자.
11) 金泰國, 「滿洲地域 '朝鮮人 民會' 研究」, 국민대학교 대학원 국사학과 박사학위논문, 2001, 187~188쪽.
12) 韓錫正, 『만주국 건국의 재해석』, 동아대출판부, 1999, 151~152쪽.

고 민족협화를 이끌어나가는 핵심 민족도 일본인이었으므로, 만주국의 주민 구성원 수에서 절대 우위를 점한 한족의 주도권을 이로써 자연스럽게 부정할 수 있었던 것이다.[13)]

한편, 1910년 경술국치 후 만주에 이주한 한인들은 자신들의 의지와는 상관없이 이른바 '일본제국의 신민'으로서의 '법적 지위'을 가지게 되었다. 이에 따라 한인들은 영사재판권 · 영사경찰권 · 토지상조권 등 치외법권을 가지고 있었다. 1937년 11월 철폐 때까지 일제가 한인에게 부여한 이와 같은 치외법권은 결코 한인의 법적 권리와 지위를 신장시키기 위해서가 아니었다. 그것은 '일본신민'으로 간주한 한인들을 일제의 만주통치와 대륙침략에 적극적으로 이용하려는 데 있었고, 나아가 만주 한인들을 일제가 직접 지배하여 한국과 만주국에서의 식민지 지배를 강화하려는 데 있었다. 또한 치외법권을 통하여 만주국 내의 각 민족간의 차별화정책을 부각시켜 반만항일세력의 형성을 저지하고 민족간에 상호 견제를 유발하는 일석이조의 효과를 거두고자 한 것이다.[14)]

1932년 만주국이 성립된 뒤 일제와 만주국의 양국 정부는 '일만의정서日滿議政書'를 체결하여 일제의 권익을 만주 전역으로 확대하였다. 하지만, 일제의 권익이 확대되는 만큼 만주국의 권능과 역할은 오히려 축소되고 말았다. 이에 일본과 만주국 양국 정부는 1936년부터 1937년간에 걸쳐 치외법권을 철폐하는 과정에서 일제의 권익을 만주국으로 점차 이관시켜 갔다. 이러한 과정에서 만주국은 '오족협화'를 표방하면서 한인과 일본인을 구별해 한인을 '만주국 국민'으로 육성하려고 했고, 조선총독부에서는 '내선일체內鮮一體'의 원칙 아래 한인을 '일본제국 신민'으로 육성하려고 하였다.[15)] 이

13) 金泰國, 「滿洲地域 '朝鮮人 民會' 硏究」, 국민대학교 대학원 국사학과 박사학위논문, 2001, 188쪽.
14) 金泰國, 「滿洲地域 '朝鮮人 民會' 硏究」, 190~191쪽 참조.
15) 田中隆一, 「일제의 '만주국' 통치와 '재만한인' 문제 –'오족협화'와 '내선일체'의 상극」, 『만주연구』 창간호, 만주학회, 2004, 104쪽.

러한 과정에서 만주 한인은 결국 만주국과 조선총독부 양자로부터 이중적 탄압과 지배를 당하게 되었던 셈이었다.

결국 만주국의 국시인 민족협화와 관련지어 볼 때, 만주 한인은 수적으로 절대 다수를 점유하고 있던 한족과 만인滿人에 비해 중심적인 존재가 못 되었다.[16] 게다가 한인들은 치외법권 철폐 이전까지만 해도 '일본제국의 신민'임에는 틀림없었지만, 자본·기술·토지 등이 거의 없었기 때문에 일본인과 어깨를 겨루지 못하고 있었다. 이러한 상황에서 한인들은 일본인에게 지도를 받고 있는 동시에 선주先住 중국인에게 신세를 지고 있다는 인식하에 다른 민족의 눈치를 살피지 않을 수 없었다. 뿐만 아니라 소수 민족의 위상을 지니고 있던 만주 한인들은 지배 민족의 위상을 가진 일본인 및 다수 민족인 중국계와 달리 협화회운동協和會運動에 적극 참여하지 않고 기피하는 경향이 있었다. 결국 지배 민족과 다수 민족의 틈새에 끼여 기를 쓰지 못하고 무력감에 빠져 있던 한인들은 '민족협화' 국민운동에서 낙오자로 전락되어 '귀찮은 존재'로 낙인찍혀 버렸다. 이처럼 만주 한인들은 표면상 만주국 국민의 일원이었지만, 그들이 운신할 수 있는 공간은 별로 없었다. 이렇게 볼 때, 한인들은 만주국에서 '일본제국의 신민'으로서 일본의 후원하에 중국인보다도 우월한 지위를 누리고 있던 2등 국민이 결코 아니었다. 중국인보다도 우월한 지위를 누릴 수 있는 정치적, 경제적, 사회적, 문화적 위상을 차지한 적이 결코 없었던 것이다.[17]

---

16) 1940년 현재 만주국의 총 인구는 4천 3백만 명이었다. 민족별 인구 구성은 漢族이 3천 7백만 명(86%), 滿人이 270만 명(6%), 回族(이슬람족)이 2백만 명(5%), 韓人이 150만 명(3%), 몽고족이 1백만 명(2%), 일본인이 82만 명(2%), 러시아인이 7만 명이었다고 한다(滿洲國史編纂刊行會 編, 『滿洲國史(各論)』, 東京, 滿蒙同胞援護會, 1971, 58쪽; 尹輝鐸, 「滿洲國의 '民族協和'運動과 朝鮮人」, 144쪽에서 재인용).
17) 尹輝鐸, 「滿洲國의 '民族協和'運動과 朝鮮人」, 『한국민족운동사연구』 26, 한국민족운동사학회, 2000, 164~167쪽.

2) 만주 한인에 대한 '지도요강'

만주국 건국 후 일제는 만주 한인들을 통치체제에 편입하기 위해 적지 않은 노력을 기울였다. 건국 초기에는 '민족협화'를 통치이념으로 각지에 설립된 조선인민회와 그 연합체인 조선인민회연합회를 통하여 한인사회 통제와 식민지체제 부식에 심혈을 기울였다. 그 뒤 만주국이 비교적 안정기에 접어드는 시기인 1936년에는 조선인민회를 해산하면서 만주 한인에 대한 통치의 기본방침을 변경하였다. 그 동안 치외법권이 적용되어 온 만주 한인의 통치주체는 조선총독부와 일본영사관이었으나, 치외법권이 철폐된 이후 만주국이 한인을 직접 통제하게 되었던 것이다. 이것은 결국 만주 한인이 '일본제국의 신민'에서 '만주국 국민'으로 전이되었음을 의미하는 것으로, 이후 한인의 사회적, 정치적, 경제적 지위와 신분에 중대한 변화를 가져오게 되었다. 관동군사령부에서 제1차 치외법권 철폐 직후인 1936년 8월 15일 「재만조선인지도요강在滿朝鮮人指導要綱」(이하 「지도요강」)을 확정 발표한 것이 그것이다.[18)]

치외법권 철폐에 따라서 일제가 만주 한인들을 향후 지배해 나갈 '바람직한' 방향을 제시하기 위해 작성된 「지도요강」은 그 취지와 목적을 원론적으로 기술한 '지도방침指導方針'과, 여기에 따라서 한인들을 구체적으로 규제하고 통할하기 위해 세부적인 내용을 7개 항으로 나누어 적기摘記한 '지도요령指導要領'으로 이루어져 있다. 또 「지도요강」과 함께 그 시행세칙의 성격을

---

18) 「關參滿 제305호(소화11년 8월 18일)」(「陸滿密受 제1217호」 소화11년 8월 24일, 일본 방위연구소 소장), '在滿朝鮮人指導要綱ノ件'의 부속문건 「在滿朝鮮人指導要綱」(關東軍司令部, 소화11년 8월 15일). 실제로 「在滿朝鮮人指導要綱」이 작성된 시기는 1936년 7월 22일 이전으로 보인다. 왜냐하면 그 시행세칙의 성격을 띤 「在滿朝鮮人指導要綱說明」의 작성 시기를 1936년 7월 22일로 명기한 문건이 확인되기 때문이다(「滿密 제1116호」 소화11년 8월 7일, 일본 방위연구소 소장) '朝鮮人ノ指導取扱ニ關スル件').

갖고 있는 총 8개 항으로 이루어져 있는 「재만조선인지도요강설명在滿朝鮮人指導要綱說明」도 동일한 시기에 함께 작성되어 만주 한인에 대한 기본적인 통치방침을 규정하였다.[19] 먼저 「지도요강」의 '지도방침' 내용을 보면 다음과 같다.

> 재만 조선인은 만주국의 중요한 구성분자임을 진지하게 자각하고 스스로 그 소질을 향상시켜 내용을 충실하게 하며 함께 기꺼이 만주국민으로서 의무를 이행하고 나아가 만주국의 발전에 공헌할 뿐만 아니라 치외법권 철폐에 따라 그 주권 아래에서 다른 민족과 협화융합協和融合하고 균등한 조건으로써 여러 방면에서 견실한 발전을 도모할 수 있도록 다음과 같이 지도함.[20]

위의 '지도방침'의 요지는 만주 한인이 앞으로는 만주국민의 성원임을 주체적으로 자각하여 만주국의 다른 민족과 협화 융화하는 가운데 자기발전을 도모할 수 있도록 '지도'한다는 것이다.

다음으로 세부적인 사항을 7개 항으로 규정한 '지도요령'의 내용은 다음과 같다. 제1항에서는 한인들이 만주국민으로서의 각오를 다지며 의무 이행에 유념하도록 규정하고, 특히 조선인민회 등의 민간단체를 만주제국협화회로 통합하는 원칙을 제시하였다. 제2항에서는 만주국의 통제에 철저히 순응하여 만주국민으로서의 의식을 새롭게 함으로써 만주국 발전에 공헌하도록 규정하였다. 제3항에서는 산업개발과 교화시설의 확충에 역점을 두어 한인의 근로 역량을 진작토록 한다고 하였으며, 제4항에서는 민족협화의 건국정신에 철저할 것을 역설하였다. 제5항에서는 다른 민족과 동등한

---

19) 「關參滿 제305호(소화11년 8월 18일)」(「陸滿密受 제1217호」 소화11년 8월 24일, 일본 방위연구소 소장), '在滿朝鮮人指導要綱ノ件'의 부속문건 「在滿朝鮮人指導要綱說明(소화11년 8월 15일).

20) 「關參滿 제305호(소화11년 8월 18일)」 '在滿朝鮮人指導要綱ノ件'의 부속문건 「在滿朝鮮人指導要綱」(關東軍司令部, 소화 11년 8월 15일).

조건에서 능력에 따라 한인을 만주국의 관공리로 임용한다는 원칙을 제시하였고, 제6항에서는 한국으로부터의 집단적 이민을 장려하는 내용을 기술하였고, 마지막 제7장에서는 치안유지, 국방의무를 규정함으로써 전시체제나 지역상황에 따라 한인을 군대에 동원할 수 있는 예비조건을 갖추어 놓았다.[21]

위의 「지도요강」에 나타나 있듯이 치외법권 철폐에 대응한 관동군의 만주 한인에 대한 방침을 보면, 한인들에게 민족협화 정신을 철저히 관철시켜 타민족과의 대립감정을 억제하고 만주국 구성원으로서 만주국에 대한 의무를 이행케 하는 동시에 장래 전쟁에도 동원하려고 했음을 알 수 있다. 이 「지도요강」에서 가장 중요한 점은 만주국의 주도권을 장악하고 있던 관동군이 만주 한인에 대한 지배 이념으로 민족협화를 새롭게 중시했다는 데 있다. 즉 관동군에서는 한인들로 하여금 만주국의 중요한 성원이라는 점을 자각케 하는 것을 가장 중요시했던 것이다.[22]

「지도요강」은 중일전쟁이 발발하고 만주 농업이민이 증가하게 되는 이후인 1938년 7월에 다시 그 내용상 수정을 가하였다. '지도방침'에는 별반 차이가 없었으나, '지도요령'은 6개 조로 축소되어 초기의 '조선총독부의 제반 시정은 치외법권 철폐에 따라 점차 만주국에 이관'한다는 조목이 폐기되고, 일반적인 한인의 이민에 관한 조목을 한인 농업이민으로 더욱 구체화시켜 강조한 내용으로 수정 변경되었다.[23]

또 농업집단이민이 증가함에 따라 수정된 「지도요강」의 부속 문건으로

---

21) 「關參滿 제305호(소화11년 8월 18일)」 '在滿朝鮮人指導要綱ノ件'의 부속문건 「在滿朝鮮人指導要綱」(關東軍司令部, 소화 11년 8월 15일).

22) 신규섭, 「在滿朝鮮人의 '滿洲國'觀 및 '日本帝國'像」, 『한국민족운동사연구』 36, 2003, 296~297쪽.

23) 「關參滿發 제621호(소화13년 7월 29일)」(「陸滿密受 제981호」 소화13년 7월 31일, 일본 방위연구소 소장), '在滿朝鮮人指導要綱(修正)竝鮮農取扱要綱ニ關スル件'의 부속문건 「在滿朝鮮人指導要綱」(關東軍司令部, 소화13년 7월 25일).

별도의 「선농취급요강鮮農取扱要綱」을 규정하여 농업 이민에 대한 획일적 통제와 영향력을 강화하려 하였다. 「선농취급요강」의 '방침方針'에 따르면 "재만조선인지도요강에 기반하여 조선인 농업 이민에 대해 필요에 따라 지도 보호를 가하고 아울러 적절히 통제함으로써 그 안정과 견실한 발전을 기하고자 한다."고 하여 농업 이민에 대한 통제와 압력을 행사할 계획과 의도를 분명히 하였다. 이에 따라 구체적인 시행 내용인 '요령要領'을 총 12개 조로 나누어 명시하였다.[24]

4. 일제의 연변지역 한인 지배양상

1) 연변지역 한인에 대한 식민지교육

만주 한인들은 열악한 경제적 조건하에서도 자녀들에 대한 교육열은 매우 높았다. 이에 따라 한인들이 집단 거주하는 구역에는 불안전환 형태이기는 하였으나 학교와 서당 등이 설립되어 한인 자제들의 교육이 이루어지고 있었다. 한인 이주 초기부터 만주국 성립 이전 시기의 한인 교육은 대개 한국의 역사와 문화, 그리고 근대과학을 수학하는 민족주의적 성향을 띠고 있었다.

이러한 한인사회의 민족교육의 경향은 만주국이 들어선 후 왜곡 변질되어 갔다. 일제는 만주 괴뢰국을 세운 뒤 만주국의 교육취지를 "인의仁義를 중히 여기며 다른 사람에게 겸손하게 양보하는 예의를 지키며 왕도주의王道

24) 「關參滿發 제621호(소화13년 7월 29일)」(「陸滿密受 제981호」 소화13년 7월 31일, 일본 방위연구소 소장), '在滿朝鮮人指導要綱(修正)竝鮮農取扱要綱ニ關スル件'의 부속문건 「鮮農取扱要綱」(關東軍司令部, 소화13년 7월 27일). 「선농취급요강」의 '備考'에 따르면 이 문건에 앞서 발표된 「鮮農取扱要領」, 「鮮農移住統制竝ニ安定實施要領」, 「同細目」 등이 있었다고 하나, 이들 문건은 확인하지 못하였다.

主義를 발양하여 인의가 있는 사람과 친하며 인방隣邦에 대하여 선량하게 대함으로써 공동으로 생존하고 공동으로 번영하게 하는 데 있다."고 하여 식민지체제에 순응하는 온순한 식민지교육을 실시할 것임을 천명하였다.[25] 1937년 5월에는 식민지교육을 더욱 확고히 하기 위해 '학교령'과 '학교규정'을 제정 · 공포하고 다음과 같은 교육방침을 세웠다.

> 건국정신 및 방일선조訪日宣詔의 취지에 근거하여 일만일덕일심日滿一德一心의 불가분의 관계 및 민족협화의 정신을 체득시키며 동양 도덕, 특히 충효의 대의를 밝혀 왕성한 국민정신을 함양하고 덕성을 도야함과 아울러 국민생활 안정에 필요한 실학實學을 기초로 하여 지식 기능을 전수하고 신체 건강의 보호와 증진을 도모함으로써 충량한 국민을 양성하는 것을 교육의 방침으로 한다.[26]

이로써 보더라도 일제가 결국 만주국에서 실시한 교육의 목표와 취지는 '도의道義' '일만일덕일심' '실학' '민족협화' 등에 귀결된다. 도의의 확립은 일본정신으로 일본에 대해 예속의식을 주입시키려고 한 것이며, 일만일덕일심이란 일본과 만주국 두 나라는 불가분 일체의 관계에 있다는 것이며, 실학을 기초로 한다는 것은 경제적 약탈을 도모하기 위한 초급적인 실과實科 교육을 추진하려는 우민화정책에 기인한 것이다.[27]

조선인민회연합회는 만주국 건국 이후 일제의 '이한제한以韓制韓' 방침하에 한인교육을 총괄하고자 시도하였다. 이에 따라 조선인민회연합회에서는 만철에서 보조 운영하는 학교의 경영권을 해당 지역 조선인 민회로 넘겨줄 것을 요구하는 한편, 조선인민회 주도로 다수의 보통학교를 설립하였다. 이러한 현상은 보통학교 교육체제가 비교적 완비된 연변지역에서보다 남북

25) 『중국조선족교육사』, 동북조선민족교육출판사, 1991, 109쪽.
26) 武强 주편, 『東北淪陷十四年教育史料』(제1집) 吉林教育出版社, 1989. 451쪽.
27) 『중국조선족교육사』, 109~110쪽.

만주의 경우에 더욱 두드러졌다.[28]

만주국 건국 초기에는 조선총독부가 만주 한인의 교육을 직접 관할하고 있었다. 만주국 건국 직후 일제는 '식민지' 한국의 만주 이주민에 대해 만주제국의 국민으로서 왕도교육王道教育을 진행할 것인가, 아니면 일본제국의 신민으로서 황도교육皇道教育을 진행할 것인가 하는 근본적인 문제가 제기되었던 것이다. 만주 한인의 국적이 치외법권의 적용으로 인해 만주국민에서 제외되어 있었기 때문에 야기되던 문제였다. 일제는 이 문제를 신중히 고려한 끝에 일단 이중적 지배정책을 취하기로 방향을 설정하였다. '재만조선인교육개선안'에서 일제는 "만주국에서 (만주 한인의 교육을) 담당하는 것이 상책"이라고 하면서도 동시에 "재만 조선인의 교육은 조선인에 대한 일본의 국책에 따라서 교육칙어, 한일합병조서, 통감 및 총독의 유고諭告를 근본으로 하여 조선교육령, 보통학교규정에 따라 진행해야 한다."고 한 것이 그것이다.[29]

그 뒤 1937년에 만주 한인에 대한 치외법권 철폐로 인해 조선총독부와 만주국 사이에 한인 교육의 관할권 문제가 야기되었으나, 결국 만주 전역에서의 한인의 교육은 만주국이 관장하는 것으로 귀착되었다. 다만, 남만철도주식회사에서 관장해 오던 만철 연선의 주요지역 14개 한인 학교에 대한 교육행정권은 여전히 조선총독부가 관장하였다.

조선총독부와 만주국 사이에서 교육 관할권 문제가 처음 제기되었을 때 연변지역 각지의 조선인민회에서는 만주국으로의 이관을 강력히 반대하는 입장을 취하였다. 1936년 1월 12일 혼춘조선인민회에서는 민회 의원과 보통학교장을 소집하여 이 문제를 토의한 결과 만주국 이관 '절대반대' 방침을 의결하고 그 결의안을 조선총독과 신경新京(현 장춘)의 전만조선인민회연합회 등에 발송하였다. 그 이튿날에는 용정과 연길에서도 조선인민회 회

28) 金泰國, 「滿洲地域 '朝鮮人 民會' 硏究」, 222쪽.
29) 『중국조선족교육사』, 114쪽.

의를 소집하여 반대 입장을 천명하는 등 상당한 반발이 야기되기도 하였던 것이다.[30)]

한편, 연변 한인사회에서 설립된 각종 사립학교의 민족주의적 성향은 구한말 이래로 비교적 선명하게 유지되어 오고 있었기 때문에, 일제는 만주국이 성립된 후인 1933년에 '사립학교잠행규정私立學校暫行規定'을 반포하여 연변지역의 각종 사립학교를 장악하려 하였다. 이 규정의 요지는 "우리나라(만주국－필자)의 교육은 왕도원칙에 따라야 하는 바 사립학교는 국가의 교육방침을 준수해야 하며 지식과 기능을 전수하는 데 편중하지 말고 인격도야에 노력하며 건전한 도덕 신념을 가지도록 해야 한다."라고 하여 교육의 취지를 일제의 식민지 지배체제에 부합하는 방향으로 자의적으로 설정하였다. 나아가 교원의 역할과 자격에 대해서는 "학교 교육의 성과 여부는 교직원의 품성 자격 여하에 달렸으므로 교직원을 선발함에 있어서 그의 품성에 대하여 신중한 심사를 하여 학교 창립취지에 부합되도록 해야 한다."라고 규정하여 교원의 선발과 학교의 운영에도 직접적으로 관여할 수 있는 근거를 마련하였던 것이다.[31)]

만주국 시기 만주 전역에 산재한 한인교육기관은 대부분 초등교육기관이었다. 1936년 6월 말 현재[32)] 한인학교 총수는 557개 교에 재학 아동수는 총 66,046명에 달하였다. 대도시의 조선총독부 및 만철에서 직접 운영하던 소수의 학교 외에 각지 민회나 촌락의 교단, 혹은 개인이 경영하던 학교 가운데 조선총독부나 만철로부터 경영비 보조, 교원의 특파, 교과서의 배급 등을 직접 지원받던 경우는 1935년 6월 현재 총 281개 교이며, 교육비 보조금 총액은 288,276원에 달하였다. 또한 만주국 건국 이후 한인 자제 가운데

30) 朝鮮憲兵隊司令部 編,『鴨綠江豆滿江對岸移住鮮人ノ狀況』(소화11년 6월말 현재), 附表第二其二「移住鮮人ノ主ナル動靜調査表」중 1월 11~12일자.

31)『중국조선족교육사』, 114쪽.

32) 원문에는 '소화 10년 6월 말'에 조사된 것으로 표기되어 있으나 여타 자료와 대비시켜 볼 때 '소화 11년'의 오기로 보인다.

일본인 학교나 만주국 학교에 입학하는 경우도 생겨나 1936년 6월 현재 1,019명이 일본인 학교에, 그리고 3,621명이 만주국 학교에 다니고 있었다.[33)]

연변지역의 경우, 만주국 시기에 한인 초등학교의 수는 1940년 4월 현재 총 371개 교에 64,005명이 재학하고 있었으며, 1944년에는 모두 474개 교에 84,887명이 등록되어 있었다. 연변 각 현별로 그 구체적 상황을 보면 〈표 3〉과 같다. 연변지역 5개 현 가운데 인구 밀집도가 가장 높은 연길현에 학교수(1940년 157개 교, 1944년 164개 교)와 학생수(1940년 33,155명, 1944년 34,746명)가 가장 많은 것으로 나타났다. 왕청현의 경우에는, 그 이유가 명확치는 않으나, 1940년에 66개 교였던 학교수가 1944년에는 112개 교로 46개 교가 급격히 늘어났으며, 이에 따라 학생수도 1940년 8,734명에서 1944년에는 21,857명으로 13,123명이 늘어났다. 이러한 현상은 한국으로부터 새로 유입된 한인구가 왕청현 일대에 밀집한 데 기인하는 것으로 추정된다. 연변지역 전체를 대상으로 볼 때, 1940년 4월 현재 371개의 학교에 64,005명이 재학하고 있었던 것이 1944년 7월에는 474개의 학교에 84,887명이 등록한 것으로 늘어났다.

전술하였듯이 일제의 사립학교 통제 탄압정책으로 말미암아 그 동안 연변지역에서 유수한 민족교육기관으로 명성을 떨쳤던 여러 사립학교들도 만주국 시기에 일제의 식민지교육 방침에 의해 심하게 왜곡되었다. 용정의 유수한 동흥東興중학교와 대성大成중학교는 1934년에 합병되어 민성民成중학교가 되었다가 1939년에는 용정국민고등학교로 바뀌어 식민지교육기관으로 전락하는 수모를 겪었으며, 기독교 학교였던 은진恩眞중학교도 1936년 공과학교로 바뀌었고 이어 1942년에는 간도성립제3국민고등학교로 바뀌는 수모를 당하였다.[34)]

---

33) 일본 외무성 동아국 제2과, 『業務報告』(소화 11년), 350쪽.
34) 연변정협문사자료위원회 편, 『연변문사자료』 6, 1988, 17~18 · 57~59쪽 참조.

〈표 3〉 만주국 시기 연변지역 한인초등학교 현황[35]

현별縣別	1940년 4월		1944년 7월	
	학교수 (개)	학생수 (명)	학교수 (개)	학생수 (명)
연길	157	33,155	164	34,746
왕청	66	8,734	112	21,857
혼춘	59	8,508	77	8,929
화룡	67	11,427	89	15,729
안도	22	2,181	32	3,626
합계	**371**	**64,005**	**474**	**84,887**

특히 용정의 광명학원光明學園은 만주국 시기에 연변지역에 있던 한인학교 가운데 일제 식민지교육에 충실했던 대표적인 학원이었다. 이 학원에는 사범부 · 중학부 · 고등여학부 · 소학부 · 실천여학부 · 어학부 등 6개 부部와 유치과의 1개 과科로 구성되어 있었다. 학원장 히다카日高丙子朗는 1935년 10월 1일 열린 일제의 이른바 한국병탄 25주년 '기념식'에서 조선총독으로부터 민간부문 공로자로 표창을 받기도 하였을 만큼 연변지역 한인사회에서 황민화교육시책에 적극적으로 협조한 인물이었다.[36]

조선총독부 간도주재원으로 알려지기도 했던 히다카는 1925년에 조직한 광명회光明會를 1934년 11월에 재단법인 단체로 바꾸어 광명학원을 설립하고 광명고등여학교 · 사범과 · 어학교, 영신중학교 · 소학교, 그리고 유치원을 모두 관장하였다. 광명고등여학교는 광명학원 고등여학부, 광명사범과는 광명학원 사범부, 광명어학교는 광명학원 어학부로 각각 개명되었다. 그 가운데 기독교계 학교였던 영신永新중학교는 1925년에 히다카가 이끄는 광명회로 넘어간 뒤 교명이 광명학교로 바뀌어 1934년에 광명학원 중학부가 된 것이다. 광명여학교는 1922년 5월 정규학교에 다닐 수 없었던 한인 여성

35) 『중국조선족교육사』, 137~138쪽.
36) 일본 외무성 동아국 제2과, 『業務報告』(소화 11년), 376쪽.

들을 모집하여 가사과를 포함한 초등교육을 진행해 온 학교였고, 광명고등여학교는 1925년 4월경 광명여학교 고등과가 분리되어 나온 것이다. 학교 운영비의 일부를 일본 외무성과 조선총독부로부터 지원받았던 이 학교는 1935년 1월 일본 외무성 및 문부성의 해외지정학교로 선정되었을 만큼 일제의 식민지교육 방침에 충실한 학교였다.[37)]

2) 일제의 연변지역 한인 지배단체

(1) 조선인민회

1931년 일제의 만주침공은 만주지역 한인사회에도 커다란 영향을 미쳤다. 이후 만주 한인사회의 분화현상은 더욱 심화 가속화되었다. 항일독립운동세력이 중국의 항일세력과 연합전선을 구축하면서 항일무장투쟁을 전개하였던 데 비해, 조선인민회 등 친일세력은 일제의 만주침략에 보조를 맞추어 반민족활동에 더욱 기세를 부렸던 것이다.[38)]

만주국 시기에 만주 한인사회의 대표적인 친일반민족 단체인 조선인민회는 1913년 요녕성 안동安東에서 설립된 것이 그 효시였다. 그 뒤를 이어 간도 · 하얼빈 · 장춘 · 무순 · 길림 · 심양 등지에 연이어 조직이 결성되었으며, 1921년 이래로 일본정부의 보조와 지도를 받기 시작하면서 본격적인 친일활동에 돌입하게 되었다.[39)]

연변지역의 조선인민회는 1916년 12월에 설립된 혼춘의 조선민공회朝鮮民公會에서 비롯되었다. 그후 만주국이 건국되기 직전까지 연길현의 국자가 · 용정촌 · 두도구 · 가야허 · 의란구 · 팔도구 · 동불사 · 천보산, 화룡현의 남양

37) 연변정협문사자료위원회 편, 『연변문사자료』 6, 79~80쪽.
38) 金泰國, 「滿洲地域 '朝鮮人 民會' 硏究」, 182쪽 참조.
39) 만주국 민정부 총무사 조사과 편, 『在滿朝鮮人事情』(대동2년 9월), 203쪽.

평南陽坪 · 달라재 · 걸만동傑滿洞 · 이도구 · 부동釜洞, 그리고 왕청현의 백초구 · 양수천자 · 두도구 · 흑정자黑頂子 등 모두 18개 지역에 민회가 설치되어 있었다. 연변지역에서는 한인구가 밀집해 거주하고 있었고 또 회원수가 많았던 만큼 1920년대 후반기에 들어와 조선인민회 연합회 결성의 필요성이 대두되고 있었다. 그 결과 1929년 5월에 연변지역의 18개 조선인민회가 연합한 간도혼춘민회연합회間島琿春民會聯合會가 결성되어 활동에 들어가게 되었다.[40]

연변지역의 조선인민회는 일제 영사관의 경찰기관이 배치된 곳마다 조직되어 일본관헌의 감독하에 사무를 보았다. 조선인민회에는 회장, 부회장이 각 1명씩 있었고, 그 아래에 주사와 몇 명의 서기가 배치되어 있었다. 그 밖에 몇 명의 의원, 그리고 각 마을에는 회무의 집행 및 자문에 응하기 위한 참의원이 배치되어 있었는데, 이들 임원들은 모두 관할 일제 영사관의 인가를 받아 임면되었다.[41] 이처럼 조선인민회는 일제에 철저히 밀착되어 일제의 행정과 지배를 한인들에게 직접 전파하는 중간자, 준행정기관의 역할을 수행하고 있었던 것이다.

연변지역에는 만주국 건국 이후에도 조선인민회가 계속 설립되어 그 수가 늘어났다. 1933년에 20개 소이던 조선인민회는 1934년에 22개 소, 1935년에 26개 소(지부 1개 소 포함)로 늘어났고, 1936년에는 27개 소에 회원수는 82,790명이었다.[42] 참고로 1933년 7월 현재 연변지역의 조선인민회 설치상황을 현별로 살펴보면 연길현 9개 소, 화룡현 6개 소, 왕청현 5개 소로 집계되어 있다(〈표 4〉 '연변지역 조선인민회 설치상황' 참조).

---

40) 金泰國, 「滿洲地域 '朝鮮人 民會' 硏究」, 41, 64쪽.
41) 만주국 민정부 총무사 조사과 편, 『在滿朝鮮人事情』(대동2년 9월), 203쪽.
42) 全滿朝鮮人聯合會, 『在滿朝鮮人現勢要覽』, 1937, 15쪽.

〈표 4〉 연변지역 조선인민회 설치상황(1933년 7월 현재)[43)]

연길현	국자가		달라재
	룡정촌		걸만동
	두도구		이도구
	가야허		삼도구
	의란구		부동釜洞
	팔도구	왕청현	백초구
	동불사		양수천자
	노두구老頭溝		혼춘
	옹성라자甕城羅子		두도구
화룡현	남양평		흑정자

만주국 건국 이후 새로 증설된 민회 조직상황을 보면 간도 총영사관 산하에 명월구明月溝·조양천朝陽川 등 2개 소, 두도구頭道溝 영사분관 산하에 삼도구三道溝 1개 소, 연길(국자가) 영사분관 산하에 위자구葦子溝 1개 소, 백초구 영사분관 산하에 대두천大肚川·소삼차구小三岔溝 등 2개 소, 도문 영사분관 산하에 도문 1개 소 등이 각각 증설되었다. 새로 증설된 7개 소의 이러한 조선인민회는 도회지나 철도 연선에 집중되었음이 특기할 만하다. 1933년 4월에 개통된 장춘長春-도문圖們간의 장도선長圖線의 연선인 도문·위자구·조양천·명월구 등 4개의 조선인민회와, 1935년 6월에 완공된 도문圖們-영안寧安간의 도영선圖寧線 연선에 대두천·소삼차구 등 2개의 조선인민회가 그러한 경우에 해당된다. 이는 철로의 부설로 철도 연선에 한인들의 집단 거주지가 형성되었고, 또한 철도 연선에 대한 치안유지에 필요한 조치로 보아야 할 것이다.[44)]

일제의 만주 침공 직후인 1931년 10월에는 봉천奉天에서 만주 전역의 조선인민회를 통할하기 위한 목적하에 전만조선인민회연합회全滿朝鮮人民會聯合會

43) 만주국 민정부 총무사 조사과 편, 『在滿朝鮮人事情』(대동2년 9월), 204~205쪽.
44) 金泰國, 「滿洲地域 '朝鮮人 民會' 硏究」, 193쪽.

가 조직되었다. 이 때 봉천·안동·무순·길림·하얼빈 등 13개 조선인민회 대표들이 회집하였으나, 연변지역에서는 대표들이 참석하지 않았다. 그 이유는 1929년에 이미 연변에서는 각지 조선인민회의 연합체로서 간도혼춘민회연합회間島琿春民會聯合會가 결성되어 하나의 계통으로 각지의 조선인민회를 통할하고 있었고, 민생단民生團을 중심으로 연변지역에 대한 자치운동이 전개되고 있었기 때문이었다. 그러므로 이 시기의 전만조선인민회연합회는 당시 통일적 체계를 갖추지 못한 남북만주를 중심으로 결성되었던 것이다. 그 뒤 1934년에 만주국이 만주제국으로 바뀌면서 여러 법령과 제도를 정비하는 등 독립국가의 기풍을 진작하려는 분위기가 조성되자, 여기에 호응하여 연변지역의 22개 조선인민회도 전만조선인민회연합회의 산하 조직으로 통합되어 그 통제하에 놓이게 되었다.[45]

조선인민회의 해산은 만주국의 치외법권 철폐에 관한 행정적 처리를 목적으로 관동군·대사관·만주국의 관계자들로 구성된 현지위원회現地委員會에서 주관하였다. 현지위원회에서는 일본인거류민회의 제반 행정사무를 만주국으로 이관한 직후인 1936년 6월 18일 총 9개 항으로 된 조선인민회 '처리요강處理要綱'을 제정하여 조선인민회를 만주제국협화회滿洲帝國協和會로 흡수 통합하는 방안을 결정하였다. 이 '처리요강'은 조선인민회의 처리에 관한 원칙을 밝힌, "조선인민회의 사무 또는 사업 중 교육 및 의례 등에 관한 것을 제외한 일반 행정에 관한 것은 만주국에 인계한다."라고 한 제1항을 비롯하여 사무와 직원 처리에 관한 구체적인 방안들을 제시한 나머지 항목 등 모두 9개의 조항으로 되어 있다.[46]

이 '처리요강'은 즉시 특별시공서와 각 성공서에 훈령으로 내려가 조선인민회의 이양이 실행되었다. 그리하여 7월 1일까지 신경·봉천·하얼빈·용진龍鎭 등 일본과 만주국 양쪽의 통치기관이 정비되어 있던 지역의 조선

45) 金泰國, 「滿洲地域 '朝鮮人 民會' 硏究」, 184~185·191쪽 참조.
46) 全滿朝鮮人民會聯合會, 『全滿朝鮮人民會聯合會會報』 44, 1936년 10월호, 69~70쪽.

인민회부터 만주국의 지방행정기관에 재편되어 일원화되어 갔다. 행정사무의 이양과 함께 민회 직원도 인계되어 1936년 9월까지 직원 395명 중 54명이 지방행정기관에 채용되었다. 만주 한인단체의 중심인물들이 만주국의 행정기관에 편입되었다는 것은 일제나 조선총독부에 종속되어 있던 만주 한인 유력자가 만주국의 권력기관에 종속되는 것으로, 이로써 이들은 새로운 국면을 맞이하게 된 것이다.[47] 각지 조선인민회가 해산함에 따라 신경의 전만조선인민회연합회도 자연히 해체되었다.[48]

(2) 만주제국협화회 조선인민회분회

치외법권의 철폐로 인해 조선인민회는 그 행정기능을 만주국의 지방 행정당국으로 이양하고 나머지 기능을 만주제국협화회滿洲帝國協和會(이하 협화회)로 통합하고 해체되었다. 협화회는 만주국의 건국이념인 '민족협화'를 만주에 거주하던 여러 민족에게 침투시켜 피지배민족을 통합하기 위해 1932년 7월 25일 관동군사령부의 지도하에 설립된 일종의 사상교화단체였다.[49] 설립 이후 협화회는 각지에 분회를 조직하고 지주·상인 등 각지의 지배층을 입회시켜 세력 확대를 도모하고 있었다.[50] 만주국을 실질적으로

---

47) 신규섭, 「만주국의 협화회와 재만 조선인」, 111쪽.

48) 1936년 해체 무렵 조선인민회는 만주 전역에 걸쳐 총 170개 소에 달하였다. 그 가운데 일본 정부로부터 보조금을 받은 민회가 127개 소였고 보조금 총액이 192,317원이었으며, 총 회원수는 13만 명에 달한 것으로 집계되었다. 그 전년인 1935년 12월에는 전만조선인민회연합회 본부가 新京의 일본총영사관 구내로 이전하였으며, 여기에는 1936년 6월 현재 165개 소의 조선인민회가 가입되어 있었다(일본 외무성 동아국 제2과, 『業務報告』(소화 11년), 337쪽).

49) 협화회의 건립목적은 "건국이상의 달성과 道義세계의 창조, 唯一永久, 擧國一致의 실천조직체로서 건국정신의 顯揚, 民族協和의 실현, 국민생활의 향상, 宣德達情의 철저화"를 이룩하는 것으로 되어 있다(滿洲帝國協和會, 『建國の精神』, 1943, 33쪽).

50) 신규섭, 「만주국의 협화회와 재만 조선인」, 112쪽.

지배하고 있던 일본 관동군사령부는 1936년 협화회에 대해 민족정책을 담당하는 임무를 부여하여 만주국의 국가기구로 인정하기에 이르렀다.

조선인민회 해체 후 협화회 조선인민회분회(이하 분회)가 최초로 결성된 곳은 신경이었다. 즉 조선인민회의 이관, 해체 작업이 종료된 후인 1936년 9월 5일 민회장이었던 김도근金道根을 분회장으로 하여 "만주제국협화회의 강령에 근거해서 행동하고 실천한다."는 취지로 협화회 분회가 결성되었던 것이다. 협화회 신경 분회는 협화회가 1935년에 민족분회의 설립을 규정한 뒤 최초로 설립된 민족분회였다. 신경 분회 설립 이후 만주 전역에 걸쳐 각지에서 협화회 분회가 설치되었고, 만주 한인은 만주국의 통제하에 놓이게 되었다.[51)]

조선인민회가 협화회 분회로 재편됨에 따라 협화회의 한인 회원수도 급증하였다. 1938년 11월 현재 41,713명, 1939년 3월 현재 48,795명이던 회원수가 전시체제의 강화와 함께 급격히 늘어나 1940년 10월에는 87,370명에 달하였다. 결국 1938년부터 1940년까지 2년간 4만 6천 명의 회원이 증가해 2.1배의 증가율을 보였던 것이다. 같은 기간에 일본인 회원이 1.3배, 중국인 회원이 1.6배 증가한 것에 비하면 한인 회원의 증가 수치는 매우 큰 것이었다. 협화회 전체 회원 중에 한인 회원수가 차지하는 비율은 1938년에 3.7%에서 1940년에는 4.9%로 미미하기는 하지만 증가 경향을 보였다. 참고로 1940년도의 각 민족별 비중을 보면 일본인이 8.9%, 중국인이 85.4%를 차지하고 있었다. 그 뒤 1943년 상반기에 협화회 한인 회원수가 195,580명으로 1940년에 비해 3년간 무려 108,210명이 증가하였으나, 전체 회원에서 한인 회원이 차지하는 비율은 4.6%로 큰 변동이 없었다.[52)] 이러한 수치로 미루어 보더라도 협화회에서 한인이 차지하는 위치는 일본인과 중국인에 비해 상대적으로 낮았다고 할 수 있다. 한편, 만주 한인구 가운데 협화회 회원이

51) 신규섭, 「만주국의 협화회와 재만 조선인」, 114쪽.
52) 塚瀬 進, 『滿洲國-「民族協和」の實像-』, 吉川弘文館, 1998, 83쪽.

차지하는 비율은 1938년 3.9%에서 1940년에는 6.6%로 2배 가까이 늘어났다. 이러한 경향을 보더라도 협화회 분회 조직이 한인사회에 급격히 침투하고 있던 사실을 짐작할 수 있다.[53]

협화회 한인 회원이 가장 많이 늘어난 곳은 만주 가운데 연변지역(간도성)이었다. 연변의 협화회 한인 회원수는 1940년 10월 현재 46,264명으로, 만주 전역에 걸쳐 1939년 3월부터 1940년 10월까지 증가한 협화회 한인 회원 38,575명 중 연변지역에서 늘어난 회원이 26,916명으로 전체 증가분의 약 70%를 차지하고 있다. 또 1940년 10월 현재 연변지역의 전체 한인구는 582,427명으로 협화회 회원(46,264명)이 전체 한인구의 7.9%를 점유하였다.[54] 하지만, 협화회 분회의 구체적 활동 내용과 지역별 설치상황 등에 대해서는 알려져 있지 않다.

(3) 간도협조회

만주국 건국 후 일제는 대규모 병력을 동원하여 반만항일세력을 탄압하기 위해서 다양한 수단과 방법으로 만주 전역에 걸쳐 파상적으로 이른바 치안숙정공작을 전개하였다. 이러한 치안숙정공작을 전개하는 데는 현지 주민들의 협조와 동원이 절대적으로 요구되었다. 그러나 항일세력을 탄압하고 그 활동근거지를 파괴하는 군사작전에는 민간단체인 조선인민회를 동원할 수는 없었다. 이에 일제는 각지의 조선인민회를 통하여 연변 한인사회에 대한 통제를 강화하는 한편, 항일세력에 대항할 수 있는 친일무장단체의 설립을 시도하였다. 간도협조회間島協助會는 바로 이와 같은 목적하에 결성된 것이었다.

간도협조회는 1934년 9월 6일 일본 관동군헌병사령부 연길헌병대의 외곽

---

53) 신규섭, 「만주국의 협화회와 재만 조선인」, 115쪽.
54) 신규섭, 「만주국의 협화회와 재만 조선인」, 115쪽.

조직으로 설립되었다. 1934년 4월 연길헌병대가 성립된 후 연길헌병대장 가토加藤 중좌, 연길독립수비대장 타카모리鷹森 중좌 등이 친일파 김동한金東漢 등과 획책한 결과였다. 창립 선언문을 보면 "대동아공영권을 목표로 하고 동아시아 제민족의 대동과 단결을 공고화할 것이며 엄숙한 비판적 수단으로 일체 외래사상을 더욱 철저히 심사하여 완미한 아시아주의의 정신을 발양함으로써 만주국의 건전한 발전을 도모한다."라고 하였다. 여기에서 이른바 '제민족의 대동과 단결'이란 일본군국주의의 침략과 만주국을 합법화하여 만주의 여러 민족, 인민들로 하여금 일제의 식민지통치에 굴종시키려는 것이었다.55)

간도협조회의 회장은 김동한이, 부회장은 손지환孫枝煥이 각각 맡았고, 박두영朴斗榮·최윤주崔允周 등이 고문으로 있었다. 그 아래에 서무부·재무부·선전부·조직부·교양부·산업부 등의 부서를 두었고, 항일투쟁세력의 활동 근거지를 파괴하고 그 세력을 분쇄하는 데 필요한 특수 첩보활동을 벌이기 위해 특별공작대와 협조의용자위단을 별도로 운영하였다.56)

간도협조회는 연변지역 외에도 길림과 하얼빈에도 산하 지부를 설치하였다. 연변지역에는 명월구·안도현·왕청현·연길현·돈화현 등 5개의 지부와 25개의 구회區會를 설립하였다. 1934년 10월에 설립된 명월구지회는 산하에 차조구茶條溝·금광金鑛·도안桃安·양병태亮兵台·중평리中坪里·남류南流·태평太平·도목구倒木溝·도흥桃興·봉암鳳岩 등 10개 총반總班과 북만北滿·청구青邱·삼호동三戸洞·용풍龍豊·학포鶴浦 등 5개 반班을 두었고, 1935년 9월 명월구구회明月溝區會로 개편하여 연길현지부에 예속시켰다. 1934년에는 설립된 백초구분회는 1935년 5월 왕청현지부로 개편하였으며 그 산하에 대두천大肚川·대황구大荒溝·춘양春陽·나자구羅子溝 등 4개 구회와 25개의 총반을 두었다. 또 간도협조회의 본부 직속으로 1934년 10월부터 팔도

55) 연변정협문사자료위원회 편, 『연변문사자료』 3, 1985, 172쪽.
56) 연변정협문사자료위원회 편, 『연변문사자료』 3, 172~174쪽.

구 · 조양천 · 노두구 · 동불사 · 이도구 · 삼도구 등 6개의 구회를 설립하였다가 연길현지부가 설립되자 이들 구회를 그 산하 조직으로 귀속시켰다. 연길현지부의 산하에는 또 연길 · 용정 · 개산둔 · 도문 · 양수천자 등의 구회를 두었다. 돈화현지부는 1935년 12월에 설립되었고, 그 산하에 액목額穆 · 마호馬號 · 관지官地 · 교하蛟河 · 신참新站 등 5개의 구회를 두었다. 1936년 8월에는 도문 구회를 도문지부로 승격시키고 양수천자 구회를 도문지부에 귀속시켰다. 1936년 11월에 이르러 간도협조회 회원은 무려 8,462명, 그 해 연말에는 1만여 명으로 급속히 팽창하였다.[57)]

간도협조회 조직이 설치된 위의 지역분포 상황을 보면 대체로 조선인민회가 소재한 지역과 동일한 경우가 많았다. 즉 명월구 · 백초구 · 팔도구 · 조양천 · 노두구 · 동불사 · 이도구 · 삼도구 · 연길 · 용정 · 도문 · 양수천자 등 12개 지역에 간도협조회 지부와 조선인민회가 함께 설치되어 있었는데, 이는 당시 연변지역 25개 민회 조직과 비교하여 볼 때 약 50%에 해당된다. 결국 간도협조회와 조선인민회는 활동상 상호 밀접한 관계를 유지하고 있었으며, 임원 구성상 민회 간부들이 협조회의 간부를 겸임하고 있었던 사실도 그러한 맥락에서 이해할 수 있다. 조선인민회는 한인사회를 통치하는 행정 말단조직의 기능으로, 간도협조회는 항일무장세력을 탄압하는 군사작전의 선봉으로 기능하면서 두 조직은 상호 보완적 역할을 가지고 있었던 것이다.[58)]

간도협조회도 조선인민회와 마찬가지로 1936년 12월 만주제국협화회로 합병되었으며, 회장 김동한 등 간도협조회의 주요 간부들은 이후 만주제국협화회의 간부들로 변신하게 된다.[59)]

---

57) 연변정협문사자료위원회 편, 『연변문사자료』 3, 175~178쪽; 金泰國, 「滿洲地域 '朝鮮人 民會' 硏究」, 233쪽.

58) 金泰國, 「滿洲地域 '朝鮮人 民會' 硏究」, 234쪽 참조.

59) 연변정협문사자료위원회 편, 『연변문사자료』 3, 183쪽.

3) 연변지역 '집단부락'의 건설과 그 성격

만주국 건국 직후 일제는 만주 한인들을 대상으로 이른바 치안유지와 농민생활 제고라는 두 가지 목표하에 안전농장 및 집단부락 건설을 입안하게 되었다. 그 가운데 안전농장은 조선총독부와 동아권업주식회사의 지도하에 남북만주 일원에 건립되었고, 집단부락은 조선총독부와 동양척식주식회사의 계획하에 북간도, 곧 연변지역에서 실시되었다. 여기서 주목되는 것은 연변지역의 집단부락 건설사업은 조선총독부와 동양척식주식회사의 지원하에 각지의 조선인 민회가 주도적 역할을 담당하고 있었다는 점이다.[60]

조선총독부는 1933년부터 1935년까지 3년간 3차에 걸쳐 연변 각지에 모두 28개 소의 집단부락을 건설하였다. 이 시기에 조선총독부가 집단부락을 건설한 목적은 첫째, 이른바 치안유지를 명분으로 항일무장단체와 일반 농민들간의 연계를 차단하기 위한 것이고, 둘째, 농민생활 제고라는 명목하에 사회적 혼란으로 인해 발생한 피난민과 자연재해로 인한 탈농脫農을 적당히 수용하기 위한 것이었다.[61]

집단부락은 제1차로 1933년에 9개 소, 1934년에 제2차로 15개 소, 1935년에 제3차로 4개 소 등 총 28개 소가 건설되었다. 이를 지역 현별로 구분해 보면 연길현에 13개 소, 화룡현에 5개 소, 왕청현에 6개 소, 혼춘현에 4개 소로 나타난다.

---

60) 金泰國, 「滿洲地域 '朝鮮人 民會' 硏究」, 224~225쪽.
61) 金泰國, 「滿洲地域 '朝鮮人 民會' 硏究」, 225쪽.

〈표 5〉 연변지역 집단부락 건설 현황[62]

	현별	부락명	입주년월일	1933년 입주시 호수(인구수)	1936년 6월 현재 호수(인구수)
제1차	연길	북하마탕	1933. 3. 28.	100(513)	80(405)
		춘흥촌春興村	4. 1.	100(500)	120(727)
		세린하細麟河	4. 6.	100(574)	90(525)
		장인강長仁江	4. 12.	91(473)	99(543)
		중평仲坪	4. 17.	58(233)	92(482)
		태양촌太陽村	4. 29.	69(359)	67(363)
	화룡	청산리	1933. 4. 3.	89(445)	100(542)
		토산자土山子	4. 17.	150(851)	141(778)
	혼춘	낙타하자	1933. 4. 7.	98(523)	86(548)
		계		855(4,471)	875(4,913)
제2차	연길	동불사	1934. 4. 3.	100	107(594)
		상명월구	4. 7.	83	69(341)
		도목구倒木溝	4. 7.	93	100(554)
		석문내石門內	4. 10.	106	103(643)
	화룡	와룡호臥龍湖	1934. 4. 2.	200	175(827)
		용흥동龍興洞	4. 6.	100	103(565)
		우심산牛心山	4. 11.	100	100(536)
	왕청	소백초구	1934. 4. 6.	100	120(710)
		목단강	4. 6.	100	135(651)
		석두하石頭河	4. 9.	100	100(630)
		전각루轉角樓	4. 14.	73	96(569)
		오참五站	4. 16.	82	100(457)
	혼춘	태평구	1934. 4. 8.	80	91(506)
		설대산雪帶山	4. 9.	75	98(579)
		탐자구塔子溝	4. 9.	71	85(522)
		계		1,463	1,582(8,684)
제3차	연길	장흥동長興洞	1935. 4. 16.	100(475)	102(576)
		봉암동鳳岩洞	4. 16.	94(498)	117(595)
		남하마탕	4. 26.	154(949)	157(1,071)
	왕청	용암평龍岩坪	1935. 5. 8.	100(544)	100(630)
		계		448(2,466)	476(2,872)
총 계				2,766	2,933(16,469)

집단부락에 수용된 농가들을 보면, 원래의 거주지로 복귀한 농민(37%), 같은 현 내의 농민(47.7%), 그리고 한국으로부터 이주한 농민까지 포함되어 있었다. 즉 집단부락은 원래 거주지로 복귀시킨 농민 이외에도 그 주변의 농가 중에서 사상적으로 검증을 받고 노동력이 풍부한 농가를 선정하여 수용했음을 알 수 있다. 또한 조선총독부는 안전농촌과 마찬가지로 한국에서 수많은 농민을 이주시켜 집단부락에 수용함으로써 한국의 사회, 경제적인 문제를 해소하는 수단으로 삼기도 하였던 것이다.[63]

농민의 삶의 질을 제고한다는 취지가 무색할 정도로 연변지역 집단부락 주민의 생활은 몹시 고단하였다. 부락민의 주식은 쌀이 아니고 조와 옥수수였다. 그리고 부락으로 반출입되는 식량·신발·담요 등 생필품조차도 항일무장부대로 흘러들어가지 못하도록 철저히 통제되었다. 집단부락은 말 그대로 강제수용소와 같았다. 더욱이 집단부락은 그 성격상 항일무장세력의 주요 공격 대상이 되어 있었기 때문에 주민들은 늘 신변의 안전을 위협받았다. 1934년 10월부터 1936년 8월까지 제1, 2차 집단부락이 총 284회 걸쳐 항일무장세력의 공격을 받았을 정도로 치안이 매우 불안한 상태였다. 자위단에 의하여 방위되는 집단부락은 사방을 흙벽으로 쌓았고, 네 모퉁이에는 포대를 설치하고 출입문은 늘 삼엄하게 지켰으며, 심지어는 사진과 지문이 찍힌 거주증이 있어야만 출입이 가능할 정도였다.[64]

조선총독부에서 연변지역에 한인 집단부락을 건설함으로써 '비민분리匪民分離' 공작, 곧 항일무장세력을 제어하는 데 어느 정도 효과를 거두게 되자, 이후 만주국이 그 시책을 더욱 강화시켜 만주 전역으로 집단농장이 확대되었다. 만주국에서는 1934년에 25개 소의 집단부락을 건설한 데 이어

62) 尹輝鐸, 『日帝下 '滿洲國' 研究』, 一潮閣, 1996, 281쪽.
63) 尹輝鐸, 『日帝下 '滿洲國' 研究』, 283~284쪽.
64) 洪鍾佖, 「'滿洲事變' 이후 朝鮮總督府가 間島地方에 건설한 朝鮮人 集團部落」, 『明知史論』 7, 1995, 57·63쪽.

1935년에도 연길현 10개 소, 화룡현 6개 소, 왕청현 5개 소, 혼춘현 7개 소 등 모두 28개 소의 집단부락 건설에 착수하였다가 도중에 연길현 5개 소, 왕청현 16개 소를 추가하였다. 그리고 같은 해 가을에도 '특별치안숙정공작'과 함께 긴급히 필요하다고 판단하여 안도현과 왕청현에 12개 소 부락을 추가로 건설하였다. 이와 같이 조선총독부에 의해 연변지역에서 시도된 집단부락은 만주국에 의해 남북만주 전역으로 확대되었고, 1937년 치외법권 철폐와 함께 조선총독부의 집단부락 시설과 관리권은 모두 만주국으로 넘어가게 되었다.[65)]

한편, 일제는 1936년 9월 9일 이른바 제령制令에 따라 서울에 선만척식주식회사鮮滿拓植株式會社를 설립하였고, 이와 거의 동시인 1936년 9월 12일에는 만주국의 칙령에 따라 신경에 만선척식고빈유한공사滿鮮拓植股份有限公司를 설립하여 한국으로부터의 농업이민 업무를 개시하였다.[66)] 이에 따라 일제는 1937년부터 「재만조선인지도요강在滿朝鮮人指導要綱」에 근거하여 동만東滿지구와 동변도東邊道지구의 23개 현에 1만 호의 한인 농민들을 집단 이주시킨다는 계획하에 한인의 집단이민을 추진하였다.

그 결과 1937년부터 1939년까지 3년간 만주 각지로 이주해온 집단이민은 총 9,262호였으며, 그 가운데 연변지역으로 이주해온 세대가 5,182호로 압도적인 비율을 차지하고 있다. 또 그 가운데 특히 안도현으로 이주해 온 세대는 2,845호로 총 호수의 30.7%, 연변지역 총 이주 세대의 54.9%를 차지하고 있다. 또 1937년 3월부터 1945년 4월까지 전후 5차에 걸쳐 안도현으로 이주해 온 집단이민은 총 3,605호였다. 이처럼 연변지역 가운데 안도현으로 이주가 집중되었던 이유는 이 일대가 토지가 넓고 인구가 적어 잠재적 개발 가능성이 제일 컸고, 항일유격전이 활발하게 펼쳐지던 지역이었기 때문이다.[67)]

---

65) 洪鍾佖, 「'滿洲事變' 이후 朝鮮總督府가 間島地方에 건설한 朝鮮人 集團部落」, 60쪽.
66) 일본 외무성 동아국 제2과, 『業務報告』(소화 11년), 336쪽.

5. 맺음말

만주국 시기 연변지역을 비롯한 만주 한인들은 일제로부터 두 가지 통치선統治線을 통해 지배를 받고 수탈을 당하였다. 일본 본토에서 관동군사령부를 거쳐 만주국으로 이어지는 통치선과, 일본 본토에서 조선총독부로 이어지는 통치선이 그것이다. 만주국은 '오족협화五族協和'를 표방하면서 한인과 일본인을 구별해 한인을 '만주국 국민'으로 육성하려고 했고, 조선총독부에서는 '내선일체內鮮一體'의 원칙 아래 한인을 '일본제국 신민'으로 육성하려고 하였다. 대국적 견지에서 보면, 1910년 국치 이후 적용되어 온 만주 한인의 치외법권이 1937년에 철폐되기 이전까지는 조선총독부와 일제의 만주 각지 주재 영사관이 한인의 통치주체였으며, 그 이후에는 일제 관동군과 만주국이 한인의 통치주체였던 셈이다. 그럼에도 불구하고 이 두 가지 통치선은 시대의 추이와 상황의 변화에 따라 '적절히' 배합되어 만주 한인들을 억압하였던 것이다. 이로써 만주 한인은 조선총독부와 만주국 양자로부터 일제의 탄압과 지배를 당하게 되었던 셈이었다.

다양한 민족으로 구성되어 있던 만주국은 1932년 건국 당시부터 이른바 민족협화民族協和를 건국정신으로 표방하였다. 만주국 인구 구성에서 3%에 불과하던 한인들은 이러한 민족협화에서 85% 이상의 인구 구성비를 점유한 한족이나 지배 민족의 위치에 있던 일본인 등에 비해 언제나 열세에 놓여 있었기 때문에 정치적, 경제적, 사회적으로 열악한 상황에 놓일 수밖에 없었다. 치외법권이 적용되던 만주국 전반기에 비해 치외법권이 철폐된 만주국 후반기에 한인사회는 더 큰 고통을 받았던 것으로 보인다. 관동군사령부가 1936년 8월 15일 확정한 「재만조선인지도요강」은 그 동안 조선총독부의 관할하에 놓여있던 만주 한인이 앞으로 만주국으로 통치 행정권이

67) 길림성정협문사자료위원회 · 연변조선족자치주정협문사자료위원회 편, 『길림조선족』, 연변인민출판사, 1995, 56~58쪽.

이양되면서 민족협화의 국책에 철저히 복종할 것을 규정하고 있다는 점에서 중요한 의미를 갖는 문건이다.

한편, 초기 이민 이래 연변 한인사회의 한국의 역사와 문화를 기반으로 한 민족주의 교육의 전통은 만주국이 들어선 후 '사립학교잠행규정私立學校暫行規定' 등의 여러 규제로 인하여 학교행정과 교원선발 등이 일제의 통제하에 놓여 왜곡 변질되어 갔다. 그리고 조선총독부가 가지고 있던 한인의 교육 관할권은 여러 가지 논란을 거쳐 1937년 11월에 이르러 만주국이 관장하는 것으로 귀착되었다. 대성학교·동흥학교·은진학교·영신학교 등이 만주국 시기에 직접 고통을 받았던 연변지역의 대표적인 사학이었으며, 사범부, 중학부, 고등여학부, 소학부, 실천여학부, 어학부 등 6개 부와 유치과의 1개 과로 구성되어 있던 광명학원은 연변의 대표적인 친일학원이었다.

연변지역의 조선인민회朝鮮人民會는 일제 경찰기관이 배치된 곳을 따라 조직되어 일제 관헌의 지도 감독을 직접 받았을 만큼, 일제에 철저히 밀착되어 일제의 탄압과 지배를 한인들에게 직접 전파하는 준행정기관의 역할을 하고 있었다. 이러한 조선인민회는 그 뒤 1936년 치외법권 철폐 문제가 대두되면서 만주제국협화회滿洲帝國協和會 조선인민회분회朝鮮人民會分會로 통합되면서 해체되었다. 만주제국협화회는 만주국의 건국정신인 이른바 민족협화를 여러 민족에게 침투시켜 피지배민족을 통합하기 위해 1932년에 관동군사령부의 지도하에 설립된 이른바 사상교화단체였다. 결국 조선인민회와 그 흡수 통합체인 만주제국협화회 조선인민회분회는 일제가 연변지역을 비롯한 만주 한인사회를 효과적으로 지배 통치하기 위한 목적하에서 결성되어 일제의 준행정기관의 역할을 수행하였던 것이다. 또한 간도협조회間島協助會는 반만항일세력을 탄압하기 위한, 일제의 이른바 치안숙정공작治安肅正工作을 원활히 지원하기 위한 목적하에 연변지역에 조직된 한인 친일단체였다. 그리하여 간도협조회는 조선인민회와 더불어 이른바 행정, 치안 양면에서 공동보조를 취하면서 만주국 시기에 연변지역 한인사회를 통치 지배했던 일제의 대표적인 한인 지배단체로서의 성격과 위상을 지니고 있었던 것이다. 그리고 이 두 단체는 모두 1936년 이후 만주제국협화회 조선인민회분회로 흡수 통합되었다.

1933~1935년간 조선총독부에 의해 연변지역 각처 28개 소에 건설된 집단부락은 당시 만주국이 안고 있던 최대 현안 중의 하나였던, 반만항일투쟁 세력을 제어하기 위한 이른바 치안유지와, 탈농脫農을 보호한다는 사회안정의 목적과 명분하에서 추진된 것이었다. 이러한 집단부락의 건설은 그 뒤 만주국에 의해 정책적으로 계승되어 남북만주 각지로 더욱 확대되어 갔다.

요컨대, 만주국 시기에 연변지역의 한인사회는 구한말부터 민족적 의식과 전통을 강하게 견지해 왔음에도 불구하고, 모국인 한국이 일제의 식민지로 전락된 현실에서, 나아가 삶의 터전 자체도 만주국의 영토로 변모하면서 일제의 침략과 지배가 가중될 수밖에 없었다. 결국 연변지역에 거주하던 한인들은 일제로부터 조선총독부, 만주국 등 이중으로 교차되는 지배와 탄압을 받는 가운데 만주국 시기에 암울한 민족 수난사를 드리우게 되었던 것이다.

제5부

해방 후 만주 · 연해주 한인의 귀환

시베리아지역 소련군 한인 포로의 귀환

1. 머리말

만주를 비롯해 사할린, 홋카이도, 그리고 쿠릴지방에 군인 · 군속으로 강제로 끌려갔던 한인들 가운데 상당수가 일제 패망과 더불어 소련으로 억류되어 일본인 포로들과 함께 강제노역에 시달렸다. 시베리아에 억류되었던 한인 포로들은 특히 만주 관동군으로 강제 징집된 경우가 대부분이었다.

소련군의 포로 신분이었던 이들은 장기간 강제노역에 시달렸고, 그 결과 많은 한인들이 시베리아 현지의 황량한 벌판에서 사망하고 일부는 본국으로 귀환하였다. 그러나 이 문제에 대해서는 지금까지 몇몇 연구자들만이 관심을 가지고 있었을 뿐 그들이 왜 소련으로 끌려가야 했는지, 시베리아 동토凍土에서 무엇을 하였는지, 어느 곳으로 끌려갔었는지, 어떠한 과정을 거쳐 고국에 돌아왔는지에 대해서는 거의 알지 못하고 있다. 이와 같은 시베리아 한인 포로문제, 나아가 그들의 귀환문제는 해방공간에서 이루어진 수많은 해외동포의 귀환문제의 일부라는 점에서, 또 식민지시기의 청산과 이데올로기 대치상황에 대한 민족적 이해의 일부라는 점에서 해결해야만

할 과제인 것이다.

그 동안 한국 학계에서는 이 분야에 대한 연구를 축적하지 못하였다.[1] 연구자들이 이 문제에 접근할 여유가 없었을 뿐만 아니라, 여러 가지 정치, 사회적 상황으로 인해 이러한 과제가 미처 부상될 여건이 되지 못했기 때문이라고 생각한다. 뿐만 아니라, 정부 차원에서도 이 문제에 대해서, 나아가 해방 직후의 해외동포의 귀환문제 전반에 대해서 진지하게 검토한 적이 없었던 것 같다. 만시지탄晩時之歎이지만, 이제부터라도 한 시대를 청산하는 민족적 과제의 일부로 해외동포의 귀환문제를 인식하고 그에 대한 연구의 폭을 넓혀가는 방안을 강구해야만 할 것이다.

본고에서는 시베리아 한인 포로 문제에 대해 시론적試論的 성격으로 접근하고, 학계의 주의를 환기하고자 하였다. 그리하여 먼저 한인들이 일본군과 함께 시베리아지역에 소련군의 포로로 끌려가게 된 역사적 경위에 대해 언급하였다. 다음으로는 시베리아 포로수용소에 억류되기까지의 과정 및 수용소 생활의 실태 등을 살펴보았으며, 끝으로 한인 포로들이 고국으로 귀환하는 여정旅程에 대해 전반적으로 논급하였다.

본고는 시베리아 포로 출신자들의 증언과 회고록, 그리고 당시 신문보도 기사 등을 주 자료로 활용하였다.[2] 다행히 독립기념관 한국독립운동사연구소에서는 2002년부터 시베리아 포로 출신 생존자들의 구술 증언을 지속적으로 채록해 왔다. 시베리아 포로 출신 생존자들의 모임인 시베리아삭풍회 소속 회원들로부터 집중적인 증언을 들을 수 있었던 것이다. 이 분들의 증언을 상호 비교 검토하면서 자료로 활용할 수 있어 큰 도움을 받았다. 또

---

1) 한국학계와는 달리 일본에서는 이러한 시베리아 포로 문제에 대해 관련자료와 사례를 소개한 단행본(林えいだい, 『前後五十年の檢証; 忘れらられた朝鮮人皇軍兵士』, 梓書院, 1997)이 출간된 적이 있다.

2) 본고의 집필에는 해외한인 귀환문제에 지속적인 관심을 두고 있는 한국독립운동사연구소의 동료 金度亨 박사의 자료 제공과 조언이 큰 도움을 주었다. 김박사의 후의에 감사를 표하는 바이다.

한 이 분들의 증언과 더불어 시베리아 포로 출신의 이규철李圭哲이 다년간의 노력 끝에 방대한 자료와 관련자의 증언, 그리고 회고담을 정리해 놓은 『시베리아 한恨의 노래』도 본고를 작성하는 데 큰 도움을 주었다. 이 회고록은 1992년에 이규철이 육필로 직접 작성한 것으로, 180여 면에 달하는 노작勞作이다. 이에 증언자 여러분에게 깊이 감사드린다.

본고는 시베리아 한인 귀환문제에 대한 시론임을 다시 한 번 밝혀둔다. 자료의 부족과 정보의 결핍으로 인해 시베리아 한인 포로문제에 대해 보편적 견지에서 논지를 전개하기에는 일정한 한계가 있음을 자인하지 않을 수 없다. 만주 외에 사할린, 홋카이도, 그리고 쿠릴 등지에서 소련으로 끌려간 한인들의 실체에 대해서는 언급조차 할 수 없었다. 이 분야에 대해 앞으로 더욱 진척된 연구가 이어지기를 기대할 따름이다.

2. 소련군의 만주 점령과 한인 포로

태평양전쟁이 종료되기 직전, 미국은 1945년 8월 6일 히로시마廣島에, 그리고 3일 뒤인 9일에는 나가사키長崎에 연이어 원자폭탄을 투하하였다. 그 동안 참전을 관망하고 있던 소련은 태평양전쟁이 이처럼 막바지에 이른 8월 8일 일본에 대해 선전포고를 하고 참전하였다. 이 때 만주에 주둔하고 있던 일제의 관동군은 소련군의 침공을 받게 되었다. 정예를 자랑하던 원래의 관동군은 태평양전선에 투입된 상태였기 때문에 만주에 남아 있던 일제의 전력은 군수물자와 인력의 절대 결핍으로 인해 매우 부실한 실정이었다. 이와 같은 상황에서 만주와 북한지역의 한인 청년들을 대상으로 강제징집을 실시하여 만주 관동군에 배치시켰다. 말하자면 관동군 정예부대가 비우고 간 자리를 주로 정예군이 아닌 일본인들과 한인들이 대신 메워주고 있었던 것이다.

북한과 만주에서 강제 징집된 한인들은, 대개의 경우, 하얼빈에 집결한 뒤 대소對蘇 최전방 방어선을 구축하고 있던 북만주 국경부근의 손오孫吳로 배치되었던 것으로 보인다. 북만주 밀산密山[東安]에서 국민학교 교원으로 근무하던 이규철의 경우에도 징병 제2기로 끌려가 5월 말경 길림성 서란현舒蘭縣의 막석육군훈련소莫石陸軍訓練所에 입소하여 2개월 동안 군사훈련을 받은 뒤 하얼빈을 거쳐 8월 초순 손오 진지에 배속되었다. 이후영李厚寧·원봉재元鳳載·김기룡金起龍 등을 비롯한, 소련군 포로 출신들의 모임인 '시베리아삭풍회'의 회원 가운데 거의 절반 이상이 손오부대에 배치되어 있었던 점도 이러한 사실을 뒷받침해 주고 있다.[3)]

일본군에 강제 징집된 한인 군인과 군속들은 일본군의 명령에 따라 소련군과 대치, 교전하지 않을 수 없었다. 당시 일본군의 대부분은 옥쇄를 각오하고 있었다. 이 문제에 대해 학병으로 강제 동원되어 공병 훈련을 받았던 김종빈金鍾斌은 다음과 같이 회고하고 있다.

> 공병으로서의 훈련이 다리를 놓는다거나 길을 덮는다거나 또는 교량을 파괴한다거나 하는 그런 훈련이 아니다. 탱크를 폭약으로 파괴하는 훈련이다. 공병의 사명의 하나로서의 교량 파괴는 이제 움직이는 탱크의 파괴로 통일되었고, 우리의 날마다의 훈련은 이 한 가지에 집중되었다. 탱크를 파괴하는 방법으로 우리가 받은 훈련은 매우 원시적인 것이다. 탱크에 대하여 비행기에 의한 공격을 한다거나, 대전차포를 발사하는 따위는 공병으로서의 우리의 사명이 아니다. 공병으로서의 공격은 대전차호를 미리 파놓는 일, 지뢰를 부설하는 일 등의 소극적인 방법에서 직접 폭탄으로써 적 탱크를 폭파하는 적극적인 방법까지 있는데 우리가 받는 훈련은 적극적인 방법이다. 적의 탱크가 통과할 길목 양쪽에 자기 몸을 숨길 호를 파고, 두 병사가 그 속에서 대기한다. 이 두 병사의 손에는 가운데 폭탄이 매달린 줄의 양끝이 쥐어 있다. 탱크가 이것도 모르고 이들 사이를 지나가려고 다가온다. 이들 두 병사는 그들이 쥐고 있는 줄을 조

3) 부록으로 첨부된 〈표 2〉 시베리아 한인 포로 명부 참조.

종하며 탱크의 캐터필러가 폭탄 위를 지나가도록 한다. 캐터필러가 폭파되고 탱크가 제자리를 걸음한다. 그 순간 두 병사는 대피호 속에서 뛰어나와 적의 탱크 뚜껑을 열어젖히고 수류탄이나 다른 폭약을 탱크 속에 던진다. 이것도 실패하면 자석폭탄을 가진 병사가 탱크에 달려가서 탱크 벽에다가 이것을 장치한다. 이것도 저것도 다 실패하면 다른 병사는 폭탄을 짊어진 채 탱크의 캐터필러 밑으로 뛰어 들어가서 탱크와 자기 몸을 바꾼다.[4)]

소련의 대일선전포고 당일인 8월 8일부터 드디어 소·만 국경에서는 일본군과 소련군 사이에 전투가 벌어졌다. 관동군은 소련군의 공세를 맞아 최후의 일전을 치르려고 하였지만, 실제 전투는 거의 불가능한 지경이었다. 풍부한 화력을 갖춘 소련군에 비해 관동군은 그만큼 군수물자와 장비가 빈약한 상태였다. 이 문제에 대해 징병 2기로 끌려가 손오에 주둔하고 있던 원봉재는 다음과 같이 술회하고 있다.

8월 9일 저녁 9시가 되어서 중대장이 말하기를 이제 일소전쟁이 터졌다, 일소전쟁이 터졌는데 우리는 적군을 맞이해서 싸우기 위해서 전쟁 장소로 다 출발해야겠다, 그러니까 제군들은 지금 모든 장비를 빨리빨리 하거라, 뭐 이런 취지의 훈시를 한 30분 동안 하대. 그래가지고 우리는 뭐, 뭐 알아요, 군비가 있어요, 뭐 있어요. 그 다음에 우리도 옷을 또 바꿔주대. 새 것으로. 일본 군대는 본래가 전쟁 나갈 때 새 옷으로 갈아입어요.[5)]

소련군이 침공하자, 일본군은 진지를 만들고 참호를 파기도 하였다. 원봉재가 있던 손오부대에는 2~3만 명의 관동군이 있었으나, 대개 화기가 없이 병력만 배치되어 있는 유명무실한 부대였다. 그가 본 병기라고는 '마메땅꼬'(작은 탱크, 지프차만한 탱크)가 있었을 뿐이었다. 관동군은 소련군을

4) 金鍾斌, 「蘇聯捕虜收容所生活記」, 『新東亞』 1964년 10월호, 271쪽.
5) 元鳳載 구술(면담자; 김도형, 2002년 12월 6일).

맞아 제대로 싸워보지도 못한 채 포로가 되고 말았다.

일왕의 무조건항복 소식을 듣고, 손오에 주둔했던 일부 부대는 한때 집단 할복자결을 획책하는 등 최후의 발악을 하였다. 실제로 8월 17일 함남 정평읍의 요배소遙拜所에서는 제137사단장 아키야마秋山義兌 중장이 할복 자결하는 사건도 있었다. 또 중소 국경의 아이훈[愛琿] 진지에서 싸우고 있던 제6국경수비대는 항복을 알리기 위해 온 전령 2명을 사살한 채 무장해제를 한동안 거부하는 사례도 있었다.[6)]

이규철은 그의 회고록에서 8월 15일 저녁 무렵 총검으로 무장한 소련군의 감시하에 관동군 병사兵舍에 수용된 것으로 밝히고 있다. 소련군에 의해 무장해제를 당하고 포로로 수용될 당시의 한인들의 심경과 정황에 대해 그는 다음과 같이 기술하였다.

> 8월 15일의 저녁 무렵, 총검으로 무장한 소련군의 감시하에 우리들은 맥없이 손오 진지를 버리고 내려왔다. 한편, 고향으로 돌아간다는 희망에 포로라는 두려움도 잊은 채 트럭에 타고 있던 일본 병사들은 도보로 연행되어 가는 우리들에게 양갱이랑 건빵 등을 던져주는 것이었다. 2Km 가량 걸어서 하산했을 때, 대기하고 있던 트럭에 실려 구 관동군 병사에 수용되어 밤을 새웠다.[7)]

앞에서도 언급하였듯이 관동군에 소속된 한인들은 일본군의 일부로 취급받았다. 시베리아 포로수용소로 한인들이 강제로 끌려가게 된 것도 한인들이 일본군의 일원으로 간주되었기 때문이다. 그러므로 일본군이 수용되어 있던 대부분의 수용소에는 대개 한인들이 함께 억류되어 있었던 것으로 짐작된다.

태평양전쟁 종료와 함께 포로가 되어 시베리아를 비롯한 소련 각지로 끌

---

6) 李圭哲, 『시베리아 恨의 노래』(미간행 필사본, 1992), 23쪽.
7) 李圭哲, 『시베리아 恨의 노래』, 23~24쪽.

려갔던 일본인은 무려 64만 명에 이르렀다. 여기에는 다양한 성분의 인물들이 포함되어 있었다. 소련군을 상대로 전투를 벌였던 군인들을 비롯하여 만주 및 몽고지방 개척단開拓團의 농민들, 만주국 관리 출신, 남만주철도주식회사 및 만주중공업개발주식회사의 종업원, 협화회協和會 회원 등등이 주된 구성원을 이루었다. 그리고 그 연령은 15세부터 50세까지 각계각층의 다양한 인물들이 끌려갔던 것이다.8)

한편, 소련 내의 포로수용소인 '라아게리'의 분포상황을 보면 동쪽으로는 연해주 각지에서부터 서쪽으로는 모스크바 근교, 흑해 주변에 이르기까지 총 2천여 개 소에 달하였다. 소련 내무성에서는 포로관리국을 두고 66개 지구로 분류하여 각 지구 본부에서 일정 구역 안에 있는 여러 수용소를 관리감독하게 하였다.9)

일제 관동군 가운데 길림성 일대의 동만주에 주둔하고 있던 부대의 한인들은 전쟁 종료 직후 대부분 고향으로 귀환할 수 있었으며, 손오와 치치하르 등 북만주 주둔 관동군 부대에 배속되어 있던 한인들이 일본군과 함께 소련군에 의해 포로가 된 것으로 보인다. 북만주 한인 가운데서도 탈출에 성공하여 고향으로 귀환하는 경우도 있었지만, 대개의 경우, 부대 내에 그대로 잔존하고 있었다. 이 때 소련군에 의해 포로가 된 관동군 소속의 한인 숫자는, 정확하지는 않지만, 대략 1만 명에서 1만 5천 명 정도라고 한다.

당시 징병으로 끌려가 치치하르에 주둔하고 있던 중 소련군에 의해 포로가 되었던 이병주李炳柱의 "소련군에 저항하다가 8월 15일 치치하르에서 소련군 수용소에 수용되었고, 일본 국적과 일본인 이름으로 포로 명부가 작성되어 소련군에 넘겨졌다."고 한 증언으로 미루어 부대 단위로 포로 명부가 작성된 후 소련군에 끌려갔던 것으로 보인다.10)

8) 李圭哲, 『시베리아 恨의 노래』, 30쪽.
9) 李圭哲, 『시베리아 恨의 노래』, 30쪽
10) 만주에서 징병되었던 李炳柱(1925년생)의 증언에 따르면, 그는 1945년 만주국 정

3. 포로수용소 억류와 강제노역

1) 수용소 억류과정

소련군에 의해 포로가 된 일본군들은 철도편 혹은 도보로 소·만 국경을 건너 시베리아로 끌려갔다. 북만주 도처에 주둔 중이던 관동군들은 소련군에 포로가 된 후 흑하黑河에 집결한 뒤 아무르강을 건너 대안의 블라고베시첸스크로 끌려갔던 것이다.

당시 손오에 주둔하고 있던 이규철의 회고록에 의하면, 8월 말 1개 대대 1천 명을 단위로 편성하여 하얼빈 방면으로 철도 수리를 하고 난 뒤에는 귀국시켜 주겠다고 하면서 북으로 행군을 계속하였다고 한다. 소련군 감시병의 감시가 철저하였기 때문에 중도에 탈출하기도 어려웠으며, 더욱이 귀국시켜준다는 감언이설에 속아 적극적으로 탈출을 시도할 분위기가 아니었던 것으로 보인다. 며칠 동안 밤낮으로 끌려가 도착한 곳이 흑룡강변의 국경도시인 흑하였다. 이곳 흑하에서 다시 아무르강을 건너 대안에 자리잡고 있는 소련의 국경도시 블라고베시첸스크로 끌려갔다. 그리고 이곳에서 화차를 타고 9월 4~6일경 도착한 곳이 세레칸 수용소였다.[11]

사평가四平街에 주둔하고 있던 관동군 소속의 김종빈[12]도 소련군에 포로가 된 후 기차편으로 신경新京과 하얼빈을 거쳐 흑하로 이송되었다. 그는 "야폰스키 다모이, 다모이(귀가)"하는 말을 들으면서 화물열차를 탔다. 당시 소련군은 일본군이 가지고 있던 피복·식량 뿐만 아니라 아직도 산더미같

부의 도문세관에서 근무하다가 그해 8월 9일 관동군에 소집되어 소만국경 海拉爾라는 중소 국경주변에 배치되었다고 한다. 그 후 1945년 9월 일본군 포로와 함께 중부시베리아의 크라스노야르스크에서 3년 6개월 동안 강제노역에 시달린 뒤 1948년 12월 귀국하였다고 한다(면담자; 반병률·김도형, 2001년 9월 24일).

11) 李圭哲, 『시베리아 恨의 노래』, 24~28쪽.

12) 1924년 전북에서 출생한 金鍾斌은 동경제대 법학부 정치학과에 재학중 학병으로 입대한 뒤 관동군에 편입되어 四平街에 주둔하고 있었다.

이 쌓여 있던 병참 창고의 물자까지도 모두 화차에 실고 갔다고 한다. 그는 흑하에서 아무르강을 건너 시베리아의 블라고베시첸스크로 끌려갔던 것이다. 그리고 열차편으로 다시 카자크 공화국의 동쪽 끝이며, 외몽고와 중국 신강성新疆省의 북쪽에 위치한 '우스트-카메노고르브스크'라는 벽지의 수용소에 도착하였다.13)

원봉재가 소속된 부대도 1천 명을 단위로 1945년 8월 20일부터 도보로 흑하에 도착하였으며, 9월 6일경에 흑하를 건너 블라고베시첸스크에 도착하였다. 그후 바로 스보보드니지역에 위치해 있는 '미하일로-체스노스카야'로 이동하여 그곳에 수용되어 목재소에서 강제노동을 하였다.14)

하지만, 손오 주둔 일본군 모두가 흑하 · 블라고베시첸스크 노정路程으로만 끌려갔던 것은 아니었던 것 같다. 천안 성거 출신으로 휘문중학교를 졸업하고 일제 패전 직전인 1945년 8월 6일 징집되었던 이후영의 경우는 흑하로 집결하지 않은 사례이다. 그는 손오에서 소련군에 포로가 된 뒤, 블라고베스첸스크로 가지 않고 그 남쪽으로 직선거리로 50여 Km 떨어진 아무르강변의 무라브예프카로 끌려간 뒤 다시 시베리아철도 연변의 소도시인 예카테리노슬라브카로 끌려갔던 것이다. 그 뒤 그는 1949년 10월 나홋카에서 핫산으로 건너와 이곳에서 두만강 목교木橋를 건너 북한으로 귀환하였다.15)

또한 손오부대의 군속으로 있던 이태호李台鎬는 열차를 타고 북쪽으로 이동하여 시베리아의 치타와 이르쿠츠크를 지나 11월 4일 크라스노야르스크에 도착하였다고 한다.16)

이상의 사례에서도 짐작하듯이, 한인 포로들은 일정한 수용소 한 곳에서 계속 노역을 한 것은 아니었다. 수용된 지역의 형편과 작업정도에 따라 시

---

13) 金鍾斌, 「蘇聯捕虜收容所生活記」, 276쪽.
14) 元鳳載 구술.
15) 李厚寧 구술(면담자; 박민영, 2003년 5월 31일).
16) 李台鎬 구술(면담자; 이계형, 2002년 12월 3일).

베리아 각지를 전전하면서 강제노역에 시달렸던 것이다. 원봉재의 경우에는 블라고베시첸스크에서 미하일로-체스노코프스카야로, 이어 와자이예프, 하바로프스크 등지로 옮겨가며 노역을 하였으며,[17] 김기룡도 원봉재와 마찬가지로 계속 이동하며 노동을 강요당하였고,[18] 김종빈의 경우에도 우스트-카메노고르브스크에서 스탈린스크로 이동하여 탄광에서 작업을 하였다.[19]

2) 수용소 생활과 강제노역 동원

수용소에 도착하였을 때, 포로의 접수는 소대별로 이루어지고 있었다. 조사는 소련인 통역이 서투른 일본말로 신상 · 계급 등을 묻고 장교가 이를 기록하였다. 이 때 대부분의 한인 포로들은 자신이 한국인임을 말하였다고 한다.

수용소 입소 절차가 끝난 후 일본군의 편성대로 바라크가 배정되었다. 수용소 안은 포로만의 대대 · 중대 · 소대 등의 편성이 그대로 유지되었다. 한인 포로들도 여전히 일본군 편제 속에 그대로 소속되어 있었다. 한인들은 자신들이 '카레이스키'(한인)라는 사실을 호소하였지만 받아들여지지 않았다. 수용소에 입소하여 며칠 후부터 강제노역이 시작되었다. 포로의 식사는 1일분의 흐랩(소련 주식의 검은 빵) 3백 그램, 설탕 약간, 그리고 한 끼 한 그릇의 죽이 전부였다고 한다.

그 후 한인 포로들은 수용소측에 강력히 요청하여 한인만의 소대로 편성하여 독립 바라크를 배정받고 같이 기거할 수 있었다. 이병주나 이태호, 이후영의 증언에 따르면 수용소 생활을 한 지 1년 정도가 되어 한인만의 독립부대가 편성되었다고 한다. 이에 따라 한인만이 함께 생활할 수 있는 독립

17) 元鳳載 구술.
18) 金起龍 구술(면담자; 표영수, 2003년 5월 2일).
19) 金鍾斌, 「蘇聯捕虜收容所生活記」, 285~294쪽.

된 공간을 확보할 수 있었다.

포로수용소에 억류된 한인의 생활상은 실로 참혹하였다. 각지 실정과 수용소 형편에 따라 정도의 차이는 있었지만, 시베리아 각지에 산재한 수용소에 억류된 한인들의 생활실태는 대체로 감내하기 어려웠을 만큼 참혹하였던 것으로 전해진다.

낯선 시베리아에 처음 포로로 끌려갔을 때, 한인들은 정신적 충격과 현실적 공포에 휩싸였던 것으로 보인다. 이규철은 블라고베시첸스크에서 화물열차를 타고 '생지옥' 세레칸 수용소로 끌려갔을 때의 참담한 정경을 다음과 같이 술회하고 있다.

> (블라고베시첸스크) 강변 언덕을 올라가서 보니, 우리들을 싣고 갈 지옥행 포로 수송 화물열차가 대기하고 있었다. 시커먼 연기를 뿜으면서 버티고 있는 모습에 소름이 끼친다. 우리들은 고삐에 매달려 채찍에 못 이겨 끌려가는 소처럼 화물열차에 올랐다. 화차에는 입추의 여지가 없을 만큼 많이 타고 보니, 눕기는 고사하고 다리를 펼 수 없었다. 마치 콩나물시루를 방불케 했다. 화차의 출입문에 자물쇠가 채워졌다. 가다가는 멈추고, 멈추었다가는 또 달린다. 이 화차 안에서 이틀 동안 물 한 모금, 빵 한 조각 먹지 못하고 공포와 수심에 찬 포로들은 한 마디 말도 없이 넋을 잃고 앉아 있었다. 사흘만에 포로 수송 열차는 개선을 구가하듯이 시골 역에 들어섰다. 출입문의 자물쇠가 열리자, 아침 햇살이 눈부시게 비친다. 여기가 죽음과 싸운 생지옥 세레칸이다. 인가라곤 찾아보기 힘들만큼 쓸쓸한 벽촌이었다. [20]

위의 증언은 시베리아에 억류된 한인 포로들의 현실적 고통과 참담한 전도를 생생히 묘사한 대목이다. 각지 수용소에 억류된 포로들은 인간적인 대우를 받지 못하였으며, 그에 따라 포로들은 수용소를 곧 생지옥으로 느꼈던 것이다.

---

20) 李圭哲, 『시베리아 恨의 노래』, 28쪽.

수용소 생활에서 받았던 고통 가운데 가장 큰 것은 무엇보다 굶주림이었다. "배불리 먹을 수 있는 사람이 이 세상에서 제일 행복한 사람이다."라는 호소 겸 탄식이 나올 정도로 굶주림의 정도는 심각하였다. 지역별로, 그리고 수용소마다 정도의 차이는 있었지만, 대개의 경우 포로들은 심하게 굶주렸다. 바이칼호 부근에 수용되어 있던 어느 일본인 포로는 "혁대를 풀어서 구워서 먹었다. 그리고 구두약으로 쓴 보혁유保革油의 덩어리를 녹여서 가축사료인 풀과 섞어서 먹었다."고 실토하였다. 또 다른 일본인 포로는 "민가의 취사장 밖에 있는 쓰레기장에 버려진 생선의 대가리 뼈와 빵조각, 감자 등이 얼어붙어 있었다. 이것을 괭이로 파서 막사에 가져와서 끓여 먹었다."고 증언하였을 정도이다. 심지어는 "작업하러 가는 도중에 금방이라도 쓰러질 듯한 한 포로는 길가에 떨어져 있는 말똥을 헤쳐서 소화되지 않고 섞여 있는 보리, 귀리 등을 후벼내서 먹고 있었다."는 증언 기록이 남아 있을 정도로 기아는 심각한 고통이었다.[21] 크라스노야르스크에 억류되어 있던 한인 포로 출신의 이태호도 수용소 시절 굶주림으로 인한 고통을 다음과 같이 술회하였다.

> 수용소에서 생활하는데 배가 고파 가지고 사람이 견딜 수가 없더라고요. 멀건 죽 같은 것 하고, 빵 200g 하는 담뱃갑 만해요. 그리고 설탕 조금 넣고 그래가지고 멀건 죽 해가지고. 그래가지고 이제 밥도 한 공기 그걸로 한 1/3정도 그러니까 뭐 이게 먹는 게 아니죠. 그래 배가 고파가지고 하늘이 노랗고 말이죠.[22]

기아와 함께 시베리아의 혹한도 포로들에게는 견딜 수 없는 큰 고통이었다. 처음 소련군에 포로가 되어 시베리아 수용소에 수용되었을 때는 8월의 여름이었다. 그러나 10월에 들어서면서 시베리아의 찬 기운이 몰아쳤다. 한

---

21) 李圭哲, 『시베리아 恨의 노래』, 34쪽.
22) 李台鎬 구술.

인 포로들 가운데는 심지어 하복 차림으로 겨울까지 버티는 경우도 있었을 정도였으며[23], 관동군의 방한모, 방한 외투, 방한 장화로 무장한 포로들조차 영하 40~50도까지 내려가는 혹한에는 속수무책이었다. 매일같이 추위와 굶주림으로 죽어갔다. 일본인의 경우에는 특히 이질에 약하였기 때문에 이질에 걸려 사망하는 경우가 많았다. 봄이 되면 지난 겨울 동안 처리하지 못하고 쌓아두었던 시체들을 한꺼번에 매장하기도 하였다고 한다.[24] 이규철은 세레칸 수용소에서 지내던 첫해 겨울의 추위로 인한 고통을 다음과 같이 술회하였다.

> 천막 속의 지면은 영하 30도가 넘었다. (중략) 한국인 포로들은 하복 차림으로 차가운 지면에 누울 수가 없었다. 작업을 마치고 돌아올 때 고목을 잘라 땔감을 메고 와서 천막 속에 불을 피운다. 담요도 외투도 없는 한국인 포로들은 모닥불을 둘러싸고 앉아서 서로 몸을 맞대고 잔다. 혹한 속에 체온을 유지하면서 살려는 눈물겨운 사투가 계속되었다. (중략) 지칠대로 지친 몸에 매달리고 있는 목숨이 정말 질기고 모질더라.[25]

기와 · 혹한과 더불어 한인 포로들이 크게 시달렸던 것은 혹독한 강제노역이었다. 지역에 따라, 그리고 수용소 실정에 따라 강제노역의 종류는 실로 다양하였다. 험하고 고된 노역에는 무차별적으로 포로의 노동력이 동원되었다. 주로 벌목과 감자 수확, 시멘트 등의 하역, 제분소 작업, 건축 및 토목공사 등에 한인 포로들이 강제 동원되었다.

감자 캐기는 시베리아 수용소에 끌려간 한인들이 초기에 시달린 강제노역 가운데 대표적인 고역이였다. 이 작업은 감자 수확이 끝나는 9월 말까지 시베리아 각지에서 계속되었다.

---

23) 李炳柱 구술(면담자; 표영수). 그에 따르면 포로가 된 첫해 겨울은 관동군 시절 입고 있던 하복 차림 그대로 겨울을 났으며, 그 결과 많은 凍死者가 생겼다고 한다.

24) 李厚寧 구술.

25) 李圭哲, 『시베리아 恨의 노래』, 32쪽.

언덕을 넘어서니 끝이 보이지 않을 만큼 넓은 감자밭이 펼쳐져 있었다. 다른 작물은 보이지 않고 감자 일색이었다. 호미랑 삽을 받아서 감자를 파기 시작했는데, 주먹만한 감자가 주렁주렁 달려 나온다. 노루마(책임량)를 달성하지 못하면 쉴 수 없다. (감자밭의) 파헤친 곳을 점검한 책임장교 카삐탄(대위)은 덜 파낸 갈또오시카(감자)를 보고 하나도 남김없이 다 파라고 고래고래 고함을 친다.[26]

포로들의 강제노역 가운데 벌목작업 역시 몹시 고통스런 일이었다. 시베리아 전역에서 행해지던 벌목은 한인 포로들이 겪은 주요 강제노역 가운데 하나였다. 이규철은 다음과 같이 벌목 강제노역의 실상을 생생하게 고발하고 있다.

흑빵 한 조각을 받아서 먹고는 작업 출발의 점호를 받는다. 그리고는 삘라(2인용 톱)와 다뽀오루(도끼)를 받아서 숲 속으로 들어간다. 2인 1조가 되어서 알맞은 낙엽송을 골라서 작업을 시작한다. 처음 해보는 작업이라 요령부득으로 힘만 낭비되고 일은 진척이 안 된다. 캄보이(감시병)의 "다와이, 다와이"라는 최촉소리에 힘을 다하려고 해도 몸이 말을 듣지 않는다. 톱질이 끝날 때는 "나무가 넘어진다"라고 크게 외치면서 동료들이 다치지 않게 주의시킨다. 나무가 넘어지는 방향을 사전에 파악해 두었다가 나무가 쓰러지는 반대방향으로 빨리 피신해야 한다. 벌목 노루마(책임량－필자)는 1조(2인)당 2m×5m×1.5m=15입방m이다. 감시병은 "노루마 달성하지 못하면 돌아가지 못한다"고 외치고 있으나, 쇠약한 몸으로는 너무나 힘든 작업이었다.[27]

강제노역 외에도 시베리아지역의 특이한 자연환경도 한인 포로들이 적응하기 힘든 조건 가운데 하나였다. 이·빈대·모기 등의 해충도 열악한 위생상태에 있던 포로들을 심하게 괴롭혔다. 청결, 위생 상태가 매우 열악한 수용소 생활환경 속에서 이와 같은 해충이 자연히 번식할 수밖에 없었던 것이다.

---

26) 李圭哲, 『시베리아 恨의 노래』, 29쪽.
27) 李圭哲, 『시베리아 恨의 노래』, 31쪽.

그 가운데서도 특히 이의 경우, 겨울철의 혹한 속에서 옷을 입은 채로 지내야만 하고, 목욕과 세탁이 어려운 상황에서 온 몸에 이가 들끓을 수밖에 없었던 것이다. 다음과 같은 증언들은 이로 인하여 포로들이 겪은 고통을 실감나게 한다.

> 10월로 접어들자 옷을 벗을 수가 없었다. 따라서 급속도로 번식한 이들은 영양실조로 야윈 우리 몸의 피를 멋대로 빨아먹고 돌아다니고 있었다. 가려워서 목을 긁으면 그 때마다 이가 잡혀 나왔다. 추워서 옷을 입은 채로 잠자리에 들어야 했고 목욕은 물론이고 세탁 한 번 하지 못한 내의는 둘도 없는 이들의 낙원이고 안식처였다.[28]

> 이의 번식력과 생명력은 참으로 놀랍다. 성충은 영하 10도에서도 기어다닌다. 속옷에 깔아놓은 알은 영하 40도 이하의 추위에서도 죽지 않는다. 내의를 벗어서 기둥에 대고 훑어 내리면 한 번에 10마리 이상 떨어진다. 100마리 정도 잡는 데는 그다지 시간이 걸리지 않는다. 여간 잡아봤자 조금도 줄지 않으니까 헛수고만 하는 것 같다. 몸은 온통 이에 물어뜯긴 자국과 가려워서 긁은 손톱자국으로 피부는 상처투성이가 되고 잠도 제대로 이루지 못할 지경이었다.[29]

시베리아지역에 번식하는 빈대도 수용소 포로들을 심하게 괴롭혔다.

> 이 흡혈귀(빈대－필자)는 밝은 곳에는 절대로 나타나지 않는 습성이 있다. 낮에는 나무 틈 사이 등에 숨어 있다가 밤이 되면 활동하기 시작한다. 어둠을 타고 개미의 행렬처럼 줄을 이어 우리들에게로 달려든다. 한 번 물리면 부풀어 오르고 심하게 가렵고 화농이 되는 수도 있다.[30]

억류된 상당수의 포로들은 수용소 생활을 견디지 못하고 끝내 죽고 말았

---

28) 李圭哲, 『시베리아 恨의 노래』, 37쪽.
29) 甘樂軍次(琦玉縣, 보로실로프 수용소 포로 출신) 구술; 李圭哲, 『시베리아 恨의 노래』, 37쪽에서 재인용.
30) 山崎氏(愛知縣 출신) 구술; 李圭哲, 『시베리아 恨의 노래』, 38쪽에서 재인용.

다. 수용소의 위생상태가 불결하고, 제공되는 음식도 지극히 부실하여 영양실조로 고통받고 있던 포로들은 매일 가중되는 강제노역을 견디지 못한 채 죽어갔던 것이다. 네야 벌목장에서 일하던 일본군 포로의 경우, 2백여 명이 8개월 벌목작업을 했는데, 끝까지 살아남은 자는 50여 명에 불과하였다고 한다. 그곳 벌목장에서 일했던 일본인 포로 가운데 한 사람은 동료들이 죽어가던 상황에 대해 다음과 같은 증언을 남겼다.

> 날이 밝았다. 슬슬 일어나야지 하고 옆에서 자고 있던 동료를 깨웠으나 아무런 반응이 없었다. 자세히 살펴보니, 많은 이들이 몸 밖으로 기어나오고 있었다. 체온이 식으면 이가 따뜻한 곳을 찾아가는 습성이 있다. 불러도 흔들어도 대답이 없었다. 편안한 모습으로 잠들고 있었다.[31)]

시베리아에 끌려간 한인 포로 가운데 귀환하지 못하고 현지에서 사망한 인원이 얼마인지는 현재 확인할 수 없는 실정이다. 다만 포로 출신자들의 여러 증언 속에서 수용소마다 한인 희생자가 상당수 있었음은 확인된다. 앞으로 이 분야 연구를 진행하는 가운데 관련 자료의 발굴과 입수를 통해서 진실에 더 가깝게 접근할 수 있을 것으로 생각한다. 한편, 이규철은 그의 『시베리아 한恨의 노래』에서 1991년 고르바초프 대통령 시절 소련이 일본 정부에 넘겨준 4만여 명의 일본군 포로 명부 가운데서 확인한 시베리아 수용소 현지에서 사망한 한인 포로 62명과, 세레칸과 오렌브르그 수용소에 함께 수용되어 있던 중 사망한 5명의 명단을 밝혀 놓았다.[32)]

드문 경우이기는 하지만, 한인 포로 가운데는 수용소 생활의 고통을 견디지 못하고 탈출을 시도하는 사례도 있었다. 탈출에 실패할 경우, 그에 대한

---

31) 塚越源一(崎玉縣 출신, 네야 수용소 포로 출신) 구술; 李圭哲, 『시베리아 恨의 노래』, 41쪽에서 재인용.

32) 李圭哲, 『시베리아 恨의 노래』, 123~125쪽 명단 참조. 이 사망자 명단에는 창씨개명한 성명을 그대로 적고 있으며, 수용소, 생년, 계급, 사망연월일, 본적 등이 기록되어 있다.

벌칙으로 그만큼 모진 고통이 뒤따르기 때문에 수용소 탈출은 쉽게 내릴 수 있는 결단이 아니었다. 그럼에도 불구하고 다음 사례에서 보듯이 목숨 건 탈출이 간간이 시도되었다.

이규철과 함께 세레칸에 수용되어 있던 한인 포로 가운데 5명이 탈출을 시도하였으나 실패로 끝나 그 가운데 4명은 희생되고, 한 명은 수용소로 강제 송환되었다.[33)]

블라고베시첸스크에 억류되어 있던 한인 포로 가운데서도 탈출이 시도되었다고 한다. 황해도 사리원 출신의 나관국羅寬國을 비롯하여 박영희朴永熙·이기복李基福·박종문朴鍾文 등 4명은 치밀한 계획하에 야음을 틈타 통나무를 안고 흑룡강에 뛰어들어 탈출하였던 것이다. 이들은 만주로 건너가는 데는 성공하였으나, 경찰 앞잡이의 밀고로 체포되어 블라고베시첸스크로 강제 송환되고 말았다. 그 가운데 나관국은 이듬해에도 3명의 동료와 함께 흑룡강까지 도주하였다가 소련 운전수에게 발각되어 수용소로 다시 송환되었다고 한다.[34)]

4. 한인 포로의 귀환과정

소련에 억류중인 65만 명의 일본인 포로에 대해 일본 정부는 연합군 사령부와 교섭하여 귀환작업을 서둘렀다. 외교권을 상실한 일본은 미국 정부를 통해 소련 정부에 자국 동포의 귀환을 요청하는 비밀회담을 진행시켰다. 1946년 가을에 그 교섭은 소위 '미소협정'이 체결되면서, 그해 12월 5일부터 마이즈루舞鶴 항구에 메이유마루明優丸가 입항하면서 일본인의 귀환이 개시되었다.[35)] 마이즈루 인양원호국引揚援護局은 나홋카·원산·대련에서 자국 귀환

33) 李圭哲,『시베리아 恨의 노래』, 42~43쪽.
34) 李圭哲,『시베리아 恨의 노래』. 42~43쪽.

자를, 하코다테函館 인양원호국은 사할린으로부터의 귀환자를 받아들였다.[36]

이러한 일본의 신속한 귀환정책 추진에 비해, 해방 후 한국의 실정은 판이하게 달랐다. 해방 후 미군정하에서 시베리아에 끌려간 한인 군인·군속이 있다는 사실은 알았지만, 군정 당국에서는 어떠한 조치도 취하지 않았다. 시베리아의 한인 포로들은 해방된 고국으로 돌아가기 위해 소련 당국에 수차에 걸쳐 귀국 허가를 신청하였다. 하지만 소련 당국은 한국에는 정식 정부가 없으므로 교섭 상대자가 없어 귀국시키지 못하겠다고 이들의 청원을 거절하였다.[37] 한편 김기룡의 증언에 따르면 그가 하바로프스크에 있을 때 국제적십자사 마크가 찍힌 엽서로 고향에 편지를 보냈다고 한다. 당시 북한 최고인민위원회 대의원이었던 그의 부친 김한웅金漢雄이 그 편지를 받고 북한 당국에 요청하여 한인 포로의 귀환을 소련 당국에 요청하였다고 한다.[38]

그렇지만 일본 정부의 계속적인 요청이 있었고, 일본군 포로들에 대한 송환이 시작되면서 한인 포로들의 송환도 1948년 5월부터 시작되었다. 김종빈이 이 때 일본을 통해 귀환한 사례에 해당된다. 다음으로는 〈표 2〉 시베리아 한인 포로 명부에 나타나 있는 것과 같이 초기에 송환된 사람은 황규영이다. 김종빈의 경우와 같이 그도 일본의 마이즈루 항구를 통해 1948년 7월 송환되었던 것이다. 그리고 방선이라는 사람이 1950년 4월에 마지막으로 송환되었다.

귀환길에 오른 한인 포로들은 하바로프스크에 집결한 뒤 열차편으로 연해주 동부 남단에 위치한 나홋카 항구로 이동하였다. 그리고 이곳에서 1948년 12월 20일 소련 화물선을 타고 흥남으로 귀환하였던 것이다. 이 때 귀환한 한인 포로 수는 2,161명이었다. 예외적인 사례를 제외한다면, 대부분의

---

35) 厚生省引揚援護局, 『引揚援護の記録』, 1951, 72쪽.

36) 厚生省援護局, 『引揚げと援護三十年の歩み』, 1978, 29쪽.

37) 「樺太·千島在留同胞救出委員會 宣言文」(독립기념관 소장 서재필자료, B00542-010).

38) 林えいだい, 『前後五十年の検証; 忘れらられた朝鮮人皇軍兵士』, 梓書院, 1997, 237~238쪽; 金起龍 구술.

한인 포로들은 3년 4개월가량의 억류생활 끝에 이러한 여정을 거쳐서 귀환하게 되었다.[39)]

장문의 인용이지만, 당시 나홋카에서 귀국선을 탔던 이규철은 그 때의 감격과 흥분을 다음과 같이 묘사하고 있다.

> 동료 2,500여 명은 분대별로 정열해서 부두로 향하는데 (중략) 부두창고 안에서 소지품 검사를 마치고 난 뒤 보초들은 우리 대열 양 옆에 서서 '아진, 두와, 투리'(하나, 둘, 셋-필자)라고 수를 세면서 귀국선(소련 화물선)으로 올려 보낸다. 이제는 틀림없는 다모이(귀국)이다. 이 날이 오기를 얼마나 애타게 기다렸던가. 동료들은 서로 손잡고 '고국으로 돌아가거든 팔도강산 우리들 고향은 서로 다르더라도 자주 연락하고 오늘의 우정을 잊지 말자'고. 마주보는 눈에는 감격과 기쁨이 서려 있었다. 두 번 다시 보지 못할 시베리아, 젊음을 불살랐던 시베리아와 마지막 하직을 하기 위해서 갑판 위에 올라와서 저물어가는 시베리아를 묵묵히 바라보고 있었다. 황혼이 깃던 저녁 노을은 물결에 실려 뱃전을 두드린다. 살아서 고향으로 부모형제 곁으로 돌아가는 지금, 꿈이 아닌 현실을 어떻게 표현해야 하나. 삼년유여三年有餘 사경을 헤매었던 지난 날을 회상하면서 만감이 가슴에 복받쳐 오른다. 출항을 알리는 뱃고동 소리에 잔잔한 물결을 헤치고 배는 나아간다. 점점 멀어져가는 항구의 불빛을 모두가 추억에 어린 눈으로 지켜보고 있다. 마지막 불빛이 수평선에서 사라지자 '잘 있거라 시베리아'라고 외치며 모두가 이별을 아쉬워? 하는 듯 손을 흔들면서 터져나오는 「시베리아 한의 노래」, 그 대합창 소리가 끝없는 동해의 파도를 타고 동으로 서로 메아리치며 흘러서 간다. 눈물을 머금고 울면서 불렀던 그 노래 「시베리아 한의 노래」
>
> "시베리 에니세 물결아 잘 있거라. 자작나무 수밭, 네 품에 자란 어린 이들은 내 본향 찾으려 떠나련다. 시베리아여, 우리들의 자유와 청춘 보람을 심어주던 정든 고향 시베리아."[40)]

한편, 나홋카-흥남 귀환이 아닌 다른 경로를 통해 귀환하는 사례도 많이

39) 『自由新聞』 1949년 2월 7일자, 「西伯利亞抑留生活四年」.
40) 李圭哲, 『시베리아 恨의 노래』, 99·166쪽

있었다. 앞서 언급한 김종빈의 경우에는 이보다 조금 앞선 1948년 5월경 나홋카 항구에서 일본 병원선을 타고 마이즈루 항구에 도착하여 그곳 수용소에서 대기하다가 미군들의 심사를 받고 부산으로 귀환하였다고 한다.[41] 이후영의 경우에는 이보다 1년가량 늦은 1949년 10월경 나홋카에서 핫산으로 건너와 두만강 목교를 건너 북한으로 귀환한 뒤, 한국전쟁 시기에 고향으로 돌아왔다고 한다.

나홋카를 출발해 흥남항으로 귀환한 시베리아 한인들은 시민들의 열렬한 환영을 받았다고 한다. '우방' 소련에서 재건노역에 종사하고 돌아온 동포들에 대한 감사의 표현이었다는 것이다. 이들은 곧바로 흥남여학교에 수용되었다.

시베리아 귀환 동포 가운데 북한 출신자들은 흥남 도착 직후 석방되어 고향으로 돌아갔다. 그리고 남한과 만주 출신자들은 40일 정도 함흥에 수용되어 있다가 출신지별로 귀향하였다. 그 가운데 남한 출신의 5백여 명은 38선을 넘어 귀환하였다.

당시 신문에서는 이들이 소련에서부터 고향으로 귀환하기까지의 여정을 다음과 같이 기술하고 있다.

> 객년(1948년－필자) 12월 18일 시베리아의 유일한 포구 해삼위에서 백 킬로 상거된 나호트카라는 조그마한 포구에서 떠난 우리 장정 2천 1백 61인의 귀환 소식이다. 이들을 실은 배는 먼저 북조선 흥남에서 닻을 내리게 되었으며 거기서 각자가 고향으로 흩어졌다. 그리고 이들 중 약 5백여 명에 달하는 남한에 고향을 가진 사람들은 흥남에서 약 40일 동안 체류되었다가 비로소 지난 1월 29일 저녁에야 그곳을 떠났다고 하는데 (중략) 나호트카에서 떠난 우리 2천 1백 61명의 일행은 12월 20일 흥남에 도착하여 거기서 먼저 행장을 풀고 고향이 북조선인 사람들은 곧 고향을 찾아가게 되었으며 남한 그리고 만주 등으로 갈 사람들만 흥남에서 약 40일 체류되었다가 1월 29일 비로소 우리 남한에 고향을 둔 사람들은 남

41) 金鍾斌, 「蘇聯捕虜收容所生活記」, 298~299쪽.

한을 향하여 떠나게 되었는데 그 선발대인 우리 일행(39명－필자)은 지난 3일 월남하게 되었다.[42] (맞춤법－필자)

5백 명의 남한 출신 시베리아 귀환 동포 가운데 선발대 39명이 북한에서 38선을 통과하였다는 내용의 기사이다. 그 뒤를 이어 본진인 324명도 남한으로 내려왔으며, 이들은 모두 인천 송림동松林洞에 있던 국립수용소에 수용되었다.[43] 그리고 이곳 수용소에서 다시 조사를 받은 후 비로소 석방되어 고향으로 돌아갈 수 있었다.

이와 같이 1948년 5월 무렵부터 시작된 한인 포로들의 귀환은 그해 12월에 절정을 이루었다. 하지만, 1948년 당시의 귀환에 합류하지 못하고 여러 가지 사정으로 인해 잔류한 한인 포로들은 그 후에도 꾸준히 산발적으로 귀환을 시도하였다. 그 대표적인 사례 가운데 하나가 크라스노야르스크의 기관차 공장에서 강제노역을 하던 한인 포로 83명이 천신만고 끝에 1949년에 귀환한 일이다. 이들은 그해 9월 21일 소련 마가당을 출발하여 10월 14일 북한에 도착하였다. 그 가운데 남한 출신자 40명 중 제1차로 10월 31일에 10명, 제2차로 11월 4일에 5명 등 15명이 청진과 평양을 거쳐 토성土城에서 38선을 넘어 귀환하였다. 하지만, 일제의 헌병 정보원 출신 등 특무기관 종사자 1백여 명은 그대로 소련에 억류되어 있었다고 한다.[44]

5. 맺음말

일제에 의해 강제 징집되어 만주 관동군에 편입되어 있던 한인들은 1945년 8월 8월 소련군의 만주 침공과 더불어 소련군의 포로가 되었다. 이들은

---

42) 『自由新聞』 1949년 2월 7일자, 「西伯利亞抑留生活四年」.
43) 『自由新聞』 1949년 2월 12일자, 「蘇聯서 歸還青年」.
44) 『自由新聞』 1949년 11월 5일자, 「쏘聯抑留五年間 憤怒에 찬 同胞15名 歸還」.

그해 9월 일본군 포로들과 함께 시베리아 각지에 수용되어 강제노역을 당하였다. 소련에 포로로 억류된 일본인의 수는 64만 명에 달하며, 그 가운데 한인으로 소련에 억류된 포로는 1만 명에서 1만 5천 명 정도로 추정되고 있다. 한인 포로들은 주로 시베리아철도 연선지대에 산재한 포로수용소에 억류되어 있었던 것으로 보인다.

한인 포로들은 주로 북만주 흑하에서 집결하여 아무르강을 건넌 뒤 블라고베시첸스크로 끌려갔으며, 이곳에서 시베리아 각지의 수용소로 흩어져 강제노역에 종사해야만 했다. 한인 포로들은 기아와 혹독한 추위, 그리고 강제노역에 시달려야만 하였다. 강제노역은 주로 벌목작업과 감자수확, 시멘트 등의 하역작업, 제분소 작업, 건축 및 토목공사 등 주로 험하고 고된 일이었다.

한인 포로들은 1948년 5월부터 일본인의 본국 송환에 편승하여 일본을 통하여 간혹 귀환하는 사례가 있었다. 그러나 대부분의 억류 한인들은 1948년 12월 나홋카 항구에 집결한 뒤 소련 화물선을 타고 흥남으로 귀환하게 되었다. 1948년 12월 20일 나홋카에서 흥남으로 귀환한 한인 포로는 2,161명이었다. 그리고 이들 가운데 남한 출신자 5백여 명은 다시 38선을 통과하여 인천 국립수용소에 일정 기간 수용된 후 각자 고향으로 돌아갔다. 그 뒤에도 산발적인 귀환은 계속되었으며, 끝내 귀환하지 못한 채 소련에 남게 되는 한인 포로들도 있었다.

일본군의 신분으로 시베리아지역에 강제로 끌려갔던 한인 포로들은 패전국 일본과 승전국 소련, 그리고 연합국사령부간의 복잡한 이해관계와 국제정치의 냉혹한 현실에 철저하게 희생당한 사람들이었다. 이들은 해방을 맞이한 상황에서도 시베리아 포로수용소에서 3~4년간 인권을 유린당하며 잔혹한 강제노역에 시달렸을 뿐만 아니라, 귀환 후에도 남북분단이라는 이데올로기 대치상황에서 상당한 기간에 걸쳐 정치적 상황이 고려된 여러 가지 제약이 가해짐으로써 중첩되는 고통을 당하게 되었던 셈이다.

〈표 1〉 시베리아 일본군 포로수용소[45)]

지구번호	수용소 위치	지구번호	수용소 위치	지구번호	수용소 위치
제1지구	무리	제28지구	가라도크	제236지구	토비리시
제2지구	소프가와니	제29지구	파크타라르	제238지구	사라토프
제3지구	위야카	제30지구	울란우데	제247지구	마린스크
제4지구	이스베스트코아야	제31지구	째랜호보	제288지구	베고위드
제5지구	코루보린	제32지구	이루쿠츠크	제314지구	우랄
제6지구	리쿠로보	제33지구	아바칸	제315지구	도니에프로페트르스크
제7지구	타이세트	제34지구	크라스노야르스크	제330지구	아쿠모린스크
제9지구	나호트카	제36지구	아르타이스카야	제347지구	레니나고리스크
제10지구	테츄우하	제37지구	발하시	제348지구	투르키스탄
제11지구	수챤	제39지구	지스카스칸	제360지구	고스탄디쿠스키
제12지구	알르좀	제40지구	알마타	제367지구	코칸드
제13지구	블라디보스톡	제44지구	크라스노보드스크	제372지구	알그렌
제14지구	우오로시로프	제45지구	우스트 카메노고르브스크	제386지구	타쉬켄트
제15지구	세미요노프카	제46지구	비로비잔	제387지구	헤르가나
제15지구	이만	제52지구	카다라	제415지구	알르조모스크
제16지구	하바로프스크	제58지구	몰타비야	제435지구	스벨드모스크
제17지구	호르	제59지구	푸시킨	제468지구	크즐오르다
제18지구	콤소몰스크	제64지구	말샤스크	제475지구	다간로그
제19지구	나이찌하	제97지구	카쟌	제503지구	케메르고
제20지구	블라고베센스크	제99지구	카라칸다	제511지구	로프토프카
제21지구	니콜라예프스크	제100지구	사포르제	제525지구	스탈린스크
제22지구	오하	제102지구	첼리아빈스크	제526지구	안젤카
제23지구	부가짜짜	제119지구	타타르	제531지구	제로루이보르
제24지구	치타	제128지구	바르나울	제1054지구	코크제타프
제25지구	스레텐스크	제153지구	스보이로그	번호없음	캄차카
제26지구	안지샹	제188지구	나진스크		
제27지구	모스크바	제235지구	내쇼트위		

45) 全日本抑留者協會, 「シベリア抑留者の勞動證明書について」, 7쪽.

〈표 2〉 시베리아 한인 포로 명부(시베리아삭풍회 회원)

성명	생년	종별	포로가 된 지역	강제노역 장소	귀환일자	귀환경로	본적지
김기룡	1925	징병	손오	블라고베센스크	1948.12.20	흥남항	함남 이원
이태호	1925	징병	치치하르	크라스노야르스크	1948.12.20	흥남항	평북
원봉재	1925	징병	손오	하바로프스크	1948.12.20	흥남항	평북 자성
이태호	1929	군속 용원	치치하르	크라스노야르스크	1948.12.20	흥남항	경북 상주
나관국	1923	징병	북손오	블라고베센스크	1949.10.20	두만강 경유(육로)	황해 봉산
동완	1922	견습사관	북손오	호르	1949.10.20	러시아 국경	함북 명천
손택수	1923	징병	북손오	블라고베센스크	1948.12.20	흥남항	황해 봉산
박상규	1925	징병	남손오	나호트카	1948.12.20	흥남항	충남 연기
김규태	1924	징병	북손오	하바로프스크	1948.12.20	흥남항	충남 대덕
이후영	1925	징병	손오	와자예프카	1949.10.20	두만강 목교	충남 천안
김영찬	1924	징병	대통화大通化	하바로프스크	1948.12.20	흥남항	함남 이원
이규철	1925	징병	손오	오렌브루크	1948.12.20	흥남항	경남 울산
황규영	1927	공군 오장		타이새트 73	1948.7.4	마이즈루항 舞鶴港	충남 천안
이병수	1924	징병	북손오	오렌브루크	1948.12.20	나홋카항	전북 전주
윤종학	1925	징병	북손오	하바로프스크	1948.12.20	흥남항	경남 부산
박수복	1925	징병	손오	하바로프스크	1948.12.20	흥남항	충남 청원
신현상	1922	군조	북손오	타쉬켄트	1948.12.20	흥남항	충북 제천
권중신	1925	징병		하바로프스크	1948.12.20	흥남항	강원 강릉
양명준	1923	징병	치치하르	이루쿠츠크	1948.12.20	흥남항	전북 전주
조규택	1925	징병	북손오	세레트칸	1948.12.20	흥남항	함남 북청
김철준	1925	징병	손오	하바로프스크	1948.12.20	흥남항	함북 명천
박정의	1924	징병	치치하르	크라스노야스크	1948.12.20	흥남항	경남 동래
박승학	1924	징병	북손오	와자이크	1948.12.20	흥남항	강원 양양
김종문	1922	징병	손오	하바로프스크	1948.12.20	흥남항	강원 홍천
유한종	1922	포병	치치하르	하바로프스크	1948.12.20	흥남항	전북 김제
방선	1922	징병	북손오	하바로프스크	1950.4	웅기항	평남 평양
권명규	1925	징병	후깅	하바로프스크	194812.20	흥남항	평남 안주
김지철	1924	징병	손오	하바로프스크	1948.12.20	흥남항	평남 용강
김광희	1925	징병	손오	하바로프스크	1948.12.20	흥남항	서울

박덕선	1924	징병	손오	호르	1948.12.20	흥남항	평남 평양
이재섭	1925	징병	하이라루	크라스노야르스크	1948.12.20	흥남항	경기 시흥
김형복	1924	징병	가목사佳木斯	블라고베센스크	1948.12.20	흥남항	충남 천안
함병호	1919	민간인	손오	호르	1948.12.20	흥남항	경기 안성
변흥렬	1925	징병	치치하르	우라누츠크	1948.12.20	마이즈루항	경기 포천
김일용	1925	징병	가목사	하바로프스크	1948.12.20	흥남항	함남 문천
최승하	1923	징병	손오	하바로프스크	1948.12.20	흥남항	황해 연백
이형림	1924	징병	사할린	하바로프스크	1948.12.20	흥남항	함남 안변
이현성	1925	징병	하얼빈	하바로프스크	1948.12.20	흥남항	함남 안변
조병철	1924	징병	손오	하바로프스크	1948.12.20	흥남항	충남 청양
이병호	1924	징병	가목사	블라고베센스크	1948.12.20	흥남항	함남 안변
김현식	1924	징병	북손오	블라고베센스크	1948.12.20	흥남항	황해 장연
김주원	1924	징병	북손오	블라고베센스크	1948.12.20	흥남항	황해 장연
김시희	1924	징병	북손오	블라고베센스크	1948.12.20	흥남항	황해 장연
조영수	1925	군속 용원	치치하르	크라스노야르스크	1948.12.20	흥남항	황해 봉산
박도흥	1924	징병	쿠릴千島 시고탄色丹	하바로프스크	1948.12.20	흥남항	평남 순천

만주국군 출신 한인의 귀환

1. 머리말

일제 말기에 만주는 중국과 일본, 한국, 그리고 소련의 세력이 각축하고 있던 역사 공간이었다. 1931년 이른바 만주사변으로 이듬해에 만주국이 들어선 후 1945년 일제 패망 때까지 만주는 13년간 실제적으로는 일제의 직접적 지배하에 있었다고 할 수 있다. 만주국에서 세운 이른바 만주국군(이하 '만군'으로 줄임)도 역시 일제 관동군의 통제하에 놓여 있었다. 그러므로 만군이 갖고 있는 역사적 속성은, 특히 한국 근현대사의 입장에서 볼 때, 일제 관동군과 거의 동일한 것으로 파악되고 있다.

일제 패망 당시에 관동군에는 한인 2~3만 명이 배속되어 있었던 것으로 추정되며, 이들 대부분은 징병으로 끌려간 사병들이었다. 이에 비해 만군에는 2백여 명 가량이 배속되어 있었던 것으로 추정되며, 관동군의 경우와는 달리 이들 대부분은 군관학교 출신의 장교들이었다.

그 가운데 만군의 귀환문제는 해방 후 해외 한인 귀환의 한 부분이라는 점에서도 해명되어야 할 과제이지만, 주지하다시피 박정희 · 정일권 등을 주축으로 한 이들이 한국현대사의 최고 중심부에서 활동하게 된다는 점에서도 적지 않은 의의를 갖고 있는 과제라 할 수 있다.

그 동안 해방 후 중국 동포들의 귀환문제에 대해서는 수 편의 논문이 발표되었다. 만주지역 한인의 귀환을 다룬 경우[1)]와 임시정부의 귀환문제를 다룬 것[2)]이 그 대표적인 예이다. 하지만, 만주 동포와 임정의 귀환문제를 주제로 한 이들 논고는 관동군과 만군 출신 한인의 귀환과는 일정한 거리가 있을 수밖에 없다. 단지, 필자가 해방 후 소련군에 포로가 되어 시베리아로 끌려갔던 관동군 출신 한인들의 귀환문제에 국한해 시론적으로 군인 출신자들의 귀환문제를 해명해 보았을 따름이다.[3)]

본고는 만군 출신 한인들의 귀환문제를 다루려 한다.[4)] 먼저 일제 말기 만주지역에 산재한 한적韓籍 군인, 곧 관동군과 만군에 소속된 한인의 현황에 대해 언급하고, 다음으로 만군 출신 한인의 귀환과정과 그 내용을 논급할 것이다. 그 가운데 만군 출신 한인의 귀환문제와 관련해서는 이 주제의 중심이 되는 정일권을 주축으로 한 '만주교민보안대滿洲僑民保安隊'와, 박정희와 관련된 '광복군光復軍 주평진대대駐平津大隊' 등 귀환을 위해 만군 출신 한인들이 조직한 두 단체의 편성과정과 중심인물, 성격, 귀환과정 등에 대해 살펴볼 것이다.

---

1) 송춘일, 「해방 직후 재만한인들의 한반도 귀환」, 『해방 직후 인구이동과 서울의 도시문제』(제9회 서울향토사학술대회 발표문), 서울시립대, 2002.11.15; 李海燕, 「제2차세계대전 후 중국 동북지구 거주 조선인의 引揚實態에 대하여」, 『一橋研究』 136, 一橋大學大學院一橋研究編輯委員會, 2002; 金春善, 「광복 후 중국 동북지역 한인들의 정착과 국내귀환」, 『한국근현대사연구』 28, 한국근현대사학회, 2004년 봄호.
2) 韓詩俊, 「대한민국임시정부의 환국」, 『한국근현대사연구』 25, 한국근현대사연구회, 2003년 여름호.
3) 朴敏泳, 「소련군 포로가 된 시베리아지역 한인의 귀환」, 『한국독립운동사연구』 20, 독립기념관 한국독립운동사연구소, 2003.
4) 본고의 집필에는 주제 설정에서부터 자료수집에 이르기까지 해외동포의 귀환문제에 지속적인 관심을 기울이고 있는 동료 연구원 金度亨 박사의 도움이 컸다. 지면으로나마 김박사의 후의에 감사를 표한다.

본고에서 활용한 주요 자료는 만군 출신 한인들을 비롯해 귀환과정에서 역사의 현장에 있었던 관련 인사들의 회고록·수기 등이다. 특히, 정일권·박정희·신현준 등과 관련된 기록에 크게 의존하였다. 또한 만군 출신은 아니지만 만주 교민의 귀환문제와 연계되어 있던 신숙申肅·승왈범承曰範 등이 남긴 회고록에서도 적지 않은 시사를 받았다. 하지만, 필자가 미처 보지 못한 귀환 당사자들이 남긴 회고 기록물도 다수 있을 것으로 생각되며, 그밖에 이 문제와 연관된 여러 가지 형태의 중요 자료들이 남아 있을 것으로 믿어진다. 앞으로 추가 자료가 수집 정리되고 이에 따라 본고의 논지와 내용을 보완 수정할 기회가 주어질 수 있을 것으로 기대해 본다.

그럼에도 불구하고, 본고에서는 다음과 같은 한계가 있음을 자인하지 않을 수 없다. 무엇보다 만군 출신 한인들의 다양한 귀환사례를 파악하지 못했다는 한계가 있다. 그 결과 귀환의 과정과 성격, 나아가 그 경향성에 대해 일반화시켜 논급할 수가 없었다. 다음으로, '만주교민보안대'와 현지[長春] 교민단僑民團과의 구체적 관련사실을 파악하지 못했다는 점이다. 또한, '주평진대대'와 현지[北京] 광복군 단체(제3지대 군사특파단, 제2지대 북평판사처北平辦事處, 광복군총사령부판사처 등) 사이의 관련 사실을 구체적으로 파악하지 못한 점도 해결해야 할 과제로 남겨 두었다. 이러한 미결과제는 앞으로 지속적인 자료발굴을 통해 해결될 수 있을 것으로 기대한다.

2. 일제 말기 만주지역의 한적군인

일제 패망 직전 만주지역에 배치되어 있던 한적군인은 관동군과 만군에 소속된 두 가지 경우가 있었다. 관동군은 일본군의 일부였으며, 만군은 1932년 일제의 괴뢰국으로 건국된 만주국의 정규 군대였다. 한적군인은 만군보다 관동군에 압도적으로 많이 배속되어 있었다. 이 두 군대는 일제 패망과 함께 모두 해체되었고, 여기에 배속되어 있던 한인들은 다양한 루트를 통해 귀환길에 오르게 된다.

관동군에 한인 사병들이 본격적으로 배속되는 시기는 일제가 식민지 한국인에 대해서 이른바 징병제를 실시하는 1944년부터였다. 당시 관동군은 일제가 이른바 '정병무비精兵無比'를 자랑하던 최강의 부대였다. 이런 이유로 한인 징병제가 논의되는 과정에서 관동군측에서는 식민지 한인의 입대를 반대하였다. 일제 말기에 한인의 징병을 담당했던 타나카 요시오田中義男가 "관동군에서는 소질이 낮은 조선인을 받는 것을 용납하지 않는다."고 강력히 반발한 것으로 진술한 대목을 통해서도 이러한 정황을 짐작할 수 있다.[5]

일제하 한인의 징병자 총수는 『조선군개요사朝鮮軍概要史』에 의하면 1944년 육군 4만 5천 명, 해군 1만 명, 1945년에도 거의 같은 숫자가 징병되어 총 약 11만 명이 징집된 것으로 나타나고 있다. 1938년 지원병제가 실시된 이후 강제동원된 한인 수는 지원병 16,830명, 학도지원병 3,893명을 합치면 약 130,723명이라고 하였다.[6] 그러나 전후 후생성 복원국이 정리한 숫자에 의하면 한인 육군은 186,980명, 해군은 22,299명으로 모두 209,279명이었다고 한다.[7] 따라서 일제가 강제 동원한 한인 병력의 정확한 숫자는 확인되지 않는다.

그 가운데 관동군에 배속된 한인의 규모 역시 정확히 알 수는 없다. 한인의 관동군 배속상황 전모를 알려주는 자료가 확인되지 않고 있기 때문이다. 그러므로 그 개략적인 윤곽만 파악할 수 있을 뿐이다. 다음 표는 1944년 현재 일본군에 배속된 한인 현역병의 배치상황이다.

---

5) 田中義男, 「朝鮮における徵兵制」 『軍事史學』 32, 1973, 77쪽.
6) 宮田節子 編, 『朝鮮軍概要史』, 不二出版社, 1983, 83쪽.
7) 樋口雄一, 『皇軍兵士にされた朝鮮人-十五年戰爭下の總動員體制の研究』, 67쪽.

〈표 1〉 1944년 한인 현역병의 배치상황[8)]

구분	동부군	중부군	서부군	북방군	조선군	대만군	관동군
인원	2,440	1,985	2,075	1,745	1,585	3	9,925
구분	지나파견군	남방군	제2방면군	제8방면군	제1항공군	선박사령부	총계
인원	10,445	7,647	1,540	2,710	2,300	600	45,000

위의 표에 의하면 1944년 현재 관동군에 소속된 한인은 9,925명이다. 하지만, 이 숫자는 1944년도의 통계치이기 때문에, 1945년 일제 패망 당시에는 다시 그만큼의 한인 병력이 증원된 상태였다고 할 수 있다. 한편, 전후 소련군의 포로가 된 관동군 출신 한인의 규모가 대략 1만 명에서 1만 5천 명 정도로 짐작되고 있다.[9)] 또, 해방 직후 동북한국민회연합회 위원장으로 장춘에 있던 신숙이 한인 포로 석방을 위해 소련군 총사령부와 교섭하면서 "장춘 · 연길 · 가목사 · 목단강 · 하얼빈 · 치치하얼 등 만주 각 중요도시에 억류되어 있는 한인 포로 총수 약 1만 7백여 명의 석방진정서를 제출하고 하회를 기다렸다."[10)]고 한 점으로 미루어 보더라도, 관동군 배속 한인의 총수는 그 이상 훨씬 상회하였을 것으로 믿어진다. 이상의 논의에 의거해 볼 때, 1945년 해방 당시 관동군에 소속된 한인의 총수는 2~3만 명 규모로 추산할 수 있을 것이다.

일제 관동군 가운데 요녕성 일대의 남만주와 길림성 일대의 동만주에 주둔하고 있던 부대의 한인들은 전쟁 종료 직후 대부분 고향으로 귀환할 수 있었으며, 손오孫吳와 치치하얼 등 북만주 주둔 관동군 부대에 배속되어 있던 한인들이 일본군과 함께 소련군에 의해 포로가 된 것으로 보인다. 북만주 한인 가운데서도 탈출에 성공하여 고향으로 귀환하는 경우도 있었지만, 대개의 경우 부대 내에 그대로 잔존하고 있었다.[11)]

8) 宮田節子 編, 『朝鮮軍概要史』, 30쪽.
9) 朴敏泳, 「소련군 포로가 된 시베리아지역 한인의 귀환」, 7쪽.
10) 申肅, 『나의 一生』, 日新社, 1963, 151쪽.

한편, 관동군에 배속된 한인들 거의 대부분이 일반 사병이었던 데 비해, 만군에 배속되어 있던 한인들 가운데는 직업군인인 장교가 다수를 차지하고 있었다. 만주국의 군관학교 출신자들이 그들이다. 만군의 간부를 양성하기 위해서 설립된 군관학교는 만주국 건국(1932.3.1) 직후인 1932년 11월 1일 봉천(현 심양)에서 개소된 중앙육군훈련처中央陸軍訓練處가 그 효시이다. 후술할 신경군관학교의 전신이라는 뜻에서 이른바 봉천군관학교라 불리는 육군중앙훈련처는 1931년 만주를 침략한 일제가 만주국 괴뢰정부를 세운 후 다민족 친일군관을 양성하기 위해 시급히 세운 2년제 단기 군관양성소였다.

봉천군관학교는 1939년 3월 만주국 수도 신경新京(현 장춘)의 동남쪽 교외 동덕대同德台라는 곳으로 이전하면서 육군군관학교陸軍軍官學校로 개명하였는데, 이 학교가 이른바 신경군관학교이다. 신경군관학교는 예비과 2년, 본과 2년 등 정규과정 4년제로 운영되었다. 신경군관학교 설립 후 심양에 남아 있던 중앙육군훈련처는 1940년 12월 육군훈련학교로 개편되어 제9기를 마지막으로 폐교하게 된다.

일제에 충성하는 만주국 군관을 양성하기 위해 설립된 육군군관학교는 매년 1만여 명의 응시자 중 엄격한 시험을 통해 3백여 명만을 선발하였다. 선발된 학생들은 예비과 2년을 마치고 각종 부대에 배치되어 6개월간 근무한 뒤 다시 본과 2년을 마치고 반년 동안 견습사관 생활을 하다가 졸업 후에는 소위 계급을 달고 각종 만군부대에서 지휘관으로 활약하였다. 한인 생도들의 경우 일본군과의 동질성 및 인간적인 유대를 강화하기 위해 예비과를 마치면 본과는 일본 육사와 육군대학에서 학습하였다.[12] 정일권을 비롯해 이주일, 박정희, 강문봉 등이 일본 육사로 유학한 대표적인 인물들이다.

---

11) 朴敏泳, 「소련군 포로가 된 시베리아지역 한인의 귀환」, 7쪽.
12) 남창룡, 『만주제국 조선인』, 신세림, 2000, 60~62쪽 참조.

봉천군관학교와 신경군관학교를 졸업하고 만군 장교가 된 한인은 대략 60여 명 정도로 확인된다. 또한 이들 장교 출신자들을 포함하여 만주군에 복무했던 한인 가운데 남한으로 귀환한 인원은 대략 1백 20명 정도로 추산되고 있다. 이들 대부분은 해방 후 군장교가 되었으며, 그 가운데 41명이 장군으로 진급하였다.[13] 여기에다 북한으로 귀환한 경우와 만주에 잔류한 인원을 합산하더라도, 일제 패망 당시 만주군에 소속되어 있던 한인의 총수는 2백여 명에 불과했던 것으로 추산된다.[14]

이처럼 만군 출신 한인의 숫자는 관동군 출신의 한인에 비해 대비할 수 없을 정도로 그 규모가 작다. 그럼에도 이들 만군 출신들이 해방 후 귀환, 한국군에 입대하여 최고위급 군간부로 변신하였을 뿐만 아니라, 남한의 정치 · 경제 · 사회 등 각 분야의 요직을 두루 차지하게 된다. 해방 직후 이들의 귀환과정과 그 동향에 대해 주목하게 되는 것은 바로 이와 같은 이유 때문이다.

3. 만군 출신 한인의 귀환

1) 만주 한인의 귀환동향과 '만주교민보안대滿洲僑民保安隊'

(1) 해방 후 만주 한인의 귀환동향

광복 전 만주지역에는 약 230만 명의 한인들이 거주하고 있었으며, 광복과 더불어 약 80만 명이 조국으로 귀환하였고 130여만 명의 한인들은 그대로 잔류하게 되었다. 이 시기 만주지역 한인들의 귀환과 정착은 중국 국내

---

13) 張昌國, 『陸士卒業生』, 중앙일보사, 1984, 25쪽.

14) 滿軍에서 일반 사병으로 복무했던 한인이 상당수가 있었던 것으로 믿어지지만, 그들의 신분과 성향에 대해서는 거의 알려져 있지 않다.

의 복잡한 정치·군사적 환경 아래 이루어졌다.[15] 만군 출신 한인들의 귀환 역시 이들 한교韓僑의 귀환 동향과 일정한 관계하에서 이루어졌다. 이에 먼저 해방 직후 만주 한인사회의 귀환 동향에 대해 살펴보면 다음과 같다.

일제 패망으로 만주국이 무너진 뒤, 만주 일대는 극도의 혼란에 휩싸였다. 만주 한인사회에서는 한인들의 생명과 재산을 안전하게 보호하고 나아가 무사귀환을 추진하기 위해 정치·사회적으로 당면한 선결 문제들을 해결하기 위해 통일적 기구를 수립할 필요가 있었다. 이를 위해 해방 직후에 조직된 길림조선인회吉林朝鮮人會의 위원장이던 신숙이 중심이 되어 이규동[16]·이용조 등과 함께 협의하여 만주 각지의 한인사회와 긴밀하게 연락를 취하였다. 남만주에는 양정봉梁貞鳳이, 그리고 북만주에는 신현대申鉉大 등이 현지로 파견되어 각지의 한인 지도자들과 함께 1945년 9월 초순경 길림으로 돌아왔다. 그리하여 9월 30일 장춘에서 만주 한인단체의 통일에 관한 결성대회를 개최하기로 하고 이규동·신현대·양정봉 등이 그 준비에 착수하였으나, 집회허가 수속문제로 며칠 연기된 끝에 10월 5일 드디어 대회가 개최되었다. 준비위원장인 이규동의 경과 보고에 이어 전만통일기구의 명칭을 동북한국민회연합회東北韓國民會聯合會[17]로 정하고 신숙이 그 위원장에 추대되었다.[18] 그러나 이듬해 4월 관동군의 무장해제를 명분으로 그동안 주둔해 있던 소련군이 철수하고 장춘이 중공군의 수중에 장악되자, 동북한국민회연합회는 중국공산당의 압력을 받게 됨으로써 소기의 성과를

---

15) 金春先, 「광복후 중국 동북지역 한인들의 정착과 국내귀환」, 181쪽.

16) 확단할 수는 없지만 정황으로 보아 후술할 '교민보안대'에 참여한 李圭東과 동일인으로 짐작된다.

17) 前郭旗韓僑會委員長으로 있으면서 당시 신숙을 만났던 承日範은 이 단체의 명칭을 '만주조선인거류민연합회'로, 그리고 그 본부 사무실이 長春 新市街의 梅枝町에 있었던 것으로 기술하였다(承日範, 『無休八十年』, 裕進文化社, 1991, 229쪽). '만주조선인거류민연합회'라는 이름은 만주 한인단체의 통일기구라는 의미에서 일반적 명칭으로 사용한 것으로 생각된다.

18) 申肅, 『나의 一生』, 142~144쪽 참조.

거두지 못한 채 자진 해산하고 말았다.[19]

한편, 소련군대 철수 후 중국 국민군이 들어오자, 심양에는 동북행영東北行營의 직속으로 동북보안군총사령부東北保安軍總司令部가 설치되었으며, 여기에 만주 각지에 산재한 한인 문제에 관한 사무를 처리하기 위하여 동 부내部內에 한교사무처韓僑事務處가 부설되었고 그 책임자에는 육군 소장 김홍일金弘壹(왕일서王逸曙)이 임명되었다. 김홍일 장군의 지원과 협조하에 만주 한인사회에서는 다시 한인의 귀환과 생명 · 재산 보호를 위해 각지에 있는 한국교민회를 통합 조직할 것과, 한교보호법을 정식으로 중국정부에 입안하기로 결의하였다. 그 결과 1946년 8월 20일에 21개 현의 한인 대표들이 회합한 끝에 동북한국교민회의 통일기관으로서 동북한국교민총회東北韓國僑民總會를 결성하고 그 총회장에 동북한국민회연합회의 위원장을 지냈던 신숙을 선임하기에 이르렀다.[20] 이 즈음 만주의 정세는 극도로 혼란한 상태가 지속되고 있어 귀환을 원하는 동포가 격증하였다. 신숙은 그러한 정황에 대해 다음과 같이 기술하였다.

> 당시 동북의 정세는 중앙 국군이 장춘을 수복한 후 더 이상 진출치 않고 오직 방어의 태세를 취하여 일시 전투는 중지되었으나, 장춘 이북과 길림 이동은 중공군의 세력이 날로 팽창하는 동시에 재습의 기회를 노리고 있어 그야말로 일촉즉발의 긴장상태는 조금도 완화되지 않을 뿐 아니라 오히려 수복된 지구까지도 민심이 동요되어 도저히 안심하고 살 수 없는 현상이었다. 그리하여 활에 놀란 새와도 같이 불안과 공포에 쌓여 귀국을 원하는 교포들이 날로 격증하여 최후에 할 일 없이 만난萬難을 무릅쓰고 남부여대南負女戴로 고국을 향하는 길에 봉천시에 집결된 난민만도 그 수가 무려 수천 명에 달하였으며 (하략)[21]

19) 申肅, 『나의 一生』, 158~159쪽.
20) 申肅, 『나의 一生』, 164~165쪽.
21) 申肅, 『나의 一生』, 165쪽.

그 뒤 동북한국교민총회에서는 총회장 신숙을 비롯하여 박원양朴元陽 · 고문룡高文龍 등 3인이 당시 귀환을 소망하던 1만~1만 5천 명의 만주 한인의 귀환문제를 협의하기 위해 1946년 11월 초 천진과 북경에 있던 미군 당국을 차례로 방문하여 귀환에 필요한 선박을 제공받기로 하였다. 이에 따라 1946년 말에 제1착으로 2천 5백여 명이 선편으로 호로두葫蘆頭를 통해 인천으로 귀환하게 되었다.[22]

(2) 만주교민보안대의 편성과 귀환

해방 당시 길림성 전곽기前郭旗 지역의 '만몽선임시치안유지위원회滿蒙鮮臨時治安維持委員會' 치안총책 겸 한교회韓僑會의 위원장으로 있던 승왈범承曰範은 그의 자서전에서 해방 직후 만군 출신 한인들의 동향과 관련하여 중요한 내용을 지적하였다.

승왈범은 전곽기 일대에서 정미소를 경영하면서 크게 부를 축적하였으며, 이러한 재력을 바탕으로 해방 직후에 교민자치단체로 한교회를 조직하면서 한인의 생명과 재산을 보호하기 위해 2백여 명의 청년을 모아 무장 자위대까지 편성하였던 인물이다.[23] 그는 이러한 자위대를 훈련할 수 있는

22) 申肅, 『나의 一生』, 168~173쪽.

23) 승왈범은 해방 직후 만주 한인의 귀환에도 크게 공헌한 것으로 회고록에서 기술하고 있다. 이에 따르면, 1945년 10월경 前郭旗 일대에 한인 1만 5천 명이 조국으로 귀환하기 위해 모여들었을 때, 당시 전곽기지구 한교회 위원장이던 그가 소련군 전곽기 철도정거장 사령관을 찾아가 한국행 화차배정을 교섭하게 되었다. 그는 교민 1인당 50원을 귀국 화차비용으로 모집한 뒤, 이 자금을 이용하여 전후 8차에 걸쳐 특별히 한국행 화차를 배정받았다. 그리하여 長春을 경유한 뒤 安東과 圖們으로 나뉘어 열차편으로 이들은 모두 무사히 귀환할 수 있었다. 이 때 귀환 한인들이 탑승한 화차마다 '조선인 피난민 수송열차'라는 榜文을 붙였다고 한다(承曰範, 『無休八十年』, 255~258쪽).

그 뒤 1946년 음력 2월 하순 귀국길에 오른 승왈범을 따라 전곽기 일대의 교민 3백여 명도 열차편으로 귀국하게 되었다고 한다. 전곽기에서 長春으로 온 뒤, 이곳에서 다시 소련군 열차편으로 한국으로 전원이 무사히 귀국하였다는 것이다. 다만 승왈범은 大連으로 간 뒤 이곳에서 1946년 3월 초 화물선을 타고 인천으로

유능한 교관을 채용하기 위해 1945년 10월 말 장춘으로 갔다. 그는 여기서 봉천군관학교 5기 출신의 만군 대위 정일권을 만났다. 승왈범은 당시의 정황에 대해 다음과 같이 기술하였다.

> 정일권씨는 만주군 대위로 복무 중 일본이 패망하자 교민 보호책의 일환으로 장춘에서 조선군간부훈련소朝鮮軍幹部訓練所라는 간판을 내걸고 그 소장으로 있었다. 그는 여기서 일본군에 끌려갔다가 돌아오는 2백여 명의 우리 젊은이들을 모아놓고 군사교육을 하고 있었다. 그는 이후 이 간부훈련소를 모체로 만주교민보안대를 편성하여 교민 보호에 진력하다가 소련군에게 납치되었다. 하지만 그는 연행 도중 필사적인 탈출에 성공하여 귀국, 남조선 국방경비대 창설에 정위(대위)로서 참여하여 육군 참모총장과 국무총리, 국회의장까지 지내고 오늘에 이르렀다. 그 때 그 조선군간부훈련소에는 또 전두환 전 대통령의 영부인 이순자 여사의 부친 이규동李奎東씨가 경리부장으로 활약하고 있었다.[24)]

즉 정일권은 해방 직후 장춘에서 관동군·만군 출신의 한인 2백여 명을 모아 '조선군간부훈련소'를 개소하여 그 소장을 맡고 있었다. 그리고 이를 모체로 만주 한인들의 생명과 재산을 보호하고 조국으로의 안전한 귀환을 위하여 '만주교민보안대'를 편성하였던 것으로 밝히고 있는 것이다.

한편 정일권과 함께 이 보안대에서 활동했던 만군 중위 출신의 이한림李翰林(신경군관학교 2기)은 이러한 사정의 전말에 대해 다음과 같이 술회하였다.

귀국하게 된다. 전남 목포에서 출항한 이 화물선은 대련을 거쳐 귀국하는 한인들을 실어 나르기 위해 왔다는 것이다. 이 무렵 인천·군산·목포 등지에서는 어선과 화물선들이 중국의 青島와 大連港을 드나들면서 고국으로 돌아오는 피난민들을 실어날라 한동안 재미를 보기도 하였다고 한다(承日範, 『無休八十年』, 299·307쪽).

24) 承日範, 『無休八十年』, 裕進文化社, 1991, 223쪽.

종전이 되자 만주 땅도 흥분에 사로잡히고 새로운 혼란에 빠져가고 있었다. 구박받고 천대받던 중국인들이 들고 일어나고 곳곳에서 벌써 일본인과의 불상사가 벌어지고 있었다. 우리는 곧 한인보안대를 조직하였고 한국인들의 보호에 나섰다. 그러나 중국인들에게 일본인으로 오해되어 잡혀가는 사례가 허다하였다. 그러나 당시 신경에 있던 한국 청년들이 차츰 모여들어 한인이 집중적으로 살고 있는 곳에 거류민단 보안대를 편성하고 자체 조직력을 강화하자 그런 불상사도 차츰 줄었다. 어쩌다 일본군이나 만주군에 복무하게 되었더라도 우리는 분명 한국인이고, 한국인이라면 단합하여 한인 보호에 나서야겠다는 것이 우리의 취지였다. 그 조직의 단장직에는 정일권씨가 맡았고, 나는 부단장직을 수행하게 되었다. 정일권씨와의 만남은 이번이 처음이었다. 그는 내 손을 굳게 잡으며 뚜렷한 말씨로 나를 격려해 주었다. "이 혼란 속에서 동포의 보호를 우리가 책임져야 하지 않겠소?" "그럽시다. 우선 훈련병을 모집해서 무장시키고 귀국할 때까지의 자위수단을 강구합시다." 우리의 의지가 투합되자 조직은 속속 강화되었다. 우리는 한국인 집단부락이나 농장의 경비를 담당했고 귀국하는 동포의 귀국 알선 등 바쁜 일정을 보냈다.[25)]

위의 이한림의 증언은 앞의 승왈범이 남긴 기록과 대체로 일치하고 있다. 여기서 만군 출신 한인들로 조직된 '보안대'의 실체를 구체적으로 확인할 수 있다. 이상의 내용을 정리하면 정일권이 주축이 된 만군 출신 한인들은 일제 패망 직후 장춘 현지에서 '조선군간부훈련소'를 조직하였으며, 이러한 무장 조직체를 근간으로 현지 교민회의 지원과 연합하에 '만주교민보안대'를 편성하였던 것이다. 이 때 만주교민보안대가 관계를 맺었던 장춘 현지의 교민회는, 승왈범은 자신이 주축이 된 것으로 기술하고 있으나, 신숙을 중심으로 한 동북한국민회연합회나 혹은 그 계통의 교민단체였던 것으로 보인다.

한편, '만주교민보안대'를 주도한 정일권은 이 단체의 명칭을 '신경보안사령부新京保安司令部'라고 하였다.[26)] 그러나, 그 전신이 되었던 단체('조선군간

25) 李翰林, 『세기의 격랑』, 팔복원, 1994, 34~35쪽.

부훈련소')에 대해서는 별다른 언급이 없어, 더 이상 그 실체를 파악할 수 없다. 다만, 그가 '만주교민보안대'('신경보안사령부')에 참여하였던 만군 출신자들의 명단을 명기하고 있는 점은 특기할 만하다. 39명에 달하는 그 명단은 다음과 같다.[27] (괄호 안은 한국군 계급)

육군

최창언崔昌彦 윤태일尹泰日 이한림李翰林 김동빈金東斌(이상 중장) 석주암石宙岩 최주종崔周鍾 박기병朴基丙 오창근吳昌根 김필호金弼虎 문구영文求瑛(이상 소장) 김영택金永澤 윤수현尹秀鉉 강태민姜泰敏 이규동李圭東 이규광李圭光(이상 준장) 예관수芮琯壽 예철수芮哲壽 허준許晙 이도헌李度憲 이봉길李鳳吉 이봉근李奉根 김사득金思得 박남구朴南九 이규승李圭昇(이상 대령) 주대창朱大敞 이춘송李春松 이규언李圭彦 김갑수金甲洙 김수진金守鎭 김광옥金光玉 윤재웅尹在雄 권준옥權俊玉 김공문金公文(이상 중령) 장은산張銀山(소령) 강창선姜昌善(대위)

해병대

김석범金錫範 김동하金東河(이상 중장)

공군

박원석朴元錫(중장) 김성태金成泰(대령)

---

26) '만주교민보안대'와 '신경보안사령부' 두 가지 가운데 어느 것이 정식 團名이었는지는 확인할 수 없다. 나아가 이 단체가 사설적 성격의 단체였기 때문에 정식 단명 없이 여러 가지 명칭으로 불렸을 가능성도 없지 않다. 여기서는 승왈범과 이한림 양인이 모두 '보안대'로 기록하고 있기 때문에 이에 준하여 승왈범의 기록에 나타나는 '만주교민보안대'로 통일적으로 파악한 것이다. 한편, 정일권의 또 다른 자서전의 연보에서는 1945년 28세 때 "일본 패망과 동시 滿洲 교민보안대 편성, 교민보호에 진력"했다고 밝혀 만주교민보안대라는 단명을 사용하고 있다(정일권, 『전쟁과 휴전』, 동아일보사, 1986, 363쪽). 그리고 韓鎔源의 『創軍』(博英社, 1984, 84쪽)에는 "해방이 되자 만주군에 복무했던 자들은 元容德 · 丁一權을 중심으로 교민의 보호를 위해 東北大韓民國保安司(一名 新京光復軍)를 설치"했다고 기술하였다. 한용원의 이러한 기록은 어떤 자료에 근거하였는지 불분명하지만, 원용덕도 이 단체에 참여한 것으로, 그리고 단명을 보안사로 파악하고 있는 것이다.

27) 丁一權, 『丁一權回顧錄』, 高麗書籍, 1996, 95~96쪽.

위에서 보듯이 40명(정일권 포함) 가운데 19명이 한국군에서 장군으로 진급하였을 만큼, 만주교민보안대의 구성원들은 해방 후 군부에서 중요한 인맥으로 작용하며 커다란 세력을 형성하게 되었던 것이다.

그렇다면 정일권을 중심으로 한 만군 출신자들이 이러한 단체를 조직한 동기는 어디에 있었으며 그 목적은 무엇이었을까? 앞의 이한림의 회고록에서도 언급되었듯이, 외형적으로 볼 때 '만주교민보안대'는 일제의 패망으로 만주국이 무너진 직후의 극심한 혼란 속에서 현지 한인의 생명과 재산을 보호한다는 명분을 표방하고 편제된 것이었다. 그러나 만군 장교 출신의 한인들을 주축으로 한 보안대의 궁극적 목적은 더 안전한 귀환을 보장받는 데, 그리고 만군으로 복무했던 자신들의 전력前歷을 희석할 수 있는 당당한 명분을 찾는 데 있었다. 정일권은 이 점에 대해 구체적으로 다음과 같이 밝히고 있다.[28)]

> 당시 나는 하나의 계획을 마음 속에 품고 있었다. 38선이 더 굳어지기 전에 신경보안사 병력을 이끌고 서울로 향하는 것이 나의 꿈이었다. (중략) 신경에서 안동까지는 무사히 이동할 수 있고, 철교 넘어 신의주서부터 개성(38선)까지는 북한 주둔 소련군과 일전을 해서라도 돌파를 강행하면 못할 것도 없다는 생각이었다. 그리고 한편으로는 중경의 우리 임시정부 산하의 광복군과 맥을 이어, 만주에서의 광복군으로 더욱 발전 강화하고 싶기도 했다. (중략) 당시 신현준申鉉俊·박정희朴正熙·이주일李周一·송석하宋錫夏·이성가李成佳·유해준俞海濬 등 여러 동지들은 이미 광복군 제3지대장(착오임-필자) 김광언金光彦 소령과 손잡고 평진지구平津地區(북평平北과 천진天津)에 만주군 출신 병력으로 광복군 지대를 편성해 놓고 있었다. 나의 복안 역시 그러했다. 신경보안대로서 만주지대

---

28) 봉천군관학교 5기 출신으로 만군 한인 장교 그룹의 구심점이 되었던 정일권은 만군 중위 시절인 1942년에 모교인 북간도 龍井의 光明中學校를 방문하고 후배들의 군관학교 진학을 독려하는 연설을 했다고 한다. 그의 연설은 졸업을 앞둔 후배들에게 큰 영향을 미쳐 그해 신경군관학교 제1기로 입학한 한인 13명 가운데 이주일 대장, 박임항·최창언·김동하 중장 등 11명이 광명학교 출신이었다.

滿洲支隊로 발전시킨 뒤에, 임시정부가 환국할 때의 전위부대로서 보무당당하게 귀국하고 싶었던 것이다.[29)]

해방 당시 장춘 일대에 주둔 중이던 만군 출신의 한인들은 정일권의 주도하에 만주교민보안대를 편성함으로써, 위의 인용문에서 보듯이 임시정부 산하 광복군의 기치하에 명분과 안전을 보장받는 귀환을 시도하려 하였다. 곧 만주교민보안대('신경보안대')를 광복군 만주지대로 편성, 귀환하는 데 그 궁극적 목적이 있었던 것이다. 이들을 심지어는 사실과는 다르게 '신경광복군'[30)]으로까지 부르는 연유나 배경도 바로 여기에 있다. 또, 이 무렵 교민단의 신숙과 보안대 창설을 매개로 하여 접촉하게 되는 것도 그러한 구상과 계획을 실현하려는 시도의 연장선상에 있었다고 보인다. 하지만, 중국공산군과 소련군이 만주 일대를 장악하고 장춘으로 쇄도하게 되면서 그 압박을 받고 보안대가 해체됨으로써 이러한 시도는 무산될 수밖에 없었다. 정확히 파악할 수는 없지만, 보안대가 해체되는 시기는 1945년 11월 하순부터 12월 초순 사이로 짐작된다. 승왈범이 10월 말 장춘에서 정일권을 만나 보안대 일을 협의했다는 기록이 있고, 또 정일권이 소련군에 체포된 것이 12월 중순 이전이기 때문이다.

만주교민보안대원들의 귀환과정은, 개별적으로 귀환한 몇 명의 사례 외에는 구체적으로 확인되지 않고 있다. 단체 귀환이 불가능한 상황에서 1945년 말에 주로 몇 명씩 모여 집단을 구성하거나 혹은 개별적으로 육로를 통해 압록강을 건너 귀환했을 것으로 합리적으로 추정할 따름이다.

만주교민보안대를 주도한 정일권의 경우에는 보안대가 해체되면서 소련군에 체포되어 시베리아로 이송되는 도중 기차에서 탈출한 뒤, 하얼빈에서 열차편으로 다시 장춘과 심양을 거쳐 안동으로 내려와, 이곳에서 압록강을

29) 丁一權, 『丁一權回顧錄』, 101~102쪽.
30) 韓鎔源, 『創軍』, 博英社, 1984, 84쪽.

넘어 귀환하였다. 이어 신의주·평양·개성을 지나 38선을 넘어 1945년 12월 29일 서울에 도착하였다고 한다.[31)]

만주교민보안대의 부단장을 지낸 것으로 자서전에 기록한 이한림은 1946년 1월 3일 서울에 도착하였다. 그 동안 그는 장춘에서 열차편으로 3일간이나 걸려 안동에 도착하였으며, 이곳에서 압록강을 건너 신의주로 넘어온 뒤 평양과 원산을 거쳐 서울에 도착하였던 것이다. 안동에서는 소련군의 감시를 피해 야간에 수십 명의 동포와 함께 '뗏목이나 다름없는 목선'을 타고 압록강을 건넜다고 한다.[32)]

한편, 교민보안대의 구성원은 아니었지만, 1942년 북간도 연길 부근의 명월구에서 창설된 만군 간도특설경비대에 중위로 배속되어 있던 백선엽白善燁(봉천군관학교 9기)의 경우에는 일제 패망 직후인 1945년 8월 하순 귀환길에 올랐다. 그는 아내 노인숙과 함께 도보로 무산 대안으로 가 그곳에서 두만강을 건넌 뒤 남하하는 교통기관을 찾기 위해 동해안의 성진에 도착하였다. 하지만 소련군의 점령하에 있던 이곳의 교통은 모두 마비되어 있었다. 하는 수 없이 다시 해안을 따라 도보로 내려가 함남 고원, 그리고 평남 성천을 거쳐 9월 말 간신히 평양으로 귀환할 수 있었다. 1개월간에 걸친 장장 8백 Km의 고행이었던 셈이다. 그 뒤 백선엽은 봉천군관학교 선배들인 김백일金白一·최남근崔楠根과 함께 평양을 출발하여 해주로 남하한 뒤 1945년 12월 27일 야밤을 틈타 청단青丹 부근에서 38선을 넘어 서울로 내려왔던 것이다.[33)]

31) 丁一權,『丁一權回顧錄』, 107~112쪽.
32) 이한림,『세기의 격랑』, 32쪽.
33) 佐佐木春隆 著, 姜昶求 編譯,『韓國戰秘史 上卷 建軍과 試鍊』, 兵學社, 1977, 45~50쪽.

2) '광복군 주평진대대駐平津大隊'의 편성과 귀환

만군 출신 한인 가운데는 북경으로 내려와 천진에서 해로로 귀환하는 경우도 있었다. 박정희 등 만군 제8단 소속 한인 장교들이 그들이다.

신경군관학교 제2기 출신인 박정희는 일본 육사(57기 상당) 유학 후 관동군 제635부대에서 3개월간 사관견습을 받은 뒤 일제 패망 1년 전인 1944년 7월경 만군 보병 제8단에 배치되어 패망 때까지 그 부대에 있었다. 만군 제8단의 본부는 만리장성 북쪽 변경 산악지대인 열하성熱河省 흥륭현興隆縣 반벽산半壁山(현 하북성河北省 승덕시承德市 흥륭현興隆縣 반벽산半壁山)에 있었으며, 패망 당시 중위로 8단장의 부관이었던 박정희는 바로 이곳에 주둔해 있었다. 박정희와 함께 제8단에 소속되어 있던 한인 장교로는 신현준申鉉俊 대위(봉천군관학교 5기), 이주일李周一 중위, 방원철方圓哲 중위(이상 신경군관학교 1기) 등이었다. 그 가운데 신현준은 제8단 제6연장連長(중대장에 상당함)이었으며, 이주일은 제1영 본부의 부관으로 있었다.

일제 패망 직후 박정희 등에게 당면한 제일 과제는 고국으로의 안전한 귀환 노정路程과 방법을 모색하는 일이었다. 당시 이들이 선택할 수 있는 귀환 노정은 두 가지였다. 첫째 심양을 경유해 압록강을 건너 북한으로 들어가는 노선과, 둘째 북경을 경유해 해로로 귀환하는 노선이 그것이다. 전자인 심양을 경유하는 귀환길은 만주를 점령하고 있던 소련군의 위협을 고려해야만 했으며, 나아가 심양으로 향하는 철로가 곳곳에서 파괴되어 열차의 통행이 어려웠던 실정도 감안해야만 하였다. 이에 비해 북경을 경유하여 해로로 귀환하는 후자를 선택할 경우, 해로까지 포함해서 거리상으로는 멀기는 하지만 전자에 비해 비교적 안전하게 귀환할 수 있는 길이었다.[34)]

34) 申鉉俊, 『老海兵의 回顧錄』, 가톨릭出版社, 1989, 74쪽.

이에 박정희를 비롯해 신현준, 그리고 이주일 등 3인은 제8단을 따라 밀운密雲까지 행군한 뒤, 그곳에서 8단과 결별하고 1945년 9월 21일 열차편으로 북경을 향해 발정發程하였다.[35)]

일제 패망 직후인 1945년 9월, 당시 북경에는 만군이나 일본군에 복무했던 한인 장교와 사병들, 그밖에 중국 각처에서 몰려든 한인 청년들로 붐볐다. 북경에 도착한 이들은 동포가 경영하던 덕경루德慶樓라는 중국 음식점을 찾았다. 이곳에서 박정희 등 일행은 '해방 후의 광복군'에 가입하기 위한 절차를 밟았다. 이들은 다시 북경 동북방 성벽 안쪽에 위치한 북신교北新橋라는 곳으로 이동하였다. 이곳에는 해방될 때까지 한인 동포가 경영해 왔던 제지공장이 있었다. 이 공장의 건물과 광장을 박정희 등 만군 출신자들을 주축으로 편성되는, 광복군 제3지대 산하의 이른바 '광복군 주평진대대駐平津大隊'가 사용하도록 준비되었던 것이다. 부대 이름의 '평진平津'은 북평北平(북경)의 '평平'과 천진天津의 '진津'을 합친 것으로, 북경과 천진 일대에서 편성하게 된 해방 후의 광복군 부대임을 표현하기 위해서였다.[36)]

이처럼 박정희를 비롯하여 신현준·이주일 등 만주군 장교 출신자들이 해방 후에 광복군 산하에 들어갈 수 있었던 임시정부의 사정과 그 과정을 언급하면 다음과 같다.

해방 후 임시정부가 환국을 결정하고 그 준비에 전념하게 되자, 일체의 군사문제는 광복군 총사령 지청천 장군에게 위임하게 되었다. 중국 내 동포의 생명과 재산을 보호하여 이들을 안전하게 귀국시키는 일과 함께 임시정부에서는 여러 형태로 일본군에 소속되어 있던 한적사병韓籍士兵들을 보호하는 문제에도 힘을 기울였다. 일본군 안에는 학병·징병 등으로 끌려나온 한적사병이 약 2만 8천 명에 이르렀다. 임시정부는 이들을 광복군으로

35) 申鉉俊, 『老海兵의 回顧錄』, 74~75쪽. 한편, 북간도 延吉이 고향이었던 방원철은 이들과 행동을 같이 하지 않고 별도로 귀환한 것으로 보인다.
36) 申鉉俊, 『老海兵의 回顧錄』, 75~76쪽.

편입시키고자 하였던 것이다. 이를 위해 중국측에 '일본군 항복 접수 때 한적사병은 특별히 우대하여 줄 것과 이들을 무기와 함께 광복군으로 인계해 달라'는 교섭을 전개, 협조를 얻어냈다. 이후 광복군 대원을 파견하여 한적사병들을 접수하는 확군활동擴軍活動을 전개하였다. 이러한 활동은 1945년 8월 말부터 전개되었고, 10월 말에 이르면 한구漢口 · 남경 · 항주 · 상해 · 북경 · 광동廣東 등 중국 주요 도시에 한국광복군 잠편지대暫編支隊가 설치되었다.[37)]

이처럼 광복군이 기설旣設된 3개 지대 외에 각처에 7개의 잠편지대(국내지대 포함)를 편성한 것은 임시정부에서 중국 각지에 산재한 한적사병의 인원을 10만 명으로 추산하고, 각 지대를 완전한 사단편제로 조직한다는 계획에 따른 것이었다. 한적사병을 광복군에 포섭하는 이유는 장차 국내 귀환시 이들로 하여금 일본군이 아닌 독립진영의 광복군이란 긍지와 영예를 가지고 개선할 수 있는 명분을 가지게 하며, 나아가 귀국 후 국군의 기간基幹으로 편성하려 했던 것이다. 이러한 임시정부의 의도와, 귀환 명분과 안전을 담보하려던 한적사병의 처지 양자가 합치됨으로써 잠편지대가 편성될 수 있었다.[38)]

이 때 편성된 북평 잠편지대의 지대장은 최용덕崔用德이 맡았으며, 김광언金光彦 · 이성가李成佳 · 유해준劉海濬 · 정민태鄭民泰 등이 참모로 있었다. 이에 따라 가장 전방에 전진 배치되어 있던 광복군 제3지대는 여러 주요 도시에 나가 있던 공작원을 합류하게 한 군사특파단을 8월 19일부터 9월 초까지 전진시켰으며, 제2지대에서도 주요 지구에 판사처辦事處를 설치하였다. 이에 따라 북경 지구에는 김광언金光彦을 단장으로 한 군사특파단이 배치되어 있었으며, 제2지대에서도 이재현李在賢을 주임으로 하는 북평판사처가 배치되어 있었다. 이에 광복군총사령부에서는 군사특파단과 북평판사처 두

37) 韓詩俊, 「대한민국임시정부의 환국」, 『한국근현대사연구』 25, 2003년 여름호, 75~76쪽.
38) 독립운동사편찬위원회 편, 『독립운동사 6』, 1975, 545쪽.

기구를 해체 통합하여 광복군총사령부판사처로 확대 개편하고, 그 책임자인 처장으로는 중국 공군군관학교 및 육군대학을 졸업하고 광복군총사령부 참모처장을 역임한 최용덕 장군이 취임하게 되었던 것이다.[39]

결국, 박정희 일행이 북경에 도착하던 무렵에는 김광언을 단장으로 한 제3지대의 군사특파단이 배치되어 있었고, 주평진대대를 편성하던 무렵에는 최용덕이 광복군총사령부 판사처장[40]으로 부임해 오고, 또 판사처의 연락 책임자로는 역시 중국군 장교 출신의 이성가가 임명되어 현지부대에 나와 있던 시기였다. 박정희 일행은 광복군 판사처 관계자들의 지도하에 다음과 같은 편제를 갖춘 주평진대대를 편성하게 되었다.[41]

대 대 장　신현준
제1중대장　이주일
제2중대장　박정희
제3중대장　윤영구尹映九[42]
정 훈 관　정필선鄭弼善

이처럼 박정희 등 만군 장교 출신자들이 '해방 후 광복군'의 기치를 내걸고 주평진대대를 편성한 동기와 목적은, 앞 절에서 논급한 '만주교민보안대'의 경우와 마찬가지로 안전귀환과 귀환명분 확보에 있었다. 신현준이 자신의 회고록에서 이 부대가 "귀국하게 되는 날에는 보무당당하게 본국으로

---

39) 독립운동사편찬위원회 편, 『독립운동사 6』, 546~548쪽.
40) 신현준의 회고록에는 평진대대 편성 당시의 최용덕의 직함을 '光復軍駐北平辦事處長'으로 기술하고 있다. 이는 상술하였듯이 3지대의 군사특파단과 2지대의 북평판사처를 合置한 '光復軍總司令部辦事處'를 의미하는 것으로, 광복군의 북평지구 최고책임자라는 의미에서 사용한 직함이라 할 수 있다.
41) 申鉉俊, 『老海兵의 回顧錄』, 76쪽.
42) 윤영구는 해방 당시 일본군 소위였으며, 그밖에 이 부대의 간부급으로는 군의관으로 경성 동양의전을 졸업한 嚴在玩이 있었다고 한다(조갑제, 『내 무덤에 침을 뱉어라 2』, 조선일보사, 1988, 160쪽).

개선하겠다는 취지 아래 발기勃起된 것이었다."고 기술한 대목에서도 이러한 정황을 충분히 짐작할 수 있다.[43)]

주평진대대의 정확한 인원은 알 수 없으나, 대략 2백 명 안팎이었던 것으로 추산된다. 신현준이 1945년 12월에 '주평진대대의 병력이 근 2백 명에 달했다.'고 밝힌 대목은 이 부대원의 상한선을 언급한 것으로 이해할 수 있다.[44)]

그러나 박정희 등의 귀환은 부대 단위로 이루어질 수 없었다. 미군정하에서 임시정부의 요인들조차도 단지 개인 자격으로 귀국하던 상황에서, 이러한 부대 단위의 귀환은 결코 허용될 수 없었던 것이다. 1946년 4월, 귀환을 위해서 주평진대대는 마침내 부대를 해산하게 된다. 그 동안 대원들이 입었던 국방색 군복도 검정색으로 물들여 민간인 복장처럼 바꾸었다.[45)]

그 인원은 확인할 수 없지만, 부대 해산 후 대원 가운데 북한 출신의 간부급 장교와 사병들이 제1진으로 먼저 1946년 4월 15일 열차편으로 귀환길에 올랐다. 선발대격인 이들 일행 가운데는 평안도 출신으로 당시 북평판사처와 주평진대대 사이의 연락 임무를 맡고 있던 이성가 중위도 포함되어 있었다. 그러나, 함경도 출신의 이주일은 박정희 · 신현준 등과 함께 행동하기 위해 그대로 잔류하였다.

그 뒤를 이어 박정희 · 신현준 · 이주일 등이 포함된 이 부대의 주력 대원들은 1946년 4월 29일 북경을 떠나 당일 천진의 당고항塘沽港에 도착하였다. 이곳에서 일주일을 대기한 끝에 5월 6일 이들은 드디어 미군이 제공한 상

---

43) 申鉉俊, 『老海兵의 回顧錄』, 77쪽. 학병 출신으로 이 부대에 속했던 朴基赫(연세대 부총장 역임)이 "고향으로 돌아가기 위해서 그런 집단을 만든 것이다. 배편을 기다리면서 규율이 있어야 했고 그래서 군사편제로 조직된 것이다. 광복군이란 말에 어울리는 이념이 있었던 것도 아니었다."고 한 대목도 안전한 귀환을 목적으로 편제되었던 주평진대대의 성격을 잘 드러내고 있다(조갑제, 『내 무덤에 침을 뱉어라 2』, 조선일보사, 1989, 160~161쪽).

44) 申鉉俊, 『老海兵의 回顧錄』, 78쪽.

45) 申鉉俊, 『老海兵의 回顧錄』, 77쪽.

륙작전용의 수송함(LST)을 타고 당고항을 출발하게 된다. 그리고 이틀 후인 5월 8일 부산항에 입항, 선내에서 이틀을 대기하면서 귀국절차를 밟은 뒤 5월 10일 마침내 부두에 상륙할 수 있었다.[46)]

미군정 당국은 해외에서 선편으로 귀환하는 동포에게 전신소독을 실시한 다음, 2천 환씩의 여비를 현찰로 지급해 주었다고 한다. 부산 또는 그 근처가 고향인 사람들은 각자 곧바로 귀향할 수 있도록 조치하였으며, 북한 또는 서울 부근 출신자들은 다시 서울의 장충단 부근에 설치되어 있던 임시수용소[47)]에 일시 수용한 후 각자의 목적지를 향해 출발토록 조치하였다.[48)]

한편, 강문봉姜文奉의 경우에는 만주국 황제상을 받고 신경군관학교 5기로 입학하여 예과를 수석 졸업한 후 일본 육사 59기로 편입, 1945년 8월 일제 패망 직전에 졸업하였다. 이에 그는 육사 등 일본 무관학교에 재학중이던 19명과 함께 일본에서 서울로 그해 9월에 귀환하였다.[49)]

---

46) 조갑제, 『내 무덤에 침을 뱉어라 2』, 조선일보사, 1989, 167쪽.

47) 『동아일보』 1946년 3월 29일자 기사에 의거하면, 장충단 부근에 있던 임시수용소의 정식 명칭은 '戰災民救濟聯合會本部'이며 1946년 3월 26일 개소된 것으로 확인된다. 참고로 해방 후 해외 한인 귀환문제와 관련된 이 기사(「戰災民救濟聯合會本部가 奬忠壇안에 개설되다」)의 내용을 전재하면 다음과 같다. "일본과 중국 방면으로부터 귀국하는 戰災同胞들을 집단수용하기 위하여 서울시에서는 26일 시내 장춘단에 있는 전 일본육군 병영 자리에 전재민구제연합회본부를 설치하고 귀환하는 전재동포의 수용을 개시하였다. 오늘까지 서울에 모여온 전재민은 시내 15개 소의 수용소에 분리 수용되어 있는데 이번 설치된 구제연합회본부의 수용소에 매일 약 2천 명을 수용할 준비가 되어 있으며 전재민은 이 수용소에서 약 5일 동안 수용되었다가 각각 고향으로 돌아가기로 되었으나 그러나 서울을 떠날 수 없는 의지없는 전재민에게는 시당국과 도당국이 주책, 직업을 알선하고, 또 시 후생과에서는 서울 부근에 있는 황무지를 개발하여 농업 종사를 희망하는 전재민을 농업증산에 협력시키기로 하였다."

48) 申鉉俊, 『老海兵의 回顧錄』, 89~90쪽.

49) 佐佐木春隆 著, 姜昶求 編譯, 『韓國戰秘史 上卷 建軍과 試鍊』, 503쪽. 강문봉과 신경군관학교 동기로 함께 일본 육사에 편입하였던 黃澤林의 경우에도, 자료상 확인할 수 없지만, 강문봉과 귀환 路程을 같이 하였을 것으로 추정된다.

만군 출신은 아니지만 만주를 경유해 귀국한 사례로 장도영張都暎의 경우가 특기할 만하다. 학병 출신으로 일본군에 입대해 당시 견습사관으로 남경에 주둔하고 있던 그는 일제 패망소식을 듣고 동료 15명과 함께 안전한 귀국을 위해 '무궁단'이란 단체를 조직하고 귀환길에 올랐다. 최석崔錫(중장)·박철朴徹(대령)·양재철梁在哲 등이 그 단원이었다. 하지만, 이들은 귀환 루트를 협의하는 과정에서 육로와 해로의 두 부류로 나눠졌다. 결국 장도영은 열차편으로 남경을 출발해 서주徐州·제남濟南·천진·산해관·금주錦州·봉천을 거쳐 안동에 도착한 뒤, 이곳에서 압록강을 건너 귀환하였다. 남경을 떠나 안동에서 압록강을 건널 때까지 시종일관 그와 동행한 사람은 박철과 실명이 확인되지 않는 '김군金君' 등 2명이었다.[50]

4. 맺음말

이상에서 해방 후 만군 출신 한인의 귀환문제를 살펴보았다. 그 주요내용을 정리하면 다음과 같다.

1945년 해방 당시 관동군에 소속된 한인의 총수는 2~3만 명 규모였던 데 비해, 만군에 소속된 한인은 2백여 명에 불과했던 것으로 추산된다. 하지만, 관동군 출신의 경우는 대개 징병 등으로 끌려온 일반 사병이었던 데 비해, 만군의 경우에는 그 대부분이 직업장교 신분이었다. 봉천군관학교와 신경군관학교를 졸업하고 만군 장교가 된 한인은 대략 60여 명 정도로 확인된다. 또한 이들 장교 출신을 포함하여 만군에 복무했던 한인 가운데 남한으로 귀환한 인원은 대략 120명 정도로 추산되고 있다. 이들 대부분은 해방 후 장교가 되었으며, 그 가운데 41명이 장군으로 진급하였다. 여기에

50) 장도영, 『망향』, 숲속의꿈, 2001, 126~143쪽 참조.

다 북한으로 귀환한 경우와 만주에 잔류한 인원을 합산하더라도, 일제 패망 당시 만주군에 소속되어 있던 한인의 총수는 2백여 명에 불과했던 것으로 추산되기 때문이다.

만군 출신 한인의 숫자는 관동군 출신의 한인에 비해 이처럼 대비할 수 없을 정도로 그 규모가 작다. 그럼에도 이들 만군 출신이 해방 후 귀환, 한국군에 입대하여 최고위급 군간부로 변신하였을 뿐만 아니라, 남한의 정치·경제·사회 등 각 분야의 요직을 두루 차지하게 된다. 해방 직후 이들의 귀환과정과 그 동향에 대해 주목하게 되는 것도 이와 같은 이유 때문이다.

일제 패망 직후 장춘 일대에 주둔해 있던 만군 출신 한인들은 정일권을 주축으로 '조선군간부훈련소'를 만들었으며, 이를 바탕으로 신숙 등이 주도한 장춘 현지 교민단과의 긴밀한 연계하에 '만주교민보안대'를 편성하였다. 이 부대는 외형적으로는 일제의 패망으로 만주국이 무너진 직후의 극심한 혼란 속에서 현지 한인의 생명과 재산을 보호한다는 명분을 표방하고 편제된 것이었다. 그러나 만군 장교 출신의 한인들을 주축으로 한 보안대 편성의 궁극적 목적은 자신들의 보다 안전한 귀환을 보장받는 데, 그리고 만군으로 복무했던 자신들의 전력을 희석할 수 있는 당당한 명분을 찾는 데 있었다. 그리하여 정일권은 임시정부 산하 광복군의 기치하에, 곧 만주교민보안대('신경보안대')를 광복군 만주지대로 편성한 후 명분과 안전을 보장받고 귀환하는 데 그 궁극적 목적이 있었던 것이다.

만주교민보안대의 구성원은 2백 명 정도였던 것으로 보이며, 그 가운데 40명의 명단이 확인된다. 이들은 대부분 1945년 말 전후에 압록강을 건너 육로로 귀환한 것으로 보이며, 귀환 후 한국군에 들어가 고위 장교로 대성하게 된다. 김석범·최창언·김동하·이한림(이상 중장), 이규동·이규광(이상 준장) 등 19명이 장군으로 진급하였을 정도로, 만주교민보안대의 구성원들은 해방 후 한국 군부에서 중요한 인맥으로 작용하며 커다란 세력을 형성하였다.

한편, 만군 가운데 제8단에 소속되어 있던 장교 출신 한인은 북경으로 내려가 '광복군 주평진대대'를 편성하여 명분과 안전을 보장받은 후 귀환하려 하였다. 박정희를 비롯해 신현준, 그리고 이주일 등이 그들이다. 그들 일행은 일제 패망 직후 안전한 귀환을 도모하기 위해 북경으로 내려왔다. 이때, 임시정부에서는 중국 각지에 산재한 일본군·만군 출신의 한적사병을 포섭하려는 계획하에 중요 도시마다 특파단 또는 판사처 등의 이름하에 인력을 파견하고 조직을 설치하였다. 이러한 광복군의 의도와, 귀환 명분과 안전을 담보하려던 박정희 등 만군 출신 한인들의 이해가 상호 결합됨으로써 이른바 '광복군 주평진대대'가 결성될 수 있었다.

부대원이 약 2백 명 정도로 추정되는 주평진대대의 편제는 대대장 신현준 이하 제1중대장 이주일, 제2중대장 박정희, 제3중대장 윤영구, 그리고 정훈관 정필선 등으로 되어 있었다. 박정희 등 만군 장교 출신들이 '해방 후 광복군'의 기치를 내걸고 '주평진대대'를 편성한 동기와 목적은 '만주교민보안대'의 경우와 동일하게 안전귀환과 귀환명분 확보에 있었다. 하지만, 박정희·신언준·이주일 등은 단체 귀환이 불가능하게 되는 상황에서 1946년 4월 부대를 해산한 후 천진으로 이동, 선편으로 5월 10일 부산항 부두에 상륙하였다.

결국, 만군 출신의 한인들은 일제 패망 직후에 정일권과 박정희를 중심으로 장춘과 북경에서 각각 현지의 민족주의세력(장춘의 교민단, 북경의 광복군 세력)과 연계 협조하에 '만주교민보안대'와 '광복군 주평진대대'라는 단체를 조직함으로써 안전과 명분을 확보한 후 귀환하려 하였던 것이다. 그러나, 정치적 상황과 여건이 악화되어 이들의 합법적 단체 귀환이 불가능하게 되자, 이 두 단체는 모두 해체되지 않을 수 없었고, 개인 자격으로 귀국하게 되었다. 이처럼 두 갈래로 나뉘어 귀환한 만군세력은 국내의 군대 조직 내에서 다시 합일되어 커다란 인맥을 형성하였으며, 복잡한 양상을 띠고 한국현대사의 중심부를 차지하게 되었던 것이다.

〈부록〉 해방 후 귀환 만군 장교 출신자[51)]

성명	출신지	만주군 계급	귀환시기	해방 후 경력	비 고
김응조金應祚	강원 고성	중위		준장. 대한여론조사소 중앙본부장	봉천군관학교 4기
김석범金錫範	평남	대위		중장. 해병대사령관	봉천군관학교 5기, 일본육사(54기) 유학
정일권丁一權	연해주 우수리스크	대위	1945.12.	참모총장. 국무총리, 국회의장	봉천군관학교 5기, 일본육사(55기) 유학
신현준申鉉俊	경북 금릉	대위	1946.5.	중장.해병대사령관	봉천군관학교 5기
김백일金白一	함북 명천	대위	1945	중장	봉천군관학교 5기. 본명 김찬규金燦圭
송석하宋錫夏				소장	봉천군관학교 5기
최경남崔慶萬				준장	봉천군관학교 5기
윤춘근尹春根		중위		소장. 포철고문	봉천군관학교 5기
문용채文容彩		대위		준장	봉천군관학교 5기
김일환金一煥	강원 철원	경리대위		중장. 내무부장관	만군경리학교
양국진楊國鎭	서울	대위		중장. 군단장	봉천군관학교 7기
김용국金龍國				소장. 해병대부사령관	봉천군관학교
이병주李丙冑		중위		소령 때 숙군	신경군관학교 2기
이상진李尙振		중위		소령 때 숙군	신경군관학교 2기
김홍준金洪俊		중위		대위	사고사
최경남崔慶男		소위		준장. 군수국장	
석주암石主岩		대위		소장	봉천군관학교 8기
최남근崔楠根	간도 화룡	중위	1945	중령 때 숙군	봉천군관학교 7기
백선엽白善燁	평남 강서	중위	1945.9.	대장. 합창의장	봉천군관학교 9기
김일환金一煥		경리대위		중장. 국방부차관	만군경리학교
송석하宋錫夏	충남 대전	대위		소장. 국방대학원장	봉천군관학교 5기
박동균朴東均	함북 경원	군의 대위		소장. 병무국장	육군군의학교 7기
원용덕元容德		군의 중령		중장. 헌병사령관	
신학진申鶴鎭		군의 중위		소장	
김상복金相福		군의		중장	
이주일李周一	함북	중위	1946.5.	대장. 국가재건최고회의 부의장	신경군관학교 1기, 일본육사(56기) 유학
최창언崔昌彦	함북 경성	중위		중장. 국방대학원장	신경군관학교 1기, 일본육사(56기) 유학
김민규金敏奎		대위		대위	신경군관학교 1기, 일본육사(56기) 유학
박춘식朴春植		중위		소장	

박임항朴林恒	함남 홍원	중위	1945	중장. 건설부장관	신경군관학교 1기, 일본육사(56기) 유학
김동하金東河		중위		중장	신경군관학교 1기
윤태일尹泰日		중위		중장	신경군관학교 1기
김용기金用杞		대위		준장	만군경리학교
김영택金永澤		중위			신경군관학교 1기
방원철方圓哲	간도 연길	중위		대령	신경군관학교 1기
이룡李龍		소위		소장.	
김묵金默		중위		소장. 공병감	신경군관학교 2기
이기건李奇建	평북	중위		준장. 대한체육회이사	신경군관학교 1기, 북한군 소령으로 귀순
박정희朴正熙	경북 구미	중위	1946.5.	대통령	신경군관학교 2기, 일본육사(57기) 유학
이한림李翰林	함남 안변	중위	1945.12.	중장. 제1군사령관	신경군관학교 2기, 일본육사(57기) 유학
안영길安永吉		중위			신경군관학교 2기.
최주종崔周鍾	함북 성진	소위		소장. 국가재건최고회의 위원	신경군관학교 3기, 일본육사(58기) 유학
강태민姜泰敏		소위		소장. 전사	신경군관학교 3기, 일본육사(58기) 유학
예관수芮琯壽	평남 영원	소위		대령. 정훈학교 교장	신경군관학교 4기
장석산張銀山		중위		대령	신경군관학교 4기
강문봉姜文奉	간도 용정	사관후보생	1945.9.	중장. 제2군사령관	신경군관학교 5기, 일본육사(59기) 유학
황택림黃澤林		사관후보생		대위 때 숙청	신경군관학교 5기, 일본육사(59기) 유학
김윤근金潤根	황해 은율	사관후보생		중장. 국가재건최고회의 위원	신경군관학교 6기, 일본육사(60기) 유학
정정순鄭正淳		사관후보생		중령 때 전사	신경군관학교 6기, 일본육사(60기) 유학
김학림金鶴林		사관후보생		소령 때 숙청	신경군관학교 6기, 일본육사(60기) 유학
김세현金世鉉		사관후보생		중위 때 숙청	신경군관학교 6기, 일본육사(60기) 유학

51) 위의 표는 韓鎔源, 『創軍』(博英社, 1984), 佐佐木春隆 著, 姜昶求 編譯, 『韓國戰秘史 上卷 建軍과 試鍊』(兵學社, 1977), 남창룡, 『만주제국 조선인』(신세림, 2000) 등에 의거해 작성하였음.

| 참고문헌 |

신문 · 잡지

『皇城新聞』, 『東亞日報』, 『韓人新報』, 『自由新聞』, 『新韓民報』, 『大東共報』, 『大東新報』, 『獨立』, 『滿洲國政府公報』

개인문집

宋相燾, 『騎驢隨筆』, 국사편찬위원회, 번각본, 1955.

柳麟錫, 『毅菴集』, 경인문화사, 영인본, 1973.

李承熙, 『韓溪遺稿』 7, 국사편찬위원회, 번각본, 1976.

趙昌容, 『白農實記』, 독립기념관 한국독립운동사연구소, 영인본, 1993.

黃玹, 『梅泉野錄』, 국사편찬위원회, 번각본, 1955.

국내자료

국가보훈처 편, 『간도사건관계서류』 1-2, 2002 · 2003.

__________, 『독립군단명부』, 1997, 20쪽.

__________, 『亞洲第一義俠 安重根』 1, 1995.

국사편찬위원회 편, 『昭義新編』, 번각본, 1975.

______________, 『한국독립운동사－자료』 6 · 7(안중근공판자료), 1968.

______________, 『한국독립운동사－자료』 8－18(의병편), 1968-1989.

김원용, 『재미한인오십년사』, Reedley, California, 1959.

대한민국임시정부 선전위원회 편, 『韓國獨立運動文類』 제1집, 1940.

독립기념관 한국독립운동사연구소 편, 『龍淵金鼎奎日記』(상 · 중 · 하), 1994.

__________________________, 『한말의병자료집』, 1989.

__________________________________, 『한말의병자료』 1-6, 2001-2003.
독립운동사편찬위원회 편, 『독립운동사자료집』 1-3, 6 · 10, 1971-6.
박은식, 『한국독립운동지혈사』, 上海 維新社, 1920.
연세대학교 현대한국학연구소 편, 『우남이승만문서』(東文篇) 7, 1998.
윤병석 譯編, 『安重根傳記全集』, 국가보훈처, 1999.
이구영 편역, 『湖西義兵事蹟』, 수서원, 1993.
채근식, 『무장독립운동비사』, 대한민국 공보처, 1949.
한국정신문화연구원 편, 『한국독립운동증언자료집』, 박영사, 1986.
『안중근선생공판기』, 경향잡지사, 1946.
『조선민족운동연감』, 재상해일본영사관, 1932.
『한국독립운동사자료집-홍범도편』, 한국정신문화연구원, 1995.
「樺太 · 千島在留同胞救出委員會 宣言文」(독립기념관 소장자료, B00542-010)

국외자료

姜德相 編, 『現代史資料 27 · 28』(獨立運動 1 · 2), みすず書房, 1970 · 1972
金正柱 編, 『朝鮮統治史料』 2, 東京 韓國史料硏究所, 1970.
滿洲帝國協和會, 『建國の精神』, 1943.
武强 主編, 『東北淪陷十四年教育史料』 제1집, 길림교육출판사, 1989.
십월혁명십주년원동준비위원회 편, 『십월혁명십주년과 쏘비에트고려민족』, 소련 해삼위도 서주식회사, 1927.
연변정협문사자료위원회 편, 『연변문사자료』 3 · 6, 1985 · 1988.
일본 외무성 동아국 제2과, 『業務報告』, 소화 11년.
全滿朝鮮人民會聯合會, 『全滿朝鮮人民會聯合會會報』 44, 1936년 10월호.
全滿朝鮮人聯合會, 『在滿朝鮮人現勢要覽』, 1937.
조선군사령부 편, 『間島出兵史 上』, 1921.
조선헌병대사령부 편, 『鴨綠江豆滿江對岸移住鮮人ノ狀況』(소화 11년 6월 말 현재).
일본 방위연구소 자료
「關參滿 제305호(소화 11년 8월 18일)」(「陸滿密受 제1217호」 소화 11년 8월 24일), '在滿朝鮮人指導要綱ノ件'.
「關參滿發 제621호(소화 13년 7월 29일)」(「陸滿密受 제981호」 소화13년 7월 31일), '在滿朝鮮人指導要綱(修正)竝鮮農取扱要綱ニ關スル件'.
만주국 민정부 총무사 조사과 편, 『在滿朝鮮人事情』, 대동 2년 9월.

일본 외교사료관 자료
「機密 제101호」(대정 18년 9월 18일), '鮮人行動ニ關スル件'
「機密 제93호」(대정 18년 8월 26일), '鮮人ノ行動ニ關スル件'
「機密鮮 제21호」(명치 44년 3월 9일), '朝鮮人動靜ニ關スル情報進達ノ件'
「機密鮮 제35호」(명치 44년 3월 22일) '蜂密山ニ關スル情報'
「機密韓 제67호」(명치 43년 10월 24일) '조선인에 관한 情報進達件' 부속별지
「陸滿密受 제981호」 소화 13년 7월 31일, '在滿朝鮮人指導要綱(修正)竝鮮農取扱要綱ニ關スル件'의 부속문건 「在滿朝鮮人指導要綱」(關東軍司令部, 소화 13년 7월 25일).
「朝憲機 제2037호」(명치 44년 9월 14일), '8월 29일 블라디보스토크지방 조선인 동정'
「憲機 제594호」(명치 44년 3월 24일), '3월 11일 이래 블라디보스토크지방 조선인 동정'
「憲機 제739호」(명치 44년 4월 21일), '4월 7일 이래 블라디보스토크지방 조선인 동정'
「機密 제267호」(소화 10년 8월 30일) '間島省公署ノ省內朝鮮人教育方針ニ關スル件'

회고 / 전기

金鍾斌, 「蘇聯捕虜收容所生活記」, 『新東亞』 1964년 10월호.
承曰範, 『無休八十年』, 裕進文化社, 1991.
申肅, 『나의 一生』, 日新社, 1963.
申鉉俊, 『老海兵의 回顧錄』, 가톨릭出版社, 1989.
안중근의사숭모회 편, 『안중근의사 자서전』, 1979.
李圭哲, 『시베리아 恨의 노래』(미간행 필사본, 1992).
이범석, 『우둥불』, 삼육출판사, 1986.
이한림, 『세기의 격랑』, 팔복원, 1994.
장도영, 『망향』, 숲속의꿈, 2001.
정일권, 『정일권회고록』, 高麗書籍, 1996.
조갑제, 『내 무덤에 침을 뱉어라』 2, 조선일보사, 1989.
한용원, 『創軍』, 박영사, 1984.
洪相杓, 『간도독립운동비화』, 선경도서출판사, 1990.

학술서적

강창구 편역(佐佐木春隆 저), 『韓國戰秘史』 上卷(建軍과 試鍊), 兵學社, 1977.
국사편찬위원회 편, 『한국독립운동사』 3, 1967.
김광재, 『한국광복군』, 독립기념관 한국독립운동사연구소, 2007.
김상기, 『한말 의병 연구』, 일조각, 1997.

김승화 저, 정태수 역, 『소련 한족사』, 대한교과서주식회사, 1989.
남창룡, 『만주제국 조선인』, 신세림, 2000.
독립운동사편찬위원회 편, 『독립운동사 1』, 1971.
반병률, 『성재 이동휘 일대기』, 범우사, 1998.
______, 『여명기 민족운동의 순교자들』, 신서원, 2013.
신용하, 『한국민족독립운동사연구』, 을유문화사, 1985.
애국동지원호회 편, 『한국독립운동사』, 1956.
楊昭銓, 『중국에 있어서의 한국독립운동사』, 한국정신문화연구원, 1996.
영명100년사편찬위원회, 『영명100년사』, 2006.
오영섭, 『고종황제와 한말의병』, 선인, 2009.
외교통상부, 『이범진의 생애와 항일독립운동』, 2003.
유한철, 『유인석의 사상과 의병활동』, 독립기념관 한국독립운동사연구소, 1992.
尹炳奭 외 5인, 『러시아지역의 한인사회와 민족운동사』, 교문사, 1994,
윤병석 외 5인, 『중국동북지역 한국독립운동사』, 집문당, 1997.
윤병석, 『재발굴 한국독립운동사』, 한국일보사, 1987.
______, 『독립군사』, 지식산업사, 1990.
______, 『국외한인사회와 민족운동』, 일조각, 1990.
______, 『한국독립운동의 해외사적탐방기』, 지식산업사, 1994.
______, 『근대 한국 민족운동의 사조』, 집문당, 1996.
______, 『李相卨傳』, 일조각, 1984; 증보판, 1998.
장창국, 『육사졸업생』, 중앙일보사, 1984쪽.
조동걸, 『독립군의 길따라 대륙을 가다』, 지식산업사, 1995.
중국조선족교육사편찬위원회 편, 『중국조선족교육사』, 동북조선민족교육출판사, 1991.
채영국, 『1920년대 후반 만주지역 항일무장투쟁』, 독립기념관 한국독립운동사연구소, 2007.
한국정신문화연구원, 『江北日記, 江左輿地記, 俄國輿地圖』, 1994.
한석정, 『만주국 건국의 재해석』, 동아대출판부, 1999.
한시준, 『한국광복군연구』, 일조각, 1993.
厚生省引揚援護局, 『引揚援護の記錄』, 1951.
林えいだい, 『前後五十年の檢証; 忘れららた朝鮮人皇軍兵士』, 梓書院, 1997.
宮田節子 編, 『朝鮮軍槪要史』, 不二出版社, 1983.
滿洲國史編纂刊行會 編, 『滿洲國史(各論)』, 東京, 滿蒙同胞援護會, 1971.
塚瀨進, 『滿洲國-「民族協和」の實像-』, 吉川弘文館, 1998.
吉林省 柳河縣 五道溝鄉志編纂小組, 『五道溝鄉志』, 1983.

학술논고

김도훈, 「공립협회(1905-1909)의 민족운동 연구」, 『한국민족운동사연구』 4, 한국민족운동사연구회, 1989

김상기, 「1895-1896년 제천의병의 사상적 연원과 전개」, 『韓國獨立運動史의 認識』, 白山朴成壽敎授華甲紀念論叢』, 1991.

______, 「제천의병의 사상적 특성」, 『韓國近代史論叢』, 尹炳奭敎授華甲紀念論叢, 지식산업사, 1990.

김의환, 「독립군의 편성과 국내작전」, 『한민족독립운동사』 4, 국사편찬위원회, 1988.

김창순, 「자유시사변」, 『한민족독립운동사』 4, 1988.

김철수 · 김중하, 「일제의 '경신년대토벌'에 대하여」, 『룡정 3 · 13반일운동 80돐 기념문집』, 연변인민출판사, 1999.

김춘선, 「1920년대 한민족 반일무장투쟁 연구에 관한 재조명」, 『한민족독립운동사논총』(박영석교수화갑기념논총), 1992.

______, 「庚申慘變 연구－한인사회와 관련지어－」, 『한국사연구』 111, 한국사연구회, 2000.

______, 「광복 후 중국 동북지역 한인들의 정착과 국내귀환」, 『한국근현대사연구』 28, 한국근현대사학회, 2004년 봄호.

김태국, 「만주지역 '朝鮮人 民會' 연구」, 국민대학교 대학원 박사학위 논문, 2001.

리광인, 「'경신년 대토벌'과 연변 조선족 군중의 반'토벌'투쟁」, 『한국학연구』 4, 인하대 한국학연구소, 1992.

박걸순, 「이상설의 민족운동과 후인 논찬」, 『중원문화논총』 10, 충북대 중원문화연구소, 2006.

박민영, 「의암 유인석의 위정척사운동」, 『淸溪史學』 3, 한국정신문화연구원 부속대학원 역사학과, 1986.

______, 「한말 연해주의병에 대한 고찰」, 『仁荷史學』 1, 인하역사학회, 1993.

______, 「독립군의 편성과 독립전쟁」, 『한국사』 48, 국사편찬위원회, 2001.

______, 「유인석의 국외 항일투쟁 路程(1896~1915) -러시아 연해주를 중심으로-」, 『한국근현대사연구』 19, 2001.

______, 「소련군 포로가 된 시베리아지역 한인의 귀환」, 『한국독립운동사연구』 20, 독립기념관 한국독립운동사연구소, 2003.

______, 「유인석의 의병통합 노력과 안중근의 하얼빈의거」, 『의암학연구』 7, 의암학회, 2009.

______, 「한국광복군 印緬戰區工作隊 연구」, 『한국독립운동사연구』 33, 2009.

______, 「안중근의 연해주 의병투쟁 연구」, 『한국독립운동사연구』 35, 2010.

______, 「유인석의 연해주 의병 명부 '義員案' 해제」, 『한국독립운동사연구』 44, 2013.

박보리스, 「국권피탈 전후시기 재소한인의 항일투쟁」, 『한민족독립운동사논총』(박영석교수화갑기념), 탐구당, 1992.
박창욱, 「혼춘사건과 '장강호' 마적단」, 『역사비평』 51, 2000년 여름호.
반병률, 「러시아에서의 안중근의 항일독립운동에 대한 재해석」, 『한국독립운동사연구』 34, 2009.
______, 「안중근과 최재형」, 『역사문화연구』 33, 한국외국어대 역사문화연구소, 2009.
신규섭, 「'만주국'의 협화회와 재만 조선인」, 『滿洲硏究』 창간호, 만주학회, 2004.
______, 「재만조선인의 '滿洲國'觀 및 '日本帝國'像」, 『한국민족운동사연구』 36, 2003.
신용하, 「봉오동전투와 청산리독립전쟁, 『한민족독립운동사』 4, 국사편찬위원회, 1988.
______, 「안중근의 사상과 국권회복운동」, 『韓國史學』 2, 한국정신문화연구원, 1980.
신운용, 「안중근의 의병투쟁과 활동」, 『한국민족운동사연구』 54, 한국민족운동사학회, 2008.
오영섭, 「고종과 이상설의 관계」, 『이준열사와 만국평화회의』, 이준열사순국100주년기념 학술대회 논문집, 2007.
유한철, 「1896-1900년간 유인석의 西行, 渡滿과 그 성격」, 『韓國史學論叢』(허선도선생정년기념), 일조각, 1992.
______, 「柳麟錫 義兵 硏究」, 국민대학교 대학원 박사학위논문, 1996.
______, 「중기의병시기(1904-1907) 유인석의 시국대책론」, 『한국독립운동사연구』 7, 1993.
______, 「十三道義軍의 설립과정과 조직상의 성격」, 『한국독립운동사연구』 10, 1996.
______, 「유인석의 연해주 망명과 국권회복운동의 전개」, 『한국근현대사연구』 4, 1996.
______, 「연해주 십삼도의군의 이념과 활동」, 『한국독립운동사연구』 11, 1997.
윤병석, 「聲明會의 성립과 활동」, 『인문과학논문집』 8, 인하대 인문과학연구소, 1982.
______, 「十三道義軍의 편성」, 『史學硏究』 36, 한국사학회, 1983.
______, 「안중근의 동의단지회의 補遺」, 『한국독립운동사연구』 32, 2009.
______, 「안중근의 연해주 의병운동과 동의단지회」, 『한국독립운동사연구』 14, 2000.
윤휘탁, 「만주국의 '民族協和'운동과 조선인」, 『한국민족운동사연구』 26, 한국민족운동사학회, 2000.
장세윤, 「조선혁명군 연구」, 『한국독립운동사연구』 4, 1990.
______, 「한국독립군의 항일무장투쟁 연구」, 『한국독립운동사연구』 3, 1989.
田中隆一, 「일제의 '만주국' 통치와 '재만한인' 문제 -'오족협화'와 '내선일체'의 상극」, 『滿洲硏究』 창간호, 2004.
조동걸, 「안중근의사 재판기록상의 인물 金斗星考」, 『춘천교대논문집』 7, 1969.
______, 「1920년 간도참변의 실상」, 『역사비평』 45, 1998년 겨울호.
車成瑟, 「獐岩洞慘案에 관한 연구」, 『獨立運動史의 諸問題』, 범우사, 1992.

채영국, 「경신참변 후 독립군의 재기와 항전」, 『한국독립운동사연구』 7, 1993.

한시준, 「대한민국임시정부의 환국」, 『한국근현대사연구』 25, 2003년 여름호.

허송암, 「청산리전역에 대하여」, 『룡정3·13반일운동80돐기념문집』, 연변인민출판사, 1999.

洪鍾佖, 「'만주사변' 이후 조선총독부가 간도지방에 건설한 조선인 集團部落」, 『明知史論』 7, 명지사학회, 1995.

金靜美, 「朝鮮獨立運動史上に於おける1920年10月 -靑山里戰鬪の歷史的意味を求ぬて-」, 『朝鮮民族運動史研究』 3, 靑丘文庫, 1986.

李海燕, 「제2차세계대전 후 중국 동북지구 거주 조선인의 引揚實態에 대하여」, 『一橋研究』 136, 一橋大學大學院 一橋研究編輯委員會, 2002

田中義男, 「朝鮮における徵兵制」 『軍事史學』 32, 일본 군사사학회, 1973.

| 찾아보기 |

ㄱ

가노 노부테루加納信暉 262, 263
가미타니神谷 244, 246
가츠라기葛城 244
간도관리사間島管理使 87, 153
간도성間島省 368, 370
간도성립제3국민고등학교 384
간도시찰원間島視察員 87, 153
간도지방불령선인초토계획間島地方不逞鮮人剿討計劃 248, 329, 337, 341, 364
『간도출병사間島出兵史』 329
간도특설경비대 446
간도파견대間島派遣隊 347
간도파견원間島派遣員 360
간도협조회間島協助會 369, 392, 394
간도혼춘민회연합회間島琿春民會聯合會 387, 389
간민회墾民會 224, 227
「간북내신墾北來信」 352
갈란다시월리 285, 286
갈렌키 49
갈화천葛化天 92, 211, 212
갈화춘葛化春 170, 182
갑산촌甲山村 254, 260
강국모姜國模 50, 334
강기복康基復 88
강기순姜起[基]順 208, 210
강남江南교회당 278, 358
강도천姜道天 231
「강동쉰해」 149
강두찬姜斗[計]瓚 210
강문봉姜文奉 436, 452, 457
강봉거姜鳳擧 230
강봉우姜鳳宇 330

강봉익姜鳳翼 166, 178, 179, 182
강상모姜尙模 246
강순규姜順奎 211
강순기姜順基[舜璣] 89, 92, 208, 210, 211, 212
강습례講習禮 31
강양동江陽洞 243
강유위姜有爲 136
강윤혁姜允赫 154
강진국康璡國 95
강창대姜昌大 255
강창두姜昌斗 92, 193, 210, 211, 212
강철묵康喆默 88
강태민姜泰敏 457
강태준 334
강택기姜澤基 89
강택희姜宅熙[喜] 89
강호여 211
개척단開拓團 411
개척리開拓里 49, 133
걸만동傑滿洞 350
걸원청국乞援淸國 29
경박호전투鏡泊湖戰鬪 306
경성의병鏡城義兵 48, 85, 89, 154
경술국치庚戌國恥 90, 94, 332, 375
경신참변庚申慘變 274, 279, 295, 327, 329, 330, 335, 346, 361, 362, 364
계봉우桂奉瑀 151, 154, 163, 198, 200, 203, 213, 284
계상사溪上社 167
계화桂和 227
고동하곡古洞河谷 264
고동하곡전투 267, 270
고려공산당 281
고려구高麗溝 54
고려군정의회 285, 286
고려촌高麗村 245
고르바초프 420
고르바트카 45
고마령참변古馬嶺慘變 304, 305, 306
고무라 쥬타로小村壽太郎 132
고문룡高文龍 440
고산자孤山子 233
고평高平 331
고하라小原 244
곤명昆明 319
공교회孔敎會 226, 231, 331
공립협회共立協會 93, 115
공진원公震遠 310
공헌영孔憲榮 298
관동군關東軍 249, 344, 345, 346, 379, 431, 433
관동군사령부 390
관리사겸임각군산포사장管理使兼任各郡山砲社長 88
관일약貫一約 60, 61, 63, 65, 70, 75,

78, 95, 106
「관일약약속貫一約約束」 69, 106
「관일약절목貫一約節目」 69
광동학교光東學校 350
광명학교光明學校 385, 386
광무황제光武皇帝 31, 127, 128, 129, 130
광복군 총사령부 312
광복군光復軍 주평진대대駐平津大隊 432, 448
광복군총사령부판사처 450
광복군총영光復軍總營 225, 235, 358
광복단光復團 225, 237, 251
교성대敎成隊 251, 258
구단구九丹溝 255
구름(을)령 45
9·18만주침공 296, 297
구춘선具春先 227, 331
국민개병주의國民皆兵主義 238
국민당國民黨 298
국민부國民府 299
국민회國民會 113
국자가局子街 264
군무도독부軍務都督府 225, 228, 245, 251, 272, 347
군사특파단軍事特派團 311, 312, 449
권기수權夔洙 28
권숙權潚 30
권업회勸業會 112
권유상權裕相 82, 91, 93, 100, 139
그레고리예프 284
극동공화국 280, 283, 284, 285
금패령禁牌嶺 89
기무라木村益三 275, 343
기무라木村 지대 343, 348
길림구국군吉林救國軍 298, 307
길림자위군吉林自衛軍 298
길림조선인회吉林朝鮮人會 438
『길장일보吉長日報』 361
김경천金擎天 233
김광언金光彦 449, 450
김교명金敎明 166, 179
김구金九 311
김규면金奎冕 232
김규식金奎植 227, 272
김기룡金起[基]龍 92, 153, 155, 192, 193, 205, 208, 210, 211, 408, 414
김기선金基善 358
김기정金夔定 82
김대련金大連 169
김덕오金德梧 83
김도근金道根 391
김동려金東礪 88
김동삼金東三 233
김동준金東俊 235
김동하金東河 457

김동한金東漢 393, 394
김두성金斗星 32, 124, 153
김두운金斗運 83, 88
김립金立 93, 133, 280
김만송金晩松 71
김묵金黙 457
김민규金敏奎 456
김백일金白一 446, 456
김백춘金伯[海]春 92, 93, 210, 212
김병진金秉振 90
김상복金相福 456
김상준金尙俊 316
김석범金錫範 456
김성극金星極 228, 231
김성륜金聖倫 231
김성무金成茂 47, 115
김성호金成浩 316
김세현金世鉉 457
김승빈金勝彬 287
김승학金承學 235, 304
김약연金躍淵 330
김연식金璉植 29
김영근金永根 73
김영선金榮璿[永先] 92, 159, 166, 178, 179, 180, 182, 230
김영택金永澤 457
김영학金永學 331
김요선金堯璿 83
김용국金龍國 456
김용기金用杞 457
김원봉金元鳳 314
김원용 115
김윤근金潤根 457
김응조金應祚 456
김이직金理稷 278
김익룡金益龍 132
김익형金益炯 73
김일택金一澤 82, 85
김일환金一煥 456
김임호金任鎬 82
김정규金鼎奎 75, 85, 125
김정익金正益 154
김정익金鼎益 235
김종빈金鍾斌 408, 412, 414, 422, 424
김좌두金佐斗 83, 88, 93, 139
김좌진金佐鎭 226, 227, 241, 254, 258, 265, 272, 283, 349
김중국金仲國 163
김진金震 284
김진도金陳道 83
김찬金燦 235
김찬호金鑽鎬 92, 166
김창환金昌煥 272, 298, 310
김천화金天化[華] 210
김철훈金哲勳 280
김춘화金春華 92

김평묵金平默 73
김표토르 281
김하석金河錫 285
김학규金學奎 308, 309, 311, 312
김학림金鶴林 457
김학만金學萬 34, 46, 117, 118, 132, 133, 137
김한웅金漢雄 422
김해춘金海春 92
김현토金顯土 93
김형중金衡重 85
김호金虎 90
김호익金虎翼 90
김홍국金弘國 227
김홍기金鴻機 82
김홍일金弘壹 439
김홍준金洪俊 456
김훈金勳 259

ㄴ

나관국羅寬國 421
나동규羅東奎 316
나르바강 39
나자구羅子溝 251, 271, 306, 307, 348, 350
나중소羅仲昭 254
나카니시中西 246
나태섭羅太燮 312
나홋카 422
난천자暖泉子 53, 55
남동南洞 351
남만철도주식회사 382
남석촌南夕村 49
남한폭도대토벌작전 279
내두산奶頭山 237, 270
내선일체內鮮一體 375
내탕금內帑金 127
노구대老溝臺 309
노모저하老母楮[猪]河 274, 307
노복선盧福善 312
노우키예프스크 36
노진동老鎭東 340
녹둔鹿屯 157
농무계農務契 234
니미新美 243, 244
니콜라예프스크泥港 281, 282, 334
니콜라이 2세 155
니콜리스크 278
니항尼港 282, 334
니항군대 282
니항사건 281, 334

ㄷ

다리요카 우크라이나 134
다무지너 37
다반군대 281

다카시마高島友武 343
단지동맹斷指同盟 205
달레네첸스크 283, 334
당고항塘沽港 451
당벽진當壁鎭 119
당취오唐聚五 299, 309
대감자大坎子 231, 245, 350
『대동공보大東共報』 155
『대동신보大東新報』 132, 134
대전자령전투大甸子嶺戰鬪 306, 308
대종교大倧敎 226
대진창大進昌 253
대한광복군정부大韓光復軍政府 112
대한광복단大韓光復團 225, 231, 245, 255, 270
대한국민군大韓國民軍 225, 227, 228, 251, 255, 270, 272, 283
대한국민의회大韓國民議會 281, 283, 330
대한국민의회 혼춘지회 231
대한국민회大韓國民會 224, 227, 255, 337, 352
대한국민회군大韓國民會軍 347
대한군무도독부大韓軍務都督府 228
대한군정서大韓軍政署 225, 226, 251, 254, 256, 258, 267, 270, 272, 275, 283, 337, 347, 348, 349
대한독립군大韓獨立軍 89, 225, 228, 245, 250, 254, 255, 270, 272, 273, 283, 347
대한독립군단大韓獨立軍團 272, 283
대한독립군비단大韓獨立軍備團 235
대한독립단大韓獨立團 96, 225, 234
대한독립선언서大韓獨立宣言書 330
대한민국임시정부大韓民國臨時政府 292, 304, 315
대한북로독군부大韓北路督軍部 228, 229, 254
대한신민단大韓新民團 225, 232, 245, 255, 272
대한의군大韓義軍 230
대한의군 참모중장參謀中將 124
대한의군부大韓義軍府 225, 230, 255, 270, 272
대한의군산포대大韓義軍山砲隊 230
대한의군전위대大韓義軍前衛隊 230
대한의민단大韓義民團 225, 232, 255, 270
대한의사안중근공혈서大韓義士安重根公血書 202
대한의용군大韓義勇軍 286
대한인국민회大韓人國民會 93
대한일반인민총대大韓一般人民總代 135
대한정의군정사大韓正義軍政司 225, 237, 272
대한청년단연합회 235
대한총군부大韓總軍府 271, 283

대한통의부大韓統義府 296
대화사大花斜 234
대흑하大黑河 118
덕경루德慶樓 448
덕원리德源里 350
도규찰都糾察 101
도노반W. J. Donovan 318
도문圖們 372
도소모都召募 101
도약장都約長 69, 87, 95
도영선圖寧線 388
도영장都營將 [都營長, 都領長] 90, 162, 166, 189
도참모都參謀 101
도총령都總領 101
도총무都總務 101
도총소都總所 91, 99
도총재都總裁 64, 87, 95, 99, 124
도통령道統領 64
도통신都通信 88, 101
「독립군가」 238
『독립신문獨立新聞』 265, 329, 352, 357
독립전쟁론獨立戰爭論 223, 291, 294, 296, 332
독수리작전Eagle Project 318, 319
돈의학교敦義學校 149
동경성전투東京城戰鬪 306
동녕현성전투東寧縣城戰鬪 310
동덕태同德台 436
동도군정서東道軍政署 254
동도독군부東道督軍府 255
동북보안군총사령부東北保安軍總司令部 439
동북한국교민총회東北韓國僑民總會 439
동북한국민회연합회東北韓國民會聯合會 435, 438, 439, 442
동북항일연군東北抗日聯軍 310
동불사銅佛寺 350
동서구東西溝 358
동의同義 77, 79
동의군同義軍 161, 164, 169, 177, 178, 194
동의단지회同義斷指會 62, 92, 146, 190, 191, 199, 200, 201, 209
동의단지회 취지서 213
동의안同義案 60, 76, 77, 78
동의의원同義義員 77
동의회同義會 35, 89, 146, 156, 162, 163, 167, 191, 192, 193, 198
동흥東興중학교 384
두곡杜曲 319
디마푸르Dimapur 316

ㄹ

라아게리 411
러일전쟁 31, 87

리포허 45

ㅁ

마나베 주조眞鍋十藏 210
마루문카강 104
마루이丸井政亞 174, 196
마리코지나 103
마사노프 285, 286
마시탄馬嘶灘 305
마와카예프카 48, 49
마적달馬滴達 372
마진馬晉 227
마틴Dr. S. Martin 276
막석육군훈련소莫石陸軍訓練所 408
「만고의사 안중근전」 151, 154, 200, 202, 213
만국공법萬國公法 174, 196
만기구전투萬麒溝戰鬪 263
만몽선임시치안유지위원회滿蒙鮮臨時治安維持委員會 440
만선척식고빈유한공사滿鮮拓植股份有限公司 398
만순萬順 340
만주교민보안대滿洲僑民保安隊 432, 441, 442, 443, 444, 445, 450
만주국滿洲國 296, 368, 370, 382
만주제국협화회滿洲帝國協和會 369, 378, 394, 389
만주제국협화회 조선인민회분회 390
말렙스키-말레뷔치 129
말루지노 103
망국단望國壇 40
망묘단望墓壇 40
맹개골전투 263
맹고개孟古蓋 41, 42
맹고개관關 40
맹령孟嶺 40, 41, 56
맹부덕孟富德 248, 337
멍고개孟嶺 41, 42, 56, 84, 122
멱사동覓沙洞 181, 182
명동학교明東學校 350
명신학교明信學校 350
명월구明月溝 230, 250, 255
모험대冒險隊 255
목화촌木花村 48, 49, 53, 5760
몽고가이 41
묘령廟嶺 256
무궁단無窮團 453
무라브예프카 413
묵허우 48
문용채文容彩 456
문응국文應國 316
미조부치 다카오溝淵孝雄 154, 201, 203
민긍호閔肯鎬 152
민생단民生團 389
민성民成중학교 384

민족협화民族協和 368, 373, 374, 377, 378, 379, 390
민효식閔孝植 82
밀산密山 270, 271

ㅂ

바라노프카강 51
바라노프카역 43
바라바세프카강 41
바라바시 41
바로지나 104
박동균朴東均 456
박동원朴東轅 331
박두영朴斗榮 393
박병길朴秉吉 282
박봉석朴鳳石 [鳳錫] 93, 208, 210, 212
박승규朴昇奎 [規] 92, 166
박시원朴施源 228
박애朴愛 284
박양섭朴陽燮 79, 83, 88
박영朴英 228
박영진朴永晉 316
박영희朴永熙 [寧熙] 227, 421
박원양朴元陽 440
박은식朴殷植 265, 277, 361
박일리야 284, 286
박임항朴林恒 457
박장호朴長浩 95, 130, 224, 234
박재원朴在元 85
박정수朴貞洙 28
박정희朴正熙 432, 433, 436, 447, 448, 450, 451, 457
박종문朴鍾文 421
박진순朴鎭淳 280
박진태朴鎭台 82
박창은朴昌殷 284
박철朴徹 453
박춘식朴春植 456
박치익朴治翼 32, 83, 88, 95, 154, 234
반벽산半壁山 447
방명덕方明德 83
방우룡方雨龍 232
방원철方圓哲 447, 457
방취구芳翠溝 28, 53
배달학교培達學校 358
백규삼白圭三 92, 169, 170, 192, 193, 205, 210, 211
백남규白南奎 210
백산무사단白山武士團 237
백산학교白山學校 90
백삼규白三圭 95, 224, 234
백선엽白善燁 446, 456
백운평白雲坪 259, 351
백운평전투白雲坪戰鬪 257, 267, 303
백초구百草溝 372
백포자白泡子 117, 119, 120

베레고보예 103
변석현邊錫玄 73
별유사別有事 69
별지휘別指揮 88
별통신別通信 127
보로딘스키Vorodinskii강 103
보민회保民會 248, 336
보약사保約社 234
보통학교규정 382
복황단復皇團 237
볼셰비키 241, 272, 278, 280, 281
볼셰비키혁명 280, 333
봉밀구蜂蜜溝 254, 257
봉밀산蜂密山 42, 43, 46, 47, 57, 112, 117, 118, 120, 121, 271
봉오동鳳梧洞 244, 246, 350
봉오동승첩 89, 244, 246, 247, 254, 300, 330
봉천군관학교奉天軍官學校 436, 437
봉천회담奉天會談 336
부민단扶民團 224, 232
부의溥儀 373
「북간도의 한인에 대한 일본의 만행」 360
북로군정서 313
북로정일제일군사령부장北路征日第一軍司令部長 229
북만주파견대 345
북상도강北上渡江 89, 294
북선각지연합대회北鮮各地聯合大會 340
북신교北新橋 448
북평판사처北平辦事處 449
북행이거北行移居 48, 57
브루클린호 333
블라고베시첸스크 412, 421
블라고슬로벤노예 199
블라디보스토크 31, 34, 42, 84, 114, 128, 133, 148, 251, 278
비민분리匪民分離 397
비센푸르Bishenpur 316
비파동琵琶洞 246

ㅅ

사관연성소士官練成所 226, 348 227, 240, 251, 254, 275
사규司規 69
사도하자승첩四道河子勝捷 306
사립학교잠행규정私立學校暫行規定 383
4월참변 278, 281, 332, 335
사이토 마코토齋藤實 305
사적司籍 69
사전트Clyde B. Sargent 318
사첨자沙尖子 28, 53
사카모토坂本 248, 278
사카모토대坂本隊 248, 336, 356
사포대私砲隊 87

사할린의용대 282, 284, 286, 287
사화司貨 69
산두재山斗齋 30
산포수의병 161
산해관山海關 310
삼가붕三家棚 30
삼둔자三屯子 243, 245
삼둔자전투三屯子戰鬪 243, 300
삼성학교三成學校 278, 358
삼원포三源浦 357
삼원포진三源浦鎭 29
삼인반三人班 270
3 · 13운동 327, 331
3 · 1운동 225, 269, 279, 291, 293, 327, 329, 330, 332
삼차구三岔口 239, 343
삼태골 181
삼흥학교三興學校 149
상광포上廣浦 350
상별리上別里 37
상트페테르부르크 155
『상해시보上海時報』 246
상해파上海派 280, 284
샌프란시스코 114, 132, 133
서계동西溪洞 [瑞溪洞] 39, 56
서대파西大坡 227, 245, 251, 275, 348, 350
서로군정서西路軍政署 225, 232 226, 270, 313
서반랍배西半拉背 358
서보西堡교회당 278, 358
서본우徐本愚 28
서상기徐相琦 132, 133
서상무徐相懋 29
서상욱徐相郁 75
서상진徐相津 127
서성정徐成正 82
서오성徐五星 83
서일徐一 226, 227, 268, 272
서전서숙瑞甸書塾 148
서정림徐鼎霖 248, 337
서풍현西豊縣 53, 55
석건평石建坪 372
석두하자石頭河子 348
석인구石人溝 257, 309
석주암石主岩 456
석현石峴 245
「선농취급요강鮮農取扱要綱」 380
선만척식주식회사鮮滿拓植株式會社 398
설봉산雪峰山 183
성명회聲明會 42, 94, 112, 130, 131, 132, 133, 135, 136
성명회 선언서宣言書 94, 108, 131
세레칸 수용소 412, 415, 417
소성蘇城 34
소영자小營子 350

손오孫吳 408, 435
손오부대 408
손지환孫枝煥 393
솔밭관 92, 211
송리평松里坪 253
송산동松山洞 182
송석하宋錫夏 456
송철 316
수라세프카 287
수청水淸 34, 84
순천시보사順天時報社 136
숭화재崇華齋 30
스기야마杉山 278, 344
스보보드니 272, 281, 282, 286
스찬 34
슬라비얀카 35
승왈범承日範 433, 440, 445
시바야마紫山 244
『시베리아 한恨의 노래』 407, 420, 423
시베리아삭풍회 406, 408, 428
시세영柴世榮 307
시지미時芝味 39, 41, 42, 56
시지미강 39
신경광복군 445
신경군관학교 436, 437
신경보안대 445
신경보안사령부新京保安司令部 442, 443
신민단新民團 232, 251
신민부新民府 296
신복申福 83
신선동神仙洞 270
신숙申肅 298, 306, 433, 435, 438, 439
신아산新阿山 157, 160, 164, 171
신아산전투 173, 174, 196
신일헌申日憲 230
신지수申芝秀 28
신창규申昌奎 83
신채호申采浩 47
신팔균申八均 233
신학진申鶴鎭 456
신한촌新韓村 37, 91, 278, 334
신한촌민회新韓村民會 47
신현대申鉉大 438
신현준申鉉俊 433, 447,448, 450, 451, 456
신흥무관학교新興武官學校 233, 240
심상돈沈相敦 82
심용수沈龍洙 83
십리와 118, 119, 120
십리평十里坪 227, 275, 348
십삼도도총재十三道都總裁 64
십삼도의군十三道義軍 26, 50, 60, 62, 71, 79, 80, 88, 94, 112, 122, 123, 124, 294
십삼도총단위十三道總壇位 125
싸리밭 253

쌍성보雙城堡 306
쌍성상촌雙城上村 167

ㅇ

『아국여지도俄國輿地圖』 36, 39, 40
아누치노 45
아세아실업주식회사亞細亞實業株式會社 120
아즈마 마사히코東正彦 257, 343
아즈마東 지대支隊 257, 343, 349
아카이케 아츠시赤池濃 248, 336
아키야마秋山義兌 410
안공근安恭根 312
안기선安基璿 82
안무安武 227 228, 241, 251, 286
안산촌安山村 245
안영길安永吉 457
안응칠安應七 123, 205
『안응칠역사安應七歷史』 153, 201
안자이安西 지대 344
안정근安定根 267
안종석安鍾奭 82
안중근安重根 36 61, 62, 90, 145, 164, 171, 178, 182, 193, 195, 199, 203
안창호安昌浩 47, 101, 118, 120, 237, 241
안한주 139
알렉시에프스크 272
「알려드리는 글」 273
암밤비 42, 100, 102
애국동맹단愛國同盟團 132, 133
애국동지대표대회 113
야계野鷄골 262
야단野團 237, 272
야마타연대山田聯隊 257, 258, 259, 349
야스가와安川 244, 259
약원約員 77, 79
약원록約員錄 79, 107
약장約長 69, 70
양강구兩江口 118
양국진楊國鎭 456
양석복梁錫福 308
양성춘 34
양세봉梁世鳳 308
양수천자凉水泉子 242
양재철梁在哲 453
양정봉梁貞鳳 438
양정우楊靖宇 299
양현경梁玄卿 235
어랑사漁郎社 261
어랑촌漁郎村 250, 254, 350
어랑촌전투漁郎村戰鬪 261, 266, 267, 270, 303
엄인섭嚴仁燮 61, 153, 155, 164, 169, 171, 174, 189, 192, 193, 196, 208
엄주필嚴周必 278, 335

여광국呂光國　39
여준呂準　233
연변조선족자치주　367
연추煙秋　34, 35, 55, 84, 183, 203
연추아민촌延秋我民村　36
연추영도煙秋營圖　36
연해주의병沿海州義兵　61, 62, 88, 146, 153
연흑룡주沿黑龍州　33
영릉가전투英陵街戰鬪　308
영명학교永明學校　315
영산전투　174, 179, 181, 182, 183, 198
영생학교永生學校　331
영신학교永新學校　350
예관수芮琯壽　457
예카테리노슬라브카　413
오광선吳光鮮　233, 272, 298, 310
오내범吳乃凡　169, 170
오노 도요시大野豊四　337
오도구향五道溝鄉　29, 55
오도양차五道楊岔　270
오바타小幡　361
오오카大岡隆久　275
오운현烏雲縣　118
오의성吳義成　298
오족협화五族協和　374, 375
오주혁吳周爀　230
오춘성吳春星　82
오토리 후지타로大鳥富士太郎　132
오하묵吳夏默　280, 282, 283, 285
옥산재玉山齋　30
온성전투　242
올라까하烏拉卞河　118
와룡동臥龍洞　276, 350, 352
완루구전투完樓溝戰鬪　260
왕덕림王德林　298
왕동헌王彤軒　308
왕육문王育文　309
왕창동王昌東　102
왕청汪淸　372
왕청문旺淸門　358
외교통신원外交通信員　88
요녕구국회遼寧救國會　309
용정龍井　331, 349, 372
용정국민고등학교　384
용지사勇智社　350
우덕순禹德淳　156, 158, 167, 170, 171, 178, 179, 181, 183
우병렬禹炳烈　79, 83, 88, 96
우수리스크蘇王嶺　35, 44
우수리호　35
우에다대上田隊　248, 278, 336, 356
우영장右營將　168, 189, 194
『우주문답宇宙問答』　44, 60
우크룰Ukhrul　316
우홍禹鴻　158, 166, 179

운래계거雲來係巨 167
운테르베르그 51
운현雲峴 44, 46, 56, 60
「운현소거雲峴巢居」 44
원동소학교元東小學校 350
원봉재元鳳載 408, 409, 413, 414
원세개袁世凱 29
원용덕元容德 456
원용정元容正 28
월강추격대대越江追擊大隊 244, 301
웨드마이어 318
위봉식魏棒植 74
윌리엄Frank E. C. Williams 315
윔스C. N. Weems 319
유동柳洞 350
유동열 285, 311
유명서兪明瑞 91
유수하柳樹河 350
유연수柳然壽 79
유인석柳麟錫 25, 59, 66, 69, 87, 90, 100, 122, 124, 132, 133, 134, 135, 138, 156, 224
유정구柳亭口 42 43, 44, 46, 47, 56
유제춘柳濟春 32, 51
유제함柳濟咸 53
유진율 132, 133, 141
유치홍柳致弘 93, 209, 210, 212, 218
유해동柳海東 32, 51, 57, 102
유해준劉海濬 449
유홍석柳弘錫 28
육군군관학교陸軍軍官學校 436
윤경천尹擎天 272
윤봉길尹奉吉 292, 311
윤섭尹灄 83
윤영구尹映九 450
윤용구 128
윤일병尹日炳 117
윤정학尹正學 73
윤춘근尹春根 456
윤태일尹泰日 457
은진恩眞중학교 384
의군부義軍府 230, 251
의단위擬壇位 99
의란구依蘭溝 90, 231, 350, 351
「의무유통義務有統」 63, 77, 81, 87, 94, 108, 124
의민단義民團 251
「의병규칙義兵規則」 34, 60, 61, 63, 94, 105
의병전쟁義兵戰爭 145, 215, 332
의성단義成團 225
의안義案 80
의암기비毅菴記碑 54
의원義員 79
의원안義員案 60, 61, 79, 80, 81, 83, 90, 100, 107

이갑李甲 101
이강李剛 115, 156
이경수 335
이경화李京化 169, 170, 193
이교성李教成 259
이규동 438
이규철李圭哲 407, 408, 410, 412, 415, 417, 418, 423
이규풍李奎豊 91, 100, 139, 166, 179
이근진李根眞 358
이기李起 82, 100
이기건李奇建 457
이기복李基福 421
이남기李南基 36, 48, 71, 75, 80, 85, 88, 89, 161
이노飯野 264
이대하李大夏 47
이덕권李德權 82
이도현李道鉉 82
이동백李東白 235
이동섭李東燮 88
이동휘李東輝 93, 280
이두李杜 297, 298
「이등박문죄악伊藤博文罪惡」 215
이룡李龍 457
이류가伊柳街 117, 119
이르쿠츠크파 280, 283
이만 272, 273, 283, 334
이만군대 281
이민화李敏華 258
이바노프카 45
이범린李範麟 82, 91, 154
이범석李範錫 82, 91, 94, 100, 108
이범석李範奭 227, 233, 254, 258, 265, 283, 312, 318
이범윤李範允 34, 35, 61, 63, 80, 82, 87, 100, 125, 132, 133, 138, 139, 153, 154, 164, 192, 193, 230, 231, 241, 271
이범직李範稷 28
이범진李範晉 138, 192
이병순李秉純 82, 91, 96, 154
이병주李炳柱 411, 414
이병주李丙胄 456
이병채李秉埰 230
이병태李炳台 83
「이보재선생약사초안李溥齋先生略史草案」 117
이복원 312
이봉화李奉和 83
이상룡李相龍 226, 233
이상설李相卨 40, 46, 80, 82, 88, 100, 101, 111, 115, 116, 120, 121, 122, 124, 126, 127, 129, 130, 136, 138
이상진李尙振 456
이석기李錫驥 82, 88

이석대李錫大 123
이성가李成佳 449, 450, 451
이성근李聖根 331
이세영李世永 233
이소바야시磯林直明 343
이소바야시磯林 지대支隊 343, 347, 348
이소응李昭應 69, 73
이승호李昇鎬 90, 192
이승희李承熙 46, 117, 120
이영수 316
이와시호 333
이용李鏞 284, 285, 286
이용구李龍九 82
이용조 438
이위종李瑋鍾 36, 156, 192
이을李乙 231
이응서 298
이인섭李仁燮 211
이장녕李章寧 227, 272
이재윤李載允 70, 71, 80, 87, 95, 124
이재현李在賢 449
이정규李正奎 31, 69, 73
이종섭李鍾聶 122
이종욱李鍾郁 154
이종익李鍾翊 83
이종하李鍾夏 40
이종협李鍾協 83, 88
이종호李鐘浩 102
이주일李周一 436, 447, 448, 450, 451, 456
이죽파李竹坡 305
이준식 312
이중희李重熙 88
이지광 100
이지용李址鎔 70
이진룡李鎭龍 91, 101, 123, 224
이춘李春 205
이치권李致權 93, 139
이탁李沰 233
이태걸李泰杰 235
이태호李台鎬 413, 414, 416
이토 히로부미伊藤博文 145, 189, 215
2·8독립선언 330
이포 45
이폴리토프카 45
이필수李弼秀 82
이학재李鶴在 72
이한림李翰林 441, 446, 457
이홍기李鴻基 194
이홍준李弘俊 331
이화일李化日 245
이후영李厚寧 408, 413, 414, 424
이희석李羲錫 72
인그라함학교 316
인면전구공작대印緬戰區工作隊 292, 315

인양원호국引揚援護局 421
인평대군麟坪大君 70
일만의정서日滿議政書 375
일진회一進會 68
임도준任度準 227
임병찬林炳瓚 73
임시고려군정의회 285
임시군사위원회 284
임일록林日錄 168, 179
임팔 대회전 316
입의안立義案 60, 61, 65, 76, 77, 78, 106, 107

ㅈ

자우오다 49
자유시自由市 272, 284
자유시참변 89, 280, 287
장강호長江好 249
장개석蔣介石 311
장기영張基永 286
장도선長圖線 388
장도영張都暎 453
장도정張道政 284
장무掌務 69
장봉한張鳳漢[翰] 154, 169
장석회張錫會 158, 161, 166, 168, 179
장세전張世銓 248, 337
장암동참변獐巖洞慘變 275, 276, 350
장은산張銀山 457
장의掌議 69
장의군壯義軍 88
장의군총재壯義軍總裁 48
장익환長益煥 73
장작림長作霖 248, 336
장재촌長財村 350
장충단奬忠壇 452
장흥경張興慶 82
「재격백관문再檄百官文」 27
재구梓溝 50, 60, 102
「재만조선인지도요강在滿朝鮮人指導要綱」 377, 398
「재만조선인지도요강설명在滿朝鮮人指導要綱說明」 378
『재미한인오십년사在美韓人五十年事』 115
재피거우 50, 51, 52, 56, 60, 102
전곽기前郭旗 440
전덕명全德明 306
전덕원全德元 224, 234
전략첩보국(OSS) 292, 315
전만조선인민회연합회全滿朝鮮人民會聯合會 382, 388, 390
전명운田明雲 115, 194
전봉준全鳳俊 91
전세용田世用 306
전위대前衛隊 166
전위원대前衛援隊 166

전제악全濟岳 169
전제익全濟益 61, 90, 162, 169, 178, 180, 189, 192
전준언全俊彦 90, 169, 170
전창희田昌禧 306
전춘경全春景 82
정갑묵鄭甲墨 72
정경무鄭警務 162
정기선鄭基善 276, 352
정기현鄭紀鉉 83
정대호鄭大鎬 207
정동학교正東學校 350
정미7조약 148
정미의병丁未義兵 145
정민태鄭民泰 449
정봉길鄭鳳吉 308
정순만鄭淳萬 46, 102, 117, 193
정운경鄭雲慶 5, 28, 459, 460, 470
정원명鄭元明 114
정원식鄭元植 208, 210
정원주鄭元柱周 93, 208, 210, 212
정의단正義團 226
정의부正義府 296
정일권丁一權 432, 433, 436, 441, 442, 445, 456
정재관鄭在寬 93, 102, 113, 115, 121, 132, 133
정재면鄭載冕 330
정정순鄭正淳 457
정제악鄭濟岳 162, 169
정중은鄭仲銀 82
정초丁超 297, 298
정태 119, 271
정필선鄭弼善 450
정형교鄭亨敎 73
제3차 봉천회담 337
제창병원濟昌病院 276
조경한趙擎韓 298, 310
조동겸趙東謙 74
조동식趙東植 272
조동호 358
조맹선趙孟善 224, 234
조병준趙秉準 224, 234, 235
조상갑趙尙甲 36, 230
조선교육령 382
조선군朝鮮軍 338, 346
조선군간부훈련소朝鮮軍幹部訓鍊所 441, 442
『조선군개요사朝鮮軍概要史』 434
조선군사령부朝鮮軍司令部 362
조선독립축하회朝鮮獨立祝賀會 327
조선민공회朝鮮民公會 386
조선의용대朝鮮義勇隊 314
조선인거류민회朝鮮人居留民會 351
조선인민회朝鮮人民會 369, 377, 378, 382, 386, 387, 389, 391, 394

조선인민회분회朝鮮人民會分會 369
조선인민회연합회朝鮮人民會聯合會 377, 381
조선총독부朝鮮總督府 336, 375, 377, 382, 397
조선혁명군朝鮮革命軍 296 299, 309, 313
조선혁명당朝鮮革命黨 299
조성환曹成煥 272, 312
조승현趙承顯 28
조용석趙庸錫 358
조응순趙應順 92, 210, 211, 212
조장원趙璋元 132, 133
조창용趙昌容 32
조화선趙化善 308
종성간도鍾城間島 167, 183
좌영장左營將 90, 189
주건朱建 230
주만석朱萬錫 159
주춘화朱春和 82
주평진대대駐平津大隊 450, 451
중광단重光團 226
중동선中東線 43, 53, 237, 306
중동철도호로군中東鐵道護路軍 298
중별리中別里 34, 37, 38, 39, 55
중앙육군군관학교 310, 311
중앙육군훈련처中央陸軍訓練處 436
중일합동수색 248, 336, 356
중흥사重興寺 183
지도요강指導要綱 369
지시내 51
지신허地新墟 35, 50, 52, 56, 164
지운경池云京 169
지장회池章會 75
지청천池靑天 226, 233, 270, 272, 297, 298, 306, 310, 312, 448
집단부락集團部落 369, 395
징모제6분처 314

ㅊ

차도선車道善 224
차석보車錫甫 34, 133
차재정車載貞 83, 88
찬령贊領 91
찬모贊謀 127
찬무贊務 69
찬의贊議 69
참모중장參謀中將 214
참의부參議府 296, 304
창동학교昌東學校 350, 352
창의군倡[彰]義軍 88, 126, 153, 161, 164, 166, 171, 177, 178, 194
창의대倡義隊 153
창의대대장倡義隊大將 153, 166
창의소倡義所 91, 154
창의회倡[彰]義會 35, 97, 125, 153, 162, 163, 189

채성룡蔡成龍 285
채영蔡英 286
채찬蔡燦 305
천리도포泉里都浦[千里道浦] 84
천마대天摩隊 225
천보산天寶山 257
천보산전투天寶山戰鬪 263
천수평泉水坪 254
천수평전투泉水坪戰鬪 261
청산리靑山里 253, 257, 350
청산리대첩 89, 248, 257, 265, 267, 269, 288, 302, 330, 349
청일전쟁 294
청파호靑波湖 350
체코슬로바키아 280
초모정자草帽頂子 245
초양섭楚陽燮 93
초평草坪 84
초해창楚海昌 93
총단위總壇位 64, 88, 99
최경남崔慶男 456
최경희崔瓊熙 75, 89, 161
최고려 282, 283, 285
최관흘崔寬屹 43
최광崔廣 47, 83
최기흥崔冀興 166, 179
최남근崔楠根 446, 456
최니콜라이 281
최덕준崔德俊 75, 89
최도원崔道元 154
최도헌崔都憲 155
최병찬崔丙贊 132, 133
최봉진 316
최상운崔尙云 227
최석崔錫 453
최석순崔碩淳 306
최승두崔昇斗 154
최영기崔英基 169
최용덕崔用德 449, 450
최우익崔于翼 71, 85, 90, 102, 230
최윤구崔允龜 308
최윤주崔允周 393
최익현崔益鉉 68, 70, 73, 95
최재형崔在亨 34, 35, 61, 153, 155, 192, 193, 278, 335
최정익 114
최정화崔精化 228
최주종崔周鍾 457
최진동崔振東 228, 241, 245, 251, 271
최진해崔珍海 91
최창언崔昌彦 456
최천오崔天五 193
최태여崔太汝 228
최항신崔恒信 306
최화춘崔化春 169, 170
추풍秋風 35, 50, 84

춘양향春陽鄕 352
충신장忠信場 253, 256
충의대忠義隊 153
치치하얼 435

■ ㅋ

캉글라통비Kanglatongbi 316
코완D. T. Cowan 316
콜카타 315, 317
쾌대모자快大帽子 233
쾌상별快常別 117, 119
크라스노야르스크 413, 416, 425
크라스키노 36, 51
크레모보 45, 46
크로우노프카曲浦 84

■ ㅌ

타나카 요시오田中義男 434
태극단太極團 237
태동실업주식회사泰東實業株式會社 120, 121
태평구太平溝 350
태평령太平嶺 306
토문자土門子 348
토문자土門子 지대 344, 348
통감부 간도임시파출소 148
「통고通告」 75
특파독립대장 124
티딤Tiddim 316

■ ㅍ

파르티잔스크 34
파리강화회의 330
파저강波瀦江 28
팔도구八道溝 372
팔왕동八王洞 30, 67
패왕조覇王朝 67
평북독판부平北督辦部 235
평안남도선세위원平安南道船稅委員 90, 169
평양촌平壤村 253
평정산진平頂山鎭 53
평진平津 448
포병사령관 90, 162
포시에트 35, 48, 155, 157
포조군浦潮軍 249, 278, 340, 345, 346, 350
푸트Foote D. D 276

■ ㅎ

하뉴羽入 지대 344, 348
하니허哈泥河 233, 270
하리下里 204
하마탕蛤蟆塘 227
하바로프스크 199, 278, 422
하별리下別里 37

하얼빈 84
하얼빈의거 122, 123, 146, 189, 201, 214
하장리下場里 331
하탄동下灘洞 244
한교피해조사표韓僑被害調査表 360
한국광복군韓國光復軍 291, 310, 312
한국광복군 잠편지대暫編支隊 449
「한국광복군총사령부성립보고서韓國光復軍總司令部成立報告書」 313
한국광복진선청년공작대韓國光復陣線青年工作隊 311
한국국민당청년단韓國國民黨青年團 311
한국독립군韓國獨立軍 296, 297, 307, 310, 313
한국독립당韓國獨立黨 297
『한국독립운동지혈사韓國獨立運動之血史』 361
「한국인안응칠소회韓國人安應七所懷」 215
한국청년전지공작대韓國青年戰地工作隊 311, 314
한규설韓圭卨 96
한근원韓根源 258
한민학교 133, 278
한봉섭韓鳳燮 88
한사교 115
한상열韓相說 83, 88
한운룡韓雲龍 286
한인군사위원회韓人軍事委員會 285, 286
한인보병자유대대 282
한인사회당韓人社會黨 93, 280
『한인신보韓人新報』 149
『한족신보韓族新報』 233
한족총연합회 297
한족회韓族會 224, 232, 233
한지성韓志成 315, 316
한창걸韓昌傑 284, 334
한흥동韓興洞 120, 121
함동철咸東哲 89, 91
함석흥咸錫興 82
합성협회合成協會 93
합수평合水坪 350
핫산 35
항카호興凱湖 117, 119
해삼위海蔘威 35, 42, 148
해조신문海朝新聞 117
「해항일기海港日記」 32
향약鄕約 67
향약계鄕約契 234
향음례鄕飮禮 31
허근許瑾 89, 91, 230, 255
허영장許營將 89
허재욱許在旭 89
헤이그 사행 113
현경균玄敬均 83, 88
현익철玄益哲 309, 311, 312

현천묵玄天默 227, 256
혈성단血誠團 50, 237, 272, 334
협화회운동協和會運動 376
호레니츠카 49
호로두葫蘆頭 29, 55, 440
호로연합군護路聯合軍 306
혼춘琿春 35
혼춘대한국민의회 231
혼춘대한국민회 231
혼춘사건琿春事件 249, 338, 340, 346
혼춘조선인민회 382
혼춘한민회琿春韓民會 231, 255, 270, 272
홍범도洪範圖 35, 89, 100, 101, 118, 152, 156, 159, 161, 224, 228, 229, 241, 245, 246, 251, 252, 260, 265, 270, 271, 272, 286, 349
홍상표洪相杓 251
홍석우洪錫禹 88
홍의동洪儀洞 157, 160, 171
홍의동전투洪儀洞戰鬪 164, 167, 172, 174, 195, 196
홍진洪震 297, 310
홍충희洪忠憙 254
홍통구紅通溝 358
황경섭黃景燮 278
황구령黃口嶺 263, 270
황구령촌黃口嶺村 270
황길병黃吉秉[炳] 210
황길영黃吉榮 208
황병길黃炳吉 92, 208, 210, 212, 241
황의돈黃義敦 156
황카피톤 335
황택림黃澤林 457
황학수黃學秀 298, 306, 310, 312
『회령군지會寧郡誌』 170
회막동恢幕洞 245
회양동回陽洞 40, 42
흑룡주한인총회 282
흑정자黑頂子 372
흥도서사興道書社 31
흥동학교興東學校 350
흥업단興業團 90

| 수록논고 원제목 및 발표지 |

[제1부] 유인석과 이상설의 연해주 항일투쟁

▮「유인석의 국외 항일투쟁 노정(1896-1915)-러시아 연해주를 중심으로-」
『한국근현대사연구』 19, 한국근현대사학회, 2001.12.

▮「연해주 망명시기 유인석의 의병세력 통합운동」
『의암학연구』 11, 의암학회, 2013.12.

▮「국치 전후 이상설의 연해주지역 독립운동」
『한국독립운동사연구」 29, 독립기념관 한국독립운동사연구소, 2007.12.

[제2부] 안중근의 의병투쟁과 동의단지회

▮「안중근의 연해주 의병투쟁 연구」
『한국독립운동사연구』 35, 2010.4.

▮「안중근의 동의단지회 연구」
『군사연구』 129, 육군본부. 2010.6.

[제3부] 만주지역 무장독립운동

▮「만주 독립군의 편성과 독립전쟁」
『신편 한국사』 48, 국사편찬위원회, 2001.12.

▮「독립군과 한국광복군의 항일무장투쟁」
『동양학연구』 47, 단국대학교 동양학연구원, 2010.2.

[제4부] 간도 한인사회의 수난

▮「경신참변의 분석 연구」
『국사관논총』 103, 국사편찬위원회, 2003.12.

▮「만주국 시기 일제의 연변지역 한인 지배정책과 실상」
『연변 조선족 사회의 과거와 현재』, 고구려연구재단, 2006.8.

[제5부] 해방 후 만주 · 연해주 한인의 귀환

▮「소련군 포로가 된 시베리아지역 한인의 귀환」
『한국독립운동사연구』 20, 2003.8.

▮「해방 후 만주국군 출신 한인의 귀환」
『한국독립운동사연구』 22, 2004.8.

| 저자소개 |

박민영朴敏泳

학력

경남 함양 출신. 인하대 역사교육과를 졸업한 뒤 한국학중앙연구원 한국학대학원에서 문학석사, 문학박사 학위를 받았다.

경력

인하대 · 단국대 · 국민대 · 상지대에 출강하였고, 청계사학회 회장, 한국근현대사학회 편집이사, 국무총리실 광복60년기념사업회 상임연구위원, 국가보훈처 국가보훈위원회 실무위원 등을 지냈고, 현재 독립기념관 한국독립운동사연구소 책임연구위원으로 재직 중이며, 국가보훈처 독립유공자공적심사위원, 충남대 국사학과 강사로 있다. 상훈으로는 대통령표창(2006), 의암학술대상(2008)을 수상하였다.

주요저서

『러시아지역의 한인사회와 민족운동사』(공저), 교문사, 1994.
『중국동북지역 한국독립운동사』(공저), 집문당, 1997.
『대한제국기 의병연구』, 한울, 1998.
『노백린의 생애와 독립운동』(공저), 독립기념관 한국독립운동사연구소, 2003.
『왕산 허위의 나라사랑과 의병전쟁』(공저), 구미시, 안동대학교박물관, 2005.
『한말 중기의병』, 독립기념관 한국독립운동사연구소, 2009.
『거룩한 순국지사 향산 이만도』, 지식산업사, 2010.
『대한 선비의 표상 최익현』, 역사공간, 2012.
『기록으로 보는 재외한인의 역사-아시아-』(공저), 행정자치부 국가기록원, 2016.